Viver para contar

GABRIEL GARCÍA MÁRQUEZ

Viver para contar

Tradução de
ERIC NEPOMUCENO

3ª EDIÇÃO

EDITORA RECORD
RIO DE JANEIRO • SÃO PAULO
2003

CIP-Brasil. Catalogação-na-fonte
Sindicato Nacional dos Editores de Livros, RJ.

García Márquez, Gabriel, 1928-

G211v   Viver para contar / Gabriel García Márquez; tradução
3ª ed.   de Eric Nepomuceno. – 3ª ed. – Rio de Janeiro: Record,
2003.

        Tradução de: Vivir para contarla
        ISBN 85-01-06713-X

        1. García Márquez, Gabriel, 1928- . 2. Escritores
colombianos – Século XX – Biografia. I. Título.

03-1284   CDD – 928.68993
                    CDU – 929GARCÍA MÁRQUEZ, G.

Título original em espanhol:
VIVIR PARA CONTARLA

Direitos exclusivos de publicação em língua portuguesa para o Brasil
adquiridos pela
DISTRIBUIDORA RECORD DE SERVIÇOS DE IMPRENSA S.A.
Rua Argentina 171 – Rio de Janeiro, RJ – 20921-380 –Tel.: 2585-2000
que se reserva a propriedade literária desta tradução

Impresso no Brasil

ISBN 85-01-06713-X

PEDIDOS PELO REEMBOLSO POSTAL
Caixa Postal 23.052
Rio de Janeiro, RJ – 20922-970

EDITORA AFILIADA

A vida não é a que a gente viveu, e sim a que a gente recorda, e como recorda para contá-la.

inha mãe pediu que fosse com ela vender a casa. Havia chegado a Barranquilla naquela manhã, vinda do povoado distante onde morava minha família, e não tinha a menor idéia de como me encontrar. Perguntando aqui e ali entre os conhecidos, indicaram que me procurasse na Livraria Mundo ou nos bares vizinhos, aonde eu ia duas vezes por dia conversar com meus amigos escritores. Quem deu a indicação avisou: "Vá com cuidado porque são uns doidos varridos." Chegou ao meio-dia em ponto. Abriu passagem com seu andar ligeiro entre as mesas repletas de livros, plantou-se na minha frente olhando-me nos olhos com o sorriso pícaro de seus melhores dias, e antes que eu pudesse ter qualquer reação disse:

— Sou sua mãe.

Alguma coisa havia mudado em minha mãe que me impediu de reconhecê-la à primeira vista. Tinha quarenta e cinco anos. Somando seus onze partos, havia passado quase dez anos grávida e pelo menos outros tantos amamentando seus filhos. Tinha ficado completamente grisalha antes do tempo, os olhos pareciam maiores e mais atônitos atrás de seus primeiros óculos bifocais, e guardava um luto fechado e sério pela morte de sua mãe, mas ainda conservava a beleza romana de seu retrato de casamento, agora dignificada por uma aura outonal. Antes de qualquer coisa, antes mesmo de me abraçar, ela disse com seu estilo cerimonioso de sempre:

— Venho pedir a você que por favor me acompanhe para vender a casa.

Não precisou dizer qual, nem onde, porque para nós só existia uma casa no mundo: a velha casa dos avós em Aracataca, onde tive a boa sorte de nascer e onde não tornei a morar desde que fiz oito anos. Eu acabava de abandonar a faculdade de direito depois de seis semestres, dedicados sobretudo a ler o que caísse em minhas mãos e a recitar de memória a poesia irrepetível do Século de Ouro espanhol. Já havia lido, traduzidos e em edições emprestadas, todos os livros que teriam me bastado para aprender a técnica de romancear, e tinha publicado seis contos em suplementos de jornais, que mereceram o entusiasmo de meus amigos e a atenção de alguns críticos. Ia fazer vinte e três anos no mês seguinte, havia fugido do serviço militar e era veterano de duas blenorragias, e fumava cada dia, sem premonições, sessenta cigarros de um tabaco feroz. Alternava meus ócios entre Barranquilla e Cartagena das Índias, na costa caribenha da Colômbia, sobrevivendo feito um nababo com o que me pagavam pelos textos diários no *El Heraldo*, ou seja, quase menos que nada, e dormia o mais bem acompanhado possível onde quer que a noite me surpreendesse. Como se a incerteza sobre minhas pretensões e o caos da minha vida não fossem suficientes, um grupo de amigos inseparáveis estava disposto a publicar uma revista temerária e sem recursos que Alfonso Fuenmayor planejava fazia três anos. O que mais eu podia querer da vida?

Mais por escassez que por gosto, me antecipei à moda uns vinte anos: bigodes selvagens, cabelos alvoroçados, calças de vaqueiro, camisas de flores duvidosas e sandálias de peregrino. Na escuridão de um cinema, e sem saber que eu estava perto, uma amiga da época comentou com alguém: "O coitado do Gabito é um caso perdido." Portanto, quando minha mãe me pediu que fosse com ela vender a casa não tive nenhum senão em dizer que sim. Ela esclareceu que não tinha dinheiro suficiente para nós dois, e por orgulho eu disse que pagava a minha parte.

No jornal em que eu trabalhava, não tinha jeito. Eles me pagavam três pesos por cada coluna diária, e quatro por editorial quando faltava algum dos editorialistas, e esse dinheiro mal dava para meus gastos. Tentei fazer um empréstimo, mas o gerente me recordou que minha dívida original chegava a mais de cinqüenta pesos. Naquela tarde cometi um abuso do qual nenhum de meus amigos seria capaz. Na saída do Café Colômbia, ao lado da livraria, fiquei lado a lado com dom Ramón Vinyes, o velho mestre e livreiro catalão, e pedi a ele dez pesos emprestados. Só tinha seis.

Nem minha mãe nem eu, é claro, teríamos podido nem mesmo imaginar que aquele cândido passeio de dois únicos dias seria tão determinante para mim que nem a mais longa e diligente de todas as vidas não me bastaria para acabar de contá-lo. Agora, com mais de setenta e cinco anos bem pesados, sei que foi a decisão mais importante de todas as que tive que tomar na minha carreira de escritor. Ou seja: em toda a minha vida.

Até a adolescência, a memória tem mais interesse no futuro que no passado, e por isso minhas lembranças da cidadezinha ainda não estavam idealizadas pela nostalgia. Eu me lembrava de como ela era: um bom lugar para se viver, onde todo mundo conhecia todo mundo, na beira de um rio de águas diáfanas que se precipitavam num leito de pedras polidas, brancas e enormes como ovos pré-históricos. Ao entardecer, sobretudo em dezembro, quando passavam as chuvas e o ar tornava-se de diamante, a Serra Nevada de Santa Marta parecia aproximar-se com seus picos brancos até as plantações de banana, lá na margem oposta. Dali dava para ver os índios *arhuacos* correndo feito formiguinhas enfileiradas pelos parapeitos da serra, com seus balaios de gengibre às costas e mastigando bolinhas de coca para distrair a vida. Nós, meninos, tínhamos então a ilusão de fazer bolas com as neves perpétuas e brincar de guerra nas ruas abrasadoras. Pois o calor era tão inverossímil, sobretudo durante a sesta, que os adultos se queixavam dele como se fosse uma surpresa a cada dia. Desde o meu nascimento ouvi repetir, sem descanso, que as vias do trem de ferro e os acampamentos da United Fruit Company foram construídos de noite, porque de dia era impossível pegar nas ferramentas aquecidas pelo sol.

A única maneira de chegar de Barranquilla a Aracataca era numa destrambelhada lancha a motor, por um canal cavado à mão de escravo durante a colônia, e depois através de um vasto pantanal de águas turvas e desoladas, até a misteriosa cidade de Ciénaga, que também quer dizer lamaçal. Ali pegava-se o trem que em suas origens tinha sido o melhor do país, e nele se fazia o trajeto final pelas imensas plantações de banana, com muitas paradas ociosas em aldeolas poeirentas e ardentes, e em estações solitárias. Foi esse o caminho que minha mãe e eu fizemos às sete da noite do sábado 18 de fevereiro de 1950 — véspera de carnaval — debaixo de um aguaceiro diluviano e temporão e com trinta e dois pesos em dinheiro que mal e mal seriam suficientes para regressar se não vendêssemos a casa nas condições previstas.

Os ventos alísios estavam tão bravos naquela noite que no porto fluvial tive muito trabalho em convencer minha mãe a embarcar. Não lhe faltava razão. As barcaças eram imitações reduzidas dos barcos a vapor de Nova Orleans, mas com motores a gasolina que transmitiam um tremor de febre malsã a tudo que estivesse a bordo. Tinham um salãozinho com forquilhas para dependurar redes em diferentes alturas, e bancos de madeira onde cada um se acomodava a cotoveladas e do jeito que desse com suas bagagens excessivas, seus fardos de mercadorias, os engradados de galinhas e até porcos vivos. Havia uns poucos camarotes sufocantes com dois beliches de quartel, quase sempre ocupados por umas pobres putinhas mal-ajambradas que ofereciam serviços de emergência durante a viagem. Como à última hora não encontramos nenhum camarote livre, nem tínhamos redes, minha mãe e eu tomamos de assalto duas cadeiras de ferro do corredor central e nelas nos dispusemos a passar a noite.

Tal como ela temia, a tormenta espancou a temerária embarcação enquanto atravessávamos o rio Magdalena, que a tão curta distância de seu estuário tem um temperamento oceânico. Eu havia comprado no porto uma boa provisão de cigarros dos mais baratos, de tabaco negro e com um papel vagabundo, e comecei a fumar à minha maneira da época, acendendo um na guimba do outro, enquanto relia *Luz de agosto*, de William Faulkner, que era então o mais fiel de meus demônios tutelares. Minha mãe agarrou-se ao seu rosário de três voltas como se fosse um cabresto capaz de desencalhar um trator ou segurar um avião no ar, e seguindo seu costume não pediu nada para ela, mas prosperidade e vida longa para seus onze órfãos. Sua súplica deve ter chegado no destino certo, porque a chuva amansou assim que entramos no canal e a brisa leve soprou para espantar os mosquitos. Minha mãe guardou então o rosário e durante um longo tempo observou em silêncio o fragor da vida que transcorria à nossa volta.

Tinha nascido numa casa modesta, mas cresceu no esplendor efêmero da companhia bananeira, do qual restou-lhe pelo menos uma boa educação de menina rica no colégio da Presentación de la Santísima Virgen, em Santa Marta. Durante as férias de Natal bordava com as amigas, tocava o clavicórdio nos bazares de caridade e assistia com uma tia vigilante aos bailes mais depurados da timorata aristocracia local, mas ninguém jamais havia conhecido um só namorado dela quando se casou contra a vontade de seus pais com o telegrafista da aldeia. Desde então suas virtudes mais notórias eram o senso de humor e a saúde de ferro que as insídias da adversidade não conseguiriam derrotar em sua longa vida. A mais surpreendente dessas virtudes porém, e também desde então a menos suspeitável, era o talento refinado com que conseguia dissimular a tremenda força de sua personalidade: um perfeito exemplar do signo de Leão. Isto tinha permitido a ela estabelecer um poder matriarcal cujo domínio chegava até os parentes mais remotos nos lugares menos esperados, como um sistema planetário que ela manipulava a partir de sua cozinha, com voz tênue e quase que sem pestanejar enquanto fervia o caldeirão de feijão.

Vendo-a agüentar sem se alterar o fardo daquela viagem brutal, eu me perguntava como é que ela tinha conseguido subordinar tão rápido e com tanto domínio as injustiças da pobreza. Nada como aquela noite ruim para colocá-la à prova. Os mosquitos carniceiros, o calor denso e nauseabundo pelo lodo dos canais que o navio ia revolvendo ao passar, o alvoroço dos passageiros insones que não encontravam acomodação dentro do próprio corpo, tudo parecia feito de propósito para endoidar a índole mais serena. Minha mãe suportava tudo imóvel em sua cadeira, enquanto as mocinhas de aluguel faziam a colheita de carnaval nos camarotes vizinhos, fantasiadas de homens ou de malandros de subúrbio. Uma delas tinha entrado e saído de seu camarote várias vezes, sempre com um cliente diferente, bem ao lado do assento de minha mãe. Eu achava que ela não tinha visto. Mas na quarta ou na quinta vez que entrou e saiu em menos de uma hora, minha mãe seguiu-a com um olhar de lástima até o final do corredor.

— Pobres meninas — suspirou. — O que fazem para viver é pior que trabalhar.

E assim se manteve até a meia-noite, quando cansei de ler com o tremor insuportável e as luzes mesquinhas do corredor, e me sentei para fumar ao seu lado, tentando sair à superfície das areias movediças do condado de Yoknapatawpha. Havia desertado da universidade no ano anterior, com a ilusão te-

merária de viver do jornalismo e da literatura sem necessidade de apren-
dê-los, animado por uma frase que creio ter lido em Bernard Shaw: "Desde pequeno tive que interromper minha educação para ir à escola." Não fui capaz de
discutir o assunto com ninguém, porque sentia, sem conseguir explicar, que possivelmente meus argumentos só seriam válidos para mim mesmo.

Tentar convencer meus pais de semelhante loucura quando haviam depositado em mim tantas esperanças e gasto tantos dinheiros que não tinham,
era tempo perdido. Sobretudo meu pai, que teria me perdoado o que fosse,
menos não pendurar na parede um diploma acadêmico qualquer que ele
não conseguiu ter. A comunicação se interrompeu. Quase um ano depois
continuava pensando em ir visitá-lo para expor meus motivos, quando minha mãe apareceu para pedir que eu a acompanhasse para vender a casa. No
entanto, ela não fez nenhuma menção ao assunto até depois da meia-noite
na barcaça, quando sentiu, como uma revelação sobrenatural, que havia
encontrado enfim a ocasião propícia para dizer o que sem dúvida era o
motivo real daquela sua viagem, e começou com a maneira e o tom e as
palavras milimétricas que devem ter amadurecido na solidão de suas insônias muito antes de começar a viajar.

— Seu pai está muito triste — disse ela.

Ali estava, pois, o inferno tão temido. Começava como sempre, quando
menos se esperava, e com uma voz sedante que não haveria de se alterar
diante de coisa alguma. Só para respeitar o ritual, pois conhecia de sobra a
resposta, perguntei:

— E por quê?

— Porque você abandonou os estudos.

— Não abandonei — respondi. — Só mudei de carreira.

A hipótese de uma discussão a fundo levantou o ânimo de minha mãe.

— Seu pai acha que é a mesma coisa — disse ela.

Sabendo que era mentira, eu disse:

— Ele também parou de estudar para ir tocar violino.

— Não é a mesma coisa — respondeu ela com grande vivacidade. —
Ele só tocava violino em festas e serenatas. Se parou de estudar foi porque
não tinha o que comer. Mas em menos de um mês aprendeu telegrafia, que
naquele tempo era uma profissão muito boa, principalmente em Aracataca.

— Eu também vivo de escrever em jornais — disse.

— Você só diz isso para não me matar de tristeza — disse ela. — Mas de longe dá para ver que a sua situação é ruim. Tão ruim que quando nos encontramos na livraria não reconheci você.

— Eu também não reconheci a senhora — falei.

— Mas não pela mesma razão — ela disse. — Eu achei que você era um pedinte. — Olhou minhas sandálias velhas, e acrescentou: — E sem meias.

— É mais cômodo — expliquei. — Duas camisas e duas cuecas: uma no corpo, a outra secando. Do que mais a gente precisa?

— Um pouquinho de dignidade — rebateu. Mas em seguida suavizou o tom: — Digo isso porque gostamos muito de você.

— Eu já sei — disse. — Mas diga uma coisa: no meu lugar, a senhora não ia fazer a mesma coisa?

— Não — respondeu ela —, se fosse contrariar meus pais.

Lembrando da tenacidade com que ela conseguiu forçar a oposição da família para se casar, falei rindo:

— Quero só ver se a senhora se atreve a olhar para mim.

Mas ela evitou meu argumento com seriedade, porque sabia muito bem o que eu estava pensando.

— Não me casei enquanto não tive a bênção de meus pais — disse ela. — Foi meio à força, é verdade, mas consegui.

Interrompeu a discussão, não porque meus argumentos tivessem vencido, mas porque queria ir ao banheiro e desconfiava de suas condições higiênicas. Falei com o contramestre para saber se havia algum lugar mais saudável, mas ele me explicou que também usava o banheiro comum. E concluiu, como se tivesse acabado de ler Conrad: "No mar, somos todos iguais." Portanto, minha mãe submeteu-se à lei de todos. Quando saiu, ao contrário do que eu temia, mal conseguia dominar o riso.

— Imagine só — disse ela —, o que seu pai vai pensar se eu voltar para casa com uma doença de vida vadia?

Passada a meia-noite tivemos um atraso de três horas, pois tampões de anêmonas do canal travaram as hélices, o vapor encalhou num manguezal e muitos passageiros tiveram que puxá-lo das margens com as cordas de suas redes. O calor e os mosquitos tornaram-se insuportáveis, mas minha mãe os driblou com umas rajadas de sonhos instantâneos e intermitentes, já célebres na família, que permitiam que ela descansasse sem perder o fio da conversa. Quando a viagem recomeçou e entrou uma brisa fresca, ela despertou de vez.

— Seja como for — suspirou —, alguma resposta eu preciso levar para o seu pai.

— É melhor a senhora não se preocupar — respondi com a mesma inocência. — Em dezembro vou até lá, e então explico tudo.

— Ainda faltam dez meses — disse ela.

— Não muda nada, porque este ano já não dá para arrumar coisa alguma na universidade — expliquei.

— Você promete mesmo que vai?

— Prometo — disse. E pela primeira vez vislumbrei uma certa ansiedade em sua voz:

— Posso dizer ao seu pai que você vai dizer a ele que vai continuar estudando?

— Não — atalhei. — Isso, não.

Era evidente que ela buscava outra saída. Mas eu não dei nenhuma.

— Então é melhor eu dizer a verdade de uma vez — disse. — Assim não vai parecer que estou enganando alguém.

— Está bem — respondi aliviado. — Diga de uma vez.

Ficamos combinados, e quem não a conhecesse direito teria pensado que tudo terminava assim, mas eu sabia muito bem que era apenas uma trégua para tomar fôlego. Pouco depois adormeceu profundamente. Uma brisa tênue espantou os mosquitos e saturou o ar renovado com um perfume de flores. A barcaça adquiriu então a esbelteza de um veleiro.

Estávamos em plena Ciénaga Grande, outro dos mitos da minha infância. Eu havia navegado por ali várias vezes, quando meu avô, o coronel Nicolás Ricardo Márquez Mejía — que nós, os netos, chamávamos de Papalelo —, me levava de Aracataca a Barranquilla para visitar meus pais. "Não devemos ter medo deste pantanal, e sim respeito", me havia dito, falando dos humores imprevisíveis das suas águas, que podiam muito bem se comportar como um tanque plácido ou como um oceano indômito. Na estação das chuvas o pantanal estava à mercê das tormentas da serra. Entre dezembro e abril, quando o tempo devia ser manso, os alísios do norte atacavam o pantanal com tamanho ímpeto que cada noite era uma aventura. Minha avó materna, Tranquilina Iguarán — Mina —, não se arriscava na travessia a não ser em casos da maior urgência, depois de uma viagem espantosa em que tiveram de buscar refúgio até o amanhecer na desembocadura do Riofrío.

Mas naquela noite, e por sorte, aquilo era um remanso. Nas janelas da proa, onde saí para respirar pouco antes do amanhecer, as luzes dos botes de pesca flutuavam como estrelas na água. Eram incontáveis, e os pescadores invisíveis conversavam como se estivessem de visita, pois as vozes tinham uma ressonância espectral no ar do pantanal. Com os cotovelos na balaustrada do convés, tentando adivinhar o perfil da serra, fui surpreendido de repente pela primeira lanhada da nostalgia.

Em outra madrugada como esta, enquanto atravessávamos a Ciénaga Grande, Papalelo me deixou dormindo no camarote e foi até a cantina. Não sei que horas seriam quando fui acordado pelo alvoroço de multidão que chegava através do zumbido do ventilador enferrujado e o estalar das latas do camarote. Eu não tinha mais do que cinco anos e levei um tremendo susto, mas logo a calma foi restabelecida e achei que tudo tinha sido um sonho. Pela manhã, já no ancoradouro de Ciénaga, meu avô estava fazendo a barba com uma navalha, de porta aberta e com o espelho dependurado no portal. A lembrança é precisa: ainda não havia vestido a camisa, mas tinha sobre a camiseta seus eternos suspensórios elásticos, largos e com listas verdes. Enquanto se barbeava, continuava conversando com um homem que até hoje eu poderia reconhecer à primeira vista. Tinha um perfil de corvo, inconfundível; uma tatuagem de marinheiro na mão direita, e usava dependuradas no pescoço várias correntes de ouro pesado, e pulseiras e munhequeiras, também de ouro, em ambos os pulsos. Eu acabava de me vestir e estava sentado na cama pondo as botas, quando o homem disse ao meu avô:

— Não tenha dúvidas, coronel. O que eles queriam mesmo era jogar o senhor n'água.

Meu avô sorriu sem deixar de se barbear e, com uma altivez que era tão dele, replicou:

— Ainda bem que não se atreveram.

Então entendi o escândalo da noite anterior e me senti muito impressionado com a idéia de que alguém tivesse querido jogar meu avô no mangue.

A lembrança desse episódio jamais esclarecido surpreendeu-me naquela madrugada em que estava indo com minha mãe vender a casa, enquanto contemplava as neves da serra que amanheciam azuis com os primeiros sóis. O atraso no canal nos permitiu ver, em pleno dia, a barra de areias luminosas que mal consegue separar o mar e o mangue, onde havia aldeias de pescadores com as redes postas para secar na praia, e meninos maltratados e esquálidos que jogavam futebol com bolas de trapo. Era impressionante ver nas ruas os muitos pescadores com o braço mutilado por não terem jogado a tempo as barras de dinamite. À passagem do vapor, os meninos começavam a mergulhar atrás das moedas atiradas pelos passageiros.

Eram quase sete em ponto quando atracamos num canto pestilento do mangue, a pouca distância da cidadezinha de Ciénaga. Bandos de carregadores com o lodo até os joelhos nos receberam nos braços e chafurdando nos levaram até o embarcadouro, no meio de uma revoada de urubus que disputavam as imundícies do lodaçal. Tomávamos devagar um reforçado café-da-manhã nas mesas do porto, com as saborosas garoupas do pantanal e fatias fritas de banana verde, quando minha mãe retomou a ofensiva de sua guerra pessoal.

— Então, diga logo de uma vez — falou, sem levantar os olhos — o que eu devo dizer ao seu pai.

Tratei de ganhar tempo para pensar.

— Sobre o quê?

— Sobre a única coisa que interessa a ele — disse ela um pouco irritada: — os seus estudos.

Tive a sorte de que um comensal impertinente, intrigado com a veemência do diálogo, quis saber minhas razões. A resposta imediata de minha mãe não só me intimidou um pouco, mas também me surpreendeu, sempre tão zelosa de sua vida privada.

— É que ele resolveu ser escritor — falou.

— Um bom escritor pode ganhar muito dinheiro — replicou o homem com seriedade. — Principalmente se trabalhar no governo.

Não sei se foi por discrição que minha mãe mudou de assunto, ou por temor aos argumentos do interlocutor imprevisto, mas os dois terminaram compadecendo-se das incertezas da minha geração, e dividindo suas memórias entre si. No final, rastreando nomes de conhecidos comuns, acabaram descobrindo que éramos todos parentes duplos, do lado dos Cotes e dos Iguarán. Naquele tempo, isto nos acontecia com cada duas de três pessoas que encontrávamos na costa caribenha, e minha mãe celebrava sempre como se fosse um acontecimento insólito.

Fomos até a estação numa espécie de charrete, na verdade uma vitória de um cavalo só, talvez a última de uma estirpe lendária já extinta no resto do mundo. Minha mãe ia absorta, olhando a planície árida calcinada pelo salitre que começava no lodaçal do porto e se confundia com o horizonte. Para mim, era um lugar histórico: aos meus três ou quatro anos, durante minha primeira viagem a Barranquilla, meu avô tinha me levado pela mão através daquele imenso baldio ardente, caminhando depressa e sem me dizer para quê, e de repente nos encontramos diante de uma vasta extensão de águas verdes com golfadas de espuma, onde flutuava um mundo inteiro de galinhas afogadas.

— É o mar — ele me disse.

Desencantado, perguntei o que havia na outra margem, e ele respondeu sem nenhuma sombra de dúvida:

— É que do lado de lá não tem margem.

Hoje, depois de tantos mares vistos pelo avesso e pelo direito, continuo pensando que aquela foi mais uma de suas grandes respostas. Acontece que nenhuma de minhas imagens anteriores correspondia àquela imensidão sórdida, em cuja praia de salitre era impossível caminhar no meio da galharada de mangues podres e de lascas de caracol. Era horrível.

Minha mãe devia pensar a mesma coisa do mar de Ciénaga, pois assim que viu esse mar aparecendo à esquerda da charrete, suspirou:

— Não existe mar como o mar de Rioacha!

Foi então que contei a ela minha lembrança das galinhas afogadas e, como ocorria com todos os adultos, ela achou que era uma alucinação da minha infância. Depois continuou contemplando cada lugar que encontrávamos no caminho, e eu sabia o que ela pensava de cada um por causa das mudanças em seu silêncio. Passamos na frente do bairro das casas de tolerância no outro lado da linha do trem, com casinhas coloridas com tetos enferrujados e os velhos papagaios de Paramaribo que, encarapitados em arcos dependurados nos beirais do telhado, chamavam os clientes em português. Passamos pelo tanque onde enchiam de água os radiadores das locomotivas, com a imensa abóbada de ferro onde pássaros migratórios e gaivotas perdidas se refugiavam para dormir. Bordejamos a cidade sem entrar, mas vimos as ruas largas e desoladas, e as casas do antigo esplendor, de um só andar com janelas de corpo inteiro, onde os exercícios de piano se repetiam sem descanso desde o amanhecer. De repente, minha mãe apontou com o dedo.

— Olhe lá — disse. — Foi ali que o mundo se acabou.

Eu acompanhei a direção de seu dedo indicador e vi a estação: um prédio de madeiras descascadas, com telhados de zinco a duas águas e balcões corridos, e na frente uma pracinha árida na qual não podiam caber mais de duzentas pessoas. Foi ali, de acordo com o relato preciso de minha mãe naquele dia, que o exército havia matado em 1928 um número jamais sabido de diaristas dos bananais. Eu conhecia o episódio como se o tivesse vivido, depois de ter ouvido meu avô contá-lo e repeti-lo mil e uma vezes desde que tive memória: o militar lendo o decreto que declarava que os peões em greve eram oficialmente uma quadrilha de malfeitores; os três mil homens, mulheres e crianças imóveis debaixo de um sol bárbaro depois que o oficial deu a todos um prazo de cinco minutos para esvaziar a praça; a ordem de fogo, o repicar das rajadas de cuspidas incandescentes, a multidão encurralada pelo pânico enquanto ia sendo diminuída palmo a palmo, pelas tesouras metódicas e insaciáveis da metralha.

O trem chegava a Ciénaga às nove da manhã, recolhia os passageiros das lanchas e os que baixavam da serra, e prosseguia rumo ao interior da zona bananeira um quarto de hora mais tarde. Minha mãe e eu chegamos à estação pouco depois das oito, mas o trem estava atrasado. E mesmo assim, fomos os únicos passageiros. Ela percebeu assim que entrou no vagão vazio, e exclamou com humor festivo:

— Que luxo! O trem inteirinho só para a gente!

Sempre achei que foi um júbilo fingido para dissimular seu desencanto, pois à primeira vista já se via, no próprio estado dos vagões, os estragos do tempo. Eram os antigos de segunda classe, mas sem assentos de vime nem vidros de subir e descer nas janelas, e com bancos de madeira curtidos pelos fundilhos lisos e calorentos dos pobres. Em comparação com o que tinha sido em outros tempos, não apenas aquele vagão, mas o trem inteiro era um fantasma de si mesmo. Antes tinha três classes. A terceira, onde viajavam os mais pobres, eram os mesmos caixotões de madeira em que transportavam bananas ou as reses de sacrifício, adaptados para passageiros com bancos longitudinais de madeira crua. A segunda classe, com assentos de vime e molduras de bronze. A primeira classe, onde viajava o pessoal do governo e os altos funcionários da companhia bananeira, com tapetes no corredor e poltronas forradas de veludo vermelho que mudavam de posição. Quando viajava o superintendente da companhia, ou sua família, ou seus convidados mais destacados, enganchavam na rabeira do trem um vagão de luxo com janelas de vidros escuros para proteger dos brilhos solares e beirais dourados, e uma varandinha descoberta com mesinhas para viajar tomando chá. Não conheci nenhum mortal que tenha visto por dentro aquela carruagem de fantasia. Meu avô tinha sido prefeito duas vezes e além do mais tinha uma noção alegre de dinheiro, mas só viajava de segunda classe quando ia com alguma mulher da família. E quando perguntavam a ele por que viajava de terceira, respondia: "Porque não existe quarta." No entanto, em outros tempos, o mais memorável do trem tinha sido a pontualidade. Os relógios das aldeias acertavam a hora pelo seu apito.

Naquele dia, por um motivo ou por outro, partiu com uma hora e meia de atraso. Quando se pôs em marcha, muito devagar e com um chiado lúgubre, minha mãe se persignou, mas em seguida voltou à realidade.

— As molas deste trem estão precisando de graxa — disse.

Éramos os únicos passageiros, talvez no trem inteiro, e até aquele momento não havia nada que me causasse um verdadeiro interesse. Mergulhei no torpor de *Luz de agosto*, fumando sem trégua, com rápidas olhadas ocasionais para reconhecer os lugares que íamos deixando para trás. O trem atravessou com um apito longo os terrenos encharcados do pantanal, e entrou a toda velocidade por um trepidante corredor de rochedos vermelhos, onde o estrondo dos vagões se fez insuportável. Mas após uns quinze minutos diminuiu a marcha, entrou com um suspiro sigiloso na penumbra fresca das plantações, e o tempo se fez mais denso e não voltamos a sentir a brisa do mar. Nem precisei interromper a leitura para saber que tínhamos entrado no reino hermético da zona bananeira.

O mundo mudou. Lado a lado da estrada de ferro estendiam-se as avenidas simétricas e intermináveis das plantações, por onde andavam os carros de bois carregados de cachos verdes. De repente, em intempestivos descampados, havia acampamentos de tijolos vermelhos, escritórios com tela nas janelas e ventiladores de grandes hélices dependurados nos tetos, e um hospital solitário num campo de amapolas. Cada rio tinha sua aldeia e sua ponte de ferro por onde o trem passava dando alaridos, e ao seu passo as moças que se banhavam nas águas geladas saltavam como peixes luminosos, para perturbar os viajantes com suas tetas fugazes.

Na cidadezinha de Riofrío subiram várias famílias de *arhuacos* carregadas com mochilas repletas de abacates da serra, os mais apetitosos do país. Percorreram o vagão aos pulinhos, em ambos os sentidos, procurando onde sentar-se, mas quando o trem retomou a marcha só restavam duas mulheres brancas com um menino recém-nascido, e um padre jovem. O menino não parou de chorar o resto da viagem. O padre usava botas e aquele capacete de explorador, uma batina de algodão tosco, cheia de remendos quadrados, como uma vela de barco, e falava enquanto o menino chorava e sempre como se estivesse no púlpito. O tema do sermão era a possibilidade de que a companhia bananeira regressasse. Desde que tinha ido embora não se falava de outra coisa na zona, e as opiniões estavam divididas entre quem queria e quem não queria que voltasse, mas todos tinham certeza dessa volta. O padre estava contra, e argumentou com uma razão tão pessoal que as mulheres acharam um puro disparate:

— Por onde passa, a companhia deixa ruína.

Foi a única coisa original que disse, mas não conseguiu explicar, e a mulher do menino acabou de confundi-lo com o argumento de que não podia ser que Deus estivesse de acordo com ele.

A nostalgia, como sempre, havia apagado as lembranças ruins e aperfeiçoado as boas. Ninguém se salvava de seus estragos. Da janela do vagão viam-se homens sentados na porta de suas casas e bastava olhar suas caras para saber o que esperavam. As lavadeiras nas praias de cal olhavam com a mesma esperança o trem passar. Achavam que cada forasteiro que chegava com sua maleta de homem de negócios era o homem da United Fruit Company que voltava para restabelecer o passado. Em cada encontro, em cada visita, em cada carta surgia, cedo ou tarde, a frase sacramental: "Estão dizendo que a companhia vai voltar." Ninguém sabia quem dizia, nem quando nem por quê, mas ninguém duvidava da afirmação.

Minha mãe achava-se curada de qualquer susto, pois mortos seus pais havia cortado qualquer vínculo com Aracataca. Seus sonhos, porém, a traíam. Quando tinha algum que lhe interessava a ponto de contá-lo no café-da-manhã, porém, estava sempre relacionado com suas saudades da zona bananeira. Sobreviveu às suas épocas mais duras sem vender a casa, com a ilusão de receber por ela até quatro vezes mais quando a companhia voltasse. A pressão insuportável da realidade tinha enfim vencido essa ilusão. Mas quando ouviu o padre dizer no trem que a companhia estava a ponto de regressar, fez um gesto desolado e me disse ao ouvido:

— Pena que a gente não possa esperar um tempinho para vender a casa por mais dinheiro.

Enquanto o padreco falava passamos ao largo de um lugar onde havia uma multidão na praça e uma banda de música tocava num coreto alegre debaixo de um sol esmagador. Todos aqueles povoados sempre me pareceram iguais. Quando Papalelo me levava ao cinema Olympia de dom Antonio Daconte, novinho em folha, eu notava que as estações dos filmes de vaqueiros eram parecidas às do nosso trem. Mais tarde, quando comecei a ler Faulkner, também os povoados de seus romances me pareciam iguais aos nossos. E aquilo não deveria surpreender ninguém, pois tinham sido construídos debaixo da inspiração messiânica da United Fruit Company, com o mesmo estilo provisório de acampamento de passagem. Eu recordava todos eles com a igreja na praça e as casinhas de contos de fadas pintadas nas cores primárias. Recordava as quadras de diaristas negros cantando ao entardecer, os galpões das fazendas onde os peões sentavam-se para ver passar o trem de carga, as cercas onde amanheciam os peões do bananal decapitados nas bebedeiras dos sábados. Recordava as cidades privadas dos gringos em Aracataca e Sevilla, do outro lado da estrada de ferro, cercadas com grades metálicas como enormes galinheiros eletrificados que nos dias frescos de verão amanheciam negras de andorinhas torradas. Recordava seus lentos prados azuis com pavões e codornas, as residências com tetos vermelhos e janelas com telas e mesinhas redondas com cadeiras dobráveis para comer nos terraços, entre palmeiras e roseirais empoeirados. Às vezes, através da cerca de arame, viam-se mulheres belas e lânguidas, com trajes de musselina e grandes chapéus de tule, que cortavam as flores de seus jardins com tesouras de ouro.

Já na minha infância não era fácil distinguir uns povoados de outros. Vinte anos depois era mais difícil ainda, porque nos pórticos das estações tinham caído as plaquinhas com nomes idílicos — Tucurinca, Guamachito, Neerlandia, Guacamayal — e todos eram mais desolados que na memória. O trem se deteve em Sevilla, lá pelas onze e meia da manhã, para trocar de locomotiva e abastecer-se de água durante quinze minutos intermináveis. Ali começou o calor. Quando retomou a marcha, a nova locomotiva nos mandava em cada volta uma rajada de cisco que entrava pela janela sem vidros e nos deixava cobertos de uma neve negra. O padre e as mulheres tinham desembarcado em algum povoado sem que percebêssemos, e aquilo agravou minha impressão de que minha mãe e eu viajávamos sozinhos num trem de ninguém. Sentada na minha frente, olhando pela janelinha, ela cabeceou dois ou três sonhos, mas despertou de repente e me soltou uma vez mais a pergunta temível:

— E então, o que é que eu digo ao seu pai?

Eu achava que ela não ia se render jamais, à procura de um flanco pelo qual quebrar minha decisão. Pouco antes tinha sugerido algumas formas de compromisso que descartei sem argumentos, mas sabia que sua retirada não seria longa. Mesmo assim, esta nova tentativa me apanhou de surpresa. Preparado para outra batalha estéril, respondi com mais calma que nas vezes anteriores:

— Diga a ele que a única coisa que eu quero na vida é ser escritor, e que vou ser.

— Ele não se opõe a que você seja o que quiser ser — disse ela —, desde que tenha um diploma, qualquer um.

Falava sem olhar para mim, fingindo interessar-se menos em nosso diálogo que na vida que passava pela janela.

— Não sei por que tanta insistência, se a senhora sabe muito bem que não vou me render — disse a ela.

No mesmo instante olhou-me nos olhos e perguntou intrigada:

— E por que você acha que eu sei disso?

— Porque a senhora e eu somos iguais.

O trem fez uma parada numa estação sem povoado, e pouco depois passou na frente da única fazenda bananeira do caminho que tinha o nome escrito no portal: *Macondo*. Esta palavra tinha chamado a minha atenção desde as primeiras viagens com meu avô, mas só depois de adulto descobri que gostava da sua ressonância poética. Nunca a ouvi de ninguém, nem sequer me perguntei o seu significado. Já a tinha usado em três livros como nome de um povoado imaginário, quando soube numa enciclopédia qualquer que é uma árvore do trópico parecida à paineira, que não produz flores nem frutos, e cuja madeira esponjosa serve para fazer canoas e esculpir utensílios de cozinha. Mais tarde descobri na Enciclopédia Britânica que em Tanganica existe a etnia errante dos *makondos* e pensei que aquela poderia ser a origem da palavra. Mas nunca investiguei isso nem conheci a árvore, pois muitas vezes perguntei por ela na zona bananeira e ninguém soube me dizer nada. Talvez não tenha existido jamais.

O trem passava às onze pela fazenda Macondo, e dez minutos depois detinha-se em Aracataca. No dia em que eu ia com minha mãe vender a casa, passou com uma hora e meia de atraso. Eu estava no banheiro quando começou a acelerar e entrou pela janela quebrada um vento ardente e seco, revolto com o estrépito dos velhos vagões e o apito apavorado da locomotiva. O coração dava saltos em meu peito e uma náusea glacial gelou minhas entranhas. Saí correndo, empurrado por um pavor semelhante ao que se sente com um terremoto, e encontrei minha mãe imperturbável em seu posto, enumerando em voz alta os lugares que via passar pela janela como rajadas instantâneas da vida que foi e que não tornaria a ser nunca mais.

— Estes são os terrenos que venderam a papai com a lorota de que havia ouro — disse.

Passou como uma exalação a casa dos professores adventistas, com seu jardim florido e um letreiro no portal: *The sun shines for all.*

— Foi a primeira coisa que você aprendeu em inglês — disse minha mãe.

— A primeira, não — respondi: — a única.

Passou a ponte de cimento e o açude com suas águas turvas, do tempo em que os gringos desviaram o rio para levá-lo às suas plantações.

— O bairro das mulheres da vida, onde os homens amanheciam dançando a *cumbiamba* com maços de dinheiro pegando fogo em vez de velas acesas — disse ela.

Os bancos na calçada da avenida, as amendoeiras enferrujadas pelo sol, o parque da escolinha montessoriana onde aprendi a ler. Por um instante, a imagem total do povoado no luminoso domingo de fevereiro resplandeceu na janela do trem.

— A estação! — exclamou minha mãe. — O mundo mudou tanto que ninguém mais espera o trem.

Então a locomotiva acabou de apitar, diminuiu a marcha e se deteve com um lamento longo. A primeira coisa que me impressionou foi o silêncio. Um silêncio material que eu seria capaz de identificar com os olhos vendados entre todos os outros silêncios do mundo. A reverberação do calor era tão intensa que tudo era visto como se fosse através de um vidro ondulante. Até onde a vista alcançava não havia memória alguma da vida humana, nem nada que não estivesse coberto pelo orvalho tênue de um pó ardente. Minha mãe ainda ficou uns minutos no assento, olhando o povoado morto e estendido nas ruas desertas, e finalmente exclamou apavorada:

— Meu Deus!

Foi a única coisa que disse antes de descer.

Enquanto o trem permaneceu ali tive a sensação de que não estávamos completamente sozinhos. Mas quando arrancou, com um apito instantâneo e cortante, minha mãe e eu ficamos desamparados debaixo do sol infernal e todo o pesar do povoado despencou em cima de nós. Mas não nos dissemos nada. A velha estação de madeira e teto de zinco, com seu balcão corrido, era como uma versão tropical das que conhecíamos nos filmes de vaqueiro. Atravessamos a estação abandonada cujas lajotas começavam a se quebrar pela pressão da grama, e mergulhamos no marasmo da sesta buscando sempre a proteção das amendoeiras.

Desde criança eu detestava aquelas sestas inertes porque não sabíamos o que fazer. "Calados, que estamos dormindo", sussurravam os dormentes sem despertar. Os armazéns, as repartições públicas, as escolas, fechavam ao meiodia e não tornavam a abrir até um pouco antes das três. O interior das casas ficava flutuando num limbo de torpor. Em algumas era tão insuportável que os habitantes dependuravam as redes nos quintais ou encostavam tamboretes à sombra das amendoeiras e dormiam a sesta em plena rua. Só permaneciam abertos o hotel em frente da estação, seu bar e seu salão de bilhar, e o posto do telégrafo atrás da igreja. Tudo era idêntico às lembranças, só que mais reduzido e pobre, e arrasado por um vendaval de fatalidade: as mesmas casas carcomidas, os tetos de zinco perfurados pela ferrugem, o calçadão com os escombros dos bancos de granito e as amendoeiras tristes, e tudo transfigurado por aquele pó invisível e ardente que enganava a vista e calcinava a pele. O paraíso privado da companhia bananeira, do outro lado da estrada de ferro, já sem a cerca de arame eletrificada, era um vasto matagal sem palmeiras, com casas destruídas entre amapolas e os escombros do hospital incendiado. Não havia uma porta, uma greta de um muro, um rastro humano que não tivesse dentro de mim uma ressonância sobrenatural.

Minha mãe caminhava muito ereta, com seu passo ligeiro, suando um pouco dentro do traje fúnebre e num silêncio absoluto, mas sua palidez mortal e seu perfil afiado delatavam o que acontecia dentro dela. No final do calçadão vimos o primeiro ser humano: uma mulher miúda, de aspecto empobrecido, que apareceu na esquina da rua Jacobo Beracaza e passou ao nosso lado com uma panelinha de estanho cuja tampa mal colocada marcava o compasso de seu caminhar. Minha mãe me sussurrou sem olhar para ela:

— É a Vita.

Eu a havia reconhecido. Trabalhou desde menina na cozinha de meus avós, e por mais que tivéssemos mudado ela nos teria reconhecido, se houvesse se dignado a olhar para nós. Mas não: passou em outro mundo. Ainda hoje me pergunto se Vita não morreu muito antes daquele dia.

Ao dobrarmos a esquina, o pó queimava meus pés através do tecido das sandálias. A sensação de desamparo tornou-se insuportável para mim. Então me vi e vi minha mãe, do jeito que quando eu era menino vi a mãe e a irmã do ladrão que María Consuegra tinha matado com um tiro uma semana antes, quando tratava de forçar a porta de sua casa.

Às três da madrugada ela havia despertado com o ruído de alguém que, do lado de fora, tentava forçar a porta da rua. Levantou sem acender a luz, buscou às apalpadelas no guarda-roupa um revólver arcaico que ninguém havia disparado desde a Guerra dos Mil Dias e localizou na escuridão não apenas o lugar onde estava a porta mas também a altura exata da fechadura. Então apontou a arma com as duas mãos, fechou os olhos e apertou o gatilho. Nunca havia disparado antes, mas o tiro acertou o alvo através da porta.

Foi o primeiro morto que eu vi. Quando passei para a escola às sete da manhã o corpo ainda estava estendido na calçada sobre uma mancha de sangue seco, com o rosto arrebentado pelo chumbo que lhe desfez o nariz e saiu por uma orelha. Tinha uma camiseta de marinheiro com listas coloridas, calças ordinárias com um cordão de pano em vez de cinturão, e estava descalço. Ao seu lado, no chão, encontraram a gazua artesanal com a qual tinha tentado forçar a fechadura.

Os notáveis do povoado acudiram à casa de María Consuegra para dar-lhe os pêsames por ter matado o ladrão. Fui com Papalelo naquela noite, e a encontramos sentada numa poltrona filipina que parecia um enorme pavão de junco, em meio ao fervor dos amigos que escutavam a história mil vezes repetida. Todos concordavam com ela que o disparo tinha sido feito de puro medo. Foi então que meu avô perguntou se ela havia ouvido alguma coisa depois do disparo, e María respondeu que tinha sentido primeiro um grande silêncio, depois o ruído metálico da gazua ao cair no cimento do chão e em seguida uma voz mínima e dolorida: "Ai, minha mãe!" Ao que parece, María Consuegra não tinha tomado consciência desse lamento devastador até meu avô fazer a pergunta. Só então desandou a chorar.

Isso aconteceu numa segunda-feira. Na terça da semana seguinte, na hora da sesta, eu estava jogando pião com Luis Carmelo Correa, o amigo mais antigo da minha vida, quando fomos surpreendidos pelos que despertavam antes da hora e apareciam nas janelas. Então vimos na rua deserta uma mulher de luto fechado com uma menina de uns doze anos que levava um ramo de flores murchas envolvido num jornal. Protegiam-se do sol abrasante com um guarda-chuva negro, alheias por completo à impertinência das pessoas que as viam passar. Eram a mãe e a irmã menor do ladrão morto, e levavam flores para a tumba.

Aquela visão me perseguiu durante anos, como um sonho unânime que o povoado inteiro viu passar pelas janelas, até que consegui exorcizá-la em um conto. Mas a verdade é que não tomei consciência do drama da mulher e da menina, nem de sua dignidade imperturbável, até o dia em que fui com minha mãe vender a casa e me surpreendi a mim mesmo caminhando pela mesma rua solitária à mesma hora mortal.

— Eu me sinto como se fosse o ladrão — disse.

Minha mãe não me entendeu. E mais: quando passamos na frente da casa de María Consuegra nem mesmo olhou a porta onde ainda se notava o remendo da madeira no buraco do tiro. Anos depois, rememorando com ela aquela viagem, comprovei que se lembrava da tragédia, mas que teria dado a alma para esquecê-la. Isto ficou ainda mais evidente quando passamos na frente da casa aonde morou dom Emilio, mais conhecido como o Belga, um veterano da primeira guerra mundial que tinha perdido o uso de ambas as pernas num campo minado da Normandia, e que num domingo de Pentecostes se pôs à salvo dos tormentos da memória com um defumador de cianureto de ouro. Eu não tinha mais do que seis anos, mas recordo como se tivesse sido ontem o turbilhão provocado pela notícia às sete da manhã. Foi tão memorável, que quando voltávamos ao povoado para vender a casa, minha mãe finalmente rompeu seu mutismo, após vinte anos.

— Coitado do Belga — suspirou. — Conforme você mesmo disse, nunca mais tornou a jogar xadrez.

Nosso propósito era ir direto até a casa. No entanto, quando estávamos a apenas um quarteirão, minha mãe se deteve de repente e dobrou pela esquina anterior.

— É melhor a gente ir por aqui — disse. E quando quis saber por quê, respondeu: — Porque tenho medo.

Foi assim que também fiquei sabendo a razão da minha náusea: era medo, e não apenas de enfrentar meus fantasmas, mas medo de tudo. Portanto, seguimos por uma rua paralela para fazer um volteio cujo único motivo era não passar na freñte da nossa casa. "Eu não teria coragem de vê-la sem antes falar com alguém", minha mãe me diria mais tarde. E assim foi. Quase que me arrastando atrás dela, entrou sem nenhum aviso na botica do doutor Alfredo Barboza, uma casa de esquina a menos de cem passos da nossa.

Adriana Berdugo, a esposa do doutor, estava costurando tão distraída em sua primitiva Domestic de manivela, que não sentiu quando minha mãe chegou na frente dela e disse quase com um sussurro:

— Comadre.

Adriana ergueu a vista exausta pelos grossos óculos para vista cansada, tirou-os, vacilou um instante, e se levantou de um salto com os braços abertos e um gemido:

— Ai, comadre!

Minha mãe já estava atrás do balcão, e sem se dizerem mais nada abraçaram-se aos prantos. Eu fiquei olhando-as do lado de fora do balcão, sem saber o que fazer, estremecido pela certeza de que aquele longo abraço de lágrimas caladas era algo irreparável que estava ocorrendo para sempre na minha própria vida.

Aquela havia sido a melhor botica nos tempos da companhia bananeira, mas do antigo estoque de frascos não restavam nos armários sisudos nada além de uns quantos potes de louça marcados com letras douradas. A máquina de costura, o almofariz, o caduceu — a insígnia símbolo da medicina —, o relógio de pêndulo ainda vivo, a gravura de linóleo do juramento de Hipócrates, as cadeiras de balanço caindo aos pedaços, todas as coisas que eu tinha visto quando menino continuavam sendo as mesmas e estavam em seus mesmos lugares, mas transfiguradas pela ferrugem do tempo.

A própria Adriana era uma vítima. Embora usasse como antes um vestido de grandes flores tropicais, já quase não se notavam mais sinais dos seus ímpetos e da picardia que tinham feito com que fosse célebre mesmo quando já estava bem avançada na maturidade. A única coisa intacta à sua volta era o perfume de valeriana, que enlouquecia os gatos e que continuei evocando pelo resto da minha vida com um sentimento de naufrágio.

Quando Adriana e minha mãe ficaram sem lágrimas, ouviu-se uma tosse espessa e breve atrás do tabique de madeira que nos separava dos fundos da loja. Adriana recobrou algo de sua graça de outra época e falou para ser ouvida através do tabique.

— Doutor — disse ela —, adivinha quem está aqui.

Do outro lado, uma voz granulosa de homem duro perguntou sem nenhum interesse:

— Quem?

Adriana não respondeu, mas fez sinais para que passássemos para os fundos da botica. Um terror da infância me paralisou em seco e minha boca naufragou em uma saliva lívida, mas entrei com minha mãe no espaço minguado que antes foi laboratório de botica e tinha sido ajeitado como dormitório de emergência. Lá estava o doutor Alfredo Barboza, mais velho que todos os homens e todos os animais velhos da terra e da água, estendido de barriga para cima em sua eterna rede de bardana, sem sapatos, e com seu lendário pijama de algodão cru que mais parecia uma túnica de penitente. Tinha os olhos fixos no teto, mas quando nos sentiu entrar girou a cabeça e mirou em nós seus diáfanos olhos amarelos, até acabar de reconhecer minha mãe.

— Luisa Santiaga! — exclamou.

Sentou-se na rede com uma fadiga de móvel antigo, incorporou-se por completo e cumprimentou-nos com um apertão rápido de sua mão ardente. Ele notou minha impressão, e me disse: "Faz um ano que tenho uma febre essencial." Então abandonou a rede, sentou-se na cama e nos disse num fôlego só:

— Vocês nem imaginam o que este povoado teve de suportar.

Aquela frase solitária, que resumiu uma vida inteira, bastou para que eu o visse como talvez sempre foi: um homem solitário e triste. Era alto, esquálido, com uma bela cabeleira metálica cortada de qualquer jeito e uns olhos amarelos e intensos que tinham sido o mais terrível dos terrores da minha infância. Pelas tardes, quando voltávamos da escola, subíamos na janela de seu dormitório atraídos pela fascinação do medo. Lá estava ele, balançando em sua rede com fortes movimentos para espantar o calor. O jogo consistia em olhar fixo para ele até que ele percebia e se virava para nos olhar de repente com seus olhos ardentes.

Eu o tinha visto pela primeira vez aos meus cinco ou seis anos, certa manhã em que me infiltrei no quintal de sua casa com outros companheiros de escola para roubar mangas enormes de suas árvores. De repente abriu-se a porta do banheiro de tábuas construído num canto do quintal, e ele saiu amarrando as cuecas de algodão. Foi como uma aparição do outro mundo num camisolão branco de hospital, pálido e ossudo, e aqueles olhos amarelos que nem os de um cão do inferno que me olharam para sempre. Os outros escaparam pelo portãozinho, mas eu fiquei petrificado por seu olhar imóvel. Viu as mangas que eu tinha acabado de arrancar da árvore e estendeu-me a mão.

— Dá aqui! — mandou, e depois, olhando-me de corpo inteiro com um grande desprezo, acrescentou: — Ladrãozinho de quintal.

Atirei as mangas aos seus pés e escapei apavorado.

Foi meu fantasma pessoal. Quando andava sozinho dava uma volta enorme para não passar pela sua casa. Se estava com adultos, mal me atrevia a dar uma olhadela furtiva na direção da botica. Via Adriana condenada à prisão perpétua na máquina de costura atrás do balcão, e via o doutor Barboza pela janela do dormitório balançando com força na rede, e essa simples olhadela me deixava com a pele arrepiada.

Ele havia chegado ao povoado no começo do século, entre os incontáveis venezuelanos que conseguiram escapar do despotismo feroz de Juan Vicente Gómez pela fronteira de La Guajira. Tinha sido um dos primeiros arrastados por duas forças contrárias: a ferocidade do déspota em seu país e a ilusão da bonança bananeira no nosso. Desde a sua chegada agradou por causa de seu olho clínico — assim se dizia naquela época — e pelas boas maneiras de sua alma. Foi um dos amigos mais assíduos da casa de meus avós, onde a mesa estava sempre posta sem que se soubesse quem chegaria no trem. Minha mãe foi madrinha de seu filho mais velho, e meu avô ensinou-o a voar com suas primeiras asas. Cresci entre eles, como continuei depois crescendo entre os exilados da guerra civil espanhola.

Os últimos vestígios do medo que aquele pária esquecido me causava quando eu era menino se dissiparam de repente, quando minha mãe e eu, sentados ao lado de sua cama, escutávamos os pormenores da tragédia que tinha se abatido sobre a população. Tinha um poder de evocação tão intenso que cada coisa que contava parecia fazer-se visível no quarto abafado de calor. A origem de todas as desgraças, é claro, tinha sido a matança dos trabalhadores pela força pública, mas ainda persistiam dúvidas sobre a verdade histórica: três mortos ou três mil? Talvez não tenham sido tantos, ele disse, mas cada um aumentava a cifra de acordo com sua própria dor. Agora a companhia tinha ido embora de uma vez e para sempre.

— Os gringos não voltam nunca mais — concluiu.

A única coisa certa era que levaram tudo: o dinheiro, as brisas de dezembro, a faca de cortar pão, o trovão das três da tarde, o aroma dos jasmins, o amor. Só ficaram as amendoeiras empoeiradas, as ruas reverberantes, as casas de madeira e tetos de zinco enferrujado com suas pessoas taciturnas, devastadas pelas lembranças.

A primeira vez que o doutor olhou para mim naquela tarde foi ao me ver surpreendido pela crepitação como de gotas de chuva dispersas no teto de zinco. "São os urubus", disse ele. "Ficam o dia inteiro caminhando pelos tetos." Depois apontou com um dedo lânguido a porta fechada, e concluiu:

— De noite é pior, porque dá para sentir que os mortos andam soltos pela rua.

Convidou-nos para almoçar e não havia nenhum inconveniente, pois a questão da nossa casa só precisava ser formalizada. Os próprios inquilinos seriam os compradores, e os pormenores tinham sido combinados por telegrama. Teríamos tempo?

— De sobra — disse Adriana. — Agora não se sabe mais nem quando o trem volta.

E assim dividimos com eles uma comida da roça, cuja simplicidade não tinha nada a ver com a pobreza e sim com uma dieta de sobriedade que ele exercia e predicava não apenas para a mesa mas para todos os atos de sua vida. Assim que provei a sopa tive a sensação de que um mundo inteiro adormecido despertava na minha memória. Sabores que tinham sido meus na infância e que eu havia perdido desde que saí do povoado reapareciam intactos em cada colherada e me apertavam o coração.

Desde o começo da conversa me senti diante do doutor com a mesma idade que tinha quando debochava dele pela janela, por isso me intimidei quando ele se dirigiu a mim com a seriedade e o afeto com que falava à minha mãe. Quando menino, em situações difíceis, eu tratava de dissimular meu susto com um pestanejar rápido e contínuo. Aquele reflexo incontrolável voltou de chofre quando o doutor olhou para mim. O calor tinha se tornado insuportável. Permaneci à margem da conversa durante algum tempo, me perguntando como era possível que aquele ancião afável e nostálgico tivesse sido o pavor da minha infância. De repente, após uma longa pausa e por uma referência banal, olhou-me com um sorriso de avô.

— Quer dizer então que você é o grande Gabito — disse. — O que você está estudando?

Dissimulei meu desconcerto com um relato espectral de meus estudos: curso completo e bem qualificado num colégio interno oficial, dois anos e alguns meses de direito caótico, jornalismo empírico. Minha mãe me ouviu e em seguida procurou o apoio do doutor.

— Imagine só, compadre — disse ela —, ele quer ser escritor.

Os olhos do doutor resplandeceram em seu rosto.

— Que maravilha, comadre! — disse. — É um presente dos céus! — Virou-se para mim: — Poesia?

— Romance e contos — respondi, com a alma num fio.

Ele se entusiasmou:

— Já leu *Doña Bárbara*?

— Claro — respondi —, e quase tudo mais que Rómulo Gallegos escreveu.

Como que ressuscitado por um entusiasmo súbito ele nos contou que o havia conhecido numa conferência que Gallegos fez em Maracaibo, e achou-o um autor digno de seus livros. A verdade é que naquele momento, com minha febre de quarenta graus provocada pelas sagas do Mississípi, eu começava a descobrir as falhas nos romances vernáculos. Mas a comunicação tão fácil e cordial com o homem que tinha sido o pavor da minha infância me parecia um milagre, e preferi participar de seu entusiasmo. Falei de "A Girafa" — minha coluna diária no *El Heraldo* — e adiantei a exclusiva novidade de que muito em breve pensávamos publicar uma revista na qual depositávamos profundas esperanças. Já mais seguro, contei o projeto e até antecipei o nome: *Crónica*.

Ele me examinou de alto a baixo.

— Não sei como é que você escreve — me disse —, mas já está falando como escritor.

Minha mãe se apressou a explicar a verdade: ninguém se opunha a que eu fosse escritor, desde que fizesse uma carreira universitária que me desse um chão firme. O doutor minimizou tudo, e falou da carreira de escritor. Ele também gostaria de ter sido escritor, mas seus pais, com os mesmos argumentos de minha mãe, obrigaram-no a estudar medicina depois de fracassarem na idéia de torná-lo militar.

— Pois veja só, comadre — concluiu. — Médico eu sou, e cá estou, sem saber quantos de meus enfermos morreram pela vontade de Deus e quantos morreram por causa dos meus remédios...

Minha mãe sentiu que estava perdida.

— O pior de tudo — disse ela — é que parou de estudar Direito depois de todos os sacrifícios que fizemos para sustentá-lo.

O doutor, pelo contrário, achou que era uma prova esplêndida de uma vocação arrasadora: a única que tinha capacidade para desafiar o amor. E em especial a vocação artística, a mais misteriosa de todas, à qual se consagra uma vida inteira sem esperar nada em troca.

— É algo que a gente traz dentro desde que nasce e contrariá-lo é a pior atitude — disse ele. E arrematou com um encantador sorriso de maçom incorrigível: — Algo assim como a vocação para padre.

Fiquei alucinado pela forma com que explicou o que eu não tinha jamais conseguido. Minha mãe deve ter concordado, porque me contemplou com um silêncio lento, e se rendeu à própria sorte.

— Qual vai ser a melhor maneira de dizer tudo isso ao seu pai? — me perguntou.

— Exatamente do jeito que a gente acabou de ouvir — respondi.

— Não, assim não vai adiantar — disse ela. E depois de outra reflexão, concluiu: — Mas não se preocupe, que eu vou dar um jeito de dizer.

Não sei o que ela fez, se de uma forma ou de outra, mas ali mesmo o debate acabou. O relógio cantou as horas com duas badaladas como duas gotas de vidro. Minha mãe se sobressaltou. "Deus do céu", disse ela. "Esqueci o que a gente veio fazer." E levantou-se:

— Temos que ir.

A primeira visão da casa, na calçada do outro lado da rua, tinha muito pouco a ver com minha memória, e nada com minhas nostalgias. Tinham sido cortadas pela raiz as duas amendoeiras tutelares que durante anos foram um sinal de indiscutível identidade e a casa ficou à intempérie. O que sobrava debaixo do sol de fogo não tinha mais do que trinta metros de fachada: metade de alvenaria e teto de telhas que faziam pensar numa casa de bonecas, e a outra metade de madeira bruta, sem lixar. Minha mãe bateu muito de leve na porta fechada, depois mais forte, e perguntou pela janela:

— Tem alguém aí?

A porta se entreabriu muito devagar e uma mulher perguntou na penumbra:

— O que deseja?

Minha mãe respondeu com uma autoridade talvez inconsciente:

— Sou Luisa Márquez.

Então a porta da rua acabou de se abrir, e uma mulher vestida de luto, ossuda e pálida, nos olhou como se estivesse em outra vida. No fundo da sala, um homem mais velho balançava-se numa poltrona de inválido. Eram os inquilinos, que depois de muitos anos tinham proposto comprar a casa, mas nem eles tinham aspecto de compradores nem a casa estava em estado de interessar a ninguém. De acordo com o telegrama que minha mãe tinha recebido, os inquilinos concordavam em pagar à vista a metade do preço, contra recibo assinado por ela, e pagariam o resto quando fossem lavradas as escrituras no decorrer daquele ano, mas ninguém recordava que houvesse uma visita prevista. Depois de uma longa conversa de surdos, a única coisa que ficou clara foi que não havia acordo algum. Sufocada pela insensatez e pelo calor infame, banhada em suor, minha mãe deu uma olhada à sua volta, e com um suspiro deixou escapar:

— A coitada dessa casa está nas últimas — disse.

— Pior — disse o homem: — se ainda não desmoronou em cima da gente é porque gastamos um bocado para mantê-la.

Tinham uma lista de consertos pendentes, além de outros que haviam deduzido do aluguel, até chegar ao ponto de que nós é que devíamos dinheiro a eles. Minha mãe, que sempre foi de lágrima fácil, era também capaz de uma inteireza temível para enfrentar as armadilhas da vida. Discutiu bem, mas não intervim porque desde o primeiro tropeço compreendi que a razão estava com os compradores. Nada ficava claro no telegrama sobre a data e o modo da venda, mas entendia-se que deveria ser fechada. Era uma situação típica da vocação da família de fazer tudo na base da hipótese. Eu podia imaginar como tinha sido a decisão, na mesa do almoço, e no mesmo instante em que o telegrama chegou. Sem me incluir na conta, eram dez irmãos com os mesmos direitos. No final minha mãe reuniu uns pesos daqui e outros dali, fez sua maleta de escolar e viajou sem outros recursos além dos da passagem de volta.

Minha mãe e a inquilina repassaram tudo outra vez, desde o começo, e em menos de meia hora tínhamos chegado à conclusão de que não haveria negócio. Entre outras razões insolúveis, porque não lembrávamos de uma hipoteca que pesava sobre a casa e que só foi resolvida muitos anos mais tarde, quando finalmente se concretizou a venda. Portanto, quando a inquilina tratou de repetir uma vez mais o mesmo argumento vicioso, minha mãe cortou pela raiz com sua altivez inapelável.

— A casa não está à venda — disse ela. — Vamos fazer de conta que aqui nascemos e aqui morremos nós todos.

No resto da tarde, enquanto não chegava o trem da volta, ficamos recolhendo nostalgias na casa fantasmagórica. Era toda nossa, mas só estava funcionando a parte alugada, que dava para a rua, onde antes ficavam os escritórios de meu avô. O resto era uma carapaça de tabiques carcomidos e tetos de zinco enferrujado à mercê dos lagartos. Minha mãe, petrificada no umbral, exalou uma exclamação terminal:

— Esta aqui não é a casa!

Mas não disse qual. É que durante a minha infância ela era descrita de tantas maneiras que eram pelo menos três casas que mudavam de forma e de sentido, conforme quem estivesse descrevendo. A original, pelo que ouvi de minha avó com sua maneira depreciativa, era um rancho de índios. A segunda, construída por meus avós, era de pau-a-pique e tetos de palma amarga, com uma salinha ampla e bem iluminada, uma sala de jantar na forma de varanda com flores de cores alegres, dois dormitórios, um quintal com uma castanheira gigantesca, uma horta bem plantada e um curral onde os bodes viviam em comunidade pacífica com os porcos e as galinhas. De acordo com a versão mais freqüente, esta casa foi reduzida a cinzas por um rojão que caiu no telhado de palma durante as celebrações de um 20 de julho, dia da Independência de sabe-se lá que ano de tantas guerras. A única coisa que sobrou foram os pisos de cimento e o bloco de duas peças com uma porta para a rua, onde ficaram os escritórios nas muitas vezes em que Papalelo foi funcionário público.

Sobre os escombros ainda quentes a família construiu seu refúgio definitivo. Uma casa linear de oito cômodos sucessivos, ao longo de um corredor com uma mureta de begônias onde as mulheres da família sentavam-se para bordar e conversar na fresca da tarde. Os quartos eram simples e não se diferenciavam entre si, e só precisei dar uma olhada para perceber que em cada um de seus incontáveis detalhes havia um instante crucial da minha vida.

O primeiro cômodo servia de sala de visitas e escritório particular do meu avô. Tinha uma escrivaninha de cortina, uma poltrona giratória de molas, um ventilador elétrico e um livreiro vazio com um único livro enorme e descosturado: o dicionário da língua. Depois estava a oficina de ourivesaria onde meu avô passava suas melhores horas fabricando os peixinhos de ouro de corpo articulado e minúsculos olhos de esmeraldas, que davam a ele mais prazer que dinheiro. Ali foram recebidos alguns personagens dignos de nota, sobretudo políticos, desempregados públicos, veteranos de guerras. Entre eles, em ocasiões diferentes, dois visitantes históricos: os generais Rafael Uribe Uribe e Benjamín Herrera, que almoçaram com nossa família. No entanto, o que minha avó lembrou de Uribe Uribe pelo resto da vida foi sua sobriedade na mesa: "Comia feito um passarinho."

O espaço comum do escritório e da oficina de prataria era vedado às mulheres, em nome da nossa cultura caribenha, da mesma forma que os bares do povoado proibiam sua entrada em nome da lei. Com o tempo, aquele espaço acabou virando quarto de hospital, onde morreu a tia Petra e arrastou os últimos meses de uma longa doença Wenefrida Márquez, irmã de Papalelo. A partir daquele ponto começava o paraíso hermético das muitas mulheres residentes e ocasionais que passaram pela casa durante a minha infância. Eu fui o único homem a desfrutar dos privilégios dos dois mundos.

A sala de jantar era apenas um trecho alargado do corredor avarandado onde as mulheres da casa se sentavam para costurar, e uma mesa para dezesseis comensais, previstos ou inesperados, que chegavam todos os dias no trem do meio-dia. Minha mãe contemplou os canteiros quebrados das begônias, as ervas daninhas apodrecidas e o tronco do jasmineiro carcomido pelas formigas, e recuperou o fôlego.

— Às vezes não conseguíamos respirar por causa do perfume quente dos jasmins — disse ela, olhando o céu deslumbrante, e suspirou com toda a alma.

— Mas do que mais sinto falta desde então é do trovão das três da tarde.

Fiquei impressionado, porque eu também recordava o estampido único que nos despertava da sesta como se fosse uma chuvarada de pedras, mas nunca tive consciência de que só acontecesse às três.

Depois do corredor havia uma saleta reservada para receber pessoas em ocasiões especiais, pois as visitas cotidianas eram atendidas com cerveja gelada no escritório, quando eram homens, ou no corredor das begônias, quando eram mulheres. Ali começava o mundo mítico dos dormitórios. Primeiro o dos avós, com uma porta grande para o jardim, e uma talha de flores de madeira com a data da construção: 1925. E foi também ali, sem nenhum aviso prévio, que minha mãe me fez a surpresa menos esperada com uma ênfase triunfal:

— Aqui você nasceu!

Até aquele instante eu não sabia, ou tinha esquecido, mas no quarto seguinte encontramos o berço onde dormi até meus quatro anos, e que minha avó conservou para sempre. Eu tinha me esquecido dele, mas assim que vi o berço lembrei de mim mesmo com o macacão de florezinhas azuis que tinha acabado de estrear, e chorando aos berros para que alguém acudisse para me tirar as fraldas embarradas de caca. Mal podia me manter em pé agarrado às grades do berço, tão pequeno e frágil como o cestinho de Moisés. Aquilo tinha sido motivo freqüente de discussões e piadas de parentes e amigos, que achavam que minha angústia daquele dia era demasiado racional para uma idade tão curta. E mais ainda quando insisti que o motivo da minha ansiedade não era propriamente o asco de minhas próprias misérias, mas o medo de que o macacão novo ficasse sujo. Ou seja, não se tratava de um preconceito de higiene e sim de uma contrariedade estética, e pela forma em que perdura na minha memória acho que foi minha primeira vivência de escritor.

Naquele dormitório também havia um altar com santos de tamanho humano, mais realistas e tenebrosos que os da Igreja. Foi ali que sempre dormiu a tia Francisca Simodosea Mejía, uma prima-irmã de meu avô que nós chamávamos de tia Mama, que morava na casa como dona e senhora desde que seus pais morreram. Eu dormia na rede ao lado, apavorado com o piscar dos santos pela lâmpada do Santíssimo que não foi apagada até que todos morreram, e também ali minha mãe dormiu quando solteira, atormentada de pavor diante dos santos.

No fundo do corredor havia dois quartos que eram proibidos para mim. No primeiro vivia minha prima Sara Emilia Márquez, uma filha de meu tio Juan de Dios antes de seu matrimônio, e que foi criada por meus avós. Além de uma superioridade natural que exibia desde que era pequena, tinha uma personalidade forte, e abriu meus primeiros apetites literários com uma preciosa coleção de contos de Calleja, com ilustrações muito coloridas, e da qual ela nunca me deixou chegar perto temendo que eu a desorganizasse. Foi minha primeira e amarga frustração de escritor.

O último quarto era um depósito de velharias e baús aposentados, que mantiveram acesa minha curiosidade durante anos, mas que nunca me deixaram explorar. Mais tarde soube que lá também estavam os setenta urinóis que meus avós compraram quando minha mãe convidou suas colegas de escola a passar férias na casa.

Diante desses dois aposentos, no mesmo corredor, estava a cozinha grande, com fogareiros primitivos de pedras calcinadas, e o grande forno a lenha da avó, padeira e doceira de ofício, cujos animaizinhos de caramelo saturavam o amanhecer com seu aroma suculento. Era o reino das mulheres que viviam ou trabalhavam na casa, e cantavam a coro com a avó enquanto a ajudavam em seus múltiplos trabalhos. Outra voz era a de Lourenço, o Magnífico, o papagaio de cem anos herdado dos bisavôs, que gritava frases contra a Espanha e cantava canções da guerra da Independência. Tão cegueta estava que tinha caído dentro do panelão de *sancocho*, aquele ensopado caribenho que leva o mar inteiro e mais alguma coisa, e salvou-se por milagre, porque a água só estava começando a esquentar. Num dia 20 de julho, às três da tarde, alvoroçou a casa com gritos de pânico:

— O touro, o touro! Olha o touro!

Na casa não havia ninguém além das mulheres, pois os homens tinham ido às vaquejadas da festa pátria, e elas acharam que os gritos do louro não passavam de outro dos delírios de sua demência senil. As mulheres da casa, que sabiam falar com ele, só entenderam o que o papagaio estava gritando quando um touro fugitivo que tinha escapado do curral da praça irrompeu na cozinha com bramidos de navio e avançando às cegas contra os móveis da padaria e as panelas no fogão. Eu ia em sentido contrário ao do vendaval de mulheres apavoradas que me ergueram no vazio e me trancaram com elas no quarto da despensa. Os rugidos do touro perdido na cozinha e os trancos de seus cascos no cimento do corredor estremeceram a casa. De repente ele apareceu por uma clarabóia de ventilação, e o resfolegar de fogo de seu bafo e seus grandes olhos injetados gelaram meu sangue. Quando os *picadores*, esses atrevidos ajudantes dos toureiros cuja função é justamente irritar o touro, conseguiram levá-lo de volta ao curral, na casa a balbúrdia já tinha começado, e se prolongou por mais de uma semana com bules intermináveis de café e pudins de casamento para acompanhar o relato mil vezes repetido e cada vez mais heróico das sobreviventes alvoroçadas.

O quintal não parecia muito grande, mas tinha uma grande variedade de árvores, um banheiro sem teto com um tanque de cimento para a água da chuva e uma plataforma elevada, que era alcançada através de uma frágil escada de uns três metros de altura. Em cima dessa plataforma ficavam os dois grandes tonéis que o avô enchia ao amanhecer com uma bomba manual. Um pouco adiante estavam a cavalariça de tábuas rústicas e os quartos de serviço, e finalmente a enorme parte dos fundos, com árvores de frutas e a latrina única onde as índias empregadas na casa esvaziavam dia e noite os urinóis domésticos. A árvore mais frondosa e hospitaleira era uma castanheira à margem do mundo e do tempo, debaixo de cujas frondes arcaicas devem ter morrido urinando vários coronéis aposentados das tantas guerras civis do século anterior.

A família tinha chegado a Aracataca dezessete anos antes do meu nascimento, quando começavam as manobras truculentas da United Fruit Company para assumir o monopólio da banana. Traziam seu filho Juan de Dios, de vinte e um anos, e suas duas filhas, Margarita María Miniata de Alacoque, de dezenove, e Luisa Santiaga, minha mãe, de cinco. Antes dela, minha avó tinha perdido duas gêmeas por um aborto acidental aos quatro meses de gestação. Quando teve minha mãe, minha avó anunciou que seria seu último parto, pois havia feito quarenta e dois anos. Quase meio século depois, à mesma idade e em circunstâncias idênticas, minha mãe disse a mesma coisa quando nasceu Eligio Gabriel, seu filho número onze.

A mudança para Aracataca estava prevista pelos avós para ser uma viagem ao esquecimento. Traziam a seu serviço dois índios *guajiros* — Alirio e Apolinar — e uma índia — Meme —, comprados em sua terra por cem pesos cada um quando a escravidão já tinha sido abolida. O coronel trazia tudo que era necessário para refazer o passado o mais longe possível de suas lembranças más, perseguido pelo remorso sinistro de ter matado um homem para defender a própria honra. Conhecia a região desde muito antes, quando passou por ali rumo a Ciénaga em campanha de guerra, e assistiu, na sua condição de intendente geral, à assinatura do tratado de Neerlandia.

A casa nova não lhes devolveu o sossego, porque o remorso era tão pernicioso que haveria de contaminar algum tataraneto extraviado. As recordações mais freqüentes e intensas, das quais tínhamos armado uma versão organizada, eram as contadas pela avó Mina, já cega e meio lunática. No meio do rumor implacável da tragédia iminente, porém, ela foi a única que não teve notícias do duelo até que ele foi consumado.

O drama ocorreu em Barrancas, um povoado pacífico e próspero nas fraldas da Serra Nevada, onde o coronel aprendeu com seu pai e seu avô o ofício do ouro, e onde havia regressado para ficar quando foram firmados os tratados de paz. O adversário era um gigante dezesseis anos mais moço que ele, liberal até a medula, como ele, católico militante, agricultor pobre, casado recente e com dois filhos, e com um nome de homem bom: Medardo Pacheco. O mais triste para o coronel deve ter sido enfrentar em um duelo de morte um homem que não foi nenhum dos numerosos inimigos sem rosto que atravessaram seu caminho nos campos de batalha, e sim um amigo antigo, co-partidário e seu soldado na Guerra dos Mil Dias, quando ambos acreditavam que já haviam conquistado a paz.

Foi o primeiro caso da vida real que me revolveu os instintos de escritor e que até hoje não consegui esconjurar. Desde que tive uso da razão entendi a magnitude e o peso que aquele drama tinha em nossa casa, mas seus pormenores se mantiveram entre brumas. Minha mãe, com apenas três anos, recordou-o sempre como sendo um sonho improvável. Os adultos complicavam esse sonho na minha frente para me confundir, e nunca pude armar o quebra-cabeça inteiro porque cada um, de ambos os lados, colocava as peças do seu jeito. A versão mais confiável era que a mãe de Medardo Pacheco o havia instigado para que vingasse sua honra, ofendida por um comentário infame que era atribuído ao meu avô. Meu avô desmentiu tudo, dizendo que era uma mentira absurda e prestou satisfações públicas aos ofendidos, mas Medardo Pacheco persistiu em sua obstinação e acabou passando de ofendido a ofensor com um grave insulto ao meu avô sobre sua conduta de liberal. Nunca soube ao certo qual insulto foi esse. Ferido em sua honra, meu avô desafiou-o de morte sem estabelecer dia certo.

Uma mostra exemplar da índole do coronel foi o tempo que deixou passar entre o desafio e o duelo. Organizou seus assuntos com um sigilo absoluto para garantir a segurança de sua família na única alternativa que o destino lhe preparava: a morte ou o cárcere. Começou por vender sem a menor pressa o pouco que lhe restara para subsistir depois da última guerra: a oficina de prataria e uma pequena chácara que herdou de seu pai, onde criava bodes de corte e cultivava uma parcela de cana-de-açúcar. Ao longo de seis meses guardou no fundo de um armário o dinheiro reunido, e esperou em silêncio o dia que ele mesmo tinha se determinado: 12 de outubro de 1908, aniversário do descobrimento da América.

Medardo Pacheco vivia nos arrabaldes do povoado, mas meu avô sabia que aquela tarde ele não faltaria à procissão da Virgen del Pilar. Antes de sair para encontrá-lo, meu avô escreveu à sua mulher uma carta breve e terna, na qual lhe dizia onde tinha escondido o dinheiro, e dava algumas instruções finais para o futuro dos filhos. Deixou-a debaixo do travesseiro comum, onde sem dúvida a mulher a encontraria quando se deitasse para dormir, e sem nenhum tipo de adeus saiu ao encontro de sua hora fatal.

Até mesmo as versões menos válidas afirmam que era uma segunda-feira típica do outubro caribenho, com uma chuva triste de nuvens baixas e um vento funerário. Medardo Pacheco, vestido de domingo, acabava de entrar num beco sem saída quando o coronel Márquez atalhou seu passo. Ambos estavam armados. Anos depois, em suas divagações lunáticas, minha avó costumava dizer: "Deus deu a Nicolasito a ocasião de perdoar a vida desse pobre homem, mas ele não soube aproveitá-la." Talvez achasse isso porque o coronel disse a ela que havia visto um relâmpago de pesar nos olhos do adversário pego de surpresa. Também disse a ela que quando o enorme corpo de paineira desabou sobre o matagal, emitiu um gemido sem palavras, "como o de um gatinho molhado". A tradição oral atribuiu a Papalelo uma frase retórica no momento de se entregar ao prefeito: "A bala da honra venceu a bala do poder." É uma sentença fiel ao estilo liberal da época mas não consegui conciliá-la com o caráter de meu avô. Na verdade não houve testemunhas. Uma versão autorizada teriam sido os depoimentos judiciais de meu avô e de seus contemporâneos dos dois lados, mas do processo, se é que houve algum, não sobrou nem rastro. Das numerosas versões que escutei até hoje não encontrei duas que coincidissem.

O ocorrido dividiu as famílias do povoado, inclusive a do morto. Parte dessa família se dispôs a vingá-lo, enquanto outros acolheram Tranquilina Iguarán com seus filhos em suas casas, até que os riscos de uma vingança amainaram. Esses detalhes me impressionavam tanto na infância que não apenas assumi o peso da culpa ancestral como se fosse minha, mas até agora, enquanto escrevo, sinto mais compaixão pela família do morto que pela minha.

Papalelo foi transferido para Rioacha, por questões de segurança, e mais tarde para Santa Marta, onde foi condenado a um ano: metade em regime fechado, metade em regime aberto. Assim que foi solto viajou com a família por um breve tempo ao povoado de Ciénaga, depois ao Panamá, onde teve outra filha com um amor casual, e finalmente ao insalubre e arisco distrito de Aracataca, com o emprego de coletor de fazenda do departamento. Nunca mais andou armado pela rua, mesmo nos piores tempos da violência bananeira, e só manteve o revólver debaixo do travesseiro para defender a casa.

Aracataca estava muito longe de ser o remanso com o qual sonhavam depois do pesadelo de Medardo Pacheco. Tinha nascido como um casario dos índios *chimila* e entrou na história com o pé esquerdo como um remoto distrito sem Deus nem lei do município de Ciénaga, mais envilecido que enriquecido pela febre da banana. Seu nome não é de povoado e sim de rio, que em língua chimila é *ara*, e *Cataca*, palavra pela qual a comunidade indígena chamava quem mandava. Por isso entre os nativos não dizemos Aracataca e sim como se deve dizer: Cataca.

Quando o avô tentou entusiasmar a família com a fantasia de que por ali o dinheiro corria pelas ruas, Mina disse: "O dinheiro é o cagalhão do diabo." Para minha mãe foi o reino de todos os terrores. O mais antigo que recordava era a praga de gafanhotos que devastou as plantações quando ela ainda era muito pequena. "Dava para ouvir passar como um vento de pedras", me disse ela quando fomos vender a casa. A população aterrorizada teve que se entrincheirar em seus quartos, e o flagelo só foi derrotado graças a artes de bruxaria.

Éramos surpreendidos a qualquer instante por uns furacões secos que destelhavam ranchos e arremetiam contra os bananais novos e deixavam o povoado coberto por uma poeira astral. No verão, o gado era maltratado por secas terríveis, e no inverno caíam aguaceiros universais que deixavam as ruas transformadas em rios revoltos. Os engenheiros gringos navegavam em botes de borracha, no meio de colchões afogados e vacas mortas. A United Fruit Company, cujos sistemas artificiais de irrigação eram os responsáveis por aquela barafunda das águas, desviou o curso do rio quando o mais grave daqueles dilúvios desenterrou os corpos do cemitério.

A mais sinistra das pragas, em todo caso, era a humana. Um trem que parecia de brinquedo soprou em suas areias abrasadoras um vendaval de aventureiros do mundo inteiro que tomaram a mão armada o poder das ruas. Sua prosperidade desvairada trazia junto um crescimento demográfico e uma desordem social desmedidos. Estava a apenas cinco léguas da colônia penal de Buenos Aires, sobre o rio Fundación, cujos reclusos costumavam escapar nos fins de semana para brincar de terror em Aracataca. Não existia nada mais parecido com a gente do que os povoados emergentes dos filmes do Velho Oeste, desde que os ranchos de sapé e de taquara dos *chimilas* começaram a ser substituídos pelas casas de madeira da United Fruit Company, com telhados de zinco a duas águas, janelas de tela e pórticos adornados com trepadeiras de flores empoeiradas. No meio daquela ventania de caras desconhecidas, de toldos na rua, de homens trocando de roupa na frente de todo mundo, de mulheres sentadas em baús com as sombrinhas abertas, e de mulas e mulas e mulas morrendo de fome nas quadras do hotel, os que haviam chegado primeiro eram os últimos. Éramos os forasteiros de sempre, os aventureiros .

As matanças não aconteciam apenas por causa das brigas dos sábados. Numa tarde qualquer ouvimos gritos na rua e vimos passar um homem sem cabeça montado em um burro. Tinha sido decapitado a facão nos acertos de contas das fazendas bananeiras e a cabeça tinha sido arrastada pelas correntes geladas do arroio. Naquela noite escutei de minha avó a explicação de sempre: "Coisa tão terrível assim só pode ter sido feita por um *cachaco.*"

Cachacos eram os nativos do altiplano, e não só os diferenciávamos do resto da humanidade por causa de suas maneiras lânguidas e sua dicção defeituosa, mas também por causa dos ares que se davam, de emissários da Providência Divina. Essa imagem chegou a ser tão desagradável que depois das repressões ferozes das greves bananeiras pelos militares do interior, não chamávamos os homens da tropa de soldados, e sim de *cachacos.* Víamos aquela gente toda como os que usufruíam sozinhos do poder político, e muitos deles se comportavam como se isso fosse verdade. Só assim se explica o horror da "Noite Negra de Aracataca", uma degolação lendária com um rastro tão incerto na memória popular que não existe evidência certa de ter realmente ocorrido.

Começou num sábado pior que os outros, quando um nativo de bem, cuja identidade não passou à história, entrou no bar pedindo um copo d'água para um menino que levava pela mão. Um forasteiro que bebia sozinho no balcão quis obrigar o menino a beber um gole de rum em vez de água. O pai tentou impedir, mas o forasteiro insistiu, até que o menino, assustado e sem querer, derramou o copo com a mão. O forasteiro, sem pestanejar, matou o garoto com um tiro só.

Foi outro dos fantasmas da minha infância. Papalelo me fazia lembrar dessa história sem parar, quando entrávamos juntos para tomar um refresco nos bares, mas contava de um modo tão irreal que nem ele mesmo parecia acreditar. Essa história deve ter acontecido pouco depois da chegada de meus avós a Aracataca, pois minha mãe só se lembrava dela por causa do espanto que provocava nos mais velhos. Do agressor só se soube que falava com o sotaque afetado dos andinos, e por isso as represálias do povoado não foram dirigidas apenas contra ele, e sim contra qualquer um dos numerosos e desagradáveis forasteiros que falavam com o mesmo sotaque. Bandos de nativos armados com facões de cortar a safra de banana lançaram-se às ruas em trevas, agarravam quem quer que encontrassem na escuridão, e ordenavam:

— Fala!

E só por causa da dicção os descabeçavam a golpes de facão, sem nem pensar na impossibilidade de serem justos entre maneiras tão diferentes de falar. Dom Rafael Quintero Ortega, marido da minha tia Wenefrida Márquez, o mais valente e querido dos *cachacos*, só conseguiu chegar aos quase cem anos de vida porque meu avô o trancou na despensa até que os ânimos se apaziguassem.

A desdita da família culminou depois de dois anos morando em Aracataca, com a morte de Margarita María Miniata, que era a luz da casa. Seu daguerreótipo ficou exposto na sala durante anos, e seu nome veio sendo repetido de uma geração a outra como um sinal a mais entre os muitos que havia de identidade familiar. As gerações recentes não parecem comovidas por aquela infanta de saias franzidas, botinhas brancas e uma trança longa até a cintura, e jamais conseguirão fazer essa imagem coincidir com a visão retórica de uma bisavó, mas tenho a impressão de que debaixo do peso dos remorsos e das ilusões frustradas de um mundo melhor, aquele estado de alarme perpétuo era, para meus avós, o que havia de mais semelhante com a paz. Até a morte, continuaram sentindo-se forasteiros em qualquer lugar.

E, a rigor, forasteiros eram, mas nas multidões do trem que nos chegaram vindas do mundo era difícil traçar diferenças imediatas. Com o mesmo impulso de meus avós e sua prole chegaram os Fergusson, os Durán, os Beracaza, os Daconte, os Correa, em busca de uma vida melhor. Junto com as avalanches remexidas continuaram chegando os italianos, os canários, os sírios — que chamávamos de turcos —, infiltrados pelas fronteiras da Província em busca da liberdade e de outros meios de viver que tinham perdido em suas terras. Havia gente de tudo que é tipo e condição. Alguns eram fugidos da Ilha do Diabo — a colônia penal da França nas Guianas —, mais perseguidos por suas idéias que por crimes comuns. Um deles, René Belvenoit, era um jornalista francês condenado por motivos políticos, que passou fugido pela zona bananeira e revelou num livro magistral os horrores de seu cativeiro. Graças a todos — os bons e os maus —, Aracataca foi desde suas origens um país sem fronteiras.

Mas para nós a colônia de emigrantes inesquecível foi a venezuelana, em uma de cujas casas tomavam banho de balde nas cisternas glaciais do amanhecer dois estudantes adolescentes em férias: Rómulo Betancourt e Raúl Leoni, que meio século depois seriam presidentes sucessivos de seu país. Entre os venezuelanos, a mais próxima de nós foi Juana de Freytes, uma matrona vistosa que tinha o tom bíblico da narração. O primeiro conto de verdade que conheci foi "Genoveva de Brabante", e escutei-o contado por ela junto com as obras-primas da literatura universal, reduzidas por Juana a histórias infantis: a *Odisséia*, *Orlando furioso*, *Dom Quixote*, *O conde de Montecristo* e muitos episódios da Bíblia.

A casta do avô era uma das mais respeitáveis mas também a menos poderosa. Mesmo assim, se diferenciava das demais por uma respeitabilidade reconhecida até mesmo pela alta hierarquia nativa da companhia bananeira. Era a dos veteranos liberais das guerras civis, que ficaram por lá depois dos dois últimos tratados, com o bom exemplo do general Benjamín Herrera, em cuja fazenda de Neerlandia ouviam-se pelas tardes as valsas melancólicas de seu clarinete de paz.

Minha mãe cresceu naquele fim de mundo, e ocupou o espaço de todos os amores desde que o tifo levou Margarita María Miniata. Mamãe também era enfermiça. Havia crescido numa infância incerta de febres terçãs, mas quando teve a última curou-se de uma vez, com uma saúde que permitiu celebrar seus noventa e sete anos com onze filhos dela e outros quatro de seu marido, e com sessenta e cinco netos, oitenta e oito bisnetos e catorze tataranetos. Isso, sem contar aqueles de quem nunca se soube. Morreu de morte natural no dia 9 de junho de 2002 às oito e meia da noite, quando já estávamos nos preparando para celebrar seu primeiro século de vida, e no mesmo dia e quase que na mesma hora em que pus o ponto final nestas memórias.

Tinha nascido em Barrancas no dia 25 de julho de 1905, quando a família mal começava a se refazer do desastre das guerras. O primeiro nome que deram a ela foi em memória de Luisa Mejía Vidal, a mãe do coronel, que naquele dia fazia um mês exato da morte. O segundo saiu porque aquele era o dia do apóstolo Santiago, o Maior, decapitado em Jerusalém. Ela escondeu esse nome durante meia vida, porque achava que era masculino e pomposo, até um filho traidor a delatar num livro.

Foi uma aluna aplicada a não ser nas aulas de piano, que sua mãe impôs porque não podia conceber uma senhorita decente que não fosse também uma pianista virtuosa. Luisa Santiaga estudou piano durante três anos, só por obediência, e abandonou-o um belo dia por causa do tédio provocado pelos exercícios diários no mormaço da sesta. No entanto, a única virtude que lhe serviu na flor de seus vinte anos foi a força de sua personalidade, quando a família descobriu que estava arrebatada de amor pelo jovem e altivo telegrafista de Aracataca.

A história desses amores contrariados foi outro dos assombros da minha juventude. De tanto ouvi-la contada pelos meus pais, juntos e separados, achava que estava completa quando escrevi *La hojarasca*, meu primeiro romance, aos vinte e sete anos, mas também estava consciente de que ainda me faltava aprender muito sobre a arte de escrever. Os dois eram excelentes narradores, com a memória feliz do amor, mas chegaram a se apaixonar tanto em seus relatos que quando finalmente decidi usar essa memória em *O amor nos tempos do cólera*, eu, mesmo passado de meus cinqüenta anos, não consegui distinguir os limites entre a vida e a poesia.

Segundo a versão de minha mãe, os dois tinham se encontrado pela primeira vez no velório de um menino que nem ela nem ele conseguiram me dizer exatamente quem era. Ela estava cantando no pátio com suas amigas, de acordo com o costume popular de superar com canções de amor as nove noites dos inocentes. De repente, uma voz de homem se juntou ao coro. Todas se viraram para olhá-lo e ficaram perplexas com a sua boa pinta. "Vamos nos casar com ele", cantaram em estribilho ao compasso das palmas. Minha mãe não se deixou impressionar, e disse: "Achei que era um forasteiro a mais." E era. Acabava de chegar de Cartagena das Índias, depois de interromper os estudos de medicina e farmácia por falta de recursos, e tinha dado início a uma vida um tanto trivial por várias localidades da região, com o ofício recente de telegrafista. Uma foto daqueles dias mostra-o com o ar enganoso de senhorito pobre. Usava um terno de tafetá escuro com um paletó jaquetão de quatro botões, muito justo, conforme a moda da época, com colarinho duro, gravata larga e um chapéu *canotié*, de palha e copa achatada, tal como mandava a elegância. Usava, além disso, uns óculos modernosos, redondos e de armação fina, e em vez de lentes, vidros naturais. Quem o conheceu naquela época dizia que era um boêmio noturno e mulherengo, que ainda assim jamais bebeu um gole de álcool nem fumou um único cigarro em sua longa vida.

Foi a primeira vez que minha mãe o viu. Em compensação, ele a havia visto na missa das oito do domingo anterior, custodiada pela tia Francisca Simodosea, que foi sua dama de companhia desde que ela voltou do colégio. Tinha tornado a vê-la na terça-feira seguinte, costurando debaixo da amendoeira na porta de casa, e portanto na noite do velório já sabia que era filha do coronel Nicolás Márquez, para quem trazia várias cartas de recomendação. Também ela ficou sabendo que ele era solteiro e namorador, e que tinha êxito imediato por causa de sua lábia inesgotável, sua versificação fácil, a graça com que dançava as músicas que estavam na moda e o sentimentalismo premeditado com que tocava o violino. Minha mãe me contava que quando alguém ouvia aquele violino de madrugada não conseguia resistir à vontade de chorar. Seu cartão de visitas na sociedade tinha sido "Quando o baile acabou", uma valsa de um romantismo esgotador que ele trouxe em seu repertório e se tornou indispensável nas serenatas. Estes salvo-condutos cordiais e sua simpatia pessoal abriram-lhe as portas da casa e um lugar freqüente nos almoços familiares. A tia Francisca, nascida em Carmen de Bolívar, adotou-o sem reservas quando soube que ele tinha nascido em Sincé, um povoado próximo ao dela. Nas festas sociais Luisa Santiaga divertia-se com suas artimanhas de sedutor, mas nunca lhe passou pela cabeça que ele pretendesse algo além disso. Ao contrário: suas boas relações fincaram-se sobretudo em que ela lhe servia de proteção e disfarce em seus amores escondidos com uma companheira de colégio, e tinha até mesmo aceito ser sua madrinha de casamento. A partir de então, ele a chamava de madrinha e ela o chamava de afilhado. Nesse tom é fácil imaginar qual foi o tamanho da surpresa de Luisa Santiaga numa noite de baile em que o telegrafista atrevido tirou a flor que levava na lapela e disse a ela:

— Com esta rosa eu lhe entrego a minha vida.

Não foi de improviso, disse-me ele muitas vezes, e sim porque depois de conhecer todas as outras havia chegado à conclusão de que Luisa Santiaga tinha sido feita para ele. Ela entendeu a rosa como mais uma das brincadeiras galantes que ele costumava fazer às suas amigas. Tanto assim que ao sair deixou-a esquecida num canto qualquer, e ele percebeu. Ela tinha tido apenas um pretendente secreto, poeta sem sorte e bom amigo, que nunca conseguiu chegar ao seu coração com seus versos ardentes. A rosa de Gabriel Eligio, porém, perturbou seu sono com uma fúria inexplicável. Em nossa primeira conversa formal sobre seus amores, já carregada de filhos, me confessou: "Não conseguia dormir de raiva por estar pensando nele, mas o que mais raiva me dava era que enquanto mais raiva sentia, mais pensava." No resto da semana, a duras penas resistiu ao terror de vê-lo e ao tormento de não poder vê-lo. De madrinha e afilhado que tinham sido passaram a tratar-se como desconhecidos. Numa daquelas tardes, enquanto bordavam debaixo das amendoeiras, a tia Francisca provocou a sobrinha com sua malícia de índio:

— Alguém me disse que alguém te deu uma rosa.

Pois, como costuma acontecer, Luisa Santiaga seria a última a saber que as tormentas do seu coração já eram de domínio público. Nas numerosas conversas que mantive com ela e com meu pai, os dois concordaram que o amor fulminante teve três momentos decisivos. O primeiro foi num Domingo de Ramos, na missa maior. Ela estava sentada com a tia Francisca num banco ao lado da Epístola, quando reconheceu os passos de seus saltos flamencos nos tijolos do chão e viu-o passar tão perto que recebeu uma brisa morna de sua loção de namorado. A tia Francisca não parecia tê-lo visto e ele tampouco pareceu tê-las visto. Mas na verdade tudo foi premeditado por ele, que as havia seguido quando passaram pelo posto do telégrafo. Ficou de pé ao lado da coluna mais próxima da porta, de maneira que podia vê-la de costas mas ela não podia vê-lo. Após alguns minutos intensos Luisa Santiaga não agüentou a ansiedade, e olhou por cima do ombro para a porta. Então achou que ia morrer de raiva, pois ele estava olhando para ela e seus olhares se encontraram. "Era exatamente o que eu tinha planejado", dizia meu pai feliz quando me repetia a história em sua velhice. Minha mãe, porém, nunca se cansou de repetir que durante três dias não conseguiu dominar a fúria por ter caído na armadilha.

O segundo momento foi uma carta que ele escreveu a ela. Não seria a que ela poderia esperar de um poeta e violinista de madrugadas furtivas, mas uma missiva imperiosa, que exigia uma resposta antes que ele viajasse a Santa Marta na semana seguinte. Ela não respondeu. Trancou-se no quarto, decidida a matar o micróbio que não lhe deixava ter fôlego para viver, até que a tia Francisca tratou de convencê-la a capitular de uma vez antes que fosse tarde demais. Tentando vencer sua resistência, contou a ela a história exemplar de Juventino Trillo, o pretendente que montava guarda debaixo do balcão de sua amada impossível, cada noite, das sete às dez. Ela agrediu-o com todos os desaforos que lhe ocorreram, e acabou por esvaziar do balcão em cima dele, noite após noite, o urinol com suas urinas. Mas não conseguiu espantá-lo. Após todo tipo de agressões batismais — e comovida pela abnegação daquele amor invencível — casou-se com ele. A história dos meus pais não chegou a esses extremos.

O terceiro momento do assédio ocorreu num casamento do mais alto gabarito, ao qual ambos tinham sido convidados na condição de padrinhos de honra. Luisa Santiaga não conseguiu encontrar pretexto para faltar a um compromisso tão próximo à sua família. Acontece que Gabriel Eligio tinha pensado exatamente a mesma coisa e foi à festa disposto a tudo. Ela não conseguiu dominar seu coração quando o viu atravessar a sala com uma determinação demasiado visível e convidou-a a dançar a primeira dança. "O sangue batia tão forte dentro de mim que eu já nem sabia mais se era de raiva ou de susto", ela me disse. Ele percebeu o que acontecia e desfechou seu bote brutal: "Você não precisa mais me dizer que sim, porque seu coração já está dizendo."

Ela, sem mais delongas, no meio da dança deixou-o plantado no meio do salão. Mas meu pai entendeu tudo à sua maneira.

— Fiquei feliz — me contou.

Luisa Santiaga não conseguiu resistir ao rancor que sentia contra si mesma quando naquela madrugada foi despertada pelo requebrar de uma valsa envenenada: "Quando o baile acabou". No dia seguinte, e na primeira hora, ela devolveu a Gabriel Eligio todos os seus presentes. O desaforo desmerecido e o falatório provocado pelo plantão dado a ele na festa de casamento foram feito plumas ao vento: não tinham volta. Todo mundo deu por fato consumado que era o final sem pena nem glória de uma tormenta de verão. Essa impressão foi fortalecida porque Luisa Santiaga sofreu uma recaída nas febres terçãs da infância e sua mãe levou-a para se recuperar no povoado de Manaure, um recanto paradisíaco no sopé da Serra Nevada. Os dois sempre negaram ter tido qualquer tipo de comunicação durante aqueles meses, mas não dá para acreditar muito, pois quando ela regressou refeita de seus males os dois também pareciam repostos de seus desassossegos. Meu pai dizia que foi esperá-la na estação porque tinha lido o telegrama em que Mina anunciava seu regresso, e na forma em que Luisa Santiaga apertou sua mão ao cumprimentá-lo sentiu algo assim como um sinal maçônico, que interpretou como sendo uma mensagem de amor. Ela negou sempre com o pudor e o rubor com que recordava aqueles anos. Mas a verdade é que desde então os dois foram vistos juntos com menos reticências. Só faltava o final, que foi dado pela tia Francisca na semana seguinte, enquanto costuravam no corredor das begônias:

— Mina já está sabendo.

Luisa Santiaga sempre disse que foi a oposição da família o que fez que se rompessem os diques da torrente que ela levava reprimida no coração desde a noite em que deixou seu pretendente plantado no meio do baile. Foi uma guerra encarniçada. O coronel tentou se manter à margem, mas não conseguiu evitar a culpa que Mina jogou-lhe na cara quando percebeu que ele tampouco era tão inocente como aparentava. Para todo mundo estava claro que a intolerância não era tanto dele quanto dela, quando na verdade essa intolerância estava inserida no código da tribo, que determinava que qualquer namorado era um intruso. Este preconceito atávico, cujos rescaldos perduram, fez de nós uma vasta irmandade de mulheres solteiras e homens desembestados com numerosos filhos fora de casa.

Os amigos se dividiam conforme a idade, a favor ou contra os namorados, e aos que não tinham uma posição radical foram impostos os fatos. Os jovens tornaram-se cúmplices jubilosos. Principalmente dele, que desfrutou ao seu bel-prazer a condição de vítima provocadora dos preconceitos sociais. Já a maioria dos adultos viam Luisa Santiaga como a prenda mais preciosa de uma família rica e poderosa, pretendida por um telegrafista forasteiro, mais por interesse que por amor. Ela própria, de obediente e submissa que tinha sido, enfrentou os seus opositores com uma ferocidade de leoa parida. Na mais ácida das muitas brigas domésticas, Mina perdeu as estribeiras e ergueu contra a filha a faca da padaria. Luisa Santiaga enfrentou-a impávida. Ao perceber de repente o ímpeto criminoso de sua cólera, Mina soltou a faca e gritou espantada: "Deus do céu!" E pôs a mão nas brasas do fogão como uma penitência brutal.

Entre os argumentos fortes contra Gabriel Eligio estava sua condição de filho natural de uma solteira que o havia parido na módica idade de catorze anos após um tropeço com um mestre-escola. Chamava-se Argemira García Paternina, uma branca esbelta de espírito livre, que teve outros cinco filhos e duas filhas de três pais diferentes com os quais nunca se casou nem conviveu debaixo do mesmo teto. Vivia no povoado de Sincé, onde tinha nascido, e estava criando sua prole com garra e um espírito independente e alegre que nós, seus netos, bem que gostaríamos de ter para um Domingo de Ramos. Gabriel Eligio era um exemplar distinto daquela estirpe descamisada. Desde os dezessete anos tinha tido cinco amantes virgens, segundo revelou a minha mãe como um ato de penitência em sua noite de núpcias a bordo da escuna funesta de Rioacha estapeada pela borrasca. Confessou que com uma delas, sendo telegrafista na aldeia de Achí, aos dezoito anos, tinha tido um filho, Abelardo, que ia fazer três anos. Com outra, quando era telegrafista de Ayapel, aos vinte anos, tinha uma filha de meses, que ele não conhecia e que se chamava Carmen Rosa. Tinha prometido à mãe da menina voltar para casar, e mantinha vivo o compromisso quando o rumo de sua vida desguiou por causa do amor de Luisa Santiaga. Tinha reconhecido o filho mais velho diante de um tabelião, e mais tarde faria a mesma coisa com a filha, mas tudo isso não passava de formalidades bizantinas sem conseqüência alguma perante a lei. É surpreendente que aquela conduta irregular pudesse causar inquietações morais ao coronel Márquez, que além de seus três filhos legítimos teve outros nove de diferentes mães, antes e depois do casamento, e todos eram recebidos por sua esposa como se fossem dela.

Não consigo determinar quando tive as primeiras notícias destes fatos, mas em todo caso as transgressões dos antepassados não me importavam coisa alguma. Em compensação, os nomes da família chamavam a minha atenção porque eu os achava únicos. Primeiro, os da linha materna: Tranquilina, Wenefrida, Francisca Simodosea. Mais tarde, o de minha avó paterna: Argemira, e os de seus pais: Lozana e Aminadab. Talvez venha daí minha crença firme de que os personagens de meus livros não caminham com seus próprios pés antes de terem um nome que se identifique com seu modo de ser.

As razões contra Gabriel Eligio se agravaram por ser ele um membro ativo do Partido Conservador, contra o qual o coronel Nicolás Márquez tinha lutado suas guerras. A paz tinha sido feita mas só em parte desde as assinaturas dos tratados de Neerlandia e Wisconsin, pois o centralismo de raiz continuava no poder e haveria de passar muito tempo antes que conservadores e liberais deixassem de mostrar os dentes uns aos outros. Ser do Partido Conservador, no caso do pretendente, talvez se devesse mais ao contágio familiar que à convicção doutrinária, mas isso era levado em conta por cima de outros sinais de sua boa índole, como sua inteligência sempre alerta e sua comprovada honradez.

Papai era um homem difícil de ser vislumbrado e agradado. Sempre foi muito mais pobre do que parecia e teve a pobreza como um inimigo abominável diante do qual nunca se resignou, e que jamais conseguiu derrotar. Com a mesma coragem e a mesma dignidade suportou a contrariedade de seus amores com Luisa Santiaga nos fundos da agência dos telégrafos de Aracataca, onde sempre teve dependurada uma rede para dormir sozinho. Também tinha ao seu lado, para o que desse e viesse naquelas noites, um catre de solteiro com as molas bem lubrificadas. Numa época tive uma certa tentação por seus hábitos de caçador furtivo, mas a vida me ensinou que é a forma mais árida da solidão, e senti uma grande compaixão por ele.

Até bem pouco antes de sua morte, ouvi-o contar que num daqueles dias difíceis ele precisou ir com vários amigos à casa do coronel, e todos foram convidados a se sentar, menos ele. A família dela sempre negou esse fato, e atribuiu-o a um rescaldo do ressentimento de meu pai, ou pelo menos a uma falsa lembrança, mas minha avó deixou a verdade escapar certa vez nos desvarios cantados de seus quase cem anos, que não pareciam estar sendo lembrados, mas vividos outra vez.

— Aí está o coitado desse homem parado na porta da sala e Nicolasito não o convidou a sentar-se — disse, dolorida de verdade.

Esperando sempre de suas revelações alucinantes, perguntei quem era o homem, e ela me respondeu às secas:

— García, o do violino.

No meio de tantos despropósitos, aconteceu a coisa menos parecida à maneira de ser de meu pai: ele comprou um revólver para o que pudesse acontecer com um guerreiro em repouso como o coronel Márquez. Era um venerável Smith & Wesson calibre 38 cano longo, sabe-se lá com quantos donos anteriores e com quantos mortos nas costas. A única coisa certa é que ele nunca disparou o revólver nem mesmo por precaução ou curiosidade. Nós, seus filhos mais velhos, anos depois encontramos o revólver com suas cinco balas originais num armário de tralhas inúteis, junto com o violino de suas serenatas.

Nem Gabriel Eligio nem Luisa Santiaga se deixaram amedrontar pelo rigor da família. No começo conseguiam se encontrar às escondidas em casas de amigos, mas quando o cerco se fechou ao redor dela, o único contato foram as cartas recebidas e enviadas por vias e métodos engenhosos. Os dois se viam de longe quando a família dela não deixava que fosse a festas a que ele também tivesse sido convidado. Mas a repressão chegou a ser tão severa que ninguém se atreveu a desafiar as iras de Tranquilina Iguarán, e os dois namorados sumiram da vista pública. Quando não sobrou nenhum resquício nem para as cartas furtivas, os namorados inventaram recursos de náufragos. Ela conseguiu esconder um cartão de felicitações num pudim que alguém tinha encomendado para o aniversário de Gabriel Eligio, e ele não perdeu a oportunidade de mandar-lhe telegramas falsos e inócuos com a verdadeira mensagem cifrada ou escrita com tinta invisível. A cumplicidade da tia Francisca tornou-se tão evidente naquela altura, apesar de seus desmentidos terminantes, que afetou pela primeira vez sua autoridade na casa, e só lhe permitiram acompanhar a sobrinha quando fossem bordar à sombra das amendoeiras. Então Gabriel Eligio mandava mensagens de amor da janela do doutor Alfredo Barboza, na calçada em frente, com a telegrafia manual dos surdos-mudos. Ela aprendeu-a tão bem que nos descuidos da tia conseguia conversas íntimas com o namorado. Era só um dos numerosos truques inventados por Adriana Berdugo, comadre de sacramento de Luisa Santiaga e sua cúmplice mais criativa e audaz.

Aqueles arranjos de consolo teriam bastado para que os dois sobrevivessem a fogo lento, até Gabriel Eligio receber uma carta alarmante de Luisa Santiaga, que o obrigou a uma reflexão definitiva. Tinha sido escrita às pressas em papel higiênico, com a má notícia de que seus pais tinham resolvido levá-la a Barrancas, de povoado em povoado, como um remédio brutal para seu mal de amores. Não seria a viagem comum de uma noite ruim na escuna de Rioacha, mas pelo caminho bárbaro dos sopés da Serra Nevada em mulas e carretas, através da vasta província de Padilla.

"Teria preferido morrer", me disse minha mãe no dia em que fomos vender a casa. E tinha tentado de verdade, encerrada com tranca em seu quarto, a pão e água durante três dias, até que o terror reverencial que sentia pelo pai se impôs. Gabriel Eligio percebeu então que a tensão havia chegado aos seus limites, e tomou uma decisão extrema porém debaixo de seu controle. Atravessou a rua a passos largos, da casa do doutor Barboza até a sombra das amendoeiras, e plantou-se na frente das duas mulheres, que o esperaram apavoradas com seus bordados no regaço.

— Faça-me o favor de me deixar a sós um momento com a senhorita — disse à tia Francisca. — Tenho uma coisa importante para dizer a ela e a ninguém mais.

— Atrevido! — replicou a tia. — Não existe nada dela que eu não possa ouvir.

— Então eu não digo — disse ele —, mas vou logo avisando que a senhora será a responsável pelo que acontecer.

Luisa Santiaga suplicou à tia que os deixasse sozinhos, e assumiu o risco. Então Gabriel Eligio expressou sua aprovação para que ela fizesse a viagem com os pais, na forma e pelo tempo que fosse, mas com a condição de que prometesse sob a seriedade do juramento que se casaria com ele. Ela concordou e acrescentou por sua conta e risco que só a morte poderia impedir que aquilo acontecesse.

Os dois tiveram quase um ano para demonstrar a seriedade de suas promessas, mas nem um nem outro imaginaram o quanto isto iria custar-lhes. A primeira parte da viagem numa caravana de arrieiros durou duas semanas a lombo de mula pelos beirais da Serra Nevada. Chon — diminutivo afetuoso de Encarnación —, a criada de Wenefrida, que se incorporou à família desde que foram embora de Barrancas, os acompanhava. O coronel conhecia de sobra aquela rota escarpada, onde havia deixado um rastro de filhos nas noites dispersas de suas guerras, mas sua esposa havia escolhido aquele trajeto sem conhecê-lo, por causa das más lembranças da viagem na escuna. Para minha mãe, que além de tudo montava uma mula pela primeira vez, foi um pesadelo de sóis desnudos e aguaceiros ferozes, com a alma por um fio graças aos nevoeiros adormecedores dos precipícios. Pensar num namorado incerto, com seus trajes de meia-noite e o violino da madrugada, parecia um deboche da imaginação. No quarto dia, incapaz de sobreviver, ameaçou a mãe com atirar-se ao precipício se não voltassem para casa. Mina, mais assustada que ela, decidiu tudo. Mas o guia da caravana demonstrou no mapa que tanto fazia regressar ou prosseguir. O alívio chegou depois de onze dias, quando divisaram, do último beiral da serra, a planície radiante de Valledupar.

Antes que a primeira etapa chegasse ao seu fim, Gabriel Eligio tinha assegurado uma comunicação permanente com a namorada erradia, graças à cumplicidade dos telegrafistas dos sete povoados por onde ela e sua mãe iriam passar antes de chegar a Barrancas. Luisa Santiaga também fez das suas. A província inteira estava infestada de Iguaranes e Cotes, cuja consciência de casta tinha o poder de um emaranhado impenetrável, e ela conseguiu colocar esse emaranhado do seu lado. Isto permitiu que ela mantivesse a partir de Valledupar, onde permaneceu três meses, uma correspondência febril com Gabriel Eligio, até o final da viagem, quase um ano depois. Bastava passar pelo posto de telégrafo de cada povoado ou aldeia, com a cumplicidade de uma parentela jovem e entusiasta, para receber e responder mensagens. Chon, a sigilosa, desempenhou um papel incalculável, porque carregava as mensagens entre seus trapos sem inquietar Luisa Santiaga nem ferir seu pudor, porque não sabia ler nem escrever e seria capaz de se deixar matar por um segredo.

Quase sessenta anos mais tarde, quando eu tentava saquear essas lembranças para *O amor nos tempos do cólera*, meu quinto romance, perguntei a meu pai se na gíria dos telegrafistas havia alguma palavra específica para o ato de comunicar um posto de telégrafo a outro. Ele não precisou pensar duas vezes: *encravelhar*. A palavra está nos dicionários, não para o uso específico que me fazia falta, mas me pareceu perfeita para as minhas dúvidas, pois a comunicação com os diferentes postos estabelecia-se através de uma chave num tabuleiro de terminais telegráficos. Nunca comentei isso com meu pai. No entanto, pouco antes de sua morte perguntaram a ele, numa entrevista, se alguma vez quis escrever um romance, e ele respondeu que sim, mas que tinha desistido quando lhe fiz a consulta sobre o verbo encravelhar porque então descobriu que o livro que eu estava escrevendo era o mesmo que ele pensava escrever.

Naquela ocasião papai recordou, além disso, um dado oculto que poderia ter mudado o rumo de nossas vidas. E foi que aos seis meses de viagem, quando minha mãe estava em San Juan del César, chegou a Gabriel Eligio o sopro confidencial de que Mina levava a missão de preparar o regresso definitivo da família a Barrancas, uma vez cicatrizados os rancores pela morte de Medardo Pacheco. Achou absurdo, e ainda mais quando os tempos ruins tinham ficado para trás e o império absoluto da companhia bananeira começava a parecer o sonho da terra prometida. Mas também era razoável que a teimosia dos Márquez Iguarán os levasse a sacrificar a própria felicidade só para livrar a filha das garras do gavião. A decisão imediata de Gabriel Eligio foi solicitar sua transferência para o posto de telégrafo de Rioacha, a umas vinte léguas de Barrancas. Não estava disponível mas prometeram anotar sua solicitação.

Luisa Santiaga não teve como averiguar as intenções secretas de sua mãe, mas tampouco se atreveu a negá-las, porque tinha reparado — e muito — que quanto mais se aproximavam de Barrancas, mais suspirante e sossegada sua mãe parecia. Chon, confidente de todos, tampouco lhe deu pista alguma. Para arrancar verdades, Luisa Santiaga disse à mãe que adoraria ficar morando em Barrancas. A mãe teve um instante de vacilação mas não se decidiu a dizer nada, e a filha ficou com a impressão de ter passado muito perto do segredo. Inquieta, soltou-se ao acaso das cartas com uma cigana de rua que não lhe deu nenhuma pista sobre seu futuro em Barrancas. Mas em compensação, anunciou que não haveria obstáculo algum para uma vida longa e feliz com um homem que ela mal conhecia, mas que iria amá-la até a morte. A descrição que a cigana fez desse homem devolveu a alma ao corpo da minha mãe, porque encontrou traços comuns com seu noivo, principalmente em relação ao seu modo de ser. Para terminar, anunciou sem sombra de dúvidas que ela teria seis filhos com ele. "Morri de medo", me disse minha mãe na primeira vez que me contou sem nem imaginar que seus filhos seriam cinco a mais. Os dois encararam a previsão com tamanho entusiasmo, que a correspondência telegráfica deixou então de ser um concerto de intenções ilusórias e se tornou metódica e prática, e mais intensa que nunca. Marcaram datas, estabeleceram maneiras e empenharam suas vidas na determinação comum de se casarem sem consultar ninguém, onde fosse e como fosse, quando tornassem a se encontrar.

Luisa Santiaga foi tão fiel ao compromisso que no povoado de Fonseca não achou que fosse correto ir a um baile de gala sem o consentimento do agora noivo. Gabriel Eligio estava na rede suando uma febre de quarenta graus quando soou o sinal de um enlace telegráfico urgente. Era seu colega de Fonseca. Para segurança completa ela perguntou quem estava operando o aparelho no final da cadeia. Mais atônito que lisonjeado, o noivo transmitiu uma frase de identificação: "Diga a ela que sou o seu afilhado." Minha mãe reconheceu a senha e a contra-senha, e ficou no baile até as sete da manhã, quando precisou trocar de roupa voando para não chegar tarde na missa.

Em Barrancas não encontraram o menor rastro de má-vontade contra a família. Ao contrário, entre os próximos a Medardo Pacheco prevalecia um espírito cristão de perdão e esquecimento dezessete anos depois da desgraça. A recepção da parentela foi tão cálida que então foi Luisa Santiaga quem pensou na possibilidade de que a família regressasse para aquele remanso da serra tão diferente do calor e do pó, e dos sábados sangrentos e dos fantasmas decapitados de Aracataca. Chegou a insinuar o assunto para Gabriel Eligio, desde que ele conseguisse a transferência para Rioacha, e ele concordou. No entanto, naqueles dias se soube finalmente que a versão da mudança carecia de fundamento, e que Mina era quem menos queria mudar. Assim ficou registrado numa carta de resposta que ela mandou ao seu filho Juan de Dios, quando ele escreveu a ela atemorizado de que voltassem a Barrancas quando ainda não tinham se passado vinte anos da morte de Medardo Pacheco. Ele sempre esteve tão convencido do fatalismo da lei do campo, que se opôs a que seu filho Eduardo fizesse o serviço de medicina social em Barrancas meio século mais tarde.

Contra todos os temores, foi ali onde em três dias os nós da situação foram desatados. Na mesma terça-feira em que Luisa Santiaga confirmou a Gabriel Eligio que Mina já não pensava em mudar para Barrancas, ele recebeu a notícia de que o posto de telégrafo de Rioacha estava à sua disposição, graças à morte repentina do titular. No dia seguinte, Mina esvaziou as gavetas da despensa procurando as tesouras de trinchar e destapou sem necessidade a caixa de biscoitos ingleses onde a filha escondia seus telegramas de amor. Foi tamanha a sua raiva que só conseguiu dizer um dos impropérios célebres que costumava improvisar em seus momentos ruins: "Deus tudo perdoa, menos a desobediência." Naquele fim de semana viajaram para Rioacha para apanhar no domingo a escuna para Santa Marta. Nenhuma das duas teve consciência da noite terrível sacudida pelo vendaval de fevereiro: a mãe aniquilada pela derrota, e a filha assustada mas feliz.

A terra firme devolveu a Mina a serenidade perdida pela descoberta das cartas. No dia seguinte continuou sozinha a viagem para Aracataca, e deixou Luisa Santiaga em Santa Marta ao amparo de seu filho Juan de Dios, na certeza de deixá-la a salvo dos demônios do amor. Aconteceu o contrário: Gabriel Eligio passou a viajar de Aracataca a Santa Marta para vê-la sempre que podia. Tio Juanito, que sofreu a mesma intransigência de seus pais em seus amores com Dilia Caballero, havia resolvido não tomar partido nos amores de sua irmã, mas na hora da verdade encontrou-se emparedado entre a adoração por Luisa Santiaga e a veneração pelos pais, e se refugiou numa fórmula típica de sua bondade proverbial: os namorados podiam se encontrar fora de sua casa, mas nunca a sós e sem que ele fosse informado. Dilia Caballero, sua esposa, que perdoava mas não esquecia, armou para sua cunhada as mesmas casualidades infalíveis e as artimanhas perfeitas que tinha usado para driblar a vigilância de seus sogros. Gabriel e Luisa começaram a se encontrar na casa de amigos, mas pouco a pouco foram se arriscando em lugares públicos menos freqüentados. Enfim se atreviam a conversar pela janela quando tio Juanito não estava, a noiva na sala e o noivo na rua, fiéis ao compromisso de não se encontrarem dentro da casa. A janela parecia feita de propósito para amores contrariados, através de uma grade andaluza de corpo inteiro e com moldura de trepadeiras, onde não costumava faltar um ar de jasmins no torpor da noite. Dilia tinha previsto tudo, inclusive a cumplicidade de alguns vizinhos com assovios em código para avisar os noivos de algum perigo iminente. Mesmo assim, certa noite falharam todos os sistemas, e Juan de Dios rendeu-se diante da verdade. Dilia aproveitou a ocasião para convidar os noivos para se sentarem na sala, com as janelas abertas, para compartilhar seu amor com o mundo. Minha mãe nunca esqueceu o suspiro do irmão: "Que alívio!"

Naqueles dias Gabriel Eligio recebeu a nomeação formal para o posto de telégrafo de Rioacha. Inquieta por uma nova separação, minha mãe então apelou a monsenhor Pedro Espejo, vigário da diocese, com a esperança de que ele a casasse mesmo sem a permissão de seus pais. A respeitabilidade do monsenhor tinha alcançado tanta força que muitos fiéis o confundiam com a santidade, e alguns iam às suas missas só para comprovar se era verdade que ele se erguia vários centímetros sobre o nível do chão no momento da Elevação. Quando Luisa Santiaga solicitou sua ajuda, ele deu outra mostra a mais de que a inteligência é um dos privilégios da santidade. Negou-se a intervir no foro interno de uma família tão zelosa de sua intimidade, mas optou pela alternativa secreta de informar-se sobre a de meu pai através da cúria. O pároco de Sincé passou por cima das liberalidades de Argemira García, e respondeu com uma fórmula benévola: "Trata-se de uma família respeitável, embora pouco devota." Monsenhor conversou então com os noivos, juntos e separados, e escreveu uma carta a Nicolás e Tranquilina expressando sua certeza emocionada de que não havia poder humano capaz de derrotar aquele amor empedernido. Meus avós, vencidos pelo poder de Deus, concordaram em virar a dolorosa página e outorgaram a Juan de Dios plenos poderes para organizar o casamento em Santa Marta. Só que eles não foram: mandaram como madrinha Francisca Simodosea.

Casaram-se no dia 11 de junho de 1926 na catedral de Santa Marta, com quarenta minutos de atraso porque a noiva esqueceu a data e tiveram que despertá-la às oito e tanto da manhã. Naquela mesma noite abordaram uma vez mais a escuna pavorosa para que Gabriel Eligio assumisse o posto de telegrafista em Rioacha e passaram sua primeira noite em plena castidade, derrotados pelo mareio.

Minha mãe sentia tanta saudade da casa onde passou a lua-de-mel, que os filhos mais velhos podíamos descrevê-la cômodo por cômodo, como se tivéssemos morado nela, e até hoje essa casa continua sendo uma de minhas falsas lembranças. E no entanto, na primeira vez que fui de verdade à península de La Guajira, pouco antes dos meus sessenta anos, me surpreendeu ver que a casa do telegrafista não tinha nada a ver com a das minhas recordações. E a Rioacha idílica que desde menino eu levava no coração, com suas ruas de salitre que desciam até um mar de lodo, não eram outra coisa além de sonhos emprestados pelos meus avós. E mais: agora, que conheço Rioacha, não consigo visualizá-la tal como é, e sim como eu a havia construído pedra por pedra na minha imaginação.

Dois meses depois do casório, Juan de Dios recebeu um telegrama de meu pai com o anúncio de que Luisa Santiaga estava grávida. A notícia estremeceu até os alicerces da casa de Aracataca, onde Mina ainda não tinha se recuperado de sua amargura, e tanto ela como o coronel depuseram suas armas para que os recém-casados voltassem para lá. Não foi fácil. Após uma resistência digna, serena e justificada de vários meses, Gabriel Eligio enfim aceitou que a esposa desse à luz na casa dos pais.

Pouco depois foi recebido por meu avô na estação do trem, com uma frase que ficou feito um marco de ouro no prontuário histórico familiar: "Estou disposto a prestar-lhe todas as satisfações que sejam necessárias." A avó renovou a alcova que até então tinha sido dela, e ali instalou meus pais. No decorrer de um ano, Gabriel Eligio renunciou ao seu bom ofício de telegrafista e consagrou seu talento autodidata a uma ciência decadente: a homeopatia. Meu avô, por gratidão ou por remorso, trabalhou para que as autoridades dessem à rua onde morávamos em Aracataca o mesmo nome que tem até hoje: Monsenhor Espejo.

Foi assim e ali que nasceu o primeiro de sete varões e quatro mulheres, no domingo 6 de março de 1927, às nove da manhã e com um aguaceiro torrencial fora de época, enquanto o céu de Touro erguia-se no horizonte. Estava a ponto de ser estrangulado pelo cordão umbilical, pois a parteira da família, Santos Villero, perdeu o domínio de sua arte no pior momento. Mais controle ainda perdeu a tia Francisca, que correu até a porta da rua dando gritos de incêndio:

— É menino, é menino! — e em seguida, como num pregão de angústia: — Tragam rum, que ele está sufocando!

A família supõe que o rum não era para celebrar e sim para reanimar o recém-nascido com fricções. Misia Juana de Freytes, que fez sua entrada providencial na alcova, me contou muitas vezes que o risco mais grave não era o cordão umbilical, e sim a má posição de minha mãe na cama. Ela corrigiu essa posição a tempo, mas não foi fácil me reanimar, e por isso tia Francisca jogou em mim a água batismal de emergência. Eu devia me chamar Olegário, que era o santo do dia, mas ninguém tinha à mão um santoral, e por isso me puseram de urgência o primeiro nome de meu pai seguido pelo de José, o carpinteiro, por ser o patrono de Aracataca e por estarmos em seu mês de março. Misia Juana de Freytes propôs um terceiro nome em memória da reconciliação geral que se conseguia entre famílias e amigos com a minha chegada ao mundo, mas na certidão de batismo que fizeram três anos depois esqueceram-se de pôr esse terceiro nome: Gabriel José de la Concordia.

2.

o dia em que fui com minha mãe vender a casa eu recordava tudo que me havia impressionado na infância, mas não tinha certeza do que tinha acontecido antes e o que aconteceu depois, nem o que significava nada daquilo na minha vida. Mal tinha noção de que no meio do falso esplendor da companhia bananeira o matrimônio de meus pais já estava inscrito dentro do processo que haveria de concluir na decadência de Aracataca. Desde que comecei a recordar, ouvi repetirem — primeiro com muito sigilo e depois em voz alta e com alarme — a frase fatídica: "Estão falando por aí que a companhia vai embora." E no entanto, ou ninguém acreditava ou ninguém se atreveu a pensar em seus estragos.

A versão da minha mãe tinha cifras tão exíguas e o cenário era tão pobre para um drama tão grandioso como o que eu havia imaginado, que me causou um sentimento de frustração. Mais tarde falei com sobreviventes e testemunhas e revirei coleções de jornais e documentos oficiais, e percebi que a verdade não estava em lado algum. Os conformistas chegavam a dizer que não houve morto algum. Os do extremo contrário afirmavam sem tremer a voz que foram mais de cem, que tinham sido vistos esvaindo-se em sangue na praça e que foram levados num trem de carga para serem jogados no mar que nem banana podre. Assim, minha verdade ficou extraviada para sempre em algum ponto improvável dos dois extremos. No entanto, foi tão persistente que num de meus livros me referi à matança com a precisão e com o horror que durante anos eu havia incubado na minha imaginação. E foi assim que mantive a cifra de mortos em três mil, para conservar as proporções épicas do drama, e a vida real acabou fazendo-me justiça: há poucc tempo, num dos aniversários da tragédia, o orador de plantão no Senado pediu um minuto de silêncio em memória dos três mil mártires anônimos sacrificados pela força pública.

A matança dos peões dos bananais foi a culminação de outras anteriores, mas com o argumento adicional de que seus líderes foram apontados como sendo comunistas, e talvez até fossem. Conheci por acaso o mais destacado e perseguido deles, Eduardo Mahecha, na cadeia Modelo de Barranquilla, nos dias em que fui com minha mãe vender a casa, e tive com ele uma boa amizade a partir do momento em que me apresentei como sendo o neto de Nicolás Márquez. Foi ele quem me revelou que meu avô não tinha sido neutro e sim mediador na greve de 1928, e o considerava um homem justo. Assim ele completou a idéia que sempre tive do massacre, e formei uma concepção mais objetiva do conflito social. A única divergência entre as lembranças de todos foi sobre o número de mortos, que afinal de contas não será a única incógnita da nossa história.

Tantas versões desencontradas foram a causa de minhas falsas lembranças. Entre elas, a mais persistente é a de mim mesmo na porta de casa com um capacete prussiano e uma espingardinha de brinquedo, vendo desfilar debaixo das amendoeiras o batalhão de *cachacos* suarentos. Um dos oficiais que os comandava vestindo uniforme de parada militar cumprimentou-me ao passar:

— Salve, capitão Gabi.

A lembrança é nítida, mas não existe a menor possibilidade de ser verdadeira. O uniforme, o capacete e a espingarda existiram, mas uns dois anos depois da greve e quando já não havia tropas de guerra em Cataca. Muitos casos como esse me criaram na casa a má reputação de que eu tinha lembranças intra-uterinas e sonhos premonitórios.

Era esse o estado do mundo quando comecei a tomar consciência de meu âmbito familiar e não consigo evocá-lo de outro modo: pesares, saudades, incertezas, na solidão de uma casa imensa. Durante anos achei que aquela época tinha se convertido num pesadelo recorrente de quase todas as noites, porque eu amanhecia com o mesmo terror que sentia no quarto dos santos. Durante a adolescência, interno em um colégio gelado dos Andes, eu despertava chorando no meio da noite. Precisei desta velhice sem remorsos para entender que a desdita dos avós na casa de Cataca foi que sempre estiveram encalhados em suas nostalgias, e quanto mais se empenhavam em conjurá-las, mais encalhavam.

Mais simples ainda: estavam em Cataca mas permaneciam vivendo na província de Padilla, que continuamos chamando de a Província, sem mais detalhes, como se não existisse outra no mundo. Talvez até mesmo sem pensar, tinham construído a casa de Cataca como uma réplica cerimonial da casa de Barrancas, e das janelas se avistava, do outro lado da rua, o cemitério triste onde jazia Medardo Pacheco. Em Cataca eram amados e agradados, mas suas vidas estavam submetidas à servidão da terra em que nasceram. Entrincheiraram-se em seus gostos, suas crenças, seus preconceitos, e cerraram fileiras contra tudo que fosse diferente.

Suas amizades mais próximas eram em primeiro lugar as que chegavam da Província. A língua doméstica era a que seus avós tinham trazido da Espanha através da Venezuela no século anterior, revitalizada com localismos caribenhos, africanismos de escravos e retalhos da língua *guajira*, que iam se infiltrando gota a gota na nossa. A avó a utilizava para despistar-me, sem saber que eu a entendia melhor graças aos meus tratos diretos com os empregados. Continuo me lembrando de muitos: *atunkeshi*, estou com sono; *jamusaitshi taya*, estou com fome; *ipuwots*, a mulher grávida; *aríjuna*, o forasteiro, que minha avó usava para se referir ao espanhol, ao homem branco, enfim, ao inimigo. Os *guajiros*, por seu lado, falaram sempre uma espécie de castelhano sem ossos com faíscas radiantes, como o dialeto pessoal de Chon, com uma precisão depravada que minha avó a proibiu de usar porque remetia, sem remédio, a um duplo sentido: "Os lábios da boca".

O dia ficava incompleto enquanto não chegassem notícias de quem nasceu em Barrancas, ou quantos o touro matou na tourada de Fonseca, ou quem se casou em Manaure ou morreu em Rioacha, ou como o general Socarrás, que estava em estado grave em San Juan del César, tinha amanhecido. No armazém da companhia bananeira eram vendidas maçãs da

Califórnia embrulhadas em papel de seda, os pargos petrificados em gelo, os presuntos da Galícia, as azeitonas gregas. Lá em casa, porém, não se comia nada que não tivesse sido temperado pelo caldo das nostalgias: o inhame da sopa tinha de ser de Rioacha, o milho para as broas do café-da-manhã tinha de ser de Fonseca, os cabritos eram criados com o sal da La Guajira, e as tartarugas e lagostas vinham vivas de Dibuya.

Assim, a maioria dos visitantes que chegavam todos os dias no trem vinham da Província ou eram mandados por alguém de lá. Os sobrenomes eram sempre os mesmos: os Riascos, os Noguera, os Ovalle, cruzados freqüentemente com as tribos dos Cotes e dos Iguarán. Estavam de passagem, sempre, sem nada além da mochila ao ombro, e embora não anunciassem a visita estava previsto que ficariam para almoçar. Nunca esqueci a frase quase que ritual da minha avó ao entrar na cozinha: "É preciso fazer de tudo, porque nunca se sabe o gosto de quem chega."

Aquele espírito de evasão perpétua se sustentava numa realidade geográfica. A Província tinha a autonomia de um mundo próprio e uma unidade cultural compacta e antiga, num vale fecundo entre a Serra Nevada de Santa Marta e a serra do Perijá, no Caribe colombiano. Sua comunicação era mais fácil com o mundo que com o resto do país, pois sua vida cotidiana se identificava melhor com as Antilhas por causa do tráfico fácil com a Jamaica ou Curaçao, e quase se confundia com a da Venezuela por uma fronteira de portas abertas que não diferenciava cores ou situações. Do interior do país, que se cozinhava em fogo lento em sua própria sopa, chegava apenas o óxido do poder: as leis, os impostos, os soldados, as más notícias incubadas a dois mil e quinhentos metros de altura e a oito dias de navegação pelo rio Magdalena num barco a vapor alimentado a lenha.

Aquela natureza insular havia gerado uma cultura estanque com caráter próprio que os avós implantaram em Cataca. Mais que um lar, a casa era um povoado. Sempre havia vários turnos na mesa, mas a ordem dos dois primeiros a serem servidos era sagrada desde que fiz três anos: o coronel na cabeceira e eu na esquina à sua direita. Os lugares restantes eram ocupados primeiro pelos homens e depois pelas mulheres, mas sempre separados. Estas regras eram rompidas durante as festas pátrias do 20 de julho, e o almoço por turnos se prolongava até que todos tivessem comido. De noite a mesa não era posta, e repartiam-se potes de café com leite na cozinha, com a excelente doceria da avó. Quando as portas eram fechadas cada um dependurava sua rede aonde pudesse, em diferentes níveis, até nas árvores do quintal.

Vivi uma das grandes fantasias daqueles anos no dia em que chegou em casa um grupo de homens iguais com roupas, polainas e esporas de ginete, e todos com uma cruz de cinza pintada na testa. Eram os filhos engendrados pelo coronel ao longo da Província durante a Guerra dos Mil Dias, que vinham de seus povoados para felicitá-lo por seu aniversário com mais de um mês de atraso. Antes de irem à casa tinham ouvido a missa da Quarta-feira de Cinzas, e a cruz que o padre Angarita havia desenhado em suas testas me pareceu um emblema sobrenatural cujo mistério haveria de me perseguir durante anos, mesmo depois de eu ter me familiarizado com a liturgia da Semana Santa.

A maioria deles havia nascido depois do matrimônio de meus avós. Mina os registrava com seus nomes e sobrenomes numa caderneta de anotações desde o momento em que ficava sabendo de seus nascimentos, e com uma indulgência difícil acabava assentando-os de todo coração na contabilidade da família. Mas nem para ela nem para ninguém foi fácil diferenciá-los antes daquela visita ruidosa em que cada um revelou seu peculiar modo de ser. Eram sérios e laboriosos, homens de seus lares, gente de paz, que no entanto não temiam perder a cabeça na vertigem da farra. Quebraram a louça, desgrenharam os rosais perseguindo um novilho para tourear, mataram a tiros as galinhas para o *sancocho* e soltaram um porco cevado que atropelou as bordadeiras do corredor, mas ninguém lamentou esses percalços graças ao vendaval de felicidade que traziam com eles.

Continuei vendo Esteban Carrillo com freqüência, gêmeo da tia Elvira e mestre nas artes de um faz-tudo, que viajava com uma caixa de ferramentas para reparar de favor qualquer avaria nas casas que visitava. Com seu senso de humor e sua boa memória preencheu em mim numerosos vazios que pareciam sem salvação na história da família. Também freqüentei na adolescência meu tio Nicolás Gómez, um louro intenso de sardas avermelhadas que sempre manteve elevados seus bons ofícios de dono de armazém na antiga colônia penal de Fundación. Impressionado pela minha boa reputação de caso perdido, se despedia de mim me dando de presente uma sacola de mercado abarrotada para que eu pudesse prosseguir minha viagem. Rafael Arias chegava sempre de passagem e depressa numa mula e em roupas de montar, com o tempo justo para tomar um café de pé na cozinha. Encontrei os outros espalhados pelas viagens de nostalgia que mais tarde fiz aos povoados da Província para escrever meus primeiros livros, e sempre senti falta da cruz de cinza na testa como um sinal inconfundível da identidade familiar.

Anos depois de mortos meus avós e de abandonada à própria sorte a casa senhorial, cheguei a Fundación no trem da noite e me sentei no único lugar em que vendiam comida, aberto na estação naquela hora. Tinha sobrado pouco para servir, mas a dona improvisou um bom prato em minha homenagem. Era faladora e diligente, e no fundo dessas virtudes mansas pensei notar o caráter forte das mulheres da tribo. Anos mais tarde, pude confirmar: a tal bonitona era Sara Noriega, outra de minhas tias desconhecidas.

Apolinar, o antigo escravo pequeno e maciço de quem sempre me lembrei como de um tio, desapareceu da casa durante anos, e uma tarde reapareceu sem motivo, vestido de luto com um terno de algodão negro e um chapéu enorme, também negro, afundado até os olhos taciturnos. Ao passar pela cozinha disse que vinha para o enterro, mas ninguém entendeu nada até o dia seguinte, quando chegou a notícia de que meu avô tinha acabado de morrer em Santa Marta, onde tinha sido levado com urgência e em segredo.

O único dos tios que teve alguma projeção pública foi o mais velho de todos e o único deles que era do Partido Conservador, José Maria Valdeblánquez, que havia sido senador da República durante a Guerra dos Mil Dias, e nessa condição assistiu à assinatura da rendição dos Liberais na vizinha fazenda de Neerlandia. Diante dele, no lado dos vencidos, estava seu pai.

Acho que, na verdade, eu devo a essência da minha maneira de ser e de pensar às mulheres da família e às muitas das empregadas que pastorearam a minha infância. Eram de gênio forte e coração terno, e me tratavam com a naturalidade do paraíso terrenal. Entre as muitas que recordo, Lucía foi a única que me surpreendeu com sua malícia pueril, quando me levou ao beco dos sapos e ergueu a bata até a cintura para me mostrar seus pêlos acobreados e desgrenhados. No entanto, o que na realidade me chamou a atenção foi a mancha de caraté, aquela doença conhecida como "mal-da-pinta", e que se estendia pelo seu ventre como um mapa-múndi de dunas arroxeadas e oceanos amarelos. As outras pareciam arcanjos de pureza: mudavam de roupa na minha frente, me davam banho e tomavam banho ao mesmo tempo, me sentavam em meu urinol e sentavam-se nos delas na minha frente para desabafar seus segredos, suas penas, seus rancores, como se eu não entendesse, sem perceber que eu entendia tudo porque atava os nós que elas mesmas deixavam soltos.

Chon era parte da criadagem e da rua. Tinha chegado de Barrancas com meus avós quando ainda era menina, havia acabado de se criar na cozinha mas assimilada à família, e o trato que lhe davam era o de uma tia guardiã e acompanhante, desde que fez a peregrinação à Província com minha mãe apaixonada. Em seus últimos anos mudou-se para um quarto só dela na parte mais pobre do povoado, pela graça de sua pura vontade, e vivia de vender pelas ruas desde o amanhecer as bolas de massa de milho moído para as broas, com um pregão que se tornou familiar no silêncio da madrugada: "As massinhas geladas da velha Chon...".

Tinha uma bela cor de índia e desde sempre parecia pele e osso, e andava com os pés descalços, com um turbante branco e envolta em lençóis engomados. Caminhava muito devagar pelo meio da rua, com uma escolta de cachorros mansos e calados que avançavam dando voltas ao seu redor. Terminou incorporada ao folclore do povoado. Num carnaval apareceu um disfarce idêntico a ela, com seus lençóis e seu pregão, embora não tenham conseguido domar uma guarda de cães como a dela. Seu grito de massinhas geladas tornou-se tão popular que virou motivo de uma canção de sanfoneiros. Certa manhã infeliz dois cachorros bravos atacaram os seus cães com tamanha ferocidade que Chon caiu no chão com a espinha dorsal fraturada. Não sobreviveu, apesar dos muitos recursos médicos que meu avô procurou para ela.

Outra lembrança reveladora daquele tempo foi o parto de Matilde Armenta, uma lavadeira que trabalhou na casa quando eu tinha uns seis anos. Entrei em seu quarto sem querer e encontrei-a nua e com as pernas escancaradas num colchão de algodão, uivando de dor entre um bando de comadres sem ordem nem razão que tinha repartido seu corpo entre si para ajudá-la a parir aos berros. Uma enxugava o suor de seu rosto com uma toalha molhada, outras sujeitavam à força seus braços e pernas e faziam massagens em seu ventre para apressar o parto. Santos Villero, impassível no meio da desordem, murmurava orações de angústia com os olhos fechados enquanto parecia cavoucar entre as coxas da parturiente. O calor era insuportável no quarto cheio de fumaça das panelas de água fervendo que chegavam da cozinha. Fiquei num canto, dividido entre o susto e a curiosidade, até que a parteira arrancou pelos tornozelos uma coisa em carne viva feito um bezerro do ventre com uma tripa sanguinolenta dependurada do umbigo. Então uma das mulheres me descobriu no canto e me arrastou para fora do quarto.

— Você está em pecado mortal — me disse. E mandou, com um dedo ameaçador: — Não torne a se lembrar do que você viu. Nunca.

Em compensação, a mulher que de verdade tirou minha inocência nunca pretendeu fazer isso, nem soube disso jamais. Chamava-se Trinidad, era filha de alguém que trabalhava na casa, e mal começava a florescer numa primavera mortal. Tinha uns treze anos, mas ainda usava roupas de quando tinha nove, que ficavam tão grudadas em seu corpo que parecia mais nua que se estivesse sem nada. Certa noite em que estávamos sozinhos no quintal surgiu de repente uma música de banda na casa vizinha e Trinidad me puxou para dançar com um abraço tão apertado que me deixou sem ar. Não sei o que foi feito dela, mas até hoje acordo no meio da noite perturbado pela comoção, e sei que poderia reconhecê-la no escuro pelo tato de cada centímetro de sua pele e por seu odor de animal. Num instante tomei consciência do meu corpo com uma clarividência dos instintos que nunca mais tornei a sentir, e que me atrevo a recordar como uma excelente morte. Desde então soube de alguma forma confusa e irreal que havia um mistério insondável que eu não conhecia, mas que me perturbava como se conhecesse. Pelo contrário, as mulheres da família sempre me conduziram pelo rumo árido da castidade.

A perda da inocência me ensinou ao mesmo tempo que não era o Menino Deus quem nos trazia brinquedos no Natal, mas tive o cuidado de não dizer nada. Aos dez anos, meu pai me revelou isso como sendo um segredo de adulto, porque dava por certo que eu já sabia, e me levou às lojas na noite de Natal para escolher os brinquedos de meus irmãos. A mesma coisa tinha acontecido comigo com o mistério do parto antes de assistir ao de Matilde Armenta: eu engasgava de tanto rir quando diziam que as cegonhas traziam os bebês de Paris. Mas devo confessar que nem então nem agora consegui relacionar o parto com o sexo. Seja como for, penso que minha intimidade com os serviçais pode ser a origem de um fio de comunicação secreta que acredito ter com as mulheres, e que ao longo da vida permitiu que eu me sinta mais cômodo e seguro entre elas que entre os homens. Também de lá pode ter vindo minha convicção de que são elas que sustentam o mundo, enquanto nós, homens, o desordenamos com nossa brutalidade histórica.

Sara Emilia Márquez, sem saber, teve algo que ver com meu destino. Perseguida desde muito jovem por pretendentes que ela nem se dignava a olhar, decidiu-se pelo primeiro que lhe agradou, e para sempre. O eleito tinha algo em comum com meu pai, pois era um forasteiro que chegou não se sabia de onde nem como, com uma boa folha corrida de vida, mas sem recursos aparentes. Chamava-se José del Carmen Uribe Vergel, mas às vezes só assinava J. del C. Passou-se algum tempo antes que se soubesse quem era na realidade e de onde vinha, até que foi descoberto por causa dos discursos que os funcionários públicos encomendavam, e pelos versos de amor que publicava em sua própria revista cultural, cuja freqüência dependia da vontade de Deus. Desde que apareceu na casa senti uma grande admiração pela sua fama de escritor, o primeiro que conheci na vida. Quis de imediato ser igual a ele, e não fiquei contente até que tia Mama aprendeu a me pentear igualzinho a ele.

Fui o primeiro da família a saber de seus amores secretos, na noite em que entrou na casa em frente de onde eu brincava com amigos. Chamou-me num particular, num estado de tensão evidente, e entregou-me uma carta para Sara Emilia. Eu sabia que ela estava sentada na porta da nossa casa, recebendo a visita de uma amiga. Atravessei a rua, me escondi atrás de uma das amendoeiras e joguei a carta com tamanha precisão que caiu em seu regaço. Assustada, levantou as mãos, mas o grito ficou preso na garganta quando reconheceu a letra no envelope. Sara Emilia e J. del C. foram amigos meus a partir daquele instante.

Elvira Carrillo, irmã gêmea do tio Esteban, torcia e espremia uma cana-de-açúcar com as duas mãos e arrancava a garapa com a força de um trapiche. Tinha mais fama pela sua franqueza brutal que pela ternura com a qual sabia distrair as crianças, principalmente meu irmão Luis Enrique, um ano mais novo que eu, de quem foi ao mesmo tempo soberana e cúmplice, e que a batizou com o nome inescrutável de tia Pa. Sua especialidade foram sempre os problemas impossíveis. Ela e Esteban foram os primeiros que chegaram na casa de Cataca, mas enquanto ele achou seu rumo em tudo que é tipo de ofícios e negócios frutíferos, ela ficou para tia indispensável na família sem perceber isso jamais. Desaparecia quando não era necessária, mas quando era nunca jamais ninguém soube como ou de onde ela surgia. Em seus maus momentos falava sozinha enquanto remexia a panela, e revelava em voz alta onde estavam as coisas que todo mundo dava por perdidas. Ficou na casa quando acabou de enterrar os mais velhos, enquanto as ervas daninhas devoravam o espaço palmo a palmo e os animais erravam pelos dormitórios, perturbada desde a meia-noite por uma tosse além-túmulo que vinha do quarto vizinho.

Francisca Simodosea — a tia Mama —, a generala da tribo que morreu virgem aos setenta e nove anos, era diferente de todos em seus hábitos e em sua linguagem. Pois sua cultura não era da Província, e sim do paraíso feudal das savanas de Bolívar, para onde seu pai, José María Mejía Vidal, havia emigrado muito jovem, saindo de Rioacha com suas artes de ourivesaria. Tinha deixado crescer até a altura dos joelhos sua cabeleira de cerdas retintas que resistiram às cãs até que a velhice tivesse avançado bem. Lavava a cabeleira com águas de essências uma vez por semana, e sentava-se para se pentear na porta de seu dormitório numa cerimônia sagrada de várias horas, consumindo sem sossego umas tragadinhas de tabaco tosco que fumava ao contrário, com o fogo dentro da boca, como faziam as tropas liberais para não serem descobertas pelo inimigo na escuridão da noite. Também sua maneira de se vestir era diferente, com anáguas e espartilhos de linho imaculado e pantufas de veludo.

Ao contrário do purismo castiço da avó, a linguagem de Mama era a mais solta da gíria popular. Não a dissimulava diante de ninguém nem em circunstância alguma, e a cada um dizia na lata o que pensava. Incluída uma freira, professora de minha mãe no internato de Santa Marta, a quem deixou plantada por uma impertinência meio frívola: "A senhora é dessas que confundem o rabo com as têmporas." No entanto, sempre deu seu jeito, e nunca pareceu grosseira nem insultante.

Foi durante meia vida a depositária das chaves do cemitério, registrava e expedia as certidões de óbito, e fazia em casa as hóstias para a missa. Foi a única pessoa da família, de qualquer sexo, que não parecia ter atravessada no coração uma pena de amor contrariado. Tomamos consciência disso na noite em que o médico se preparava para colocar uma sonda nela, e ela impediu com um argumento cheio de razões, e que na época não entendi: "Quero deixar bem claro, doutor, que nunca conheci homem."

Desde então continuei ouvindo-a dizer isso com freqüência, mas nunca me pareceu gloriosa nem arrependida, e sim como quem constatava um fato consumado que não deixou rastro algum em sua vida. Em compensação, era uma casamenteira astuta que deve ter sofrido em seu jogo duplo de armar a cama para meus pais sem ser desleal com Mina.

Tenho a impressão de que se entendia melhor com as crianças que com os adultos. Foi quem se encarregou de Sara Emilia até que ela se mudasse sozinha para o quarto dos cadernos de Calleja. Então, acolheu-me com minha irmã Margot em seu lugar, embora a avó continuasse responsável pelo meu asseio pessoal e o avô cuidasse da minha formação de homem.

Minha lembrança mais inquietante daqueles tempos é a da tia Petra, irmã mais velha do meu avô, que foi-se embora de Rioacha para orientar-se com eles quando ficou cega. Vivia no quarto contíguo ao escritório, onde mais tarde ficou a oficina de joalheiro do meu avô, e desenvolveu uma destreza mágica para viver nas trevas sem a ajuda de ninguém. Ainda me lembro dela, como se fosse ontem, caminhando sem bengala e como se andasse com seus dois olhos, lenta mas sem duvidar, e guiando-se apenas pelos odores diferentes. Reconhecia seu quarto pelo vapor do ácido muriático na ourivesaria contígua, o corredor pelo perfume dos jasmins do jardim, o dormitório dos meus avós pelo odor do álcool de madeira que ambos usavam para esfregar o corpo antes de dormir, o quarto da tia Mama pelo cheiro do óleo nas lâmpadas do altar e, no final do corredor, o cheiro suculento da cozinha. Era esbelta e furtiva, com uma pele de açucenas murchas, uma cabeleira radiante cor de madrepérola, que usava solta até a cintura, e da qual ela mesma cuidava. Suas pupilas verdes e diáfanas de adolescente mudavam de luz com seus estados de espírito. Eram, enfim, passeios casuais, pois estava o dia inteiro no quarto com a porta semicerrada e quase sempre sozinha. Às vezes cantava em sussurros para si própria, e sua voz podia ser confundida com a de Mina, mas suas canções eram diferentes e mais tristes. Ouvi-a dizer a alguém que eram romanças de Rioacha, mas só quando adulto soube que na verdade ela mesma as inventava conforme ia cantando. Duas ou três vezes não consegui resistir à tentação de entrar em seu quarto sem que ninguém percebesse, mas não a encontrei. Anos depois, durante uma de minhas férias de colegial, contei aquelas lembranças para a minha mãe, e ela apressou-se a me convencer do meu erro. Sua razão era absoluta, e pude comprová-la sem as cinzas da dúvida: tia Petra tinha morrido quando eu não tinha dois anos.

Nós chamávamos a tia Wenefrida de Nana, e era a mais alegre e simpática da tribo, mas só consigo recordá-la em seu leito de enferma. Era casada com Rafael Quintero Ortega — o tio Quinte —, um advogado de pobres nascido em Chía, a umas quinze léguas de Bogotá e à mesma altitude sobre o nível do mar. Mas adaptou-se tão bem ao Caribe que no inferno de Cataca precisava de garrafas de água quente nos pés para dormir na fresca de dezembro. A família já tinha se recomposto da desgraça de Medardo Pacheco quando o tio Quinte teve de enfrentar a dele, por matar o advogado da parte contrária num litígio judicial. Tinha a imagem de homem bom e pacífico, mas o adversário o fustigou sem trégua, e ele não teve outra saída a não ser se armar. Era tão miúdo e magro que usava sapatos de menino, e seus amigos faziam piadas cordiais porque o revólver, debaixo da camisa, fazia um volume de canhão. O avô o preveniu com sua frase célebre: "O senhor não sabe quanto pesa um morto." Mas tio Quinte não teve tempo de pensar nisso quando o inimigo fechou-lhe o passo com gritos de energúmeno na antesala do tribunal, e atirou-se em cima dele com seu corpo descomunal. "Nem sei dizer como é que saquei do revólver e disparei a esmo com as duas mãos e com os olhos fechados", me disse o tio Quinte pouco antes de sua morte centenária. "Quando abri os olhos", contou, "ainda vi que ele estava de pé, grande e pálido, e foi desmoronando muito devagar até ficar sentado no chão." Até aquele momento o tio Quinte não tinha percebido que tinha atingido o homem bem no meio da testa. Perguntei o que havia sentido quando viu o homem cair, e me surpreendeu com sua franqueza:

— Um alívio enorme!

Minha última lembrança de sua esposa Wenefrida foi a da noite de grandes chuvas em que uma feiticeira a exorcizou. Não era uma bruxa convencional e sim uma mulher simpática, bem-vestida e na moda, que espantava com um ramo de urtigas os maus humores do corpo enquanto cantava um esconjuro que parecia uma canção de ninar. De repente, Nana se retorceu com uma convulsão profunda, e um pássaro do tamanho de um frango e de penas furta-cor escapou do meio dos lençóis. A mulher agarrou-o no ar com um bote de mestre e envolveu-o num trapo negro, que já estava preparado. Mandou acender uma fogueira no quintal dos fundos, e sem nenhuma cerimônia atirou o pássaro no meio das chamas. Mas Nana não se recompôs de seus males.

Pouco depois, a fogueira do quintal tornou a ser acesa quando uma galinha pôs um ovo fantástico que parecia uma bola de pingue-pongue com um apêndice como o de um gorro frígio. Minha avó identificou-o de imediato: "É um ovo de basilisco." Ela mesma atirou-o no fogo murmurando orações de esconjuro.

Jamais consegui conceber meus avós numa idade diferente da que tinham nas minhas recordações dessa época. A mesma dos retratos que tiraram nos alvores da velhice, e cujas cópias cada vez mais desvanecidas foram transmitidas como um rito tribal através de quatro prolíficas gerações. Principalmente os da avó Tranquilina, a mulher mais crédula e impressionável que conheci na vida, por causa do espanto que os mistérios da vida diária provocavam nela. Tentava amenizar seus ofícios cantando com toda a sua voz velhas canções de apaixonados, mas as interrompia de repente com seu grito de guerra contra a fatalidade:

— Ave Maria Puríssima!

Era quando via que as cadeiras de balanço balançavam sozinhas, que o fantasma da febre puerperal tinha se metido nas alcovas das parturientes, que o perfume dos jasmins do jardim era como um fantasma invisível, que um cordão jogado ao acaso no chão tinha a forma dos números que podiam ser o da sorte grande na loteria, que um pássaro sem olhos tinha se extraviado na sala de jantar e só conseguiram espantá-lo com *A Magnífica* sendo cantada. Acreditava decifrar com claves secretas a identidade dos protagonistas e dos lugares das canções que chegavam da Província. Imaginava desgraças que cedo ou tarde aconteciam, pressentia quem ia chegar de Rioacha com um chapéu branco, ou de Manaure com uma cólica que só era curada com fel de urubu, pois além de profeta de ofício era curandeira furtiva.

Tinha um sistema muito pessoal para interpretar sonhos próprios e alheios que regiam a conduta diária de cada um de nós e determinavam a vida da casa. No entanto, esteve a ponto de morrer sem presságios quando arrancou de um golpe só os lençóis de sua cama e disparou o revólver que o coronel escondia debaixo do travesseiro para tê-lo ao alcance da mão enquanto dormia. Pela trajetória do projétil que se incrustou no teto ficou claro que passou muito perto da cara da avó.

Desde que me dei por gente sofri a tortura matinal de Mina escovando meus dentes, enquanto ela desfrutava do privilégio mágico de tirar os seus para lavá-los, e deixá-los num copo d'água enquanto dormia. Convencido de que era sua dentadura natural que ela tirava e punha por artes *guajiras*, fiz com que me mostrasse o interior da boca para ver como era por dentro o avesso dos olhos, do cérebro, do nariz, dos ouvidos, e sofri a desilusão de não ver nada além do céu da boca. Mas ninguém me decifrou o prodígio e durante um bom tempo estive obcecado para que o dentista fizesse a mesma coisa que tinha feito com a avó, para que ela escovasse meus dentes enquanto eu brincava na rua.

Tínhamos uma espécie de código secreto e nós dois nos comunicávamos com um universo invisível. De dia, seu mundo mágico era fascinante para mim, mas de noite me causava um terror puro e simples: o medo da escuridão, anterior ao nosso ser, que me perseguiu durante toda a vida em caminhos solitários e mesmo em antros de baile do mundo inteiro. Na casa dos avós cada santo tinha seu quarto e cada quarto tinha seu morto. Mas a única casa que era tratada de modo oficial como "A casa do morto" era a vizinha à nossa, e seu morto era o único que numa sessão de espiritismo tinha se identificado com seu nome humano: Alfonso Mora. Alguém próximo a ele se deu o trabalho de identificá-lo nos registros de batismo e de óbitos, e encontrou numerosos homônimos, mas nenhum deu sinais de ser o nosso. Aquela foi durante anos a casa paroquial, e prosperou a calúnia de que o fantasma era o próprio padre Angarita, para espantar os curiosos que o espiavam em suas andanças noturnas.

Não cheguei a conhecer Meme, a escrava *guajira* que a família levou de Barrancas e que numa noite de tormenta escapou com Alirio, seu irmão adolescente, mas sempre ouvi dizer que foram eles os que mais salpicaram a fala da casa com sua língua nativa. Seu castelhano arrevesado foi assombro de poetas, desde o dia memorável em que encontrou os fósforos que o tio Juan de Dios tinha perdido, e devolveu-os com sua gíria triunfal:

— Aqui estou, fósforo teu.

Dava trabalho acreditar que a avó Mina, com suas mulheres despistadas, fosse o pilar econômico da casa quando os recursos começaram a escassear. O coronel tinha algumas terras dispersas que foram ocupadas por colonos *cachacos* que ele se recusou a expulsar. Num apuro para salvar a honra de um de seus filhos precisou hipotecar a casa de Cataca, e custou-lhe uma fortuna não perdê-la. Quando já não dava mais, Mina continuou sustentando a família com a doceria, os animaizinhos de caramelo que eram vendidos no povoado inteiro, as galinhas-d'angola, os ovos de pato, as hortaliças do pátio dos fundos. Fez um corte radical das serviçais e ficou apenas com as mais úteis. O dinheiro vivo acabou não tendo sentido na tradição oral da casa. Assim, quando precisaram comprar um piano para minha mãe quando ela regressou da escola, tia Pa fez a conta exata em moeda doméstica: "Um piano custa quinhentos ovos."

No meio daquela tropa de mulheres evangélicas, o avô era, para mim, a segurança completa. Só com ele a aflição desaparecia e eu me sentia com os pés na terra e bem situado na vida real. O estranho, pensando agora, é que eu queria ser como ele, realista, valente, seguro, mas nunca pude resistir à tentação constante de espiar e me aproximar do mundo da minha avó. Lembro-me de meu avô atarracado e sanguíneo, com umas poucas cãs no crânio reluzente, bigode de escova, bem cuidado, e uns óculos redondos de armação de ouro. Era de falar pausado, compreensivo e conciliador em tempos de paz, mas seus amigos do Partido Conservador o recordavam como um inimigo temível nas contrariedades da guerra.

Nunca usou uniforme militar, pois sua patente era revolucionária e não acadêmica, mas até muito tempo depois das guerras usava o *liquelique*, essa vestimenta composta de camisa de puro linho branco, sem gola, e calças brancas, impecáveis, que era de uso comum entre os veteranos do Caribe. Depois que foi promulgada a lei de pensões de guerra ele preencheu os requisitos para obter a sua, e tanto ele como sua esposa e seus herdeiros mais próximos continuaram esperando por essa pensão até a morte. Minha avó Tranquilina, que morreu longe daquela casa, cega, decrépita e meio lunática, me disse em seus últimos momentos de lucidez: "Morro tranqüila, porque sei que vocês receberão a pensão de Nicolasito."

Foi a primeira vez que ouvi aquela palavra que semeou na família o germe das ilusões eternas: a aposentadoria. Havia entrado na casa antes do meu nascimento, quando o governo estabeleceu as pensões para os veteranos da Guerra dos Mil Dias. O avô em pessoa fez o expediente, até mesmo com excesso de testemunhas juramentadas e documentos de comprovação, e ele próprio os levou a Santa Marta para assinar o protocolo da entrega. De acordo com os cálculos menos alegres, era uma quantia suficiente para ele e seus descendentes até a segunda geração. "Não se preocupem", nos dizia a avó, "o dinheiro da pensão vai ser suficiente para todos." O correio, que nunca foi uma coisa urgente na família, converteu-se então num enviado da Divina Providência.

Eu mesmo não consegui evitar isso, com toda a carga de incertezas que trazia. No entanto, em certas ocasiões a avó Tranquilina era de um estado de espírito que não correspondia de jeito nenhum ao seu nome. Na Guerra dos Mil Dias meu avô foi preso em Rioacha por um primo-irmão dela, que era oficial do exército Conservador. A parentela Liberal, e ela própria, entenderam que era um ato de guerra diante do qual não servia de nada o poder familiar. Mas quando a avó ficou sabendo que seu marido estava no cepo, como um criminoso comum, enfrentou o primo como uma leoa e obrigou-o a entregar-lhe o marido são e salvo.

O mundo do avô era outro, bem diferente. Até em seus últimos anos parecia muito ágil quando andava por tudo que é lado com sua caixa de ferramentas para consertar o que havia de errado na casa, ou quando fazia subir a água do banho durante horas acionando a bomba manual do quintal, ou quando escalava as escadarias empinadas para comprovar a quantidade de água dos tonéis, mas em compensação me pedia para atar os cadarços das botas porque ficava sem fôlego quando queria fazer isso por conta própria. Por puro milagre não morreu certa manhã em que tentou apanhar o papagaio cegueta que tinha trepado nos tonéis. Tinha conseguido agarrá-lo pelo pescoço quando escorregou na passarela e caiu no chão, de uns quatro metros de altura. Ninguém conseguiu entender, e muito menos explicar, como conseguiu sobreviver com seus noventa quilos e seus cinqüenta e tantos anos. Aquele foi para mim o dia memorável em que o médico examinou-o nu na cama, palmo a palmo, e perguntou a ele o que era uma velha cicatriz de meia polegada que descobriu em sua virilha.

— Foi um tiro na guerra — disse meu avô.

Até hoje não me recompus da emoção. Do mesmo jeito que não me recomponho do dia em que apareceu na janela de seu escritório para ver a rua e conhecer um famoso cavalo que queriam vender-lhe, e de repente sentiu que o olho se enchia de água. Tentou proteger-se com a mão e ficaram em sua palma umas poucas gotas de um líquido diáfano. Não apenas perdeu o olho direito, como minha avó não permitiu que comprasse o cavalo possuído pelo diabo. Usou durante algum tempo um tapa-olho de pirata sobre o olho vazio e enevoado até que o oculista trocou-o por óculos de muito grau e receitou-lhe uma bengala de taquara que acabou sendo uma espécie de marca de identidade, como o relojinho do colete com corrente de ouro, cuja tampa se abria com um sobressalto musical. Sempre foi de domínio público que as armadilhas dos anos que começavam a inquietá-lo não afetavam de jeito nenhum suas manhas de sedutor secreto e de bom amante.

No banho ritual das seis da manhã, que em seus últimos anos sempre tomou comigo, jogávamos água um no outro com uma cuia, e terminávamos empapados da Água Florida da Lanmam & Kemps, que os contrabandistas de Curaçau vendiam em caixas em domicílio, feito o *brandy* e as camisas de seda chinesa. Várias vezes ouviu-se meu avô dizer que aquele era o único perfume que usava porque só era sentido por quem o usava, mas não tornou a acreditar nisso quando alguém reconheceu o tal perfume num travesseiro alheio. Outra história que ouvi repetir durante anos foi a de uma noite em que a luz tinha ido embora e o avô virou um frasco de tinta na cabeça, achando que era sua Água Florida.

Para os afazeres diários dentro da casa ele usava calças de algodão cru com seus suspensórios elásticos de sempre, sapatos suaves e um gorro de veludo com viseira. Para a missa do domingo, à qual faltou muito poucas vezes e só por motivos de força maior, ou para qualquer efeméride ou memorial diário, usava um terno completo de linho branco, e com colarinho de celulóide e gravata preta. Foram estas escassas ocasiões que, sem dúvida, provocaram sua fama de esbanjador e de petulante. A impressão que tenho hoje é de que a casa, com tudo que tinha dentro, só existia para ele, pois era um matrimônio exemplar do machismo numa sociedade matriarcal, aquela em que o homem é o rei absoluto de sua casa, mas na qual quem governa a casa é sua mulher. Ou, sem mais rodeios: ele era o macho. Ou seja: um homem de uma ternura delicada no particular, e da qual se envergonhava em público, enquanto sua esposa se incinerava para fazê-lo feliz.

Os avós fizeram outra viagem a Barranquilla nos dias em que se celebrou o primeiro centenário da morte de Simón Bolívar, em dezembro de 1930, para assistir ao nascimento de minha irmã Aida Rosa, a quarta da família. De regresso a Cataca levaram junto com eles Margot, com pouco mais de um ano, e meus pais ficaram com Luis Enrique e a recém-nascida. Eu tive muito trabalho para me acostumar com a mudança, porque Margot chegou a casa como um ser de outra vida, raquítica e rústica, e com um mundo interior impenetrável. Quando Abigail — a mãe de Luis Carmelo Correa — a viu, não entendeu como meus avós puderam assumir semelhante compromisso. "Esta menina é uma moribunda", disse. Diziam, enfim, a mesma coisa de mim, porque eu comia pouco, porque pestanejava, porque as coisas que eu contava pareciam tão enormes que achavam que era tudo mentira, sem pensar que a maioria delas eram verdades à sua maneira. Só anos depois fiquei sabendo que o doutor Barboza era o único que tinha me defendido com um argumento sábio: "As mentiras das crianças são sinais de um grande talento."

Passou muito tempo até que Margot se adaptasse à vida familiar. Sentava-se na cadeirinha de balanço para chupar o dedo no canto mais inesperado. Nada chamava a sua atenção, a não ser o carrilhão do relógio, que ela procurava de hora em hora com seus grandes olhos de alucinada. Durante dias ninguém conseguiu fazer que ela comesse. Sem dramatismo algum Margot recusava a comida e às vezes jogava tudo nos cantos. Ninguém entendia como é que ela continuava viva sem comer, até que perceberam que ela só gostava da terra úmida do jardim e dos bolos de cal que arrancava das paredes com as unhas. Quando a avó descobriu isso pôs fel de vaca nos cantos mais apetitosos do jardim e escondeu pimentas bravas nos vasos. O padre Angarita batizou-a na mesma cerimônia em que ratificou o batismo de emergência que tinham me feito quando nasci. Encarei aquilo tudo de pé numa cadeira e com coragem agüentei o sal de cozinha que o padre pôs na minha boca e a jarra de água que derramou na minha cabeça. Margot, porém, rebelou-se por nós dois, com um uivo de fera ferida e uma rebelião no corpo inteiro que padrinhos e madrinhas conseguiram controlar a duras penas sobre a pia batismal.

Hoje acho que ela, em sua relação comigo, tinha mais uso da razão que os adultos entre eles. Nossa cumplicidade era tão estranha que em mais de uma ocasião adivinhávamos nossos pensamentos. Certa manhã nós dois estávamos brincando no jardim quando soou o apito do trem, como acontecia todos os dias às onze em ponto. Mas daquela vez senti ao ouvi-lo a revelação inexplicável de que naquele trem chegava o médico da companhia bananeira que meses antes tinha me dado uma poção de ruibarbo que me provocou uma crise de vômito. Corri pela casa afora dando gritos de alarme, mas ninguém acreditou em mim. A não ser minha irmã Margot, que ficou escondida comigo até que o médico acabasse de almoçar e fosse embora no trem de regresso. "Ave Maria Puríssima!", exclamou minha avó quando nos descobriram escondidos debaixo da cama. "Com esses meninos ninguém precisa de telegrama."

Nunca superei o medo de ficar sozinho, e muito menos na escuridão, mas acho que tinha uma origem concreta, e que é a seguinte: de noite, as fantasias e presságios da avó se materializavam. Até hoje, aos setenta anos, vislumbro em sonhos o ardor dos jasmins no corredor e o fantasma dos dormitórios sombrios, e sempre com o sentimento que estropiou a minha infância: o pavor da noite. Muitas vezes pressenti, em minhas insônias do mundo inteiro, que eu também arrasto a condenação daquela casa mítica num mundo feliz onde morríamos todas as noites.

O mais estranho é que a avó segurava a casa com seu sentido da irrealidade. Como era possível manter aquele trem de vida com recursos tão escassos? As contas não fechavam. O coronel tinha aprendido o ofício de seu pai, que por sua vez havia aprendido do dele, e apesar da celebridade dos peixinhos de ouro que eram vistos por todos os lugares, aquele não era um bom negócio. E mais: quando eu era menino, tinha a impressão de que meu avô só fazia peixinhos de vez em quando, ou quando preparava um presente de casamento. A avó dizia que ele só trabalhava para dar de presente. No entanto, sua fama de bom funcionário ficou consolidada quando o Partido Liberal ganhou o poder, e foi tesoureiro durante anos, e administrador de fazenda várias vezes.

Não consigo imaginar um meio familiar mais propício para a minha vocação que aquela casa lunática, em especial pelo caráter das numerosas mulheres que me criaram. Os únicos homens eram o avô e eu, e ele me iniciou na triste realidade dos adultos com relatos de batalhas sangrentas e explicações escolares para o vôo dos pássaros e os trovões do entardecer, e estimulou minha afeição pelo desenho. No começo eu desenhava nas paredes, até que as mulheres da casa puseram a boca no mundo: a parede e os muros são o papel dos canalhas. Meu avô se enfureceu, e mandou pintar de branco uma parede de sua oficina de ourives, e me comprou lápis de cor, e mais tarde um estojo de aquarelas, para que eu pintasse à vontade enquanto ele fabricava seus célebres peixinhos de ouro. De vez em quando ouvia ele dizer que o neto ia ser pintor, o que não me chamou a atenção porque eu achava que pintores só pintavam portas.

Quem me conheceu aos quatro anos diz que eu era pálido e ensimesmado, e que só falava para contar disparates, mas meus relatos eram em grande parte episódios simples da vida diária, que eu tornava mais atrativos com detalhes fantásticos para que os adultos me levassem a sério. Minha melhor fonte de inspiração eram as conversas que os adultos tinham na minha frente, achando que eu não entendia, ou que eram cifradas para me confundir. E acontecia exatamente o contrário: eu absorvia tudo feito esponja, depois desmontava peça por peça, e mudava para ocultar a origem, e quando contava as histórias aos mesmos que as tinham me contado todos ficavam perplexos pelas coincidências entre o que eu dizia e o que eles pensavam.

Às vezes eu não sabia o que fazer com minha consciência e tentava dissimular com piscadelas rápidas. Era tanto que algum racionalista da família resolveu que eu fosse examinado por um médico de vista, que atribuiu meu pestanejar a um distúrbio das amídalas, e me receitou um xarope de rabanete iodado que serviu muito bem para aliviar os adultos. A avó, por sua vez, chegou à conclusão providencial de que seu neto era adivinho. Isso a converteu em minha vítima favorita, até o dia em que sofreu um desvanecimento porque sonhei de verdade que um pássaro vivo tinha saído da boca de meu avô. O medo de que ela morresse por minha culpa foi o primeiro elemento moderador de minha precoce incontinência verbal. Agora acho que não eram infâmias de menino, como se poderia pensar, mas técnicas rudimentares de narrador em botão, para tornar a realidade mais divertida e compreensível.

Meu primeiro passo na vida real foi o descobrimento do futebol no meio da rua ou em algumas hortas vizinhas. Meu mestre era Luis Carmelo Correa, que nasceu com um instinto próprio para os esportes e um talento congênito para a matemática. Eu era cinco meses mais velho, mas ele caçoava de mim porque crescia mais, e mais depressa que eu. Começamos a jogar com bolas de meia e cheguei a ser um bom goleiro, mas quando passamos para a bola de verdade levei um golpe no estômago com um chute dele, tão potente que terminou ali mesmo com minhas pretensões. Nas vezes em que nos encontramos adultos pude comprovar com grande alegria que continuamos nos tratando como quando éramos criança. Minha lembrança mais impressionante daquela época, porém, foi a passagem fugaz do superintendente da companhia bananeira num suntuoso automóvel conversível, ao lado de uma mulher de longos cabelos dourados, soltos ao vento, e com um pastor alemão sentado feito um rei no assento de honra. Eram aparições instantâneas de um mundo remoto e inverossímil que estava proibido a nós, simples mortais.

Comecei a ajudar na missa sem demasiada credulidade, mas com tamanho rigor que talvez todo mundo achasse que fosse um ingrediente essencial da fé. Deve ser por causa dessas boas virtudes que aos seis anos me levaram ao padre Angarita para que ele me iniciasse nos mistérios da primeira comunhão. Mudou a minha vida. Começaram a me tratar como adulto, e o sacristão mais velho me ensinou a ajudar na missa. Meu único problema foi que não consegui entender em que momento devia tocar a sineta, e tocava quando me dava na veneta, por pura e simples inspiração. Na terceira vez o padre virou para mim e me ordenou, de maneira áspera, que não tocasse mais. A parte boa do ofício era quando o outro coroinha, o sacristão e eu ficávamos sozinhos para arrumar a sacristia e comíamos as hóstias que tinham sobrado com um copo de vinho.

Na véspera da primeira comunhão o padre me fez confessar sem preâmbulos, sentado como um papa de verdade na poltrona que parecia um trono, e eu na frente dele ajoelhado numa almofadinha de pelúcia. Minha consciência do bem e do mal era bastante simplória, mas o padre me auxiliou com um dicionário de pecados para que eu respondesse quais eu tinha cometido e quais não. Acho que respondi direito até o momento em que ele me perguntou se eu tinha feito coisas imundas com animais. Eu tinha uma noção confusa de que alguns adultos cometiam com as mulas algum pecado que não conseguia entender, mas só naquela noite aprendi que também era possível cometer aquilo com as galinhas. E assim meu primeiro passo para a primeira comunhão foi outro passo largo na perda da minha inocência, e não encontrei estímulo algum para continuar sendo coroinha.

Minha prova de fogo ocorreu quando meus pais se mudaram para Cataca com Luis Enrique e Aida, meus outros dois irmãos. Margot, que mal se lembrava de papai, tinha pavor dele. Eu também, mas comigo ele foi sempre mais cauteloso. Uma única vez tirou o cinturão para ne açoitar, mas eu fiquei em posição de sentido, mordi os lábios e olhei-o nos olhos disposto a agüentar o que fosse para não chorar. Ele baixou o braço e começou a botar o cinto enquanto me recriminava entre os dentes por causa do que eu tinha feito. Em nossas longas conversas de adulto me confessou que sentia muita dor por nos bater de cinto, mas que talvez fizesse aquilo de pavor de achar que não ia conseguir nos endireitar. Em seus bons momentos era muito divertido. Adorava contar piadas na mesa, e algumas muito boas, mas as repetia tanto que um dia Luis Enrique se levantou e disse:

— Quando acabarem de rir, por favor me avisem.

A sova histórica, porém, aconteceu na noite em que ele não apareceu na casa dos pais nem na dos avós, e foi procurado em meio povoado até que o encontraram no cinema. Celso Daza, o vendedor de refrescos, às oito da noite tinha vendido a Luis Enrique um de sapoti, e ele havia desaparecido sem pagar e com copo e tudo. A pasteleira vendeu-lhe um pastel e o viu pouco depois conversando com o porteiro do cinema, que o deixou entrar sem pagar porque ele disse que o pai estava esperando lá dentro. O filme era *Drácula*, com Carlos Villarías e Lupita Tovar, dirigido por George Melford. Durante anos Luis Enrique me contou seu pavor no instante em que as luzes da sala foram acesas justo quando o conde Drácula ia cravar os dentes de vampiro no pescoço da bela. Ele estava no lugar mais escondido que encontrou na galeria, e dali viu papai e o avô procurando fila por fila, com o dono do cinema e dois guardas. Estavam quase desistindo quando Papalelo descobriu-o na última fila do poleiro e apontou com a bengala:

— Olha ele ali!

Papai agarrou-o pelos cabelos, e a tunda que Luis Enrique levou em casa ficou gravada como um castigo lendário na história da família. Meu terror e minha admiração por aquele ato de independência de meu irmão ficaram vivos para sempre em minha memória. Mas ele parecia sobreviver a tudo, cada vez mais heróico. E no entanto, hoje em dia me intriga lembrar que sua rebeldia não se manifestava nas raras ocasiões em que papai não estava em casa.

Mais que nunca, eu me refugiei na sombra do avô. Estávamos sempre juntos, durante as manhãs na ourivesaria ou em seu escritório de administrador de fazenda, onde ele me deu uma tarefa feliz: desenhar os ferros das vacas que iam ser sacrificadas, e eu levava tão a sério que ele me cedia um lugar no escritório. Na hora do almoço, com os convidados, nos sentávamos sempre na cabeceira, ele com sua enorme caneca de alumínio para a água gelada, eu com uma colher de prata que me servia para tudo. Eu chamava a atenção de todo mundo quando queria um pedaço de gelo e metia a mão na jarra, e na água ficava uma nata de gordura. Meu avô me defendia: "Ele tem todos os direitos."

Às onze íamos ver a chegada do trem, pois seu filho Juan de Dios, que continuava morando em Santa Marta, mandava uma carta para ele todos os dias com o motorneiro da vez, que cobrava cinco centavos. O avô respondia a carta por outros cinco centavos no trem de regresso. De tarde, quando baixava o sol, ele me levava pela mão para fazer suas diligências pessoais. Íamos ao barbeiro — eram os quinze minutos mais longos da minha infância; íamos ver os foguetórios das festas nacionais — que me aterrorizavam; e também íamos ver as procissões da Semana Santa — com o Cristo morto que eu achei a vida inteira que era de carne e osso. Eu usava então um gorrinho quadriculado à escocesa, igual a um do meu avô, que Mina tinha comprado para que eu ficasse ainda mais parecido com ele. E conseguiu: o tio Quinte achava que éramos uma só pessoa com duas idades diferentes.

A qualquer hora do dia meu avô me levava para fazer compras no armazém suculento da companhia bananeira. Foi lá que eu conheci os pargos, e pela primeira vez pus a mão no gelo, e me estremeceu a descoberta de que era frio. Era feliz comendo o que me dava vontade, mas me aborreciam as partidas de xadrez com o Belga e as conversas políticas. Agora entendo, porém, que naqueles longos passeios víamos dois mundos diferentes. Meu avô via o dele em seu horizonte, e eu via o meu na altura de meus olhos. Ele cumprimentava seus amigos nas varandas e eu ficava desejando os brinquedos dos vendedores de quinquilharias expostas nas calçadas.

Ao cair da noite nos demorávamos no fragor universal de las Cuatro Esquinas, ele conversando com dom Antonio Daconte, que o recebia de pé na porta de seu armazém colorido, e eu assombrado pelas novidades do mundo inteiro. Ficava enlouquecido com os magos de quermesse que tiravam coelhos dos chapéus, os engolidores de lume, os ventríloquos que faziam os animais falarem, os sanfoneiros que cantavam aos berros as coisas que aconteciam na Província. Hoje desconfio que um deles, muito velho e com uma barba branca, bem que podia ser o lendário Francisco, o Homem.

Sempre que achava que o filme era apropriado, dom Antonio Daconte nos convidava para a sessão vespertina de seu cine Olympia, para desespero da avó, que considerava aquilo uma libertinagem imprópria para seu neto inocente. Mas Papalelo persistia, e no dia seguinte me fazia contar o filme na mesa, me corrigia os esquecimentos e enganos e me ajudava a reconstruir os episódios mais difíceis. Eram lampejos de arte dramática que sem dúvida me serviram para alguma coisa, principalmente quando comecei a desenhar histórias em quadrinhos antes mesmo de aprender a escrever. No começo me felicitavam como se tudo fosse graça pueril, mas eu gostava tanto dos aplausos fáceis dos adultos que eles acabaram fugindo de mim quando percebiam que eu me aproximava. Mais tarde me aconteceu a mesma coisa com as canções que me obrigavam a cantar em casamentos e aniversários.

Antes de dormir passávamos um tempão no estúdio do Belga, um ancião pavoroso que apareceu em Aracataca depois da Primeira Guerra Mundial, e não tenho dúvida de que fosse mesmo belga pela memória que trago de seu sotaque atabalhoado e suas saudades de navegante. O outro ser vivo de sua casa era um grande cão dinamarquês, surdo e pederasta, que se chamava do mesmo jeito que o presidente dos Estados Unidos: Woodrow Wilson. Conheci o Belga quando tinha quatro anos e meu avô ia jogar com ele umas partidas de xadrez que eram mudas e intermináveis. Desde a primeira noite fiquei impressionado ao notar que não havia em sua casa nada que eu soubesse para que servia. Pois ele era um artista de tudo, e sobrevivia no meio da desordem de suas próprias obras: paisagens marinhas feitas a lápis colorido, fotografias de crianças em aniversários e primeiras comunhões, cópias de jóias asiáticas, figuras feitas com chifres de vaca, móveis de épocas e estilos dispersos, encarapitados uns em cima de outros.

Seu couro cabeludo grudado no crânio chamou a minha atenção. Tinha a mesma cor amarelo solar de seu cabelo, que aliás deixava uma mecha cair em sua cara e estorvar sua fala. Fumava um cachimbo de lobo-do-mar que só acendia para jogar xadrez, e meu avô dizia que era uma espécie de armadilha para atordoar o adversário. Tinha um olho de vidro desorbitado que parecia mais atento no interlocutor que o olho sadio. Estava inválido da cintura para baixo, encurvado para a frente e torcido para a esquerda, mas navegava feito peixe através dos recifes de seu estúdio, mais dependurado que apoiado nas muletas de pau. Nunca ouvi o Belga falar de suas navegações, que parece que eram muitas e intrépidas. Sua única paixão conhecida fora de sua casa era o cinema, e não perdia nenhum filme, do tipo que fosse, nos fins de semana.

Jamais gostei dele, e menos ainda durante as partidas de xadrez em que demorava horas para mover uma peça enquanto eu desmoronava de sono. Certa noite achei-o tão desarvorado que fui tomado pelo presságio de que ele ia morrer logo, e senti pena. Mas o tempo foi passando e ele chegou a pensar tanto antes de cada jogada que acabei querendo mesmo, e do fundo do coração, que ele morresse de verdade.

Nessa época o avô dependurou na sala de jantar o quadro mostrando o Libertador Simón Bolívar em sua câmara ardente. Tive um trabalhão para entender por que ele no quadro não aparecia com o sudário dos mortos que eu tinha visto nos velórios, e sim estendido numa escrivaninha de escritório com seu uniforme de seus dias de glória. Meu avô liquidou minhas dúvidas com uma frase terminal:

— Ele era diferente.

Depois, com uma voz trêmula que nem parecia a dele, o avô leu para mim um longo poema dependurado ao lado do quadro, e do qual só recordei para sempre os versos finais: "Tu, Santa Marta, foste hospitaleira, e em teu regaço lhe deste esse pedaço das praias do mar para morrer." Desde então, e por muitos anos, ficou em mim a idéia de que Bolívar tinha sido encontrado morto na praia. Foi meu avô quem me ensinou, e me pediu para não esquecer jamais que aquele havia sido o maior homem nascido na história do mundo. Confuso pela divergência entre a sua frase com outra que a avó tinha me dito com ênfase igual, perguntei ao avô se Bolívar era maior que Jesus Cristo. Ele respondeu movendo a cabeça sem a convicção de antes:

— Uma coisa não tem nada a ver com a outra.

Agora sei que foi minha avó quem impôs ao marido que me levasse com ele em seus passeios vespertinos, pois estava certa de que não passavam de pretextos para visitar suas amantes supostas ou reais. É provável que algumas vezes eu lhe servisse de álibi, mas a verdade é que nunca me levou a nenhum lugar que não estivesse no itinerário previsto. No entanto, tenho a imagem nítida de uma noite em que passei por acaso, levado pela mão por alguém, diante de uma casa desconhecida, e vi o avô sentado na sala como

dono e senhor. Nunca consegui entender por que me estremeceu a clarividência de que não devia contar aquilo para ninguém. Até o sol de hoje.

Foi também o avô quem me fez o primeiro contato com a letra escrita,
aos cinco anos, na tarde em que me levou para conhecer os animais de um
circo que estava de passagem por Cataca debaixo de uma lona grande feito
uma igreja. O que mais me chamou a atenção foi um ruminante destrambelhado e desolado com uma espantosa expressão de mãe.

— É um camelo — me disse meu avô.

Alguém que estava perto interveio:

— Desculpe, coronel, mas é um dromedário.

Posso imaginar, hoje, como o avô deve ter-se sentido porque alguém o
havia corrigido na presença do neto. E sem sequer pensar duas vezes, superou tudo com uma pergunta direta:

— E qual é a diferença?

— Não sei — disse o outro —, mas esse aí é um dromedário.

O avô não era um homem culto, nem pretendia ser, pois tinha fugido da escola pública de Rioacha para ir dar tiros numa das incontáveis
guerras civis do Caribe. Nunca tornou a estudar, mas a vida toda foi consciente de seus vazios e tinha uma avidez de conhecimento imediato que
compensava de sobra seus defeitos. Naquela tarde do circo voltou abatido ao escritório e consultou um dicionário com uma atenção infantil.
Então ficou sabendo e eu soube para sempre a diferença entre um dromedário e um camelo. No final pôs o glorioso pai-dos-burros no meu
colo e me disse:

— Este livro, além de saber tudo, é o único que não se engana nunca.

Era um tijolão ilustrado com um atlante colossal na lombada, e em cujos
ombros repousava a abóbada do universo. Eu não sabia ler nem escrever,
mas podia imaginar quanta razão tinha o coronel, pois eram quase duas mil
páginas grandes, muito coloridas e com desenhos lindos. Na igreja eu já tinha ficado impressionado com o tamanho do missal, mas o dicionário era
mais grosso ainda. Foi como espiar o mundo inteiro pela primeira vez.

— Quantas palavras tem aí dentro? — perguntei.

— Todas — respondeu o avô.

A verdade é que naquele tempo eu não precisava da palavra escrita, pois conseguia expressar com desenhos tudo aquilo que me impressionava. Aos quatro anos havia desenhado um mago que cortava a cabeça de sua mulher e tornava a colar, como Richardine tinha feito em sua passagem pelo Cine Olympia. A seqüência gráfica começava com a decapitação feita à base de serrote, continuava com a exibição triunfal da cabeça sangrando e terminava com a mulher que agradecia os aplausos, com a cabeça devolvida ao lugar certo. As histórias em quadrinhos já tinham sido inventadas, mas eu só vim a conhecê-las mais tarde, no suplemento colorido dos jornais dominicais. Então comecei a inventar histórias e sem diálogos. Mas quando o avô me deu o dicionário de presente, minha curiosidade pelas palavras despertou com tamanha força que eu lia aquele livraço como se fosse um romance, em ordem alfabética, e entendendo quase nada. Foi esse meu primeiro contato com aquele que haveria de ser o livro fundamental em meu destino de escritor.

Conta-se para as crianças uma primeira história, que na verdade chama suas atenções, e depois dá muito trabalho para que elas queiram escutar outra. Pois eu acho que este não é o caso das crianças narradoras, e não foi o meu. Eu queria mais. A voracidade com que ouvia os contos infantis me deixava sempre esperando um melhor no dia seguinte, principalmente aqueles que tinham algo a ver com os mistérios da história sagrada.

Em casa, tudo que me acontecia na rua tinha uma enorme ressonância. As mulheres da cozinha contavam tudo aos forasteiros que chegavam no trem — que por sua vez traziam outras histórias para contar — e tudo junto se incorporava à torrente da tradição oral. Alguns fatos tornavam-se conhecidos primeiro pelos sanfoneiros que os cantavam nas feiras, e que os viajantes recontavam e enriqueciam. No entanto, o fato mais impressionante da minha infância surgiu na minha frente num domingo, bem cedinho, quando estávamos indo para a missa, numa frase descaminhada de minha avó:

— O coitado do Nicolasito vai perder a missa de Pentecostes.

Eu me alegrei porque a missa dos domingos era comprida demais para a minha idade, e os sermões do padre Angarita, de quem eu gostava tanto quando era criança, me pareciam remédio para dormir. Mas foi uma ilusão vã, pois o avô me levou quase que arrastado para o estúdio do Belga, com a roupa de veludo verde que tinham posto em mim para a missa, e que me apertava as partes. Os guardas reconheceram o avô de longe e abriram a porta para ele, com a fórmula ritual:

— Pode entrar, coronel.

Só então fiquei sabendo que o Belga tinha aspirado uma poção de cianureto de ouro — que dividiu com seu cão — depois de ver *Nada de novo no front*, o filme de Lewis Milestone sobre o livro de Erich Maria Remarque. A intuição popular, que sempre encontra a verdade até mesmo onde não é possível, entendeu e proclamou que o Belga não tinha resistido à comoção de ver a si mesmo revolvendo-se com sua patrulha despedaçada num pântano da Normandia.

A pequena sala de recepção estava em penumbra por causa das janelas fechadas, mas a luz matinal do pátio iluminava o dormitório, onde o prefeito com outros dois guardas esperava pelo meu avô. Lá estava o cadáver coberto com uma manta em um catre de acampamento, e as muletas ao alcance da mão, onde o dono as deixou antes de se deitar para morrer. Ao seu lado, sobre um banquinho de madeira, estava a bacia onde ele havia vaporizado o cianureto e um papel com grandes letras desenhadas a pincel: "Não culpem ninguém, me mato por insensatez." Os trâmites legais e os pormenores do enterro, resolvidos depressa pelo avô, não levaram mais que dez minutos. Para mim, porém, foram os dez minutos mais impressionantes que eu haveria de recordar na vida.

A primeira coisa que me estremeceu assim que entrei na casa foi o cheiro do dormitório. Só muito depois vim a saber que era o cheiro das amêndoas amargas do cianeto que o Belga tinha inalado para morrer. Mas nem essa, nem nenhuma outra impressão haveria de ser mais intensa e perdurável que a visão do cadáver quando o prefeito afastou a manta para mostrá-lo ao meu avô. Estava nu, teso e retorcido, com a pele áspera da cabeça coberta de pêlos amarelos, e os olhos de águas mansas nos olhavam como se estivessem vivos. Esse pavor de ser visto através da morte me estremeceu durante anos cada vez que passava diante das tumbas sem cruzes dos suicidas enterrados fora do cemitério por determinação da Igreja. No entanto, ao ver o cadáver o que mais voltou à minha memória com sua carga de horror foi o tédio das noites em sua casa. Talvez por isso eu tenha dito ao meu avô, quando abandonamos a casa:

— O Belga não vai mais jogar xadrez.

Foi uma idéia simples, mas meu avô contou-a na família como se fosse uma coisa genial. As mulheres a divulgavam com tanto entusiasmo que durante algum tempo eu fugia das visitas com medo de que contassem o caso na minha frente ou me obrigassem a repetir a frase. Isso me revelou, além do mais, uma condição dos adultos que haveria de me ser muito útil como escritor: cada um contava com detalhes novos, acrescentados por sua conta, até o ponto em que as diferentes versões terminavam sendo muito distintas da original. Ninguém imagina a compaixão que sinto desde então pelos pobres meninos declarados gênios pelos próprios pais, que fazem com que cantem para as visitas, ou imitem vozes de pássaros, ou até mesmo mintam só para divertir. Hoje percebo, porém, que aquela frase tão simples foi meu primeiro êxito literário.

Essa era a minha vida em 1932, quando foi anunciado que as tropas do Peru, que vivia debaixo do regime militar do general Luis Miguel Sánchez Cerro, tinham tomado o desguarnecido povoado de Letícia, nas margens do rio Amazonas, no extremo sul da Colômbia. A notícia retumbou no país inteiro. O governo decretou a mobilização nacional e organizou uma coleta pública para recolher de casa em casa as jóias familiares de maior valor. O patriotismo exacerbado pelo ataque arteiro das tropas peruanas provocou uma resposta popular sem precedentes. Os arrecadadores não descansavam um segundo, recolhendo de casa em casa as doações voluntárias, sobretudo as alianças de casamento, tão estimadas pelo seu preço real e por seu valor simbólico.

Para mim, porém, foi uma das épocas mais felizes, por causa da desordem. Rompeu-se o rigor estéril das escolas, que foi substituído nas ruas e nas casas pela criatividade popular. Formou-se um batalhão cívico reunindo o que havia de mais ilustre na juventude, sem distinção de classes ou cores, foram criadas brigadas femininas da Cruz Vermelha, improvisaram-se hinos de declaração de guerra de morte ao agressor malvado, e um grito unânime ressoou pela pátria afora: "Viva a Colômbia, abaixo o Peru!"

Nunca soube como é que aquela gesta terminou, porque depois de um certo tempo os ânimos se aplacaram sem explicação. A paz consolidou-se com o assassinato do general Sánchez Cerro nas mãos de algum opositor de seu reinado sangrento, e o grito de guerra virou rotina para celebrar as vitórias no futebol escolar. Mas meus pais, que tinham contribuído para a guerra com suas alianças de casamento, nunca se restabeleceram de sua cândida ingenuidade.

Até onde me lembro, minha vocação pela música revelou-se naqueles anos, graças à fascinação que me causavam os sanfoneiros com suas canções de caminhantes. Eu sabia algumas de cor, como as que as mulheres cantavam às escondidas na cozinha, porque minha avó achava que eram canções da gentalha. No entanto, minha urgência de cantar para sentir-me vivo surgiu dos tangos de Carlos Gardel, que contagiaram meio mundo. Eu me vestia como ele, com chapéu de feltro e cachecol de seda, e não precisava que me pedissem muito para soltar um tango do fundo da alma. Isso, até a manhã maldita em que a tia Mama me acordou com a notícia de que Gardel tinha morrido no choque de dois aviões em Medellín. Meses antes eu havia cantado *"Cuesta abajo"* numa noitada de beneficência, acompanhado pelas irmãs Echeverri, bogotanas puras, que eram professoras de professores e alma de tudo que fosse sarau beneficente ou de comemoração patriótica que eram celebrados em Cataca. E cantei com tanto engenho e arte que minha mãe não se atreveu a me contrariar quando disse a ela que preferia aprender piano em vez da sanfona repudiada pela minha avó.

Naquela mesma noite minha mãe me levou até as senhoritas Echeverri para que me ensinassem. Enquanto elas conversavam, eu, com devoção de cão sem dono, olhava o piano que estava no outro extremo da sala, e calculava se minhas pernas chegariam até os pedais, e duvidava que meu polegar e meu mindinho alcançassem os intervalos desorbitados ou se seria capaz de decifrar os hieróglifos do pentagrama. Durante duas horas, foi uma visita de belas esperanças. Mas inútil, porque no final as professoras nos disseram que o piano estava sem funcionar e não sabiam até quando ia ficar daquele jeito. A idéia foi adiada até que voltasse o afinador de cada ano, mas não se tornou a falar dela até meia vida depois, quando recordei o assunto numa conversa casual que tive com minha mãe sobre a dor que senti por não ter aprendido piano. Ela suspirou:

— O pior — disse minha mãe — é que ele não estava quebrado coisa nenhuma.

Soube então que ela tinha combinado com as professoras o pretexto do piano quebrado para me evitar a tortura que ela mesma havia padecido durante cinco anos de exercícios bobocas no colégio de la Presentación. O consolo foi que em Cataca tinham aberto naqueles anos a escola montessoriana, cujas professoras estimulavam os cinco sentidos através de exercícios práticos, e ensinavam a cantar. Com o talento e a beleza da diretora Rosa Elena Fergusson, estudar era uma coisa tão maravilhosa como brincar de estar vivo. Aprendi a apreciar o olfato, cujo poder de evocações nostálgicas é arrasador. O paladar, que afinei a ponto de ter provado bebidas com sabor de janela, pães velhos com sabor de baú e infusões com gosto de missa. Na teoria é difícil entender esses prazeres subjetivos, mas quem os tenha vivido os compreenderá de imediato.

Não creio que exista método melhor que o montessoriano para sensibilizar as crianças nas belezas do mundo e para despertar nelas a curiosidade pelos segredos da vida. O método foi acusado de fomentar a independência e o individualismo — que no meu caso talvez seja verdade. Em compensação, nunca aprendi a dividir ou tirar a raiz quadrada, nem a manejar idéias abstratas. Éramos tão jovens que só me lembro de dois colegas de classe. Uma era Juanita Mendoza, que morreu de tifo aos sete anos, pouco depois da escola ter sido inaugurada, e fiquei tão impressionado que jamais consegui esquecê-la, com a coroa e os véus de noiva no ataúde. O outro é Guillermo Valencia Abdala, meu amigo desde o primeiro recreio, e meu médico infalível para as ressacas das segundas-feiras.

Minha irmã Margot deve ter sido muito infeliz naquela escola, embora eu não me lembre dela ter me contado isso algum dia. Sentava-se em sua cadeirinha do curso elementar e lá permanecia, calada — mesmo na hora do recreio —, sem mover os olhos de um ponto indefinido, até que soava a campainha do final das aulas. Naquele tempo, eu jamais soube que enquanto ela ficava sozinha no salão vazio mastigava a terra do jardim de casa que levava escondida no bolso do avental.

Eu demorei muito para aprender a ler. Não me parecia lógico que a letra *m* se chamasse *eme*, e com a vogal seguinte não fosse *emea* e sim *ma*. Para mim, era impossível ler desse jeito. Quando cheguei ao Montessori a professora não me ensinou os nomes e sim os sons das consoantes. E assim pude ler o primeiro livro que encontrei numa arca empoeirada do depósito de casa. Estava descosturado e incompleto, mas me absorveu de um jeito tão intenso que o noivo de Sara soltou, ao passar, uma premonição aterrorizante: "Caralho, esse menino vai ser escritor!"

Dito por ele, que vivia de escrever, me impressionou muito. Passaram-se vários anos até eu saber que o livro era *As mil e uma noites*. O conto de que mais gostei — um dos mais curtos e o mais simples que li na vida — continuou me parecendo o melhor até hoje, embora não tenha certeza se foi realmente nesse livro que eu li, e ninguém consegue esclarecer esse mistério para mim. O conto é o seguinte: um pescador prometeu dar de presente a uma vizinha o primeiro peixe que pescasse, desde que ela emprestasse um chumbinho para a sua tarrafa, e quando a mulher abriu o peixe para fritá-lo descobriu lá dentro um diamante do tamanho de uma amêndoa.

Sempre relacionei a guerra do Peru com a decadência de Cataca, pois uma vez proclamada a paz meu pai extraviou-se num labirinto de incertezas que acabou provocando a mudança da família para seu povoado natal de Sincé. Para Luis Enrique e para mim, que fomos com ele na viagem de exploração, na verdade foi uma nova escola de vida, pois as pessoas tinham uma cultura tão diferente da nossa que pareciam ser de dois planetas diferentes. No dia seguinte ao da chegada nos levaram para as chácaras vizinhas, onde aprendemos a montar em burro, a ordenhar vacas, a capar bezerros, a fazer armadilhas para codornas, a pescar com anzol e a entender por que os cachorros ficavam enganchados com suas cadelas. Luis Enrique era bem mais avançado que eu no descobrimento daquele mundo que Mina havia proibido para nós, e do qual a avó Argemira nos falava em Sincé sem a menor malícia. Tantos tios e tias, tantos primos de cores diferentes, tantos parentes de sobrenomes raros falando em gírias tão diferentes nos criavam, no começo, mais confusão que novidade, até entendermos que aquele era só um outro jeito de gostar de nós. O pai de papai, dom Gabriel Martínez, que era um legendário mestre-escola, nos recebeu — Luis Enrique e eu — em seu quintal de árvores imensas com as mangas mais famosas do lugar, graças ao seu sabor e ao seu tamanho. Contava as mangas uma a uma, todos os dias, desde o primeiro da colheita anual, e as arrancava uma a uma com sua própria mão no momento de vendê-las ao preço fabuloso de um centavo cada uma. Ao despedir-nos, depois de uma conversa amistosa sobre sua memória de bom mestre-escola, arrancou uma da árvore mais frondosa, e nos deu, para os dois.

Papai tinha nos vendido a idéia daquela viagem como um passo importante na integração familiar, mas desde que chegamos percebemos que seu propósito secreto era abrir uma farmácia na grande praça principal. Meu irmão e eu fomos matriculados na escola do professor Luis Gabriel Mesa, onde nos sentimos mais livres e melhor integrados à nova comunidade. Alugamos uma casa enorme na melhor esquina do lugar, com dois andares e uma varandona corrida sobre a praça, e pelos dormitórios desolados cantava todas as noites o fantasma invisível de um alcaravão.

Tudo estava pronto para o desembarque feliz de minha mãe e minhas irmãs, quando chegou o telegrama com a notícia de que o avô Nicolás Márquez tinha morrido. Um mal-estar na garganta o havia surpreendido, diagnosticado como um câncer terminal, e mal tiveram tempo de levá-lo a Santa Marta para morrer. O único de nós que o viu em sua agonia foi meu irmão Gustavo, que tinha seis meses, e que foi posto por alguém na cama do avô para que se despedisse dele. O avô agonizante fez no neto uma carícia de adeus. Precisei de muitos anos para ter consciência do que significava para mim aquela morte inconcebível.

A mudança para Sincé acabou sendo feita, não só com os filhos mas com a avó Mina, com a tia Mama, já doente, e as duas ficaram sob os cuidados da tia Pa. Mas a alegria da novidade e o fracasso do projeto ocorreram quase ao mesmo tempo, e em menos de um ano regressamos todos à velha casa de Cataca "açoitando o chapéu", como dizia minha mãe nas situações sem remédio. Papai ficou em Barranquilla estudando um jeito de instalar sua quarta farmácia.

Minha última lembrança da casa de Cataca daqueles dias atrozes foi a da fogueira do pátio onde queimaram as roupas de meu avô. Seus *liqueliques* de guerra e seus linhos brancos de coronel civil se pareciam com ele, como se meu avô continuasse vivo dentro deles enquanto ardiam. Principalmente os muitos gorros de veludo barato de diferentes cores que tinham sido seu sinal de identidade que melhor o distinguia à distância. Entre eles, reconheci o meu, de quadriculado escocês, incinerado por descuido, e tremi com a revelação de que aquela cerimônia de extermínio me conferisse um certo protagonismo na morte do meu avô. Hoje, vejo tudo claro: alguma coisa de mim tinha morrido com ele. Mas também creio, sem dúvida alguma, que naquele momento eu já era um escritor de escola primária, e que só faltava aprender a escrever.

Foi esse mesmo estado de alma que me alentou a continuar vivo quando saí com minha mãe da casa que não conseguimos vender. Como o trem de regresso podia partir a qualquer hora, fomos para a estação sem nem mesmo pensar em cumprimentar mais ninguém. "Dia desses a gente volta com mais tempo", disse ela, com o único eufemismo que lhe ocorreu para dizer que não voltaria jamais. Do meu lado, eu já sabia que nunca mais no resto da vida deixaria de sentir saudades do trovão das três da tarde.

Fomos os únicos fantasmas na estação, além do empregado de macacão que vendia as passagens e além disso fazia o que no nosso tempo requeria vinte ou trinta homens apressados. O calor estava de rachar. Do outro lado dos trilhos do trem só restavam as sobras da cidade proibida da companhia bananeira, suas antigas mansões sem seus telhados vermelhos, as palmeiras murchas entre os tufos de capim e os escombros do hospital, e no extremo do calçadão a casa da escolinha Montessori abandonada entre amendoeiras decrépitas e a pracinha de saibro diante da estação sem o menor rastro de grandeza histórica.

Cada coisa, só de olhar, me suscitava uma ansiedade irresistível de escrever para não morrer. Tinha padecido essa mesma sensação outras vezes, mas só naquela manhã a reconheci como sendo um transe de inspiração, essa palavra abominável mas tão real que arrasa tudo que encontra pela frente para chegar a tempo às suas próprias cinzas.

Não me lembro de termos falado mais alguma coisa, nem mesmo no trem de regresso. Já no navio a vapor, na madrugada da segunda-feira, com a brisa fresca do pantanal adormecido, minha mãe percebeu que eu também não conseguia dormir, e me perguntou:

— No que você está pensando?

— Estou escrevendo — respondi. E me apressei para ser mais amável: — Ou melhor, estou pensando no que vou escrever quando chegar no jornal.

— Você não tem medo de seu pai morrer de tristeza?

Escapei com um drible cuidadoso.

— Pois ele já teve tantos motivos para morrer, que este deve ser o menos mortal.

Não era a época mais propícia para me aventurar num segundo romance depois de ter ficado encalhado no primeiro e de haver tentado com sorte ou sem ela outras formas de ficção, mas eu mesmo me impus naquela noite um compromisso de guerra: escrever esse romance ou morrer. Ou, como Rilke tinha dito: "Se você acredita que é capaz de viver sem escrever, não escreva."

Do táxi que nos levou até o cais onde minha mãe embarcaria, minha velha cidade de Barranquilla me pareceu estranha e triste nas primeiras luzes daquele fevereiro providencial. O capitão do *Eline Mercedes* me convidou para acompanhar minha mãe até a cidadezinha de Sucre, onde a família vivia fazia dez anos. Nem pensei na oferta: me despedi dela com um beijo, e minha mãe me olhou nos olhos, sorriu pela primeira vez desde a tarde anterior e me perguntou com sua picardia de sempre:

— E então, o que é que eu digo ao seu pai?

Respondi com o coração na mão:

— Diga que eu gosto demais dele e que graças a ele vou ser escritor — e sem a menor compaixão me antecipei a qualquer alternativa: — E nada mais que escritor.

Eu gostava de dizer aquela frase, às vezes brincando e outras a sério, mas nunca com tanta convicção como naquele dia. Fiquei no cais respondendo aos adeuses lentos que minha mãe me fazia do tombadilho, até que o navio a vapor desapareceu entre escombros de barcos. Então saí disparado para a redação do *El Heraldo*, excitado pela ansiedade que me carcomia as entranhas, e mal respirando comecei o novo romance com a frase de minha mãe: "Venho pedir a você que por favor me acompanhe para vender a casa."

Meu método daquele tempo era diferente do que adotei depois como escritor profissional. Escrevia com apenas dois dedos, os indicadores — coisa que continuo fazendo até hoje —, mas não interrompia cada parágrafo até deixá-lo do jeito que queria — coisa que faço agora: — soltava tudo que trazia dentro de mim e que não havia sido lapidado. Acho que o sistema tinha sido imposto pelas medidas do papel, que eram folhas verticais recortadas das bobinas que iam para a impressora do jornal, e que podiam muito bem chegar a ter uns cinco metros. O resultado eram originais longos e estreitos como papiros que saíam em cascata da máquina de escrever e se estendiam pelo chão conforme eu ia escrevendo. O chefe de redação não encomendava os artigos dizendo o número de páginas ou de palavras ou de letras, e sim por centímetros de papel. "Quero uma reportagem de metro e meio", dizia. Tornei a sentir saudades desse formato em plena maturidade, quando me dei conta de que, na prática, era a mesma coisa que a tela do computador.

O ímpeto com que comecei o livro era tão irresistível que perdi a noção do tempo. Às dez da manhã já tinha escrito mais de um metro, quando Alfonso Fuenmayor abriu de repente a porta principal e ficou duro que nem pedra com a chave na fechadura, como se tivesse entrado no banheiro por engano. Ficou assim até me reconhecer.

— Será que dá para saber que merda o senhor está fazendo aqui a essa hora? — disse ele, surpreso.

— Estou escrevendo o livro da minha vida — respondi.

— Outro? — disse Alfonso com seu humor ímpio. — Pois o senhor tem mais vidas que um gato.

— É o mesmo livro, mas de um outro jeito — disse eu, para não ficar dando explicações inúteis.

Nós não nos tratávamos de tu, por esse estranho costume colombiano que acha que devemos nos tratar de tu desde o primeiro cumprimento e passar a você só quando se consegue mais liberdade — como acontece entre esposos.

Tirou livros e papéis da maleta maltratada e colocou-os em cima da escrivaninha. Enquanto isso, escutou com curiosidade insaciável o transtorno emocional que tentei transmitir com o relato frenético da minha viagem. No fim, como numa síntese, não pude evitar minha desgraça de reduzir a uma frase irreversível o que não sou capaz de explicar.

— É a maior coisa que me aconteceu na vida — disse a ele.

— Ainda bem que não será a última — disse Alfonso.

Não pensou duas vezes, pois ele tampouco era capaz de aceitar qualquer idéia sem tê-la antes reduzido ao seu tamanho justo. No entanto, eu o conhecia o suficiente para perceber que talvez minha emoção da viagem não o tivesse enternecido tanto como eu esperava, mas sem dúvida o havia intrigado. E assim foi: a partir do dia seguinte começou a me fazer todo tipo de perguntas casuais mas muito lúcidas sobre o curso da escrita, e um simples gesto dele era suficiente para que eu me pusesse a pensar que alguma coisa devia ser corrigida.

Enquanto falávamos eu tinha recolhido meus papéis para deixar a escrivaninha livre, pois Alfonso devia escrever naquela manhã a primeira nota editorial de *Crónica*. Mas a notícia que ele trazia alegrou meu dia: o primeiro número, previsto para a semana seguinte, era adiado pela quinta vez, por causa do atraso no fornecimento de papel. Com sorte, disse Alfonso, sairíamos dentro de três semanas.

Pensei que aquele prazo providencial seria suficiente para que eu definisse o começo do livro, pois eu ainda estava demasiado cru para perceber que os romances não começam como a gente quer e sim do jeito que querem. Tanto assim que, seis meses depois, quando achei que estava na reta final, precisei refazer a fundo as dez páginas do princípio para que o leitor acreditasse nelas, e até hoje não acho que elas sejam boas. O prazo também deve ter sido um alívio para Alfonso, porque em vez de lamentar o adiamento ele tirou o paletó e sentou-se à escrivaninha para continuar corrigindo a edição recente do dicionário da Real Academia da Espanha, que tinha chegado por aqueles dias. Era seu ócio favorito desde que encontrou um erro casual num dicionário inglês, e mandou a correção documentada aos editores em Londres, talvez sem outra gratificação além da de fazer uma das nossas piadas na carta que acompanhou tudo: "Finalmente a Inglaterra deve um favor a nós, colombianos." Os editores responderam numa carta muito amável, em que reconheciam sua falta e pediam a ele que continuasse colaborando. E assim foi que, por vários anos, Alfonso não apenas encontrou outros tropeços naquele mesmo dicionário mas também em outros, de diferentes idiomas. Quando a relação envelheceu, ele já tinha contraído o vício solitário de corrigir dicionários em espanhol, inglês ou francês, e se precisava fazer hora em ante-salas ou esperar nos ônibus ou em qualquer das tantas filas pela vida, se distraía na tarefa milimétrica de caçar erros nos matagais das línguas.

Ao meio-dia, o calor abafado era insuportável. A fumaça dos nossos cigarros tinha enevoado a pouca luz das duas únicas janelas, mas ninguém se dava o trabalho de ventilar o escritório, talvez pelo dependente vício de continuar fumando a mesma fumaceira até morrer. Com o calor era diferente. Tenho a sorte congênita de conseguir ignorá-lo até os trinta graus à sombra. Já Alfonso ia tirando a roupa peça por peça à medida que o calor apertava, e sem interromper sua tarefa: a gravata, a camisa, a camiseta. Com a vantagem adicional de que a roupa permanecia seca enquanto ele se consumia no suor, e podia vesti-la outra vez quando o sol baixasse, tão passada e fresca como no café-da-manhã. Deve ter sido esse o segredo que lhe permitiu aparecer sempre em qualquer lugar com seus linhos brancos, suas gravatas de nó torcido e seu duro cabelo de índio dividido no centro do crânio por uma linha matemática. Assim estava ele de novo à uma da tarde, quando saiu do banheiro como se acabasse de se levantar de um sono reparador. Ao passar ao meu lado, perguntou:

— Almoçamos?

— Falta fome, professor.

A resposta era direta no código da tribo: se dissesse sim era porque estava num apuro urgente, talvez vindo de dois dias à base de pão e água, e nesse caso eu iria almoçar sem maiores delongas e ficava claro que ele iria se arranjar do jeito que fosse para pagar a conta. A resposta — falta fome — podia significar qualquer coisa, mas era meu modo de dizer que não havia problema algum em relação ao almoço. Combinamos de nos ver de tarde, como sempre, na Livraria Mundo.

Pouco depois chegou um homem jovem que parecia artista de cinema. Muito louro, de pele curtida pela intempérie, os olhos de um azul misterioso e uma cálida voz de órgão. Enquanto falávamos sobre a revista que estava para sair, traçou na cartolina que forrava a tampa da escrivaninha o perfil de um touro bravo com seis traços magistrais, e assinou-o com um recado para Fuenmayor. Depois jogou o lápis em cima da mesa e se despediu batendo a porta com força. Eu estava tão embebido na escrita que nem olhei o nome no desenho. E assim escrevi o resto do dia sem comer nem beber, e quando a luz da tarde acabou tive de sair às apalpadelas com os primeiros esboços do novo romance, feliz com a certeza de ter enfim encontrado um caminho diferente para o que estava escrevendo sem esperanças fazia mais de um ano.

Só na noite daquele dia fiquei sabendo que o visitante da tarde era o pintor Alejandro Obregón, recém-chegado de outra de suas muitas viagens à Europa. Não apenas era já naquele tempo um dos grandes pintores da Colômbia, como também um dos homens mais queridos por seus amigos, e havia antecipado seu regresso para participar do lançamento de *Crónica*. Encontrei-o com seus íntimos num botequim sem nome no beco de La Luz, em pleno Barrío Abajo, que Alfonso Fuenmayor tinha batizado com o título de um livro então recente de Graham Greene: *O terceiro homem*. Seus regressos eram sempre históricos, e o daquela noite culminou com o espetáculo de um grilo amestrado que obedecia como um ser humano às ordens de seu dono. Ficava de pé em duas patas, estendia as asas, cantava com assovios rítmicos e agradecia os aplausos com reverências teatrais. No final, diante do domador embriagado pela salva de aplausos, Obregón agarrou o grilo pelas asas, com a ponta dos dedos, e diante do assombro de todos meteu-o na boca e mastigou-o vivo com um deleite sensual. Não foi fácil consolar com todo tipo de mimos e dádivas o domador inconsolável. Mais tarde fiquei sabendo que não era o primeiro grilo que Obregón comia vivo num espetáculo público, nem seria o último.

Jamais como naqueles dias me senti tão integrado naquela cidade e na meia dúzia de amigos que começavam a ser conhecidos nos meios jornalísticos e intelectuais do país como o grupo de Barranquilla. Eram escritores e artistas jovens que exerciam uma certa liderança na vida cultural da cidade, todos conduzidos pela mão do professor catalão dom Ramón Vinyes, dramaturgo e livreiro lendário, consagrado na Enciclopédia Espasa desde 1924.

Eu os havia conhecido em setembro do ano anterior quando fui de Cartagena — onde morava na época — até Barranquilla, por recomendação urgente de Clemente Manuel Zabala, chefe de redação do jornal *El Uni-*

versal, onde escrevia meus primeiros textos de jornal. Passamos uma noite falando de tudo e ficamos numa comunicação tão entusiasta e constante, de intercâmbio de livros e segredos literários, que acabei trabalhando com eles. Três do grupo original se distinguiam por sua independência e pelo poder de suas vocações: Germán Vargas, Alfonso Fuenmayor e Álvaro Cepeda Samudio. Tínhamos tantas coisas em comum que se dizia de má-fé que éramos filhos de um mesmo pai, mas estávamos marcados e em certos meios não gostavam nem um pouco de nós por causa da nossa independência, nossas vocações irresistíveis, uma determinação criativa que abria caminho a cotoveladas e uma timidez que cada um resolvia do seu próprio jeito, e que nem sempre era o mais afortunado.

Alfonso Fuenmayor era um excelente escritor e jornalista de vinte e oito anos que manteve durante muito tempo no *El Heraldo* uma coluna de atualidades — "Ar do dia" — com o pseudônimo shakespeariano de Puck. Quanto mais conhecíamos sua informalidade e seu senso de humor, menos entendíamos que tivesse lido tantos livros em quatro idiomas e de todos os temas possíveis e imaginários. Sua última experiência vital, quase aos cinqüenta anos, foi a de um automóvel enorme e destrambelhado que ele conduzia correndo tudo que é risco a vinte quilômetros por hora. Os taxistas, seus grandes amigos e leitores mais sábios, o reconheciam à distância e se afastavam para deixar-lhe a rua livre.

Germán Vargas Cantillo era colunista do vespertino *El Nacional*, crítico literário certeiro e mordaz, com uma prosa tão esmerada que conseguia convencer o leitor de que as coisas aconteciam só porque ele contava. Foi um dos melhores locutores de rádio e sem dúvida o mais culto naqueles bons tempos de ofícios novos, e um exemplo difícil do repórter natural que eu teria gostado de ser. Louro e ossudo, e olhos de um azul perigoso, nunca foi possível entender em que velocidade conseguia ficar mais que em dia com tudo que era digno de ser lido. Não cessou um instante em sua obsessão madrugadora de descobrir valores literários ocultos em rincões remotos da Província esquecida para expô-los à luz pública. Foi uma sorte que ele nunca tenha aprendido a dirigir naquela confraria de distraídos, pois temíamos que não resistisse à tentação de ler ao volante.

Álvaro Cepeda Samudio, por sua vez, era antes de tudo um chofer alucinado — tanto de automóveis quanto de letras; contista dos bons quando sentia vontade de sentar para escrever; crítico magistral de cinema, e sem dúvida o mais culto, e promotor de polêmicas atrevidas. Parecia um cigano em Ciénaga Grande, de pele curtida e com uma bela cabeça de cachos negros e alvoroçados, e uns olhos de louco que não ocultavam seu coração fácil. Seu calçado favorito eram umas sandálias de lona, das mais baratas, e levava apertado entre os dentes um charuto enorme e quase sempre apagado. Tinha feito no *El Nacional* suas primeiras letras de jornalista, e publicado seus primeiros contos. Naquele ano estava em Nova York terminando um curso superior de jornalismo na Universidade de Colúmbia.

Um membro itinerante do grupo, e o mais distinto, junto com dom Ramón, era José Félix Fuenmayor, pai de Alfonso. Jornalista histórico e escritor dos melhores, tinha publicado um livro de versos, *Musas del trópico*, em 1910, e dois romances: *Cosme*, em 1927, e *Una triste aventura de catorce sabios*, em 1928. Nenhum foi um êxito nas livrarias, mas a crítica especializada sempre considerou José Félix um dos melhores contistas, sufocado pelas sombras da Província.

Eu nunca tinha ouvido falar dele quando o conheci, num meio-dia em que nós dois nos encontramos sozinhos no Japy, e de imediato fiquei deslumbrado pela sabedoria e a simplicidade de sua conversa. Era veterano e sobrevivente de uma cadeia perversa na Guerra dos Mil Dias. Não tinha a formação de Vinyes, mas era mais próximo a mim pelo seu modo de ser e por sua cultura caribenha. E o que eu mais gostava nele era sua estranha virtude de transmitir sua sabedoria como se estivesse falando de trivialidades ou de corte e costura. Era um conversador invencível e um mestre de vida, e sua maneira de pensar era diferente de tudo que eu havia conhecido até então. Álvaro Cepeda e eu passávamos horas escutando-o, principalmente por seu princípio básico de que as diferenças de fundo entre a vida e a literatura eram simples erros de forma. Bem mais tarde, não recordo onde, Álvaro escreveu uma rajada certeira: "Todos viemos de José Félix."

O grupo havia se formado de maneira espontânea, quase que pela ação da gravidade, em virtude de uma afinidade indestrutível mas difícil de entender à primeira vista. Muitas vezes nos perguntaram como é que sendo tão diferentes estávamos sempre de acordo, e tínhamos de improvisar uma resposta qualquer para não responder a verdade: nem sempre estávamos, mas cada um entendia as razões do outro. Sabíamos muito bem que fora de nosso círculo tínhamos uma imagem de prepotentes, narcisistas e anárquicos. Principalmente por causa das nossas posições políticas. Alfonso era visto como um liberal ortodoxo, Germán como um livre-pensador feroz, Álvaro como um anarquista arbitrário e eu como um comunista incrédulo e um suicida em potencial. No entanto, creio sem a menor dúvida que nossa maior sorte foi que mesmo nos apuros mais extremos podíamos perder a paciência mas jamais o senso do humor.

Nossas poucas divergências sérias eram discutidas apenas entre nós, e às vezes atingiam temperaturas perigosas que eram logo esquecidas assim que nos levantávamos da mesa ou quando chegava algum amigo alheio. Aprendi para sempre a lição menos esquecível no Bar Los Almendros, na noite em que o recém-chegado Álvaro e eu nos enrolamos numa discussão sobre Faulkner. As únicas testemunhas à mesa eram Germán e Alfonso, e se mantiveram à margem num silêncio de mármore que chegou a extremos insuportáveis. Não recordo em que momento, empapado de raiva e de aguardente bruta, desafiei Álvaro a resolver a discussão a porradas. Nós dois iniciamos o impulso de nos levantar da mesa e irmos para rua, quando a voz impassível de Germán Vargas nos freou com uma lição para sempre:

— Quem se levantar primeiro já perdeu.

Na época, nenhum de nós tinha chegado aos trinta anos. Eu, com vinte e três feitos, era o mais jovem do grupo, e tinha sido adotado por eles desde que cheguei para ficar no dezembro anterior. Mas na mesa de dom Ramón Vinyes nós quatro nos portávamos como os promotores e postuladores da fé, sempre juntos, falando da mesma coisa e debochando de tudo, e tão de acordo em sermos do contra que acabamos sendo vistos como se fôssemos uma pessoa só.

A única mulher que considerávamos parte do grupo era Meira Delmar, que se iniciava no ímpeto da poesia, mas só nos reuníamos com ela nas escassas ocasiões em que saíamos de nossa órbita de maus costumes. Eram memoráveis os saraus em sua casa com os escritores e artistas famosos que passavam pela cidade. Outra amiga mais nova e menos assídua era a pintora Cecilia Porras, que ia de vez em quando de Barranquilla a Cartagena, e nos acompanhava em nossos périplos noturnos, pois não dava a mínima que as mulheres fossem malvistas em botequins de bêbados e casas de perdição.

Nosso grupo se reunia duas vezes por dia na Livraria Mundo, que terminou por se converter num centro de reunião literária. Era um remanso de paz no meio do fragor da rua San Blas, a artéria comercial buliçosa e ardente por onde se esvaziava o centro da cidade às seis da tarde. Alfonso e eu escrevíamos até o comecinho da noite em nossa sala contígua à redação do *El Heraldo*, como alunos aplicados, ele seus editoriais cordatos e ajuizados, e eu meus textos sem pé nem cabeça e sem juízo algum. Com freqüência intercambiávamos idéias de uma máquina a outra, nos emprestávamos adjetivos, nos consultávamos sobre dados de ida e volta, a ponto de em alguns casos ser difícil saber qual parágrafo era de quem.

Nossa vida diária foi quase sempre previsível, a não ser nas noites de sexta-feira quando estávamos à mercê da inspiração e às vezes emendávamos direto com o café-da-manhã da segunda. Quando nos deixávamos prender pelo interesse, nós quatro empreendíamos uma peregrinação literária sem freio nem medida. Começava no El Tercer Hombre com os artesãos do bairro e os mecânicos de uma oficina de automóveis, além de funcionários públicos descarrilados e outros nem tanto. O mais estranho de todos era um ladrão de residências que chegava pouco antes da meia-noite com seu uniforme de trabalho: calças de balé, tênis, boné de jogador de beisebol e a maleta de ferramentas leves. Alguém que o surpreendeu roubando em sua casa conseguiu tirar um retrato dele e publicou a foto nos jornais para ver se alguém o identificava. A única coisa que conseguiu foram várias cartas de leitores indignados por estar jogando sujo com os pobres larápios.

O ladrão tinha uma vocação literária bem assumida, não perdia uma palavra nas conversas sobre artes e livros, e sabíamos que era autor envergonhado de poemas de amor que declamava para a clientela quando não estávamos presentes. Depois da meia-noite ia roubar nos bairros altos, como se fosse um emprego, e três ou quatro horas mais tarde nos trazia de presente algumas quinquilharias separadas do butim maior. "Para as meninas de vocês", dizia, sem mesmo perguntar se tínhamos alguma. Quando algum livro chamava a sua atenção nos trazia de presente, e quando valia a pena nós o doávamos para a biblioteca de bairro que Meira Delmar dirigia.

Aquelas aulas itinerantes tinham nos contemplado com uma reputação turva entre as boas comadres que encontrávamos quando saíam da missa das cinco e mudavam de calçada para não passar ao lado de bêbados amanhecidos. Mas a verdade é que não havia farras mais honradas e frutíferas. E se alguém ficou sabendo disso de imediato fui eu, que os acompanhava em seus gritos de bordéis sobre a obra de John Dos Passos ou os gols desperdiçados pelo Deportivo Junior. Tanto era assim que uma das graciosas hetairas do El Gato Negro, farta de toda uma noite de disputas gratuitas, tinha gritado para nós enquanto passávamos:

— Se vocês trepassem tanto como berram, nós já estaríamos banhadas em ouro!

Muitas vezes íamos ver o novo sol num bordel sem nome do bairro chinês, onde durante anos morou Orlando Rivera, o Figurita, enquanto pintava um mural que marcou época. Não me lembro de ninguém mais desatinado, com seu olhar lunático, sua barba de bode e sua bondade de órfão. Tinha sido picado já na escola primária pela maluquice de querer ser cubano, e acabou sendo mais e melhor do que se tivesse sido. Falava, comia, pintava, se vestia, namorava, dançava e vivia sua vida como um cubano, e cubano morreu sem ter conhecido Cuba.

Não dormia. Quando o visitávamos de madrugada descia do andaime aos pulos, mais pintado que o mural, blasfemando em língua de guerreiro negro na ressaca da maconha. Alfonso e eu costumávamos levar artigos e contos para que ele ilustrasse, e tínhamos que lhe contar tudo em voz alta porque ele não tinha paciência para entendê-los lendo. Fazia os desenhos num instante, com técnicas de caricatura, que eram as únicas em que acreditava. Quase sempre ficavam boas, embora Germán Vargas dissesse de boa-fé que eram muito melhores quando saíam erradas.

Assim era Barranquilla, uma cidade que não se parecia com nenhuma, principalmente de dezembro a março, quando os alísios do norte compen-

savam os dias infernais com uns vendavais noturnos que faziam redemoinhos nos quintais das casas e levavam as galinhas pelos ares. Só permaneciam vivos os hotéis de encontros furtivos e as cantinas dos marujos dos
vapores ao redor do porto. Algumas pássaras noturnas esperavam noites
inteiras pela clientela sempre incerta dos navios fluviais. Uma banda de
metais tocava uma valsa lânguida na alameda, mas ninguém a escutava por
causa dos gritos dos choferes que discutiam futebol entre os táxis parados
em bateria no meio-fio do Passeio Bolívar. O único local possível era o Café
Roma, um boteco de refugiados espanhóis que não fechava nunca pela simples razão de não ter portas. Tampouco tinha teto, numa cidade de aguaceiros sacramentais, mas nunca se ouviu falar de alguém que deixasse de comer
uma fritada de batatas ou de acertar um negócio por causa da chuva. Era
um remanso à intempérie, com mesinhas redondas pintadas de branco e
cadeirinhas de ferro debaixo das frondes das acácias floridas. Às onze, quando
fechávamos os jornais matutinos — *El Heraldo* e *La Prensa* — os redatores
noturnos se reuniam para comer. Os refugiados espanhóis estavam lá desde
as sete da noite, depois de escutar em casa o jornal falado do professor Juan
José Pérez Domenech, que continuava dando notícias da guerra civil espanhola doze anos depois de tê-la perdido. Certa noite de sorte, o escritor
Eduardo Zalamea tinha ancorado ali de regresso de La Guajira, e disparou
um tiro no próprio peito sem conseqüências graves. A mesa virou uma relíquia histórica que os garçons mostravam aos turistas sem permissão para
ocupá-la. Anos depois, Zalamea publicou o depoimento de sua aventura em
Cuatro años a bordo de mi mismo, um romance que abriu horizontes insuspeitos na nossa geração.
    Eu era o mais desamparado da confraria, e muitas vezes me refugiei no
Café Roma para escrever até o amanhecer num canto afastado, pois os dois
empregos juntos tinham a virtude paradoxal de serem importantes e mal
pagos. Ali o amanhecer me surpreendia, lendo sem piedade, e quando a fome
me acossava eu tomava um chocolate grosso com um sanduíche de bom
presunto espanhol e passeava com as primeiras luzes do alvorecer debaixo
dos *flamboyants* floridos do Passeio Bolivar. Nas primeiras semanas eu tinha escrito até muito tarde na redação do jornal, e dormido algumas horas

na sala deserta da redação ou sobre os rolos de papel da impressora, mas com o tempo me vi forçado a procurar um lugar menos original.

A solução, como tantas outras do futuro, me foi dada pelos alegres taxistas do Passeio Bolívar: um hotel de putas a um quarteirão da catedral, onde se dormia sozinho ou acompanhado por um peso e meio. O edifício era muito antigo mas bem-conservado, graças às putinhas cheias de cerimônia que perambulavam pelo Passeio Bolívar a partir das seis da tarde, na caçada de amores extraviados. O porteiro se chamava Lácides. Tinha um olho de vidro com o eixo torto e gaguejava de timidez, e me lembro dele até hoje com uma imensa gratidão desde a primeira noite em que cheguei. Jogou o peso com cinqüenta centavos na gaveta do balcão, já cheia de notas soltas e amassadas do começo da noite, e me deu a chave do quarto número seis.

Eu nunca tinha estado num lugar tão tranqüilo. O que mais se ouvia eram passos apagados, um murmúrio incompreensível e muito de vez em quando o rangido angustiado de molas enferrujadas. Mas nem um sussurro, nem um suspiro: nada. A única coisa difícil era o calor de fornalha por causa da janela tapada com barras cruzadas de madeira. No entanto, desde a primeira noite li muito bem William Irish, até quase o amanhecer.

Tinha sido a mansão de antigos armadores, com colunas cobertas de alabastro e frisos de ouropel, ao redor de um pátio interno coberto por um vitral pagão que irradiava um resplendor de estufa. No térreo estavam os tabeliães da cidade. Em cada um dos três andares da casa original havia seis grandes aposentos de mármore, transformados em cubículos de papelão — iguais ao meu — onde as noturnas da zona faziam sua colheita. Aquela espelunca feliz tinha tido algum dia o nome de Hotel Nova York, e Alfonso Fuenmayor o chamou mais tarde de Arranha-céu, em memória dos suicidas que naqueles anos se atiravam do telhado do Empire State.

Seja como for, o eixo das nossas vidas era a Livraria Mundo, ao meiodia e às seis da tarde, no quarteirão mais concorrido da rua San Blas. Germán Vargas, íntimo do proprietário, dom Jorge Rondón, foi quem o convenceu a instalar aquele local que em pouco tempo se converteu no centro de reunião de jornalistas, escritores e políticos jovens. Rondón carecia de experiência no ramo, mas aprendeu depressa, e com tal entusiasmo e generosidade que se transformou num mecenas inesquecível. Germán, Álvaro e Alfonso foram seus assessores nos pedidos de livros, principalmente as novidades de Buenos Aires, cujos editores tinham começado a traduzir, imprimir e distribuir em massa as novidades literárias do mundo inteiro depois da Guerra Mundial. Graças a eles podíamos ler a tempo os livros que de outra maneira não teriam chegado à cidade. Eles mesmos também entusiasmavam a clientela e conseguiram que Barranquilla voltasse a ser o centro de leitura que tinha decaído anos antes, quando deixou de existir a livraria histórica de dom Ramón.

Não se passou muito tempo depois da minha chegada quando ingressei naquela confraria que esperava como enviados dos céus os vendedores ambulantes das editoras argentinas. Graças a eles fomos admiradores precoces de Jorge Luis Borges, de Julio Cortázar, de Felisberto Hernández e dos romancistas ingleses e norte-americanos bem traduzidos pelo bando de Victoria Ocampo. *A forja de um rebelde*, de Arturo Barea, foi a primeira mensagem esperançosa de uma Espanha remota e silenciada pelas duas guerras. Um daqueles ambulantes, o pontual Guillermo Dávalos, tinha o bom hábito de participar de nossas farras noturnas e dar-nos de presente os mostruários de suas novidades depois de terminar seus negócios na cidade.

O grupo, que morava longe do centro, não ia de noite ao Café Roma a não ser por motivos concretos. Para mim, em compensação, era a casa que eu não tinha. Trabalhava de manhã na aprazível redação do *El Heraldo*, almoçava do jeito que desse, quando desse e onde pudesse, mas quase sempre convidado pelos bons amigos do grupo ou por políticos interessados. De tarde escrevia "A Girafa", minha coluna diária, e qualquer outro texto de ocasião. Ao meio-dia e às seis da tarde era o mais pontual na Livraria Mundo. O aperitivo do almoço, que o grupo tomou durante anos no Café Colômbia, foi mais tarde transferido para o Café Japy, na calçada em frente, por ser o mais alegre e ventilado da rua San Blas. Nós o usávamos para visitas, escritório, negócios, entrevistas, e como um lugar fácil de sermos encontrados.

A mesa de dom Ramón no Japy tinha leis invioláveis impostas pelo hábito. Era o primeiro a chegar, por causa de seu horário de professor até as quatro da tarde. Não cabiam mais de seis em sua mesa. Tínhamos escolhido nossos

lugares em relação ao dele, e era considerado de mau gosto puxar outras cadeiras onde não cabiam. Pela antigüidade e pela hierarquia de sua amizade,
Germán sentou-se à sua direita desde o primeiro dia. Era o responsável de seus
assuntos materiais. Resolvia-os mesmo quando ninguém tinha pedido nada,
porque o sábio tinha a vocação congênita de não se entender com a vida prática. Por aqueles dias, o assunto principal era a venda de seus livros à biblioteca pública, e o leilão de outras coisas antes que ele viajasse para Barcelona.
Mais que um secretário, Germán parecia um bom filho.

As relações de dom Ramón com Alfonso, por sua vez, estavam baseadas
em problemas literários e políticos mais difíceis. Quanto a Álvaro, sempre
achei que se inibia quando o encontrava sozinho na mesa e necessitava da
presença dos outros para começar a navegar. O único ser humano que tinha
direito livre de lugar na mesa era José Félix. De noite, dom Ramón não ia ao
Japy e sim ao vizinho Café Roma, com seus amigos do exílio espanhol.

O último que chegou à sua mesa fui eu, e desde o primeiro dia me sentei
sem ter direito na cadeira de Álvaro Cepeda enquanto ele estava em Nova
York. Mestre Ramón recebeu-me como um discípulo a mais porque tinha
lido meus contos no *El Espectador*. No entanto, nunca poderia imaginar que
chegaria a ter com ele a liberdade de pedir dinheiro para a viagem a Aracataca
com minha mãe. Pouco depois, por uma casualidade inconcebível, tivemos
nossa primeira e única conversa a sós quando fui ao Japy mais cedo que os
outros para pagar sem testemunhas os seis pesos que tinha me emprestado.

— Salve, gênio — me cumprimentou como sempre. Mas alguma coisa
em minha cara o alarmou: — Você está doente?

— Não, senhor, acho que não — respondi inquieto. — Por quê?

— Estou achando você abatido — disse ele —, mas não me dê confiança, porque estamos todos, nestes dias, *fotuts del cul*.

Guardou os seis pesos na carteira com um gesto reticente, como se fosse
um dinheiro indevido.

— Vou aceitar — explicou-me ruborizado — como lembrança de um
jovem muito pobre que foi capaz de pagar uma dívida sem que fosse cobrado.

Não soube o que dizer, e mergulhei num silêncio que suportei como um
poço de chumbo na algaravia do salão. Nunca sonhei com a sorte daquele

encontro. Tinha a impressão de que nas conversas do grupo cada um punha seu grãozinho de areia na desordem, e as graças e carências de cada um se confundiam com as dos outros, mas nunca me ocorreu que pudesse falar a sós das artes e da glória com um homem que vivia fazia anos numa enciclopédia. Muitas madrugadas, enquanto lia na solidão do meu quarto, imaginava diálogos excitantes que teria querido manter com ele sobre minhas dúvidas literárias, mas se derretiam à luz do sol sem deixar rescaldos. Minha timidez se agravava quando Alfonso surgia com uma de suas idéias descomunais, ou Germán desaprovava uma opinião apressada do mestre, ou Álvaro se esganiçava com um projeto que nos tirava dos eixos.

Por sorte, naquele dia no Japy foi dom Ramón quem tomou a iniciativa de perguntar como iam as minhas leituras. Naquela altura eu já tinha lido tudo que pude encontrar em espanhol da geração perdida, com um cuidado especial para Faulkner, que eu esquadrinhava com um sigilo sangrento de lâmina de barbear, por causa do meu estranho temor de que afinal ele não passasse de um retórico astuto. Depois de ter dito isso tremi de pudor com medo que ele achasse que era alguma provocação, e tentei suavizar, mas dom Ramón não me deu tempo.

— Não se preocupe, Gabito — respondeu-me impassível. — Se Faulkner estivesse em Barranquilla, estaria nesta mesa.

Além disso, chamava a sua atenção o fato de eu me interessar tanto por Ramón Gómez de la Serna a ponto de citá-lo em "A Girafa" lado a lado com outros escritores indubitáveis. Esclareci que não fazia isso por causa de seus romances, pois além de *El chalet de las rosas*, do qual eu tinha gostado muito, o que me interessava nele era a audácia de sua capacidade de ser engenhoso e seu talento verbal, mas só como ginástica rítmica para aprender a escrever. Neste sentido, não recordo um gênero mais inteligente que suas famosas crônicas carregadas de metáforas. Mestre Ramón me interrompeu com um sorriso mordaz:

— O perigo é que você, sem perceber, aprenda a escrever mal também.

No entanto, antes de encerrar o assunto reconheceu que no meio de sua desordem fosforescente, Gómez de la Serna era um bom poeta. Suas réplicas eram assim, imediatas e sábias, e eu mal tinha nervos suficientes para assimilá-las, ofuscado pelo temor de que alguém interrompesse aquela ocasião única.

Mas ele sabia como controlar as coisas. Seu garçom habitual levou-lhe a coca-cola das onze e meia, e ele pareceu nem notar, mas tomou-a gole a gole com o canudinho de papel sem interromper suas explicações. A maioria dos clientes o cumprimentava da porta em voz alta: "Como vai, dom Ramón?" E ele respondia sem olhá-los com um gesto lento de sua mão de artista.

Enquanto falava, dom Ramón dirigia olhares furtivos à pasta de couro que mantive apertada nas mãos enquanto o escutava. Quando acabou de tomar a primeira coca-cola, torceu o canudinho como uma chave de fenda e pediu a segunda. Eu pedi a minha sabendo muito bem que naquela mesa cada um pagava a sua parte. Finalmente ele perguntou o que era aquela pasta misteriosa à qual eu me agarrava como a uma tábua de náufrago.

Contei a verdade: era o primeiro capítulo, ainda em rascunho, do romance que eu tinha começado ao regressar da viagem que fiz com minha mãe a Cataca. Com um atrevimento do qual nunca tornaria a ser capaz numa encruzilhada de vida ou morte, pus na mesa a pasta aberta diante dele, como uma provocação inocente. Fixou em mim suas pupilas diáfanas de um azul perigoso, e me perguntou um pouco assombrado:

— Posso?

Estava escrita a máquina com incontáveis correções, em faixas de papel de jornal compridas e dobradas como um fole de sanfona. Sem pressa ele pôs os óculos de leitura, desdobrou as tiras de papel com maestria profissional e acomodou-as na mesa. Leu sem um gesto, sem um tremor de pele, sem uma mudança da respiração, com um topete de arara movido apenas pelo ritmo de seus pensamentos. Quando terminou duas tiras completas tornou a dobrá-las em silêncio com uma arte medieval, e fechou a pasta. Então guardou os óculos no estojo e colocou-os no bolso do peito.

— Vê-se que é um material ainda cru, como é lógico — disse com uma grande simplicidade. — Mas está indo bem.

Fez alguns comentários paralelos sobre o manejo do tempo, que era meu problema de vida ou de morte, e sem dúvida o mais difícil, e acrescentou:

— Você precisa estar consciente de que o drama já aconteceu e que os personagens só estão ali para evocar o ocorrido, e portanto você vai ter de lidar com dois tempos.

Depois de uma série de precisões técnicas que não consegui avaliar bem por causa da minha inexperiência, aconselhou-me que a cidade do romance não se chamasse Barranquilla, como eu tinha decidido no rascunho, porque era um nome tão condicionado pela realidade que deixaria ao leitor muito pouco espaço para sonhar. E terminou com seu tom de deboche:

— Ou então banque o bobo e espere que caia do céu. Afinal, a Atenas de Sófocles não foi nunca a mesma Atenas de Antígona.

O que segui para sempre, porém, e ao pé da letra, foi a frase com que ele se despediu de mim naquela tarde:

— Agradeço a sua deferência, e vou corresponder com um conselho: jamais mostre a alguém o rascunho do que estiver escrevendo.

Foi minha única conversa a sós com ele, mas valeu por todas, porque ele viajou a Barcelona no dia 15 de abril de 1950, como estava previsto fazia mais de um ano, estranhamente diminuído em seu terno negro de lã e com seu chapéu de magistrado. Foi como embarcar um menino de escola. Estava bem de saúde e com a lucidez intacta aos sessenta e oito anos, mas nós, que o acompanhamos ao aeroporto, nos despedimos dele como de alguém que voltava à sua terra natal para assistir ao próprio enterro.

Só no dia seguinte, quando chegamos à nossa mesa no Japy, percebemos o vazio que ficou em sua cadeira, e que ninguém se decidiu a ocupar até chegarmos a um acordo: o lugar seria de Germán. Precisamos de alguns dias para nos acostumarmos ao novo ritmo da conversa diária, até que chegou a primeira carta de dom Ramón, que parecia escrita de viva voz, com sua caligrafia minuciosa em tinta lilás. Assim teve início uma correspondência com todos através de Germán, freqüente e intensa, na qual contava muito pouco de sua vida e muito de uma Espanha que ele continuaria considerando terra inimiga enquanto Franco vivesse e mantivesse o império espanhol sobre a Catalunha.

A idéia do semanário era de Alfonso Fuenmayor, e muito anterior àqueles dias, mas tenho a impressão de que foi precipitada pela viagem do sábio catalão. Reunidos de propósito no Café Roma três noites mais tarde, Alfonso nos informou que tinha tudo pronto para a decolagem. Seria um tablóide semanal de vinte páginas, jornalístico e literário, cujo nome — Crónica —

não diria muito a ninguém. Nós mesmos achávamos um delírio que depois de quatro anos sem conseguir recursos onde havia de sobra, Alfonso Fuenmayor os tivesse conseguido entre artesãos, mecânicos de automóveis, magistrados aposentados e até cantineiros cúmplices que aceitaram pagar anúncios em rum de cana. Mas havia razões para achar que seria bem recebido numa cidade que no meio de seus tropéis industriais e suas pretensões cívicas mantinha viva a devoção pelos seus poetas.

Além de nós haveria poucos colaboradores regulares. O único profissional com uma boa experiência era Carlos Osío Noguera — o Vate Osío —, um poeta e jornalista de uma simpatia muito própria e um corpo descomunal, funcionário do governo e censor no *El Nacional*, onde havia trabalhado com Álvaro Cepeda e Germán Vargas. Outro seria Roberto (Bob) Prieto, um dos poucos eruditos da elite social, que podia pensar em inglês ou francês tão bem como em espanhol e tocar de memória no piano várias obras de grandes mestres. O menos compreensível da lista criada por Alfonso Fuenmayor foi Julio Mario Santodomingo. Alfonso impôs esse nome sem reservas, por causa de seus propósitos de ser um homem diferente, mas o que poucos de nós entendíamos era que aparecesse na lista do conselho editorial, quando parecia destinado a ser um Rockefeller latino, inteligente, culto e cordial, mas condenado sem remédio às brumas do poder. Muito poucos sabiam, como sabíamos os quatro promotores da revista, que o sonho secreto de seus vinte e cinco anos era ser escritor.

O diretor, por direito natural, seria Alfonso. Germán Vargas seria antes de mais nada o grande repórter com quem eu esperava partilhar o ofício, não quando tivesse tempo — nunca tivemos —, e sim quando realizasse o sonho de aprender esse ofício. Álvaro Cepeda mandaria colaborações em suas horas vagas da Universidade de Colúmbia, em Nova York. No final da fila, ninguém estava mais livre e ansioso que eu para ser nomeado chefe de redação de um semanário independente e incerto, e assim aconteceu.

Alfonso tinha reservas de arquivo fazia anos e muito trabalho adiantado nos últimos seis meses com notas editoriais, material literário, reportagens magistrais e promessas de anúncios comerciais de seus amigos ricos. O chefe de redação, sem horário definido e com um salário melhor que o de qualquer jornalista de minha categoria, mas condicionado aos lucros do futuro, também estava preparado para ter a revista bem-feita e feita a tempo. Finalmente, no sábado da semana seguinte, quando entrei em nosso cubículo do *El Heraldo* às cinco da tarde, Alfonso Fuenmayor nem levantou os olhos para terminar seu editorial.

— É melhor apressar seus assuntos, professor — disse-me ele —, que semana que vem *Crónica* chega nas bancas.

Não me assustei porque já tinha ouvido a frase em duas ocasiões anteriores. No entanto, a terceira foi à vera. O maior acontecimento jornalístico da semana — com uma vantagem absoluta — tinha sido a chegada do jogador brasileiro de futebol Heleno de Freitas para o Deportivo Junior, mas não iríamos tratar do assunto competindo com a imprensa especializada e sim como sendo uma notícia de grande interesse cultural e social. *Crónica* não se deixaria engessar por esse tipo de diferença, e menos ainda tratando-se de algo tão popular como o futebol. A decisão foi unânime e o trabalho eficaz.

Tínhamos preparado tanto material durante a espera, que a única coisa que entrou de última hora foi a reportagem sobre Heleno, escrita por Germán Vargas, mestre do gênero e fanático por futebol. O primeiro número amanheceu pontual nas bancas no sábado 29 de abril de 1950, dia de Santa Catarina de Siena, escritora de cartas azuis na praça mais bela do mundo. *Crónica* foi impressa com um lema criado por mim debaixo do nome: "Seu melhor *weekend*". Sabíamos que estávamos desafiando o purismo indigesto que prevalecia na imprensa colombiana daqueles anos, mas o que queríamos dizer com esse lema não tinha um equivalente com os mesmos matizes na língua espanhola. A capa era um desenho a tinta de Heleno de Freitas feito por Alfonso Melo, o único retratista de nossos três desenhistas.

A edição, apesar da pressa de última hora e da falta de publicidade, esgotou-se muito antes de que a redação em peso chegasse ao estádio municipal no dia seguinte — domingo, 30 de abril — onde se disputava o clássico entre o Deportivo Junior e o Sporting, ambos de Barranquilla. A própria revista estava dividida porque Germán e Álvaro torciam pelo Sporting, e Alfonso e eu pelo Junior. No entanto, o nome de Heleno e a excelente reportagem de Germán Vargas sustentaram o equívoco de que *Crónica* era finalmente a grande revista esportiva que a Colômbia esperava.

O estádio estava lotado até o topo. Aos seis minutos do primeiro tempo, Heleno de Freitas fez seu primeiro gol na Colômbia, com um tiro de esquerda do meio do campo. Embora o Sporting tenha acabado vencendo por 3 a 2, a tarde foi de Heleno, e depois foi nossa, pelo acerto da capa premonitória. Não houve, porém, poder humano ou divino capaz de fazer o público entender que *Crónica* não era uma revista esportiva e sim um semanário cultural que homenageava Heleno de Freitas como sendo uma das grandes notícias do ano.

Não era uma típica sorte grande de novatos. Três de nós costumavam tratar de temas relacionados ao futebol em suas colunas de interesse geral, inclusive, é claro, Germán Vargas. Alfonso Fuenmayor era um cuidadoso seguidor de futebol, e Álvaro Cepeda foi durante anos o correspondente do *Sporting News* de Saint Louis, Missouri, na Colômbia. No entanto, os leitores pelos quais tanto ansiávamos não acolheram com os braços abertos os números seguintes, e os torcedores fanáticos dos estádios nos abandonaram sem pena.

Tratando de remendar o roto decidimos no conselho editorial que eu escrevesse a reportagem central com Sebastián Berascochea, outra das estrelas uruguaias do Deportivo Junior, com a esperança de que conseguisse conciliar futebol e literatura, como tantas vezes tinha tentado fazer com outras ciências ocultas em minha coluna diária. A febre de bola com que Luis Carmelo Correa tinha me contagiado nos campos de Cataca havia baixado quase que a zero. Além disso, eu era dos fãs precoces do beisebol caribenho, que chamávamos de *juego de pelota*. Mas ainda assim, aceitei o desafio.

Meu modelo, é lógico, foi a reportagem de Germán Vargas. Eu me reforcei com outras, e me senti aliviado por uma longa conversa com Berascochea, um homem inteligente e amável, e com um sentido muito bom da imagem que desejava dar ao seu público. O problema foi que eu o identifiquei e descrevi como sendo um basco exemplar, só por causa de seu sobrenome, sem me deter no detalhe de que era um negro retinto da melhor estirpe africana. Foi o grande fiasco da minha vida e no pior momento da revista. Tanto assim que me identifiquei até a alma com a carta de um leitor que me definiu como sendo um jornalista esportivo incapaz de diferenciar uma bola de um bonde. O próprio Germán Vargas, tão meticuloso em seus julgamentos, afirmou anos depois num livro de comemorações que a reportagem sobre Berascochea era a pior coisa que escrevi. Acho que exagerou, mas não muito, porque ninguém conhecia o ofício como ele, com reportagens e entrevistas escritas num tom tão fluido que pareciam ditados a viva voz ao linotipista.

Não renunciamos ao futebol ou ao beisebol porque os dois eram populares na costa caribenha, mas aumentamos os temas de atualidade e as novidades literárias. Foi tudo inútil: jamais conseguimos superar o equívoco de que *Crónica* fosse uma revista esportiva, mas em compensação os fãs dos estádios superaram o deles e nos abandonaram à nossa própria sorte. Portanto, continuamos fazendo a revista conforme tinha sido a nossa proposta inicial, embora a partir da terceira semana ela tivesse ficado flutuando no limbo da ambigüidade.

Não me deixei abater. A viagem com minha mãe a Cataca, a conversa histórica com dom Ramón Vinyes e meu vínculo mais que profundo com o grupo de Barranquilla deram-me um alento novo que durou para sempre. Desde aquela época não ganhei um único centavo que não fosse com a máquina de escrever, e isto me parece mais meritório do que se poderia pensar, pois os primeiros direitos de autor que me permitiram viver de meus contos e romances vieram aos meus quarenta e tantos anos, depois de eu ter publicado quatro livros ganhando quase nada. Até conseguir isso, minha vida esteve sempre perturbada por um emaranhado de armadilhas, artimanhas e ilusões para burlar as incontáveis iscas que tentavam me converter em qualquer coisa que não fosse escritor.

3.

onsumado o desastre de Aracataca, morto o avô e extintas as sobras de seus poderes incertos, nós, que vivíamos deles, ficamos à mercê das nostalgias. A casa ficou sem alma desde que ninguém voltou no trem. Mina e Francisca Simodosea permaneceram ao amparo de Elvira Carillo, que tomou conta delas com devoção de serva. Quando minha avó acabou de perder a vista e a razão, meus pais a levaram para a casa deles, para que ela pelo menos tivesse uma vida melhor para morrer. A tia Francisca, virgem e mártir, continuou sendo a mesma dos desatinos insólitos e dos refrãos ríspidos, se negou a entregar as chaves do cemitério e da fábrica de hóstias para consagrar argumentando que Deus a teria chamado se essa fosse a sua vontade. Um dia qualquer sentou-se na porta do seu quarto com vários de seus lençóis imaculados e coseu sua própria mortalha sob medida, e com tanto primor que a morte precisou esperar mais de duas semanas até ela conseguir terminá-la. Naquela noite foi dormir sem se despedir de ninguém, sem doença ou dor, e deitou-se para morrer em seu melhor estado de saúde. Só mais tarde todos perceberam que na noite anterior havia preenchido os formulários do atestado de óbito e cumprido com todos os trâmites necessários para o seu próprio enterro. Elvira Carrillo, que por decisão própria também não conheceu varão algum, ficou sozinha na solidão imensa da casa. Acordava à meia-noite com o espanto da tosse eterna nos dormitórios vizinhos, mas nunca se importou, porque estava acostumada a partilhar também as angústias da vida sobrenatural

Já seu irmão gêmeo, Esteban Carrillo, manteve-se lúcido e dinâmico até ficar muito velho. Certa ocasião em que tomava com ele o café-da-manhã lembrei-me com todos os detalhes visuais que na barcaça de Ciénaga haviam tentado atirar seu pai pela borda, erguido nos ombros de uma multidão e jogado para o alto como Sancho Pança pelos arrieiros. Naquela época Papalelo já tinha morrido, e contei a lembrança ao tio Esteban porque achava engraçada. Mas ele ergueu-se de um salto, furioso porque eu não tinha contado a história assim que o fato aconteceu, e ansioso para que eu conseguisse identificar na memória o homem que conversava com o avô naquela ocasião, para que esse homem contasse para ele quem eram os que haviam tentado afogá-lo. Também não entendia como é que Papalelo não tinha se defendido, se era um bom atirador que durante duas guerras civis havia estado muitas vezes na linha de fogo, e dormia com o revólver debaixo do travesseiro, e que já em tempos de paz tinha matado um inimigo num duelo. Fosse como fosse, me dizia Esteban, nunca seria tarde para que ele e seus irmãos castigassem a afronta Era a lei *guajira*: a ofensa a um membro da família era paga por todos os homens da família do agressor. Meu tio Esteban estava tão decidido que tirou o revólver do cinto e o colocou em cima da mesa para não perder tempo enquanto acabava de me interrogar. Desde então, todas as outras vezes em que nos encontrávamos em nossas andanças errantes pela vida ele tornava a ter esperanças de que eu tivesse me lembrado do homem. Certa noite apareceu no meu cubículo do jornal, numa época em que eu andava esquadrinhando o passado da família para um primeiro romance que não terminei, e me propôs que fizéssemos juntos a investigação do atentado. Não se rendeu jamais. Na última vez em que o vi em Cartagena das Índias, já velho e com o coração trincado, despediu-se de mim com um sorriso triste:

— Não sei como é que você conseguiu ser escritor com uma memória ruim desse jeito.

Quando já não houve mais o que fazer em Aracataca, uma vez mais meu pai nos levou para morar em Barranquilla, para montar, sem um centavo de capital, outra farmácia, apenas com o bom crédito junto aos distribuidores que tinham sido seus sócios em negócios anteriores. Não era a quinta botica, como dizíamos na família, mas a mesma e única de sempre, que levávamos de uma cidade a outra segundo os palpites comerciais de papai: duas vezes em Barranquilla, duas em Aracataca e uma em Sincé. Em todas ele teve lucros precários e dívidas solucionáveis. A família, sem avós nem tios nem criados, reduziu-se então aos pais e filhos, que já éramos seis — três homens e três mulheres — em nove anos de matrimônio.

Graças a essa novidade na minha vida eu me senti muito inquieto. Havia estado em Barranquilla várias vezes para visitar meus pais, quando era menino, e sempre de passagem, e minhas lembranças dessa época são muito fragmentadas. Minha primeira visita foi quando eu tinha três anos e me levaram para o nascimento de minha irmã Margot. Recordo o cheiro de lodo do porto ao amanhecer, o carro puxado por um cavalo cujo auriga espantava com seu chicote os maleteiros que tentavam subir na boléia nas ruas desoladas e empoeiradas. Recordo as paredes ocres e as madeiras verdes das portas e janelas da maternidade onde nasceu a menina, e o forte ar de remédio que se respirava no quarto. A recém-nascida estava numa cama muito simples, de ferro, no fundo de um quarto desolado, com uma mulher que sem dúvida alguma era minha mãe, e de quem só consigo recordar uma presença sem rosto que me estendeu uma lânguida mão e suspirou:

— Você já não se lembra mais de mim.

E só. Nada mais. Pois a primeira imagem concreta que tenho dela é de vários anos depois, nítida e indiscutível, mas que não consegui situar no tempo. Deve ter sido em alguma das visitas que ela fez a Aracataca depois do nascimento de Aida Rosa, minha segunda irmã. Eu estava no quintal, brincando com um cordeiro recém-nascido que Santos Villero tinha trazido nos braços para mim lá de Fonseca, quando tia Mama chegou correndo e me avisou com um grito que me pareceu de espanto:

— Sua mãe chegou!

E me levou quase arrastado até a sala, onde todas as mulheres da casa e algumas vizinhas estavam sentadas como num velório, em cadeiras alinhadas contra as paredes. A conversa foi interrompida com a minha entrada repentina. Fiquei na porta, petrificado, sem saber qual de todas elas era a minha mãe, até que ela me abriu os braços com a voz mais carinhosa que eu me lembro na vida:

— Mas você está um homem!

Tinha um belo nariz romano, e era digna e pálida, e mais distinta que nunca por causa da moda do ano: vestido de seda cor de marfim com o talhe nas cadeiras, colar de pérolas de várias voltas, sapatos prateados de presilha e salto alto, e um chapéu de palha fina com a forma de um sino, como os dos filmes mudos. Seu abraço envolveu-me com o cheiro peculiar que senti nela sempre, e uma rajada de culpa estremeceu meu corpo e minha alma, porque sabia que meu dever era amá-la mas senti que não era verdade.

Em compensação, a lembrança mais antiga que conservo de meu pai é, comprovada e nítida, a do dia 1º de dezembro de 1934, dia em que ele fez trinta e três anos. Vi como ele entrou na casa de meus avós em Cataca, os passos firmes, rápidos e alegres, com uma roupa inteira de linho branco e um chapéu de palha rija. Alguém que o cumprimentou com um abraço perguntou-lhe quantos anos estava fazendo. Jamais esqueci sua resposta porque naquele momento não entendi nada:

— A idade de Cristo.

Sempre me perguntei por que será que aquela lembrança me parece tão antiga, se — sem dúvida — naquela época eu já devia ter estado com meu pai muitas vezes.

Nunca havíamos morado na mesma casa, mas depois do nascimento de Margot meus avós adotaram o costume de levar-me para Barranquilla, e por isso quando Ainda Rosa nasceu ele já não era um estranho para mim. Acho que foi uma casa feliz. Lá eles tiveram uma farmácia, e depois abriram outra no centro comercial. Tornamos a ver a avó Argemira — a mamãe Gime — e dois de seus filhos, Julio e Ena, que era muito bela, mas famosa na família por sua má sorte. Morreu aos vinte e cinco anos, não se sabe de quê, e até hoje se diz que foi pelo malefício de um noivo contrariado. Conforme íamos crescendo, mais e mais eu ia achando a mamãe Gime mais simpática e desbocada.

Naquela mesma época meus pais provocaram em mim um transtorno emocional que deixou uma cicatriz difícil de apagar. Foi no dia em que minha mãe sofreu uma ventania de nostalgia e sentou-se ao piano para dedilhar "Quando o baile acabou", a valsa histórica de seus amores secretos, e papai resolveu fazer a travessura romântica de desempoeirar o violino para acompanhá-la, embora faltasse uma corda. Ela acoplou-se facilmente ao seu estilo de madrugada romântica, e tocou melhor que nunca, até que olhou-o lânguida por cima do ombro e percebeu que ele estava com os olhos úmidos de lágrimas. "De quem você está se lembrando?", perguntou minha mãe com uma inocência feroz. "Da primeira vez que tocamos essa valsa juntos", respondeu ele, inspirado pela melodia. Então minha mãe soltou um golpe de raiva com as duas mãos no teclado.

— Não foi comigo, jesuíta! — gritou a plenos pulmões. — Você sabe muito bem com quem tocou essa valsa e está chorando por causa dela!

Não disse o nome, nem naquela hora nem nunca, mas o grito petrificou todos nós de pânico, nos mais diferentes lugares da casa. Luis Enrique e eu, que sempre tivemos razões ocultas para ter medo dela, nos escondemos debaixo das camas. Aida fugiu para a casa do vizinho e Margot contraiu uma febre súbita que a manteve em delírio por três dias. Até os irmãos menores estavam acostumados com aquelas explosões de ciúmes de minha mãe, com os olhos em chamas e o nariz romano afiado feito faca. Tínhamos visto como ela, com uma rara serenidade, tirava os quadros das paredes da sala e os espatifava um a um contra o chão num estrepitoso granizo de vidro. Tínhamos surpreendido mamãe cheirando as roupas de papai, peça por peça, antes de jogá-las no cesto de roupa que ia ser lavada. Não aconteceu nada mais depois da noite do dueto trágico, mas o afinador florentino levou o piano para vender, e o violino — com o revólver — acabou de apodrecer no guarda-roupa.

Barranquilla era então um avanço do progresso civil, do liberalismo tranqüilo e da convivência política. Fatores decisivos de seu crescimento e de sua prosperidade foram o fim de mais de um século de guerras civis que assolaram o país desde a independência da Espanha, e mais tarde a derrocada da zona bananeira ferida de morte pela repressão feroz que se lançou em cima dela depois da grande greve.

No entanto, até então nada conseguia controlar o espírito empreendedor de sua gente. Em 1919, o jovem industrial Mario Santodomingo — o pai de Julio Mario — tinha conquistado a glória cívica ao inaugurar o correio aéreo nacional com cinqüenta e sete cartas num saco de lona que foi jogado de um avião elementar pilotado pelo norte-americano William Knox Martin na praia de Puerto Colombia, a cinco léguas de Barranquilla. No fim da Primeira Guerra Mundial chegou um grupo de aviadores alemães — entre eles Helmut von Krohn — que estabeleceram as rotas aéreas com Junkers F-13, os primeiros anfíbios que percorriam o rio Magdalena como gafanhotos providenciais com seis passageiros intrépidos e sacos de correio. Foi esse o embrião da Sociedade Colombiano-Alemã de Transportes Aéreos — SCADTA —, uma das mais antigas do mundo.

Para mim, nossa última mudança para Barranquilla não foi uma simples troca de cidade e de casa, mas uma mudança de pai, aos onze anos. O novo era um grande homem, mas com um sentido da autoridade paterna muito diferente daquele que nos tinha feito felizes, Margarita e eu, na casa dos avós. Acostumados a ser senhores e donos de nós mesmos, custou-nos muito trabalho adaptar-nos a um regime diferente. Visto em seu lado mais admirável e comovente, papai foi um autodidata absoluto, e o leitor mais voraz que conheci, embora também o menos sistemático. Desde que desistiu da escola de medicina dedicou-se a estudar sozinho a homeopatia, que naquele tempo não requeria formação acadêmica, e obteve sua licenciatura com todas as honras. Em compensação, ele não tinha a valentia de minha mãe na hora de enfrentar as crises. Passou as piores delas na rede de seu quarto lendo tudo que era papel impresso que caísse em suas mãos e resolvendo palavras cruzadas. Mas seu problema com a realidade era insolúvel. Tinha uma devoção quase mítica pelos ricos, mas não pelos ricos inexplicáveis e sim pelos que tinham feito seu dinheiro à força de talento e honradez. Desvelado em sua rede mesmo em pleno dia, acumulava fortunas colossais na imaginação, com empreitadas tão fáceis que não entendia como é que não tinha pensado nelas antes. Gostava de citar como exemplo a riqueza mais estranha da qual teve notícia no Darién, a selva colombiana fronteiriça com o Panamá: duzentas léguas de porcas paridas. No entanto, essas iniciativas insólitas nunca estavam nos lugares onde morávamos, e sim em paraísos extraviados dos quais ele tinha ouvido falar em suas andanças errantes de telegrafista. Seu irrealismo fatal nos manteve em suspense entre descalabros e reincidências, mas também com longas temporadas em que não nos caíram dos céus nem mesmo as migalhas do pão nosso de cada dia. Seja como for, tanto nos bons como nos maus períodos, nossos pais nos ensinaram a celebrar os primeiros e a suportar os segundos com uma submissão e uma dignidade de católicos à moda antiga.

A única prova que me faltava era viajar sozinho com meu pai, e a enfrentei quando ele me levou a Barranquilla para ajudá-lo a instalar a farmácia e a preparar o desembarque da família. Eu me surpreendi ao ver que estando sós ele me tratasse como uma pessoa mais velha, com carinho e respeito, a ponto de me dar tarefas que não pareciam fáceis para a minha idade, mas que eu cumpri bem e satisfeito, mesmo quando ele discordava do resultado. Tinha o hábito de nos contar histórias de sua infância em seu povoado natal, mas as repetia ano a ano para os mais novos, e assim elas foram perdendo a graça para os que já as conheciam. A partir de uma certa altura, nós nos levantávamos da mesa quando, depois das refeições, ele começava a contá-las. Luis Enrique, em mais um de seus ataques de franqueza, ofendeu meu pai quando certa vez, ao se retirar, disse:

— Quando o avô tornar a morrer, me avisem.

Aquelas explosões tão espontâneas exasperavam meu pai e se somavam aos motivos que ele já estava acumulando para mandar Luis Enrique ao reformatório de Medellín. Mas comigo, em Barraquilla, ele virou outro. Arquivou o repertório de histórias populares e me contou episódios interessantes de sua vida difícil com a mãe, do pão-durismo lendário de seu pai e de suas dificuldades para estudar. Aquelas lembranças me permitiram suportar melhor alguns de seus caprichos e entender algumas de suas incompreensões.

Naquela época falávamos de livros lidos e por ler, e fizemos nos bancos leprosos do mercado público uma boa colheita de gibis de Tarzan e de detetives e de guerras no espaço. Mas também estive prestes a ser vítima de seu senso prático, principalmente quando decidiu que fizéssemos uma só refeição por dia. Nosso primeiro tropeço ocorreu quando ele me surpreendeu enchendo com refrigerantes e pães doces o vazio do entardecer sete horas depois de termos almoçado, e eu não soube dizer de onde tinha tirado dinheiro para comprá-los. Não me atrevi a contar a meu pai que minha mãe tinha me dado alguns pesos escondidos, já prevendo o regime trapista que ele costumava impor em suas viagens. Aquela cumplicidade com minha mãe se prolongou enquanto ela teve recursos. Quando fui aluno interno na escola secundária minha mãe punha em minha mala diversas coisas de banheiro e toucador, e uma fortuna de dez pesos dentro de uma caixa de sabonete Reuter, com a ilusão de que eu a abrisse num momento de apuro. E assim foi, pois enquanto estudávamos longe de casa qualquer momento era ideal para encontrar dez pesos.

Papai se ajeitava para não me deixar sozinho de noite na farmácia de Barranquilla, mas suas soluções nem sempre eram as mais divertidas para os meus doze anos. Eu achava que as visitas noturnas a famílias amigas eram exaustivas, porque as que tinham filhos da minha idade os obrigavam a ir dormir às oito e me deixavam atormentado pelo aborrecimento e pelo sono no ermo de suas tagarelices sociais. Certa noite devo ter dormido durante a visita à família de um médico amigo e não sei como nem a que horas acordei caminhando por uma rua deserta. Não tinha a menor idéia de onde estava, nem de como tinha chegado lá, e só consegui concluir que era um ato de sonambulismo. Não havia antecedentes familiares nem o fato se repetiu até hoje, mas continua sendo a única explicação possível. A primeira coisa que me surpreendeu ao despertar foi a vitrine de uma barbearia com espelhos radiantes onde atendiam três ou quatro clientes debaixo de um relógio que marcava as oito e dez da noite, que era uma hora impensável para que um menino da minha idade estivesse sozinho na rua. Zonzo pelo susto, confundi o nome da família que estávamos visitando e não me lembrava direito do endereço, mas alguns transeuntes conseguiram desatar os nós da confusão e me levaram até o lugar. Chegando lá, encontrei a vizinhança em pânico, fazendo todo tipo de conjectura sobre a minha desaparição. A única coisa que sabiam era que eu tinha me levantado da cadeira no meio da conversa e pensaram que tinha ido ao banheiro. A explicação do sonambulismo não convenceu ninguém, e muito menos meu pai, que concluiu sem mais delongas que era apenas uma travessura minha que não tinha dado certo.

Por sorte consegui me reabilitar dias depois, em outra casa onde meu pai me deixou certa noite enquanto participava de um jantar de negócios. A família toda estava acompanhando um concurso popular de adivinhações da emissora Atlântico, que daquela vez parecia insolúvel: "Qual é o animal que ao se virar muda de nome?" Por um estranho milagre eu tinha lido a resposta naquela mesma tarde, na última edição do *Almanaque Bristol*, e tinha achado que era uma piada de mau gosto: o único animal que muda de nome é o *escarabajo*, como chamamos os besouros, pois ao virar se transforma em *escararriba*. O velho joguinho tolo de palavras, entre *bajo* e *arriba*. Sussurrei a resposta, em todo caso, a uma das meninas da casa, e a mais velha se precipitou ao telefone e deu a resposta à emissora Atlântico. Ganhou o primeiro prêmio, que dava para pagar três meses de aluguel da casa: cem pesos. A sala se encheu de vizinhos ruidosos que tinham escutado o programa e se precipitavam para cumprimentar as vencedoras, mas o que interessava à família, mais que o dinheiro, era a vitória em si, num concurso que marcou época na rádio da costa caribenha. Ninguém se lembrou de que eu estava ali. Quando papai voltou para me apanhar juntou-se ao júbilo familiar, e brindou pela vitória, mas ninguém contou a ele quem tinha sido o verdadeiro vencedor.

Outra conquista daquela época foi a permissão de meu pai para ir sozinho à matinê dos domingos no Cine Colômbia. Pela primeira vez estavam passando seriados, com um episódio por domingo, e criava-se uma tensão que não me permitia ter um instante de sossego durante a semana. *A invasão de Mongo* foi a primeira epopéia interplanetária, que só consegui substituir em meu coração muitos anos depois, com a *Odisséia no espaço*, de Stanley Kubrick. No entanto, o cinema argentino, com os filmes de Carlos Gardel e Libertad Lamarque, acabou derrotando todos.

Em menos de dois meses acabamos de montar a farmácia e encontramos e mobiliamos a residência da família. A primeira estava em uma esquina muito concorrida no coração do centro comercial, e a apenas quatro quarteirões do Passeio Bolívar. A residência, ao contrário, ficava numa rua marginal do degradado e alegre Barrío Abajo, mas o preço do aluguel não correspondia ao que era e sim ao que pretendia ser: um casarão gótico pintado em camadas amarelas e vermelhas, e com dois minaretes de guerra.

No mesmo dia em que nos entregaram o local da farmácia dependuramos as redes nas forquilhas grandonas que ficavam na parte dos fundos e era ali que passamos a dormir em fogo lento numa sopa de suor. Quando ocupamos a residência descobrimos que não havia gancho para as redes, mas estendemos os colchões no chão e dormimos da melhor maneira possível a partir do momento em que conseguimos emprestado um gato para espantar os camundongos. Quando minha mãe chegou com o resto da tropa, o mobiliário ainda estava incompleto, e não havia utensílios de cozinha nem muitas das outras coisas que se precisa para viver.

Apesar de suas pretensões artísticas, a casa não tinha nada de mais e era a conta certa para as nossas necessidades, com sala, sala de jantar, dois dormitórios e um quintalzinho empedrado. A rigor, não devia valer um terço do aluguel que pagávamos por ela. Minha mãe se espantou ao vê-la, mas o marido a tranqüilizou com o engodo de um porvir dourado. Foram sempre assim. Era impossível conceber dois seres tão diferentes que se entendessem tão bem e se amassem tanto.

A aparência de minha mãe me deixou impressionado. Estava grávida pela sétima vez, e achei que suas pálpebras e seus tornozelos estavam tão inchados como a sua cintura. Naquele momento ela tinha trinta e três anos e aquela era a quinta casa que mobiliava. Seu mau estado de espírito me impressionou, e esse mau estado piorou a partir da primeira noite, quando ela mesma inventou, sem o menor cabimento, que a Mulher X havia morado naquela casa, e que ali tinha sido esfaqueada. Fazia sete anos que aquele crime tinha sido cometido, durante a época em que meus pais tinham morado na cidade, e foi tão assustador que minha mãe decidiu não tornar a morar em Barranquilla. Talvez tivesse esquecido disso, mas tudo voltou de repente a partir da primeira noite numa casa sombria na qual tinha detectado de imediato um certo ar de castelo de Drácula.

A primeira notícia da Mulher X tinha sido o aparecimento de um corpo nu e irreconhecível por causa de seu estado de decomposição. Mal e mal deu para concluir que se tratava de uma mulher com menos de trinta anos, de cabelos negros e traços atraentes. Acreditou-se que ela tinha sido enterrada viva porque estava com a mão esquerda sobre os olhos com um gesto de pavor, e o braço direito erguido sobre a cabeça. A única pista possível de sua identidade eram duas fitas azuis e um prendedor de cabelo adornado junto ao que talvez tivesse sido um par de tranças. Entre as muitas hipóteses, a que pareceu mais provável foi a de que se tratava de uma bailarina francesa de vida fácil que tinha desaparecido desde a possível data do crime.

Barranquilla tinha a merecida fama de ser a cidade mais hospitaleira e pacífica do país, mas com a desgraça de sofrer um crime atroz a cada ano. Não havia, porém, precedente de algum outro crime que tivesse estremecido tanto e por tanto tempo a opinião pública como o da esfaqueada sem nome. O jornal *La Prensa*, naquele tempo um dos mais importantes do país, se gabava de ser o pioneiro das histórias dominicais em quadrinhos — *Buck Rogers*, *Tarzan* —, mas desde seus primeiros anos se firmou como um dos grandes precursores da imprensa sensacionalista. Durante vários meses manteve a cidade em suspense com grandes manchetes e revelações surpreendentes que tornaram famoso em todo o país, com ou sem razão, o repórter esquecido.

As autoridades tentavam reprimir suas informações argumentando que atrapalhavam as investigações, mas os leitores acabaram acreditando menos nelas que nas revelações do *La Prensa*. O confronto os manteve com a alma por um fio durante vários dias, e em pelo menos uma ocasião forçou os detetives a mudar de rumo. A imagem da Mulher X estava então implantada com tanta força na imaginação popular, que em muitas casas trancavam-se portas com correntes e cadeados e se mantinham vigilâncias noturnas especiais, para o caso de que o assassino solto tentasse prosseguir seu programa de crimes atrozes, e decidiu-se que as adolescentes não saíssem sozinhas de casa depois das seis da tarde.

A verdade, porém, não foi descoberta por ninguém, e acabou sendo revelada depois de algum tempo pelo próprio autor do crime, Efraín Duncan, que confessou ter matado sua esposa, Ángela Hoyos, na data calculada pelos peritos da Medicina Legal, e tê-la enterrado no lugar em que o cadáver esfaqueado foi encontrado. Os familiares reconheceram as fitas azuis e o prendedor de cabelos que Ángela estava usando quando saiu de casa com o marido no dia 5 de abril para uma suposta viagem a Calamar. O caso foi encerrado sem maiores dúvidas graças a uma casualidade final e inconcebível que parecia tirada do bolso do colete por um autor de romances fantásticos: Ángela Hoyos tinha uma irmã gêmea igual a a ela, o que permitiu que fosse identificada sem nenhuma dúvida.

O mito da Mulher X veio abaixo, transformado num crime passional comum e corrente, mas o mistério da irmã idêntica ficou flutuando nas casas, porque se chegou a pensar que fosse a própria Mulher X devolvida à vida por artes de bruxaria. As portas se fechavam com trancas e barricadas de móveis para impedir que de noite o assassino fugitivo da cadeia graças a recursos de magia conseguisse entrar. Nos bairros ricos entraram na moda os cães de caça amestrados contra assassinos capazes de atravessar paredes. Na verdade, minha mãe não conseguiu superar o medo até os vizinhos a convencerem de que a casa do Barrío Abajo não tinha sido construída nos tempos da Mulher X.

No dia 10 de julho de 1939 minha mãe deu à luz uma menina com um belo perfil de índia, e que foi batizada com o nome de Rita pela inesgotável devoção que tinham lá em casa por santa Rita de Cássia, baseada, entre outras muitas graças, na paciência com que ela superou o gênio ruim do marido extraviado. Minha mãe nos contava que esse marido da futura santa chegou certa noite em casa enlouquecido pelo álcool um minuto depois de uma galinha ter plantado sua cagadela na mesa da sala de jantar. Sem tempo para limpar a toalha imaculada, a esposa conseguiu tapar a caca com um prato para evitar que o marido a visse, e apressou-se em distraí-lo com a pergunta habitual:

— O que você quer comer?

O homem soltou um rugido:

— Merda.

A esposa então levantou o prato e disse com santa doçura:

— Está servida.

A história conta que o próprio marido se convenceu na hora da santidade da esposa, e converteu-se à fé de Cristo.

A nova botica de Barranquilla foi um fracasso espetacular, atenuado levemente pela rapidez com que meu pai o pressentiu. Depois de vários meses defendendo-se no varejo, abrindo dois buracos para tapar um, meu pai se revelou mais errático do que parecia até aquele momento. Certo dia fez seus alforjes e foi procurar as fortunas adormecidas nas aldeias menos imaginadas do rio Magdalena. Antes de ir embora ele me levou até seus sócios e amigos e os informou com uma certa solenidade que na falta dele eu estaria ali. Nunca soube se ele disse aquilo fazendo troça, como gostava de fazer até mesmo em ocasiões sérias, ou se falou de verdade, do jeito que se divertia falando em ocasiões banais. Suponho que cada um entendeu da maneira que quis, pois aos doze anos eu era raquítico e pálido e só servia mesmo para desenhar e cantar. A mulher que nos fiava o leite disse à minha mãe na frente de todo mundo, e de mim também, sem uma gota de maldade:

— Perdoe o que vou dizer, dona, mas acho que esse menino não vai durar muito.

O susto me deixou por muito tempo à espera de uma morte repentina, e sempre sonhava que ao me olhar no espelho não via a mim mesmo e sim um bezerro faminto e desmamado. O médico da escola me diagnosticou paludismo, amidalite e bílis negra provocada pelo abuso de leituras mal digeridas. Não procurei aliviar o pavor de ninguém. Pelo contrário, exagerava minha condição de deficiente crônico para evitar que me dessem tarefas. No entanto, feito um toureiro meu pai se esquivou da ciência e antes de ir embora me proclamou responsável pela casa e pela família durante a sua ausência:

— Faça como eu faria se estivesse aqui.

No dia da viagem ele nos reuniu na sala, passou-nos suas instruções e reprimendas preventivas pelo que pudéssemos fazer de errado na sua ausência, mas nós percebemos claramente que eram suas artimanhas para não chorar. Deu uma moeda de cinco centavos a cada um de nós, que para um menino da época era uma pequena fortuna, e prometeu-nos que na volta iria trocá-las por duas iguais se nós ainda as tivéssemos, intactas, no seu regresso. Finalmente, e num tom evangélico, dirigiu-se a mim:

— Nas suas mãos os deixo, e que em suas mãos os encontre.

Ao vê-lo sair de casa com as polainas de montar e os alforjes ao ombro, senti que minha alma se partia, e fui o primeiro a se render às lágrimas quando ele nos olhou pela última vez antes de dobrar a esquina e se despediu com a mão. Só então, e para sempre, percebi o quanto eu amava meu pai.

Não foi difícil cumprir sua missão. Minha mãe começava a se acostumar com aquelas solidões intempestivas e incertas e as enfrentava com desgosto mas com uma grande facilidade. A cozinha e a arrumação da casa tornaram necessário que até os menores a ajudassem nas tarefas domésticas, e todos trabalharam direito. Por aquela época tive meu primeiro sentimento de adulto quando percebi que meus irmãos começaram a me tratar como se eu fosse um tio.

Jamais consegui lidar com a minha timidez. Quando precisei enfrentar em carne viva a responsabilidade que nos foi deixada pelo pai errante, aprendi que a timidez é um fantasma invencível. Toda vez que precisava pedir fiado, mesmo para as compras que tinham sido combinadas com antecedência nas lojas dos amigos, eu ficava horas dando voltas na casa, reprimindo a vontade de chorar e os apertos do ventre, até finalmente me atrever, e com as mandíbulas tão apertadas que a voz não me saía. Claro que não faltava o comerciante sem coração para acabar de me destruir: "Garoto tonto, ninguém consegue falar com a boca fechada!" Mais de uma vez voltei para casa com as mãos vazias e uma desculpa esfarrapada que eu mesmo inventava. Nunca, porém, cheguei a me sentir tão desgraçado como na primeira vez em que quis falar pelo telefone na loja da esquina. O dono me ajudou com a telefonista, pois ainda não existia o serviço automático de discar números. Senti o sopro da morte quando ele me deu o aparelho. Eu esperava uma voz cordial e o que ouvi foi o latido de alguém que falava na escuridão ao mesmo tempo que eu. Achei que meu interlocutor também não me entendia e ergui a voz até onde fui capaz. O outro, enfurecido, também elevou a dele:

— E por que é você está gritando, caralho?

Desliguei, apavorado. Devo admitir que apesar da minha febre de comunicação, até hoje preciso reprimir meu pavor de telefone e de avião, que acho que vem daqueles tempos. Como é que eu conseguiria fazer alguma coisa? Por sorte, mamãe vivia repetindo a resposta: "Para servir, é preciso sofrer."

A primeira notícia de papai nos chegou duas semanas depois da partida, numa carta mais destinada a nos distrair do que a nos informar do que quer que fosse. Minha mãe compreendeu assim, e naquele dia lavou os pratos cantando, para elevar nosso moral. Sem meu pai, ela era diferente: identificava-se com as filhas como se fosse uma irmã mais velha. Ajustava-se tão bem a elas que era a melhor nas brincadeiras infantis, até com as bonecas, e chegava a perder as estribeiras e brigava com elas de igual para igual. Com o mesmo espírito da primeira, chegaram mais duas outras cartas de papai com projetos tão promissores que nos ajudaram a dormir melhor.

Um problema grave era a velocidade em que nossa roupa era herdada. Ninguém herdava nada de Luis Enrique, nem teria sido possível, porque ele chegava da rua arrastado e com a roupa em farrapos, e nunca entendemos por quê. Minha mãe dizia que era como se ele caminhasse atravessando arames farpados. As irmãs — entre sete e nove anos — davam seus jeitos umas com as outras como podiam, com prodígios de engenho, e sempre acreditei que as urgências daqueles dias as tornaram adultas prematuras. Aida era inventiva e cheia de recursos, e Margot tinha superado em boa parte sua timidez e mostrou-se carinhosa e prestativa com a recém-nascida. Eu fui o mais difícil, e não apenas porque tinha que cumprir tarefas diferentes, mas porque minha mãe, protegida pelo entusiasmo de todos, assumiu o risco de encolher os recursos domésticos matriculando-me na escola Cartagena das Índias, a uns dez quarteirões de casa.

Atendendo às regras da convocação, vinte aspirantes — eu entre eles — acudimos às oito da manhã para o concurso de admissão. Por sorte não era um exame escrito, e havia três professores que nos chamavam pela ordem em que tínhamos sido inscritos na semana anterior, e faziam um exame sumário de acordo com nossos certificados de estudos anteriores. Eu era o único que não tinha certificado algum, porque ninguém teve tempo de pedir um ao Montessori e à escola primária de Aracataca, e minha mãe achava que sem papéis eu não seria admitido. Mas decidi bancar o maluco. Um dos professores me tirou da fila quando confessei que não tinha documento algum, mas outro resolveu tomar conta do meu destino e me levou até a sua sala para me examinar sem nenhum outro requisito prévio. Perguntou-me que quantidade era uma grosa, quantos anos formavam um lustro e um milênio, e me fez repetir as capitais dos estados, os principais rios nacionais e quais eram os países limítrofes. Tudo me pareceu rotineiro até que ele me perguntou quantos livros eu tinha lido. Espantou-se com a quantidade e a variedade, por causa da minha idade, e que eu tivesse lido *As mil e uma noites* numa edição para adultos em que não tinham sido suprimidos alguns dos episódios escabrosos que escandalizavam o padre Angarita. Eu me surpreendi ao saber que era um livro importante, pois sempre tinha pensado que os adultos sérios não poderiam acreditar que gênios saíssem de garrafas ou em portas que se abriam ao esconjuro das palavras. Os candidatos que tinham passado antes de mim não haviam demorado mais do que um quarto de hora cada um, admitidos ou recusados, e eu fiquei mais de meia hora conversando com o professor sobre tudo que era assunto. Examinamos juntos uma estante de livros apertados que ficava atrás de sua escrivaninha, e onde se distinguia pelo seu tamanho e esplendor *O tesouro da juventude*, do qual eu já tinha ouvido falar, mas o professor me convenceu de que na minha idade o *Dom Quixote* era mais útil. Não o encontrou na biblioteca, mas prometeu que mais tarde me emprestaria. Depois de meia hora de comentários rápidos sobre *Simbad, o Marujo* e *Robinson Crusoe* me acompanhou até a saída sem me dizer se eu tinha ou não sido admitido. Achei que claro que não, mas na varanda ele se despediu com um aperto de mãos dizendo até segunda, às oito da manhã, para me matricular no curso superior da escola primária: no quarto ano.

Era o diretor geral. Chamava-se Juan Ventura Casalins, e me lembro dele como de um amigo de infância, sem nada da imagem aterrorizadora que se tinha dos professores naquela época. Sua virtude inesquecível era nos tratar como se fôssemos todos adultos, embora até hoje eu ache que ele me tratava com uma atenção particular. Nas aulas, costumava fazer-me mais perguntas que aos outros, e me ajudava para que minhas respostas fossem certeiras e fáceis. Também deixava que eu levasse livros da biblioteca escolar para ler em casa. Dois deles, *A ilha do tesouro* e *O conde de Montecristo*, foram minha droga feliz naqueles anos pedregosos. Eu os devorava letra por letra com a ansiedade de saber o que acontecia na linha seguinte e ao mesmo tempo com a ansiedade de não saber para não romper o encanto. Com eles, como com *As mil e uma noites*, aprendi para não esquecer nunca mais que só deveriam ser lidos os livros que nos forçam a relê-los.

Já minha leitura de *Dom Quixote* sempre mereceu, para mim, um capítulo à parte, porque não me causou a comoção prevista pelo professor Casalins. Os sábios e intermináveis discursos do cavaleiro andante me aborreciam, e as burradas do escudeiro não tinham a menor graça, e cheguei até a pensar que aquele não era o mesmo livro do qual se falava tanto. Em todo caso, eu disse a mim mesmo que um professor tão sábio como ele não poderia se enganar, e me esforcei para engolir o livro como se engole colheradas de algum purgante. Fiz outras tentativas no colegial, quando precisei estudá-lo como tarefa obrigatória, e tornei a me aborrecer sem remédio, até que um amigo me aconselhou a colocá-lo junto ao vaso sanitário e tentar lê-lo enquanto cumpria meus deveres cotidianos. Só assim descobri *Dom Quixote*, como uma deflagração, e o desfrutei pelo direito e pelo avesso até saber recitar de cor episódios inteiros.

Aquela escola providencial me deixou, além disso, lembranças históricas de uma cidade e de uma época irrecuperáveis. Era a única casa no cume de uma colina verde, de cujo avarandado dava para avistar os dois extremos do mundo. À esquerda, o bairro do Prado, o mais caro e distinto, que desde a primeira visão me pareceu uma cópia fiel do galinheiro eletrificado da United Fruit Company. Não era por acaso: o bairro estava sendo construído por uma empresa de urbanistas norte-americanos, com seus gostos e normas e preços importados, e era uma atração turística infalível para o resto do país. À direita, em compensação, o arrabalde do nosso Barrío Abajo, com as ruas de poeira ardente e as casas de pau-a-pique com tetos de sapé que nos recordavam a toda hora que não éramos nada além de mortais de carne e osso. Por sorte, da varanda da escola tínhamos uma visão panorâmica do futuro: o delta histórico do rio Magdalena, que é um dos grandes do mundo, e o imenso mar cinzento de Bocas de Ceniza.

No dia 28 de maio de 1935 vimos o petroleiro *Taralite*, de bandeira canadense, que entrou com rugidos de júbilo pelo quebra-mar de rocha viva e atracou no porto da cidade entre estrondos de música e foguetes a mando do capitão D. F. McDonald. Desse jeito culminou uma proeza cívica de muitos anos e muitos pesos para converter Barranquilla no único porto marítimo e fluvial do país.

Pouco depois, um avião comandado pelo capitão Nicolás Reyes Manotas passou roçando as cumeeiras à procura de uma clareira para uma aterrissagem de emergência, não só para salvar a própria pele mas também a dos cristãos com os quais tropeçaria em sua queda. Era um dos pioneiros da aviação colombiana. O avião primitivo tinha sido um presente que ele ganhou no México, e que levou, solitário, de uma ponta a outra da América Central. Uma multidão concentrada no aeroporto de Barranquilla tinha preparado para ele uma recepção triunfal com lenços e bandeiras e banda de música, mas Reyes Manotas quis dar outras duas voltas de saudação sobre a cidade e sofreu uma pane no motor. Conseguiu recuperá-lo com uma perícia milagrosa para aterrissar no teto de um edifício do centro comercial, mas ficou enroscado nos cabos de eletricidade e dependurado num poste. Meu irmão Luis Enrique e eu o perseguimos no meio da multidão alvoroçada até onde tivemos forças, mas só conseguimos ver o piloto quando já tinha sido desembarcado a duras penas, mas são e salvo e com uma ovação de herói.

A cidade também teve a primeira emissora de rádio, um aqueduto moderno que se converteu em atração turística e pedagógica para mostrar o novíssimo processo de purificação das águas, e um corpo de bombeiros cujas sirenas e sinos eram uma festa para crianças e adultos assim que começavam a soar. Também por Barranquilla entraram os primeiros automóveis conversíveis que se lançavam às ruas em velocidades de loucos e capotavam feito omelete nas novas estradas pavimentadas. A agência funerária La Eqüitativa, inspirada pelo humor da morte, colocou um anúncio enorme na saída da cidade: "Não corra, nós esperamos por você."

De noite, quando não havia mais nenhum refúgio além da casa, minha mãe nos reunia para ler as cartas de papai. A maioria eram obras-primas de distração, mas houve uma muito explícita sobre o entusiasmo que a homeopatia despertava entre as pessoas mais velhas do baixo Magdalena. "Aqui existem alguns casos que parecem milagrosos", dizia meu pai. Às vezes, deixava-nos a impressão de que muito em breve iria nos revelar alguma coisa grandiosa, mas o que vinha depois era outro mês de silêncio. Na Semana Santa, quando dois irmãos menores contraíram uma catapora perniciosa, não tivemos meios de nos comunicar com ele porque nem os farejadores mais habilidosos sabiam de seu rastro.

Foi naqueles meses que entendi na vida real uma das palavras mais usadas por meus avós: a pobreza. Eu a interpretava como a situação que vivíamos na casa desde que a companhia bananeira começou a se desmantelar. Queixavam-se dela a toda hora. Já não eram dois e até três turnos na mesa, como antes, e sim um turno único. Para não renunciar ao ritual sagrado dos almoços, mesmo quando já não tinham recursos para mantê-los, meus avós acabavam comprando comida nas barracas da feira, que era boa e muito mais barata, e com a surpresa de que as crianças gostavam mais. Tudo aquilo acabou para sempre quando Mina ficou sabendo que alguns comensais assíduos resolveram não voltar porque já não se comia em casa tão bem como antes.

A pobreza de meus pais em Barranquilla, pelo contrário, era exaustiva, mas me permitiu a sorte de estabelecer uma relação excepcional com minha mãe. Sentia por ela, mais que o compreensível amor filial, uma admiração assombrosa pelo seu caráter de leoa calada mas feroz diante da adversidade, e pela sua relação com Deus, que não parecia de submissão mas de combate. Duas virtudes exemplares que deram a ela ao longo da vida uma confiança que jamais falhou. Nos piores momentos ria de seus próprios recursos providenciais. Como na vez em que comprou um joelho de boi e ferveu-o dia após dia para o caldo cotidiano cada vez mais aguado, até que não deu mais. Certa noite de tempestade pavorosa gastou a banha de porco do mês inteiro para fazer tochas de pano, pois a luz acabou até o amanhecer e ela mesma tinha inculcado nos menores o medo da escuridão para que não saíssem da cama.

No começo, meus pais visitavam as famílias amigas emigradas de Aracataca por causa da crise da banana e da deterioração da ordem pública. Eram visitas circulares nas quais sempre se girava sobre os temas da desgraça que havia cevado a cidade. Mas quando a pobreza nos apertou em Barranquilla, não tornamos a nos queixar em casa alheia. Minha mãe reduziu sua reticência numa frase só: "A pobreza, dá para notar nos olhos."

Até os cinco anos, a morte havia sido, para mim, um fim natural que acontecia aos outros. As delícias do céu e os tormentos do inferno só me pareciam lições para aprender de memória no catecismo do padre Astete. Não tinham nada a ver comigo, até que meio de esguelha reparei, num velório, que os piolhos estavam escapando dos cabelos do morto e caminhavam sem rumo pelo travesseiro. O que me inquietou desde então não foi o medo da morte e sim a vergonha de que também de mim escapassem os piolhos diante dos que estivessem enlutados em meu velório. Acontece que na escola primária de Barranquilla não percebi que estava coberto de piolhos até contagiar a família inteira. Minha mãe deu então mais uma prova de seu caráter. Desinfetou os filhos um a um com inseticida contra baratas, em limpezas rigorosas que batizou com um nome de grande estirpe: a polícia. O problema era que assim que ficávamos limpos nos cobríamos de novo, porque eu tornava a me contagiar na escola. Então minha mãe decidiu cortar o mal pela raiz e me obrigou a rapar o coco. Foi um ato heróico aparecer segunda-feira na escola usando um gorro de pano, mas sobrevivi honradamente às caçoadas de meus companheiros e coroei o fim do ano tirando as notas mais altas. Nunca mais tornei a ver o professor Casalins, mas ficou em mim a eterna gratidão.

Um amigo de papai que nós não conhecemos me conseguiu um emprego de férias numa gráfica que ficava perto de casa. O salário era muito pouco mais que nada, e meu único estímulo foi a idéia de aprender o ofício. Só que eu não ficava nem um minuto para ver as impressoras, porque meu trabalho consistia em arrumar as lâminas litografadas para que fossem encadernadas em outra seção. Um consolo foi minha mãe ter me autorizado a comprar com meu salário o suplemento dominical do *La Prensa*, que tinha as histórias em quadrinhos de Tarzan, de Buck Rogers — que era chamado de Rogério, o Conquistador — e de Mutt and Jeff, que se chamavam Benetín e Eneas. No ócio dos domingos aprendi a desenhá-los de memória e por conta própria dava continuação aos episódios da semana. Consegui que alguns adultos do nosso quarteirão se entusiasmassem com meus desenhos, e cheguei a vendê-los até por dois centavos.

O emprego era cansativo e estéril, e por mais que eu me esmerasse, os relatórios de meus superiores me acusavam de falta de entusiasmo no trabalho. Talvez por consideração à minha família tenham me poupado da rotina da gráfica e me nomearam entregador ambulante de folhetos de propaganda de um xarope para a tosse recomendado pelos mais famosos artistas de cinema. Achei bom, porque os volantes eram bonitos, com retratos coloridíssimos dos atores, e impressos em papel acetinado. Mas logo de saída reparei que distribuí-los não era tão fácil como eu pensava, porque as pessoas desconfiavam do fato de serem dados, e a maioria se crispava inteira para não recebê-los, como se estivessem eletrificados. Nos primeiros dias voltei para a gráfica com os folhetos que tinham sobrado. Até que encontrei uns colegas de escola dos tempos de Aracataca, cuja mãe se escandalizou ao me ver naquele ofício que ela considerava próprio de mendigos. Ela me recriminou quase que aos gritos por andar na rua com umas sandálias de lona que minha mãe tinha comprado para que eu não gastasse as botinas de ver Deus.

— Diga a Luisa Márquez — ela me disse — que pense no que diriam seus pais se vissem o seu neto predileto distribuindo propaganda para tuberculosos no mercado.

Não transmiti o recado para poupar minha mãe de novos desgostos, mas chorei de raiva e de vergonha em meu travesseiro durante várias noites. O final do drama foi que não tornei a distribuir folhetos de propaganda, pois os jogava nas canaletas de água do mercado, sem prever que eram de águas mansas e o papel acetinado ficava flutuando até formar na superfície uma colcha de belas cores, que se transformou num espetáculo insólito visto do alto da ponte.

Alguma mensagem de seus mortos minha mãe deve ter recebido num sonho revelador, porque antes de que se passassem dois meses me tirou da gráfica, sem maiores explicações. Eu não queria, para não perder a edição dominical do *La Prensa*, que recebíamos na família como uma bênção dos céus, mas mamãe continuou comprando o jornal, mesmo que para fazer isso tivesse de botar uma batata a menos na sopa. Outro recurso salvador foi a cota de consolação que durante os meses mais ásperos tio Juanito mandou para nós. Ele continuava morando em Santa Marta com suas escassas rendas de contador juramentado, e impôs a si próprio o dever de nos mandar uma carta por semana com duas notas de um peso. O capitão da barcaça *Aurora*, velho amigo da família, me entregava a carta às sete da manhã, e eu voltava para casa com a feira básica para vários dias.

Certa quarta-feira eu não pude cumprir minha missão e mamãe encarregou Luis Enrique, e ele não resistiu à tentação de tentar multiplicar os dois pesos no caça-níqueis de um botequim de chineses. Não teve a determinação de parar quando perdeu as duas primeiras fichas, e continuou tentando recuperá-las até perder a penúltima moeda. "Foi tão grande o pânico", ele me contou já adulto, "que tomei a decisão de nunca mais voltar para casa." É que ele sabia muito bem que os dois pesos davam para as compras básicas de uma semana. Por sorte, na última ficha aconteceu alguma coisa na máquina, que tremeu com um terremoto de ferros em suas entranhas e vomitou num jorro interminável as fichas completas dos dois pesos perdidos. "Então o diabo me iluminou", contou-me Luis Enrique, "e me atrevi a arriscar mais uma ficha." Ganhou. Arriscou de novo e ganhou, e de novo e ganhou, e de novo e ganhou. "Então, o susto era maior que o de ter perdido, e minhas tripas se afrouxaram", contou, "mas continuei jogando." No final tinha ganho duas vezes os dois pesos originais em moedas de cinco centavos, e não se atreveu a trocá-las por notas na caixa, temendo que alguém o enrolasse num truque chinês qualquer. Era tanto volume em seus bolsos que antes de dar a mamãe os dois pesos do tio Juanito em moedas de cinco centavos, enterrou no fundo do quintal os outros quatro que ganhou, no mesmo lugar em que costumava enterrar cada centavo que encontrava fora do lugar. Gastou tudo pouco a pouco, sem confessar a ninguém o segredo a não ser muitos anos mais tarde, e atormentado por haver caído na tentação de arriscar os últimos cinco centavos no botequim do chinês.

Sua relação com o dinheiro era muito pessoal. Numa ocasião em que minha mãe o surpreendeu cavoucando em sua carteira o dinheiro da feira, sua defesa foi um tanto bárbara, mas lúcida: o dinheiro que a gente tira sem permissão das carteiras dos pais não pode ser um roubo, porque é o mesmo dinheiro de todos, e que os pais nos negam só de inveja por não poderem fazer com ele o que os filhos fazem. Cheguei a defender seu argumento até o extremo de confessar que eu também tinha saqueado os esconderijos domésticos por causa de necessidades urgentes. Minha mãe perdeu as estribeiras. "Não sejam tão insensatos", disse quase gritando: "Nem você nem seu irmão me roubam nada, porque eu mesma deixo o dinheiro onde sei que vocês vão procurar quando estiverem em apuros." Num ataque de raiva, ouvi mamãe murmurar desesperada que Deus bem que deveria permitir o roubo de certas coisas para alimentar os filhos.

O encanto pessoal de Luis Enrique para as travessuras era muito útil para resolver problemas comuns, mas não foi suficiente para me fazer cúmplice de suas pilantragens. Pelo contrário, ele sempre deu um jeito para que não recaísse em mim a menor suspeita, e isso afiançou um afeto de verdade, que durou para sempre. Nunca deixei que ele soubesse, em compensação, o quanto eu invejava a sua audácia e como sofria com as tundas que papai aplicava nele. Meu comportamento era muito diferente do seu, mas às vezes me dava muito trabalho moderar a inveja. Em compensação, eu temia e me preocupava com a casa dos meus pais em Cataca, onde só me levavam para dormir quando iam me dar purgantes vermífugos ou óleo de rícino. Tanto me assustava, que passei a não gostar nem das moedas de vinte centavos que me davam por ter tido alguma dignidade na hora de engolir aquelas coisas.

Acho que o cúmulo do desespero de minha mãe foi me mandar com uma carta até o homem que tinha a fama de ser o mais rico e ao mesmo tempo o filantropo mais generoso da cidade. As notícias sobre seu bom coração eram divulgadas com o mesmo destaque dado aos seus triunfos financeiros. Minha mãe escreveu-lhe uma carta de angústia sem disfarces, para solicitar uma ajuda econômica de urgência não em seu nome, pois ela era capaz de suportar qualquer coisa, mas pelo amor de seus filhos. É preciso tê-la conhecido para compreender o que aquela humilhação significava em sua vida, mas a ocasião exigia. Ela me advertiu muito que o segredo deveria permanecer entre nós dois, e assim foi feito, até este momento em que escrevo e conto.

Bati no enome portão da casa, que tinha um quê de igreja, e quase no mesmo instante abriu-se uma janelinha minúscula por onde apareceu uma mulher, da qual só recordo o gelo de seus olhos. Recebeu a carta sem dizer uma palavra e tornou a fechar. Deviam ser onze da manhã, e esperei sentado no degrau do portal até as três da tarde, quando resolvi bater de novo em busca de uma resposta. A mesma mulher tornou a abrir, me reconheceu surpresa, e pediu que eu esperasse um momento. A resposta foi que eu voltasse na terça-feira da semana seguinte, à mesma hora. Foi o que eu fiz, mas a única resposta foi que não haveria resposta alguma a não ser dentro de uma semana. Precisei voltar mais três vezes, sempre para a mesma resposta, até que um mês e meio depois uma mulher mais áspera que a anterior me respondeu, falando em nome do dono, que aquela não era uma casa de caridade.

Fiquei dando voltas pelas ruas abrasadoras tentando encontrar coragem para levar à minha mãe uma resposta que a pusesse a salvo de suas ilusões. Já em plena noite, com o coração dolorido, enfrentei-a com a notícia seca de que o bom filantropo tinha morrido fazia vários meses. O que mais me doeu foi o rosário que minha mãe rezou pelo eterno descanso de sua alma.

Quatro ou cinco anos depois, quando escutamos pelo rádio a notícia verdadeira de que o filantropo tinha morrido no dia anterior, fiquei petrificado à espera da reação de minha mãe. No entanto, nunca poderei entender como foi que ela ouviu a notícia com uma atenção comovida, e depois suspirou do fundo da alma:

— Que Deus o tenha em seu Santo Reino!

Ficamos amigos dos Mosquera, uma família que vivia a um quarteirão da nossa casa e que gastava fortunas em revistas em quadrinhos, que eram empilhadas até o teto num galpão do quintal. Nós fomos os únicos privilegiados que podíamos passar ali dias inteiros lendo Dick Tracy e Buck Rogers. Outra descoberta afortunada foi um aprendiz que pintava anúncios de filmes para o vizinho cinema de Las Quintas. Eu o ajudava pelo puro prazer de pintar letras, e ele nos deixava entrar de graça duas ou três vezes por semana nos bons filmes de tiros e porradas. O único luxo que nos fazia falta era um aparelho de rádio para escutar música a qualquer hora apenas apertando um botão. Hoje em dia é difícil imaginar como os rádios eram escassos nas casas dos pobres. Luis Enrique e eu nos sentávamos num banco que tinham na loja da esquina para a conversa da clientela ociosa, e passávamos tardes inteiras escutando os programas de música popular, que aliás eram quase todos. Chegamos a ter na memória um repertório completo de Miguelito Valdés com a orquestra Casino de la Playa, Daniel Santos com a Sonora Matancera e os boleros de Agustín Lara na voz de Toña la Negra. A distração das noites, principalmente nas duas ocasiões em que cortaram a nossa luz por falta de pagamento, era ensinar as canções para minha mãe e meus irmãos. Sobretudo Ligia e Gustavo, que aprendiam feito papagaio sem entender nada, e nos divertíamos até explodir de tanto rir com seus disparates líricos. Não havia exceções. Todos nós herdamos, de pai e mãe, uma memória especial para a música e um bom ouvido para aprender uma canção já na segunda vez em que a ouvíamos. Principalmente Luis Enrique, pois nasceu músico e se especializou por conta própria em solos de violão para serenatas de amores contrariados. Não levamos muito tempo para descobrir que todos os meninos sem rádio das casas vizinhas também aprendiam canções com meus irmãos, e principalmente de minha mãe, que acabou sendo uma irmã a mais naquela casa de crianças.

Meu programa favorito era *La hora de todo un poco*, do compositor, cantor e maestro Ángel María Camacho y Cano, que dominava a audiência a partir da uma da tarde com todo tipo de variedades interessantes, e em especial com sua hora dos calouros para menores de quinze anos. Bastava se inscrever na sede da La Voz de la Patria e chegar ao programa com meia hora de antecedência. O maestro Camacho y Cano em pessoa acompanhava ao piano, e um assistente dele cumpria a tarefa de impor a sentença inapelável de interromper a canção com uma sineta de igreja quando o calouro cometia qualquer erro minúsculo. O prêmio para a canção mais bem interpretada era maior do que poderíamos sonhar — cinco pesos —, mas minha mãe foi explícita em esclarecer que a coisa mais importante era a glória de cantar bem num programa de tamanho prestígio.

Até aquele momento eu só tinha me identificado com o sobrenome de meu pai — García — e meus dois nomes de batismo — Gabriel José —, mas naquela ocasião histórica minha mãe me pediu que eu me inscrevesse também com seu sobrenome — Márquez — para que ninguém duvidasse de quem eu era. Foi um grande acontecimento lá em casa. Fizeram com que eu me vestisse de branco, igual à primeira comunhão, e antes de sair me deram uma poção de bromato de potássio. Cheguei em La Voz de la Patria com duas horas de antecedência e o efeito do sedativo passou longe enquanto eu esperava numa praça vizinha porque não deixavam ninguém entrar nos estúdios antes que estivesse faltando quinze minutos para o começo do programa. A cada minuto eu sentia crescer dentro de mim as aranhas do terror, e finalmente entrei com o coração sufocado. Tive de fazer um esforço supremo para não voltar para casa com a desculpa de que não tinham me deixado participar do concurso sei lá por quê. O maestro me fez um teste rápido no piano para verificar meu tom de voz. Antes chamaram sete, pela ordem de inscrição, tocaram a sineta para três, por tropeços diferentes, e finalmente me anunciaram com o nome simples de Gabriel Márquez. Cantei *O Cisne*, uma canção sentimental sobre um cisne mais branco que um floco de neve assassinado junto com sua amada por um caçador desalmado. Já nos primeiros compassos percebi que o tom era muito alto para mim, em algumas notas que não passaram pelo ensaio, e tive um momento de pânico quando o assistente fez um gesto de dúvida e se preparou para agarrar a sineta. Não sei de onde arranquei coragem para fazer um gesto enérgico indicando que não tocasse a sineta, mas foi tarde: ela tocou sem coração. Os cinco pesos do prêmio, além de vários brindes de propaganda, foram para uma loura muito bela que havia massacrado um trecho de *Madame Butterfly*. Voltei para casa arrasado pela derrota, e jamais consegui consolar minha mãe de sua desilusão. Passaram-se muitos anos até minha mãe me confessar que a razão de sua vergonha era que ela tinha avisado a seus parentes e amigos para que me ouvissem cantar, e não sabia depois como evitá-los.

No meio daquele regime de risos e lágrimas, nunca faltei à escola. Mesmo em jejum. Mas o tempo de minhas leituras em casa era consumido em tarefas domésticas e não tínhamos orçamento para ler até a meia-noite, por causa da conta de luz. De um jeito ou de outro, porém, eu me arrumava. No caminho da escola havia várias oficinas de ônibus urbanos, e num deles eu ficava horas vendo como pintavam nas laterais os letreiros indicando trajetos e destinos. Um dia pedi ao pintor que me deixasse pintar umas letras, para ver se eu conseguia. Surpreso pela minha aptidão natural, ele me deixou ajudá-lo algumas vezes, a troco de uns tostões que ajudavam um pouco no orçamento familiar. Outra ilusão foi minha amizade casual com três irmãos García, filhos de um navegante do rio Magdalena, que tinham organizado um trio de música popular para animar, só por puro amor à arte, as festas dos amigos. Completei, com eles, o Quarteto García, para concorrer na hora dos calouros da emissora Atlântico. Ganhamos já no primeiro dia com um trovão de aplausos, mas não nos pagaram os cinco pesos do prêmio por causa de uma falha imperdoável que cometemos na hora da inscrição. Continuamos ensaiando juntos pelo resto do ano e cantando de graça em festas familiares, até que a vida terminou por nos dispersar.

Jamais partilhei da versão maligna que dizia que a paciência com que meu pai enfrentava a pobreza tinha muito de irresponsabilidade. Pelo contrário: acho que eram provas homéricas de uma cumplicidade que nunca faltou entre ele e sua esposa, e que lhes permitia manter o fôlego até quando estavam na beira do abismo. Ele sabia que ela controlava o pânico melhor, do que o desespero, e foi esse o segredo da nossa sobrevivência. O que talvez meu pai não tenha pensado foi que enquanto minha mãe aliviava suas penas ia deixando no caminho o melhor de sua vida. Jamais conseguimos entender os motivos de suas viagens. De repente, como costumava acontecer, nos despertaram à meia-noite de um sábado para nos levar até a agência local do acampamento petroleiro de Catatumbo, onde nos esperava uma chamada de meu pai pelo sistema de radiotelefonia. Jamais esquecerei minha mãe banhada em pranto, numa conversa atrapalhada pela técnica.

— Ai, Gabriel — disse minha mãe —, veja só do jeito que você me deixou com este bando de filhos, e nós várias vezes chegamos a ficar sem comer...

Ele respondeu dando a má notícia de que estava com o fígado inchado. Acontecia com freqüência, mas minha mãe não levava muito a sério porque ele vez ou outra usava aquele argumento para ocultar suas safadezas.

— Isso sempre acontece quando você se porta mal — disse ela em tom de brincadeira.

Falava olhando o microfone, como se papai estivesse lá dentro, e no fim se confundiu tentando mandar-lhe um beijo, e beijou o microfone. Nem ela conseguiu conter as gargalhadas, e jamais conseguiu contar essa história até o fim porque acabava banhada em lágrimas de tanto rir. No entanto, naquele dia ela ficou absorta e finalmente disse, na mesa, como que falando para ninguém:

— Reparei que Gabriel está com alguma coisa estranha na voz.

Explicamos que o sistema de rádio não só distorce a voz como muitas vezes confunde a personalidade de quem fala. Na noite seguinte ela disse enquanto dormia: "Seja como for, pareceu, pela voz, que ele está muito magro." Tinha o nariz afiado de seus dias ruins, e se perguntava entre suspiros como seriam aquelas paragens sem Deus e sem lei por onde seu homem andava solto e sem proteção. Seus motivos ocultos ficaram mais evidentes numa segunda conversa pelo rádio, quando ela fez meu pai prometer que regressaria de imediato para casa se em duas semanas não conseguisse resolver nada. Porém, antes do prazo recebemos de Altos del Rosario um telegrama dramático de uma única palavra: "Indeciso." Minha mãe viu na mensagem a confirmação de seus presságios mais lúcidos, e ditou seu veredicto inapelável:

— Ou você chega até segunda-feira, ou agora mesmo vou até aí com a prole inteira.

Santo remédio. Meu pai conhecia o poder de suas ameaças, e em menos de uma semana estava de volta a Barranquilla. Sua entrada nos impressionou, vestido de qualquer jeito, com a pele esverdeada e a barba por fazer, a ponto de minha mãe achar que ele estivesse doente. Mas foi uma impressão momentânea, porque em dois dias ele resgatou o projeto juvenil de montar uma farmácia múltipla na cidade de Sucre, um recanto idílico e próspero a uma noite e um dia de navegação de Barranquilla. Estivera lá em sua mocidade de telegrafista, e o coração se apertava ao recordar a viagem pelos canais crepusculares e os pantanais dourados, e os bailes eternos. Numa época havia se obstinado em conseguir aquele posto, mas sem a mesma sorte que teve em outros, como Aracataca, até mais disputados. Tornou a pensar no assunto uns cinco anos depois, quando da terceira crise da banana, mas a cidade já estava ocupada pelos distribuidores farmacêuticos de Magangué. Um mês antes de voltar a Barranquilla, porém, encontrou por acaso um desses distribuidores, que não apenas desenhou uma realidade contrária como lhe ofereceu um bom crédito para Sucre. Não o aceitou porque estava a ponto de conseguir o sonho dourado de Altos del Rosario, mas quando foi surpreendido pela sentença de sua mulher, localizou o distribuidor de Magangué, que ainda andava perdido pelos povoados do rio, e fecharam um acordo.

Após umas duas semanas de estudos e arranjos com distribuidores amigos, lá se foi ele com o aspecto e a postura restabelecidos, e sua impressão de Sucre acabou sendo tão intensa que a colocou por escrito na primeira carta: "A realidade foi melhor que a nostalgia." Alugou uma casa com varanda na praça principal e ali recuperou as amizades de antes, que o receberam de portas abertas. A família deveria vender o que pudesse, empacotar o resto, que não era muito, e levar tudo num dos barcos a vapor que faziam a linha regular do rio Magdalena. No mesmo correio mandou-nos uma remessa bem calculada para os gastos imediatos, e anunciou outra para as despesas de viagem. Não consigo imaginar notícias mais apetitosas para o caráter ilusório de minha mãe, e por isso sua resposta não apenas foi bem pensada para manter os ânimos do marido, mas também para adoçar a notícia de que estava grávida pela oitava vez.

Tomei as providências e fiz as reservas no *Capitán de Caro*, um barco lendário que fazia em uma noite e meio dia o trajeto de Barranquilla a Magangué. Depois prosseguiríamos numa barcaça a motor pelo rio San Jorge e pelo arroio idílico de La Mojana até o nosso destino.

— Contanto que a gente saia daqui, nem que seja para o inferno — exclamou minha mãe, que sempre desconfiou do prestígio babilônico de Sucre. — Não se deve deixar um marido sozinho num lugar como esse.

Ela nos deu tanta pressa que três dias antes da viagem já dormíamos no chão, pois havíamos passado adiante as camas e todos os móveis que conseguimos vender. O resto estava dentro dos caixotes, e o dinheiro para as passagens garantido em algum dos esconderijos de minha mãe, bem contado uma e mil vezes.

O funcionário que me atendeu no escritório da companhia de navegação era tão sedutor que não precisei trincar os dentes para me entender com ele. Tenho certeza absoluta de que anotei ao pé da letra as tarifas que ele me ditou com a dicção clara e afetada dos caribenhos submissos. O que mais me alegrou e menos esqueci foi que até doze anos pagava-se apenas a metade da tarifa comum. Ou seja, todos os filhos menos eu. A partir disso, minha mãe separou o dinheiro da viagem, e gastou até o último centavo para desmontar a casa.

Na sexta-feira fui comprar as passagens e o empregado me recebeu com a surpresa de que os menores de doze anos não tinham um desconto de metade da tarifa mas só de trinta por cento, o que fazia uma diferença irremediável para nós. Alegava que eu tinha anotado mal, pois os dados estavam impressos na tabela oficial que estendeu na minha frente. Voltei para casa com o coração aos pulos, e minha mãe não fez nenhum comentário, apenas pôs o vestido com o qual havia guardado luto por seu pai, e fomos até a agência fluvial. Quis ser justa: alguém tinha se enganado, e podia muito bem ser o seu filho, mas isso não importava. O fato é que não tínhamos mais dinheiro. O agente de viagens disse que não havia nada que pudesse fazer.

"Entenda, minha senhora", disse ele. "Não é que eu queira ou não queira atendê-la: é que existe o regulamento de uma empresa séria, e que não pode ser conduzida ao sabor dos ventos."

"Mas são crianças", disse minha mãe, e me apontou como exemplo. "Veja bem, o maior é este aqui, e só tem doze anos." E mostrou com a mão:

— São deste tamanho.

Não era uma questão de estatura, alegou o agente, mas de idade. Ninguém pagava menos, a não ser os recém-nascidos, que viajavam de graça. Minha mãe procurou céus mais altos:

— Com quem é preciso falar para resolver essa questão?

O empregado não chegou a responder. O gerente, um homem mais velho e com um ventre maternal, apareceu na porta do escritório na metade da discussão, e ao vê-lo o empregado se levantou. Era imenso, de aspecto respeitável, e sua autoridade, mesmo em mangas de camisa e empapado de suor, era mais que evidente. Ouviu minha mãe com atenção e respondeu com uma voz tranqüila dizendo que uma decisão como aquela só seria possível com uma reforma dos regulamentos da companhia, numa assembléia dos sócios.

— Sinto muito, minha senhora, de verdade.

Minha mãe sentiu o sopro do poder, e refinou seu argumento.

"O senhor tem razão", disse ela, "mas o problema é que seu empregado não explicou direito ao meu filho, ou meu filho entendeu mal, e eu acabei agindo baseada nesse erro. Agora estou com tudo empacotado e pronto para embarcar, estamos dormindo no santo chão da minha casa, o dinheiro para a feira só dá para hoje, e na segunda-feira entrego a casa aos novos inquilinos." Percebeu que os empregados da sala a ouviam com grande interesse, e então se dirigiu a eles: "O que isso pode significar para uma companhia deste tamanho?" E sem esperar resposta, perguntou ao gerente, olhando-o no fundo dos olhos:

— O senhor crê em Deus?

O gerente ficou apalermado. O escritório inteiro estava paralisado por um silêncio demasiado longo. Então minha mãe esticou-se no assento, juntou os joelhos que começavam a tremer, apertou a carteira no colo com as duas mãos, e disse com a determinação própria de suas grandes causas:

— Pois eu não me mexo daqui até que vocês resolvam meu problema.

O gerente continuou pasmo, e o pessoal inteiro suspendeu o trabalho para olhar a minha mãe. Ela estava impassível, com o nariz fino, pálida e orvalhada de suor. Havia suspendido o luto por seu pai, mas o havia assumido de novo naquele momento porque achou que era o vestido mais apropriado para aquela missão. O gerente não tornou a olhá-la, mas olhou para os seus empregados sem saber o que fazer, e finalmente exclamou para todos:

— Isto não tem precedentes!

Minha mãe não pestanejou. "Estava com as lágrimas entaladas na garganta mas tive que agüentar porque senão teria ficado muito mal na frente de todo mundo", contou-me depois. Então o gerente pediu ao empregado que levasse os documentos ao seu escritório. O empregado levou, e cinco minutos depois saiu, apertando os dentes e furioso, mas com todas as passagens da viagem.

Na semana seguinte desembarcamos em Sucre como se tivéssemos nascido ali. Devia ter uns dezesseis mil habitantes, como tantos municípios do país naqueles tempos, e todo mundo se conhecia, não tanto pelos nomes c͞ ͞ ͞ ͞ ͞as secretas. Não apenas a cidade mas a região inteira era ͞ ͞ águas mansas que mudavam de cor graças aos mantos ͞riam de acordo com cada época, com cada lugar e com o ͞do de espírito. Seu esplendor recordava o dos remansos ͞e Asiático. Durante os muitos anos em que a família mo-͞m único automóvel. E teria sido inútil, pois as ruas retas ͞areciam esticadas a barbante para os pés descalços e mui-͞s cozinhas seu cais particular com as canoas domésticas ͞ocal.

͞a emoção foi uma liberdade inconcebível. Tudo aquilo ͞a para as crianças, tudo que havíamos desejado, de repente ficou ao alcance de nossas mãos. Cada um de nós comia quando sentia fome ou dormia a qualquer hora, e não era fácil tomar conta de alguém, pois apesar do rigor de suas leis os adultos andavam tão atarefados em seu tempo pessoal que não sobrava um instante nem para cuidar deles mesmos. A única condição de segurança imposta às crianças foi que aprendessem a nadar antes mesmo de aprender a caminhar, pois a cidade estava dividida em duas por um arroio de águas escuras que servia ao mesmo tempo de aqueduto e esgoto. As crianças, quando faziam um ano, eram jogadas da varanda da cozinha no arroio, primeiro com salva-vidas para que perdessem o medo da água e depois sem salva-vidas para que perdessem o respeito pela morte. Anos depois, meu irmão Jaime e minha irmã Ligia, que sobreviveram aos riscos iniciais, brilharam em campeonatos infantis de natação.

O que transformou Sucre, para mim, em uma cidade inesquecível foi o sentimento de liberdade com que nós, crianças, nos movíamos pelas ruas. Em duas ou três semanas sabíamos quem morava em qual casa, e nos comportávamos nelas como se fôssemos conhecidos da vida inteira. Os costumes sociais — simplificados pelo uso — eram os de uma vida moderna dentro de uma cultura feudal: os ricos — criadores de gado e industriais do açúcar — na praça principal, e os pobres onde desse. Para a administração eclesiástica era um território de missões com jurisdição e mando num vasto império lacustre. No centro daquele mundo, na praça principal de Sucre, ficava a casa paroquial, uma versão de bolso da catedral de Colônia, copiada de memória por um pároco espanhol dublê de arquiteto. O controle do poder era imediato e absoluto. Todas as noites, depois do rosário, davam na torre da igreja o repicar correspondente à qualificação moral do filme anunciado no cinema ao lado, segundo o catálogo do Escritório Católico para Cinema. Um missionário de plantão, sentado na porta de sua sala, vigiava, da calçada em frente, quem entrava no cinema, para depois sancionar os infratores.

Minha grande frustração foi a idade com que cheguei a Sucre. Ainda me faltavam três meses para cruzar a linha fatídica dos treze anos, e em casa já não me agüentavam mais como criança mas ainda não me reconheciam como adulto, e naquele limbo da idade acabei sendo o único dos irmãos que não aprendeu a nadar. Não sabiam se me sentavam à mesa dos pequenos ou dos grandes. As empregadas não trocavam mais de roupa na minha frente nem com as luzes apagadas, mas uma delas dormiu nua várias vezes na minha cama sem perturbar meu sono. Não havia tido tempo de me saciar com aquele exagero de liberdade de movimentos quando precisei voltar a Barranquilla em janeiro do ano seguinte para começar o segundo grau, porque em Sucre não havia um colégio capacitado para as excelentes qualificações do mestre Casalins.

Após longas discussões e consultas, com uma participação muito escassa da minha parte, meus pais decidiram-se pelo Colégio San José da Companhia de Jesus em Barranquilla. Até hoje não entendo onde foi que conseguiram tantos recursos em tão poucos meses, já que a farmácia e o consultório homeopático ainda estavam no vir-a-ser. Minha mãe deu sempre uma explicação que não requeria provas: "Deus é grande." Nos gastos da mudança devia estar prevista a instalação e a manutenção da família, mas não meu enxoval de colégio. De não ter nada além de um par de sapatos rotos e uma muda de roupa que usava enquanto lavavam a outra, passei — graças às compras de minha mãe — a ter roupa nova suficiente para encher um baú do tamanho de um catafalco, embora ela não tenha previsto que em seis meses eu haveria de crescer um palmo. Foi também mamãe quem decidiu por sua conta que eu começasse a usar calças compridas, contra a disposição social acatada por meu pai de que não podiam ser usadas por quem ainda não tivesse começado a mudar de voz.

A verdade é que nas discussões sobre a educação de cada filho me restou sempre a esperança de que papai, numa de suas raivas homéricas, decretasse que nenhum de nós voltasse ao colégio. Não era impossível. Ele mesmo foi um autodidata pela força maior de sua pobreza, e seu pai estava inspirado na moral de aço de dom Fernando VII, que proclamava o ensino individual em casa para preservar a integridade da família. Eu temia o colégio como se fosse um calabouço, me espantava só de pensar que ia viver submetido ao regime de uma campainha, mas também era minha única possibilidade de gozar minha vida livre, a partir dos treze anos, em boas relações com a família mas longe de sua ordem, de seu entusiasmo demográfico, de seus dias fúnebres, e lendo sem tomar fôlego até onde a luz me apanhasse.

Meu único argumento contra o Colégio San José, um dos mais exigentes e caros do Caribe, era sua disciplina marcial, mas minha mãe cortou minhas dúvidas: "É lá que são feitos os governadores." Quando não houve mais retorno possível, meu pai lavou as mãos:

— Saiba que eu não disse nem sim, nem não.

Ele teria preferido o Colégio Americano para que eu aprendesse inglês, mas minha mãe descartou-o com o argumento maroto de que aquilo era um covil de luteranos. Hoje tenho que admitir, em homenagem a meu pai, que uma das falhas de minha vida de escritor foi não falar inglês.

Tornar a ver Barranquilla do tombadilho do mesmo *Capitán de Caro* no qual havíamos viajado três meses antes turvou meu coração, como se eu tivesse pressentido que regressava sozinho à vida real. Por sorte, meus pais tinham feito para mim os arranjos necessários de alojamento e comida com meu primo José María Valdeblánquez e sua esposa Hortensia, jovens e simpáticos, que compartilharam comigo sua vida aprazível numa sala simples, um dormitório e um quintalzinho empedrado que sempre estava em sombras graças à roupa posta para secar nos arames do varal. Dormiam no quarto com sua filha de seis meses. Eu dormia no sofá da sala, que de noite virava cama.

O Colégio San José estava a uns seis quarteirões, num parque de amendoeiras onde estivera o cemitério mais antigo da cidade, e volta e meia se encontravam ossinhos soltos e fiapos de roupa morta ao rés do empedrado. O dia em que entrei no pátio principal havia uma cerimônia de primeiro ano, com o uniforme dominical de calças brancas e paletó de lã azul, e não pude reprimir o terror de que eles soubessem tudo que eu ignorava. Mas logo percebi que estavam tão crus e assustados como eu diante das incertezas do porvir.

Um fantasma pessoal foi o irmão Pedro Reyes, diretor da divisão elementar, que se empenhou em convencer os superiores do colégio que eu não estava preparado para o secundário. Converteu-se então numa assombração que surgia na minha frente nos lugares mais inesperados, e me fazia exames instantâneos com emboscadas diabólicas: "Você acredita que Deus pode fazer uma pedra tão pesada que depois não consiga carregar?", me perguntava sem me dar tempo para pensar. Ou esta outra armadilha maldita: "Se puséssemos no equador um cinturão de ouro de cinqüenta centímetros de espessura, em quanto o peso da Terra aumentaria?" Não atinava em nenhuma, mesmo que soubesse as respostas, porque minha língua derrapava de pavor como no meu primeiro dia ao telefone. Esse terror tinha sua razão de ser, porque o irmão Reyes estava certo. Eu não estava preparado para o curso secundário, mas não podia renunciar à sorte de terem me aceito sem nem fazer exame de admissão. Eu tremia só de ver o irmão Reyes. Alguns de meus colegas tinham interpretações maliciosas para todo aquele assédio, mas eu mesmo não tive motivo algum para pensar nisso. Além do mais, a consciência me ajudava porque em meu primeiro exame oral fui aprovado sem problemas quando recitei feito água corrente frei Luis de León, e desenhei no quadro-negro com giz colorido um Cristo que parecia em carne viva. O tribunal ficou tão satisfeito que se esqueceu da aritmética e da história pátria.

O problema com o irmão Reyes foi resolvido quando, na Semana Santa, ele precisou de uns desenhos para suas aulas de botânica, e eu nem pestanejei. Ele não apenas desistiu de seu acosso, como às vezes se entretinha nos recreios para me ensinar as respostas corretas para as perguntas que eu não soubera responder, ou de algumas ainda mais estranhas que depois apareciam como que por acaso nos exames seguintes ao meu primeiro ano. No entanto, cada vez que eu estava em algum grupo ele caçoava, morrendo de rir, dizendo que eu era o único do terceiro ano primário que ia bem no secundário. Hoje entendo que ele tinha razão. Principalmente por causa da ortografia, que foi meu calvário ao longo de todos os meus estudos e continua assustando os revisores de meus originais. Os mais benévolos se consolam achando que são tropeços de datilografia.

Um alívio em meus sobressaltos foi a nomeação do pintor e escritor Héctor Rojas Herazo para as aulas de desenho. Ele devia ter uns vinte anos. Entrou na sala acompanhado pelo padre diretor, e seu cumprimento soou como uma batida de porta no torpor das três da tarde. Tinha a beleza e a elegância fácil de um artista de cinema, com um paletó de pêlo de camelo, muito ajustado, de botões dourados, colete extravagante e uma gravata de seda estampada. O mais insólito, porém, era o chapéu-coco, a trinta graus à sombra. Era tão alto como o umbral da porta, de maneira que precisava inclinar-se para desenhar no quadro-negro. Ao seu lado, o padre diretor parecia abandonado da mão de Deus.

Logo de saída deu para notarmos que não tinha método nem paciência para o ensino, mas seu humor malicioso nos mantinha acesos, da mesma forma que nos assombravam os desenhos magistrais que pintava no quadro-negro com giz colorido. Não durou mais do que três meses dando aulas, nunca soubemos por quê, mas era presumível que sua pedagogia mundana não combinasse com a mentalidade da Companhia de Jesus.

Desde meus começos no colégio ganhei fama de poeta, primeiro pela facilidade com que aprendia de memória e recitava em voz brilhante os poemas espanhóis clássicos e românticos dos livros didáticos, e depois pelas sátiras em versos rimados que dedicava a meus companheiros de classe na revista do colégio. Não os teria escrito, ou pelo menos teria prestado um pouco mais de atenção neles, se tivesse imaginado que iam merecer a glória da letra impressa. Pois na realidade eram sátiras amáveis que circulavam em papeizinhos furtivos nas aulas soporíferas das duas da tarde. O padre Luis Posada — diretor do colegial — capturou um, leu com o cenho adusto e me largou a bronca de rigor, mas guardou-o no bolso. O padre Arturo Mejía convocou-me então à sua sala para me propor que as sátiras aprendidas fossem publicadas na revista *Juventud*, órgão oficial dos alunos do colégio. Minha reação imediata foi um espasmo de surpresa, vergonha e felicidade, que resolvi com uma recusa nada convincente:

— São umas bobagens que eu faço.

O padre Mejía registrou a resposta, e publicou os versos com esse título — "Bobagens que eu faço" — e com a assinatura de *Gabito* no número seguinte da revista e com a autorização das vítimas. Em dois números sucessivos precisei publicar outra série a pedido de meus colegas de classe. Portanto, esses versos infantis — quer eu queira, quer não — são, a rigor, a minha estréia.

O vício de ler o que me caísse nas mãos ocupava meu tempo livre e quase todo o tempo das aulas. Podia recitar poemas completos do repertório popular que então era de uso corrente na Colômbia, e os mais belos do Século de Ouro e do romantismo espanhóis, muitos deles aprendidos nos próprios textos do colégio. Esses conhecimentos extemporâneos à minha idade exasperavam os professores, pois cada vez que me faziam na aula alguma pergunta mortal eu respondia com uma citação literária ou alguma idéia livresca que eles não estavam em condições de avaliar. O padre Mejía disse tudo: "É um menino pedante, que fala correto demais", para não dizer insuportável. Nunca precisei forçar a memória, pois os poemas e alguns trechos de boa prosa clássica ficavam gravados em mim com três ou quatro releituras. A primeira caneta-tinteiro que tive ganhei do padre diretor porque recitei para ele sem tropeços as cinqüenta e sete décimas de "A vertigem" de Gaspar Núñez de Arce.

Lia nas aulas, com o livro aberto sobre os joelhos, e com tamanho descaramento que minha impunidade só parecia possível graças à cumplicidade dos professores. A única coisa que não consegui com minhas astúcias bem rimadas foi que me perdoassem a missa diária das sete da manhã. Além de escrever minhas bobagens, eu era solista no coro, desenhava caricaturas debochadas, recitava poemas nas sessões solenes, e tantas coisas mais fora de hora e lugar, que ninguém entendia a que horas eu estudava. A razão era a mais simples: eu não estudava.

No meio de tanto dinamismo supérfluo, ainda não entendo como é que os professores cuidavam tanto de mim sem dar berros de escândalo pela minha ortografia ruim. Era o contrário de minha mãe, que escondia de papai algumas de minhas cartas para mantê-lo vivo, e outras me devolvia corrigidas e às vezes com seus parabéns por certos progressos gramaticais e o bom uso das palavras. Mas depois de dois anos não houve melhoras à vista. Hoje, meu problema continua sendo o mesmo: jamais consegui entender por que se admitem letras mudas ou duas letras diferentes com o mesmo som, e tantas outras normas ociosas.

Foi assim que descobri em mim a vocação que iria me acompanhar pela vida afora: o gosto de conversar com alunos mais velhos que eu. Até hoje, em reuniões de jovens que podiam ser meus netos, tenho que fazer esforço para não me sentir mais moço que eles. Assim me fiz amigo de dois colegas mais velhos que mais tarde foram meus companheiros em trechos históricos da minha vida. Um era Juan B. Fernández, filho de um dos três fundadores e proprietários do jornal *El Heraldo*, de Barranquilla, onde dei meus primeiros mergulhos na imprensa, e onde ele se formou desde suas primeiras letras até a direção geral. Outro era Enrique Scopell, filho de um fotógrafo cubano que era lendário na cidade, e ele mesmo repórter fotográfico. No entanto, minha gratidão com ele não foi tanto pelos nossos trabalhos em comum na imprensa, e sim pelo seu ofício de curtidor de peles selvagens que exportava para meio mundo. Em uma de minhas primeiras viagens ao exterior ele me deu de presente um crocodilo de uns três metros de comprimento.

— Essa pele vale um dinheirão — me falou sem dramatismo —, mas eu aconselho a não vendê-la até você achar que vai morrer de fome.

Até hoje me pergunto até que ponto o sábio Quique Scopell sabia que estava me dando um amuleto eterno, pois na verdade eu precisaria tê-la vendido muitas vezes em meus anos de esfaimado perene. E no entanto, ainda a conservo, empoeirada e quase petrificada, porque desde que a carrego na mala pelo mundo inteiro não tornei a ter falta de um único centavo para comer.

Os professores jesuítas, tão severos nas aulas, eram diferentes nos recreios, quando nos ensinavam o que não diziam dentro das salas e soltavam o que na verdade teriam querido ensinar. Até onde era possível na minha idade, creio recordar que essa diferença era notada demais, e mais ainda nos ajudava. O padre Luis Posada, um *cachaco* muito jovem de mentalidade progressista, e que trabalhou muitos anos com os sindicatos, tinha um arquivo de cartelas com tudo que é pista enciclopédica comprimida, principalmente sobre livros e autores. O padre Ignacio Zaldívar era um basco montanhês que continuei freqüentando em Cartagena até a sua boa velhice no convento de San Pedro Claver. O padre Eduardo Núñez andava muito avançado numa história monumental da literatura colombiana que estava escrevendo, e de cujo destino jamais tive notícia. O velho padre Manuel Hidalgo, professor de canto, já muito mais velho, detectava as vocações por conta própria e se permitia incursões em músicas pagãs que não estavam previstas.

Com o padre Pieschacón, o reitor, tive algumas conversas casuais, e delas me ficou a certeza de que me via como um adulto, não apenas pelos temas que surgiam mas também por suas explicações atrevidas. Foi decisivo em minha vida para esclarecer a concepção sobre o céu e o inferno, que eu não conseguia conciliar com os dados do catecismo por causa de simples obstáculos geográficos. Contra esses dogmas, o reitor me aliviou com suas idéias audazes. O céu, sem outras complicações teológicas, era a presença de Deus. O inferno, é claro, era o contrário. Mas em duas ocasiões me confessou seu problema: "seja como for, no inferno existia fogo", e isso ele não conseguia explicar. Mais por essas lições nos intervalos que pelas aulas formais, terminei o ano com o peito encouraçado de medalhas.

Minhas primeiras férias em Sucre começaram num domingo às quatro da tarde, num cais adornado com grinaldas e balões coloridos, e uma praça transformada num bazar de Páscoa. Nem bem pisei terra firme, uma moça muito bela, loura e de uma espontaneidade desconcertante dependurou-se em meu pescoço e me sufocou de beijos. Era minha irmã Carmen Rosa, a filha que papai teve antes de se casar com minha mãe e que havia ido passar uma temporada com sua família desconhecida. Também nessa ocasião chegou outro filho de papai, Abelardo, um bom alfaiate que instalou seu salão ao lado da praça principal e foi meu professor de vida na puberdade.

A casa nova e recém-mobiliada tinha um ar de festa e um novo irmão: Jaime, nascido em maio sob o bom signo de Gêmeos, e parido de seis meses. Não soube de nada até a minha chegada, pois meus pais pareciam decididos a moderar os nascimentos anuais, mas minha mãe se apressou em me explicar que aquele era um tributo a Santa Rita pela prosperidade que tinha entrado na casa. Estava rejuvenescida e alegre, mais cantora que nunca, e papai flutuava num ar de bom humor, com o consultório repleto e a farmácia bem sortida, principalmente aos domingos, quando chegavam os pacientes das montanhas vizinhas. Não sei se ele soube algum dia que aquela afluência obedecia, na verdade, à sua fama de bom de cura, embora o pessoal do campo não a atribuísse às virtudes homeopáticas de suas bolotinhas de açúcar e às suas águas prodigiosas, e sim às suas boas manhas de bruxo.

Sucre estava melhor do que na memória, por causa da tradição de nas festas de Natal a população se dividir em dois grandes bairros: Zulia, ao sul, e Congoveo, ao norte. Além de outros desafios secundários, estabelecia-se um concurso de carros alegóricos que representavam em torneios artísticos a rivalidade histórica dos bairros. Na Noite Boa, enfim, concentravam-se na praça principal, no meio de grandes disputas, e o público decidia qual dos dois bairros era o vencedor do ano.

Desde a sua chegada, Carmen Rosa contribuiu para um novo esplendor da festa. Era moderna e faceira, e fez-se dona dos bailes com uma fieira de pretendentes alvoroçados. Minha mãe, tão ciumenta de suas filhas, não era com ela. Pelo contrário: facilitava os namoricos que trouxeram um tom insólito para a casa. Foi uma relação de cúmplices, como minha mãe nunca teve com as próprias filhas. Abelardo, por sua vez, resolveu sua vida de outro jeito, num salãozinho de um cômodo só dividido por um biombo. Como alfaiate até que deu certo, mas não tanto quanto com seu desempenho de garanhão, pois consumia mais tempo bem acompanhado na cama que ficava atrás do biombo do que sozinho e aborrecido na máquina de costura.

Meu pai teve, naquelas férias, a estranha idéia de me preparar para os negócios. "Por via das dúvidas", me advertiu. A primeira coisa foi me ensinar a cobrar em domicílio as contas da farmácia. Num daqueles dias me mandou cobrar várias contas em La Hora, um bordel sem preconceitos nos limites do povoado.

Pus a cara na porta entreaberta de um quarto que dava para a rua, e vi uma das mulheres da casa dormindo a sesta numa cama de lona, descalça e com uma combinação que não conseguia cobrir suas coxas. Antes mesmo que eu falasse ela sentou-se na cama, me olhou meio adormecida e me perguntou o que eu queria. Disse que trazia um recado de meu pai para o seu Eligio Molina, o proprietário. Mas em vez de me orientar ela mandou que eu entrasse e passasse a tranca na porta, e me fez com o dedo um sinal que disse tudo:

— Vem cá.

E eu fui, e conforme ia me aproximando, sua respiração cansada ia enchendo o quarto como um rio crescente, até que conseguiu agarrar meu braço com a mão direita e deslizou a esquerda para dentro de minha braguilha. Senti um terror delicioso.

— Quer dizer, então, que você é filho do doutor das bolotinhas — disse ela, enquanto me apalpava por dentro das calças com cinco dedos ágeis que eu sentia que eram dez. Tirou minhas calças sem deixar de me sussurrar palavras mornas no ouvido, tirou a combinação pela cabeça e estendeu-se na cama de barriga para cima vestindo apenas uma calcinha de flores vermelhas. — Esta quem tira é você — disse. — É o seu dever de homem.

Puxei pela bainha da calcinha, mas na pressa não consegui ir até o fim, e ela precisou me ajudar com as pernas bem esticadas e um movimento rápido de nadadora. Depois me levantou no ar pelos sovacos e me pôs em cima dela à maneira acadêmica dos missionários. O resto ela fez por conta própria, até que morri sozinho em cima dela, chapinhando na sopa de cebolas de suas coxas de potranca.

Repousou em silêncio, meio de lado, olhando fixo em meus olhos e eu segurava o olhar com a ilusão de tornar a começar, agora sem susto e com mais tempo. De repente ela me disse que não ia me cobrar os dois pesos do serviço porque eu não estava preparado. Depois se estendeu de cara para o teto e esquadrinhou meu rosto.

— Além do mais — ela disse — você é o irmão ajuizado de Luis Enrique, não é? Os dois têm a mesma voz.

Tive a ingenuidade de perguntar a ela como o conhecia.

— Não seja bobo — e ela riu. — Eu até tenho aqui uma cueca dele, que precisei lavar da última vez...

Achei que estava exagerando, por causa da idade do meu irmão, mas quando ela me mostrou a tal cueca percebi que era verdade. Depois, ela saltou nua da cama, com uma graça de balé, e enquanto se vestia me explicou que na porta vizinha à da casa, à esquerda, ficava seu Eligio Molina. E no fim, me perguntou:

— Foi a sua primeira vez, não foi?

Meu coração deu um salto.

— Que nada — menti —, já fiz umas sete vezes.

— Mesmo assim — disse ela com um gesto de ironia — é bom pedir ao seu irmão umas aulas...

A estréia me deu um impulso vital. As férias eram de dezembro a fevereiro, e me perguntei quantas vezes deveria conseguir dois pesos para voltar até ela. Meu irmão Luis Enrique, naquela altura um veterano do corpo, se arrebentava de rir por alguém da nossa idade ter de pagar por uma coisa que era feita por dois ao mesmo tempo e que deixava os dois felizes.

Dentro do espírito feudal de La Mojana, os senhores da terra se davam o prazer de estrear as virgens de seus feudos e depois de umas tantas noites de mau uso deixá-las à mercê de seu próprio destino. Dava até para escolher entre as que saíam para nos caçar pela praça depois dos bailes. Mesmo assim, naquelas férias elas ainda me causavam o mesmo medo que o telefone, e as via passar como as nuvens passam pela água. Eu não tinha um instante de sossego por causa da desolação que aquela minha primeira aventura casual me deixou no corpo. Até hoje não acho exagero acreditar que aquela tenha sido a causa do ríspido estado de espírito com que regressei ao colégio, completamente obnubilado por um disparate genial do poeta bogotano dom José Manuel Marroquín, que enlouquecia o auditório desde a primeira estrofe:

> *Agora que os ladros caem, agora que os galos galam,*
> *agora que alvando a toca as altas soam campanas;*
> *E os zurros burram e que os gorjeios pássaram,*
> *e os assovios serenam e que os grunhidos porqueiam,*
> *e que a aurorada rosa os extensos douros campa,*
> *perolando líquidas calhas tal qual eu lágrimo derramas,*
> *e friando de tirito embora a abraza almada,*
> *venho suspirar meus lanços janelo de teus debaixos.*

Não apenas introduzia a desordem por onde passava recitando as réstias intermináveis do poema, como aprendi a falar com a fluidez de um nativo de sabe-se lá de onde. Acontecia comigo com freqüência: respondia qualquer coisa, mas quase sempre era tão estranha ou divertida, que os professores se perdiam. Alguém deve ter-se inquietado pela minha saúde mental, quando numa prova dei uma resposta correta, mas indecifrável à primeira vista. Pelo que me lembre, não havia má-fé nessas brincadeiras fáceis que divertiam a todos.

Chamava a minha atenção o fato de os padres falarem comigo como se tivessem perdido o juízo, e eu seguia a corrente. Outro motivo de alarme foi

eu ter inventado paródias dos corais sacros com letras pagãs que por sorte
ninguém entendeu. Meu guardião, segundo meus pais, acabou me levando
para um especialista, que me fez um exame exaustivo mas muito divertido,
porque além de sua rapidez mental ele tinha uma simpatia pessoal e um método irresistíveis. Fez que eu lesse uma cartilha com frases arrevesadas que eu
devia endireitar. Fiz isso com tanto entusiasmo que o médico não resistiu à
tentação de se meter no meu jogo, e criamos provas tão intrincadas e interessantes que ele anotou tudo para depois incorporar aos seus futuros exames.
Ao final de um interrogatório minucioso sobre meus costumes, ele me perguntou quantas vezes eu me masturbava. Respondi a primeira coisa que me
veio à cabeça: eu nunca tinha me atrevido. Ele não acreditou em mim, mas
comentou assim como quem não quer nada que o medo era um fator negati-
vo para a saúde sexual, e até mesmo sua incredulidade me pareceu uma espécie de incitação. Achei que ele era um homem estupendo, e depois de adulto
eu quis vê-lo, quando já era jornalista do *El Heraldo*, para que me contasse as
conclusões particulares que tinha tirado de meu exame, e a única coisa que
fiquei sabendo é que ele tinha se mudado para os Estados Unidos fazia anos.
Um de seus antigos companheiros foi mais explícito e me disse, com um grande
afeto, que não seria nada demais se ele estivesse em algum manicômio de
Chicago, porque sempre achou-o pior que seus pacientes.

O diagnóstico foi fadiga nervosa agravada pelo fato de eu ler depois das
refeições. A recomendação foi repouso absoluto de duas horas durante a
digestão, e uma atividade física mais forte que os esportes usuais. Até hoje
me surpreende a seriedade com que meus pais e professores acataram suas
orientações. Minhas leituras passaram a ser regulamentadas, e várias vezes
me tiraram o livro quando me encontraram lendo nas aulas por baixo da
carteira. Fui dispensado das matérias difíceis e me obrigaram a ter mais atividade física várias horas diárias. Assim, enquanto os outros estavam tendo
aula, eu jogava sozinho na quadra de basquete fazendo cestas bobas e recitando de memória. Meus colegas de classe se dividiram logo no primeiro
momento: os que de verdade achavam que eu tinha sido maluco sempre, os
que acreditavam que eu me fazia de louco para gozar boa vida, e os que continuaram me tratando como quem acha que loucos mesmo eram os profes-

sores. Vem dessa época a versão de que fui expulso do colégio por ter atirado um tinteiro no professor de aritmética enquanto ele escrevia exercícios de regra de três no quadro. Por sorte, papai entendeu tudo de forma simples e decidiu que eu deveria voltar para casa antes mesmo de terminar o ano e sem gastar mais tempo e dinheiro numa doença que só podia ser uma disfunção hepática.

Já para meu irmão Abelardo, não havia um único problema na vida que não se resolvesse na cama. Enquanto minhas irmãs me davam tratamentos de compaixão, ele me ensinou a receita mágica assim que me viu entrar em sua alfaiataria:

— Você está precisando é de um bom par de coxas.

Levou seu próprio princípio tão a sério que quase todos os dias ia ao bilhar da esquina durante uma meia hora e me deixava atrás do biombo da alfaiataria com amigas suas de tudo que é tipo e cor, e que nunca eram a mesma. Foi uma temporada de explosões criativas, que pareciam confirmar o diagnóstico clínico de Abelardo, pois no ano seguinte voltei ao colégio em meu mais pleno juízo.

Nunca esqueci a alegria com que me receberam de volta no Colégio San José e a admiração com que festejaram as bolotinhas de meu pai. Naquela vez não fui morar com os Valdeblánquez, que já não cabiam mais na casa por causa do nascimento de seu segundo filho, mas na casa de dom Eliécer García, um irmão de minha avó paterna, famoso pela sua bondade e pela sua honradez. Trabalhou num banco até a idade de se aposentar, e o que mais me comoveu foi sua eterna paixão pela língua inglesa. Estudou-a ao longo da vida desde o amanhecer, e até tarde da noite, com exercícios cantados com uma voz muito boa e com bom sotaque, enquanto a idade permitiu. Nos dias de festa ia ao porto caçar turistas para falar com eles, e chegou a ter o mesmo domínio que tinha do castelhano, mas sua timidez sempre o impediu de falar inglês com seus conhecidos. Seus três filhos homens, todos mais velhos que eu, e sua filha Valentina, jamais ouviram o pai falar inglês.

Através de Valentina — que foi minha grande amiga e uma leitora inspirada — descobri a existência do movimento Arena y Cielo, formado por um grupo de poetas jovens que tinham se proposto renovar a poesia da costa caribenha com o bom exemplo de Pablo Neruda. Na verdade, eles eram uma réplica local do grupo Piedra y Cielo que naqueles anos reinava nos cafés de poetas de Bogotá e nos suplementos literários dirigidos por Eduardo Carranza, à sombra do espanhol Juan Ramón Jiménez, com a saudável determinação de arrasar as folhas mortas do século XIX. Não passavam de meia dúzia, mal saídos da adolescência, mas tinham surgido com tanta força nos suplementos literários da costa que começavam a ser vistos como uma grande promessa artística.

O capitão do Arena y Cielo se chamava César Augusto del Valle, de uns vinte e dois anos, que tinha levado seu ímpeto renovador não apenas aos temas e sentimentos, mas também à ortografia e às leis gramaticais de seus poemas. Para os puristas era um herege, para os acadêmicos era um imbecil, e para os clássicos era um energúmeno. Na verdade, porém, era que além de sua militância contagiosa — como Neruda — era um romântico incorrigível.

Minha prima Valentina levou-me num domingo até a casa onde César morava com os pais, no bairro de San Roque, o mais agitado da cidade. Ele era ossudo, preto e magro, com grandes dentes de coelho e o cabelo alvoroçado dos poetas de seu tempo. E, acima de tudo, farrista e de braguilha sempre escancarada. Sua casa, de classe média pobre, estava atapetada de livros, sem espaço para mais nenhum. Seu pai era um homem sério e mais para triste, com ares de funcionário aposentado, e parecia atribulado por causa da vocação estéril do filho. Sua mãe me acolheu com uma certa lástima, como se eu fosse mais um filho padecendo o mesmo mal que tantas lágrimas tinha lhe custado por causa do próprio filho.

Para mim, aquela casa foi como a revelação de um mundo que eu talvez tivesse intuído aos meus quatorze anos, mas nunca tinha imaginado até que ponto. Desde aquele primeiro dia tornei-me seu visitante mais assíduo, e tomava tanto tempo do poeta que até hoje não entendo como é que ele me suportava. Cheguei a pensar que me usava para praticar suas teorias literárias, possivelmente arbitrárias mas deslumbrantes, com um interlocutor assombrado mas inofensivo. Ele me emprestava livros de poetas dos quais eu nunca tinha ouvido falar, que depois eu comentava com ele sem a mais mínima consciência da minha audácia. Principalmente Neruda, cujo "Poema Vinte" aprendi de memória para tirar dos trilhos alguns dos jesuítas que não transitavam por aquelas paragens da poesia. Naqueles dias, o ambiente cultural da cidade alvoroçou-se com um poema de Meira Delmar a Cartagena das Índias, que saturou todos os meios da costa. Tamanha foi a maestria de dicção e da voz com que César del Valle me leu o poema, que na segunda leitura, aprendi de memória.

Outras muitas vezes não podíamos falar porque César estava escrevendo à sua maneira. Caminhava por quartos e corredores como se estivesse no outro mundo, e a cada dois ou três minutos passava que nem um sonâmbulo na minha frente, e de repente sentava-se à máquina de escrever, escrevia um verso, uma palavra, talvez um ponto-e-vírgula, e tornava a caminhar. Eu o observava, transtornado pela emoção celestial de estar descobrindo o único e secreto modo de escrever poesia. Assim foram meus anos do Colégio San José, e que me deram a base retórica para soltar meus duendes. A última notícia que tive daquele poeta inesquecível, dois anos depois, em Bogotá, foi um telegrama de Valentina, com as duas únicas palavras que não teve coração para assinar: "César morreu."

Meu primeiro sentimento numa Barranquilla sem meus pais foi a consciência de ter plena liberdade de ação e movimento. Tinha amizades que conservava fora do colégio. Entre essas amizades, Álvaro del Toro — que me fazia a segunda voz nas declamações do recreio — e a tribo dos Arteta, com quem costumava escapar para as livrarias e para o cinema. Pois o único limite que me foi imposto na casa do tio Eliécer, para proteger sua responsabilidade, foi não chegar depois das oito da noite.

Certo dia em que esperava César del Valle lendo na sala de sua casa chegou para buscá-lo uma mulher surpreendente. Chamava-se Martina Fonseca e era uma branca tirada de um molde de mulata, inteligente e autônoma, que podia muito bem ser a amante do poeta. Por duas ou três horas vivi à plenitude o prazer de conversar com ela, até César voltar para casa e os dois saírem juntos sem dizer para onde. Não tornei a saber dela até a Quarta-feira de Cinzas daquele ano, quando saí da missa e encontrei-a me esperando num banco do parque. Achei que era uma aparição. Usava uma bata de linho bordado que purificava sua formosura, um colar de fantasia e uma flor de fogo vivo no decote. O que mais prezo agora, porém, é lembrar-me da maneira com que me convidou para ir até a sua casa sem o mínimo indício de premeditação, e sem que levássemos em conta o sinal sagrado da cruz de cinzas que nós dois levávamos na fronte. Seu marido, que era prático de um barco no rio Magdalena, estava em sua viagem de trabalho de doze dias. O que havia de estranho que sua esposa me convidasse num sábado casual para tomar chocolate com broas de queijo? Só que o ritual se repetiu no resto do ano enquanto o marido zanzava com seu barco, e sempre das quatro às sete, que era o tempo do programa juvenil do Cine Rex que me servia de pretexto na casa de meu tio Eliécer para ficar com ela.

Sua especialidade profissional era preparar os professores do curso primário para as promoções. Atendia em suas horas livres, com chocolate e broinhas, os mais bem qualificados, e assim a buliçosa vizinhança não estranhou o novo aluno dos sábados. Foi surpreendente a fluidez daquele amor secreto que ardeu em fogo louco de março a novembro. Depois dos dois primeiros sábados achei que não podia mais agüentar os desejos desembestados de estar com ela a toda hora.

Estávamos a salvo de qualquer perigo, porque seu marido anunciava sua chegada à cidade com um código para que ela soubesse que estava entrando no porto. E foi assim até o terceiro sábado de nossos amores, quando estávamos na cama e ouvimos o rugido distante do apito do barco. Ela ficou tensa.

— Quieto aí — disse ela, e esperou mais dois rugidos. Não saltou da cama, como eu esperava graças ao meu próprio medo, e prosseguiu impávida: — Ainda temos mais de três horas de vida.

Ela o havia descrito para mim como sendo "um negraço de dois metros e um palmo de altura, com uma viga de artilheiro". Estive a ponto de romper as regras do jogo por causa do bote dos ciúmes, e não ia ser de qualquer maneira: eu queria simplesmente matá-lo. A maturidade dela resolveu tudo, e foi essa maturidade que desde então me levou pelo cabresto através dos pedregulhos da vida real, como um lobinho em pele de cordeiro.

Eu estava indo muito mal no colégio e não queria saber de nada com nada, mas Martina tomou conta de meu calvário escolar. Ficou surpresa com meu infantilismo de descuidar das aulas para aplacar o demônio de uma irresistível vocação para a vida. "É lógico", eu disse a ela. "Se esta cama fosse o colégio e você a professora, eu seria o primeiro aluno, não só da minha sala, mas da escola inteira." Ela entendeu isso como um exemplo certeiro.

— Pois é isso mesmo que nós vamos fazer.

Sem muito sacrifício deu início, e com horário fixo, à tarefa de me reabilitar. Ajudava em meus deveres de casa e me preparava para a semana seguinte entre redemoinhos de cama e reprimendas de mãe. Quando eu não fazia os deveres direito e a tempo, ela me castigava, a cada três faltas, com uma suspensão de um sábado. Jamais passei de duas faltas. A minha mudança começou a ser notada no colégio.

Porém, o que me ensinou na prática foi uma fórmula infalível, que por desgraça só me serviu no último grau do secundário: se eu prestasse atenção nas aulas e fizesse meus deveres em vez de copiá-los de meus colegas, tiraria boas notas e poderia ler a meu bel-prazer nas horas livres, e continuar minha própria vida sem exaustivas viradas de noite e sem sustos inúteis. Graças a essa receita mágica fui o primeiro na formatura daquele ano de 1942, com medalha de excelência e menções honrosas de tudo que é tipo. Os agradecimentos confidenciais, no entanto, foram para os médicos, pelo bom trabalho feito para curar minha loucura. Na festa percebi que havia uma dose malvada de cinismo na emoção com que agradeci nos anos anteriores os elogios por méritos que não eram meus. No último ano, quando foram merecidos, achei mais decente não agradecê-los. Mas correspondi de todo coração com o poema "O circo", de Guillermo Valencia, que sem ajuda alguma repeti de cabo a rabo no ato final, mais assustado que um cristão na frente dos leões.

Nas férias daquele bom ano eu tinha previsto visitar a avó Tranquilina em Aracataca, mas ela precisou ser levada com urgência a Barranquilla para operar as cataratas. A alegria de vê-la de novo completou-se com o dicionário de meu avô, que ela levou de presente para mim. Nunca havia tido consciência de que estava perdendo a vista, ou não quis confessar, até não conseguir mais sair do próprio quarto. A operação no hospital Caridad foi rápida e com boas perspectivas. Quando tiraram-lhe as vendas, sentada na cama, abriu os olhos radiantes de sua nova juventude, seu rosto iluminou-se e então ela resumiu sua alegria numa só palavra:

— Enxergo.

O cirurgião quis saber o quanto ela enxergava, e a avó varreu o quarto inteiro com seu novo olhar e mencionou cada coisa com uma precisão admirável. O médico perdeu a respiração, e só eu sabia que as coisas descritas pela minha avó não eram as que estavam à sua frente no quarto do hospital e sim as que ficavam em seu dormitório de Aracataca, e que ela recordava de memória e em ordem. Nunca mais recobrou a vista.

Meus pais insistiram que eu fosse passar as férias com eles e levasse minha avó junto. Muito mais envelhecida do que a idade mandava, e com a mente à deriva, a beleza de sua voz tinha sido lapidada e ela cantava mais e com mais inspiração do que nunca. Minha mãe tomou as providências para que a mantivessem limpa e bem arrumada, como uma enorme boneca. Era evidente que ela percebia o mundo, mas no passado. Principalmente os programas de rádio, que despertavam nela um interesse infantil. Reconhecia as vozes dos diferentes locutores, que identificava como se fossem amigos de sua juventude em Rioacha, pois nunca entrou um rádio em sua casa de Aracataca. Contradizia, ou criticava alguns comentários dos locutores, discutia com eles todos os temas, reclamava de qualquer erro gramatical como se estivessem ao lado de sua cama, em carne e osso, e se negava a deixar que trocassem sua roupa enquanto os locutores não se despedissem e fossem embora. Então respondia com sua boa educação intacta:

— Que tenham todos uma boa noite, cavalheiros.

Muitos mistérios de coisas perdidas, de segredos guardados ou de assuntos proibidos foram esclarecidos em seus monólogos: quem levou, escondida num baú, a bomba-d'água que desapareceu da casa de Aracataca, e quem tinha sido na verdade o pai de Matilde Salmona, cujos irmãos confundiram com outro e cobraram a conta a tiros.

Também não foram fáceis minhas primeiras férias em Sucre sem Martina Fonseca, mas não houve a menor possibilidade de levá-la comigo. A simples idéia de não vê-la durante dois meses me parecia irreal. Já para ela, não. Ao contrário: quando toquei no assunto, percebi que ela, como sempre, já estava três passos à minha frente.

— Era disso mesmo que eu queria falar com você — ela me disse sem mistérios. — Seria melhor para nós dois se você fosse estudar em outro lugar, agora que ficamos loucos de pedra. Aí você iria perceber que a nossa história nunca será mais do que já foi.

Achei que ela estava brincando.

— Eu estou indo amanhã e daqui a três meses volto para ficar com você para sempre.

Ela respondeu com música de tango:

— Há, há, há, há!

Notei então que Martina era fácil de convencer quando dizia que sim, mas nunca quando dizia que não. Aceitei o desfecho, banhado em lágrimas, e decidi ser outro na vida que ela pensou para mim: outra cidade, outro colégio, outros amigos e até mesmo outro modo de ser. Só pensei. Com a autoridade das minhas muitas medalhas, a primeira coisa que disse com uma certa solenidade ao meu pai foi que não ia voltar ao Colégio San José. E nem a Barranquilla.

— Bendito seja Deus! — disse ele. — Sempre me perguntei de onde é que você tirou o romantismo de estudar com os jesuítas.

Minha mãe ignorou o comentário.

— Se não for em Barranquilla, vai ser em Bogotá.

— Então, não vai ser em lugar nenhum — replicou papai de imediato —, porque não temos dinheiro suficiente para os *cachacos*.

É estranho, porque a simples idéia de não continuar estudando, que tinha sido o sonho da minha vida, então me pareceu inverossímil. A ponto de me fazer apelar para um sonho que nunca me pareceu realizável.

— Existem bolsas de estudo — disse.

— Muitíssimas — disse papai —, mas para os ricos.

Em parte, era verdade, mas não por favoritismos, e sim porque os trâmites eram difíceis, e as condições mal divulgadas. Por obra e graça do centralismo, todos os que aspirassem a uma bolsa de estudos tinham que ir a Bogotá, mil quilômetros em oito dias de viagem que custavam quase a mesma coisa que três meses interno em um bom colégio. E ainda assim podia ser inútil. Minha mãe exasperou-se:

— Quando a gente destampa a máquina de dinheiro sabe onde começa, mas não onde acaba.

Além do mais, já havia outras obrigações atrasadas. Luis Enrique, um ano mais novo que eu, estava matriculado em duas escolas locais e havia desertado das duas em poucos meses. Margarita e Aida estudavam na escola primária das freiras, mas já começavam a pensar numa cidade próxima e menos custosa para o curso secundário. Gustavo, Ligia, Rita e Jaime ainda não eram uma urgência, mas cresciam em ritmo ameaçador. Tanto eles como os três que nasceram depois me tratavam como se trata alguém que sempre chega para ir embora.

Foi meu ano decisivo. A atração maior de cada carro alegórico eram as moças escolhidas por sua graça e beleza, vestidas como rainhas, e que recitavam versos alusivos à guerra simbólica entre as duas metades da cidade. Eu, ainda meio forasteiro, desfrutava do privilégio de ser neutro, e assim me comportava. Naquele ano, porém, cedi diante dos pedidos dos capitães de Congoveo para que eu escrevesse os versos para minha irmã Carmen Rosa, que seria a rainha de um carro monumental. Aceitei, feliz da vida, mas me excedi nos ataques ao adversário graças à minha ignorância das regras do jogo. Não tive outro remédio além de emendar o escândalo com dois poemas de paz: um para a bela de Congoveo, e outro de reconciliação para a bela de Zulia. O incidente tornou-se público. O poeta anônimo, quase desconhecido na população, foi o herói da jornada. O episódio me apresentou à sociedade e fez com que eu merecesse a amizade dos dois grupos. Desde então já não tive tempo para ajudar em comédias infantis, bazares de caridade, tômbolas de beneficência e até no discurso de um candidato à Câmara Municipal.

Luis Enrique, que já se perfilava como o violeiro inspirado que depois chegou a ser, ensinou-me a tocar o *tiple*, que é uma violinha pequena, de cordas de aço. Com ele e com Filadelfo Velilla, nos tornamos os reis das serenatas, com o prêmio maior de algumas homenageadas que se vestiam às pressas, abriam a casa, despertavam as vizinhas e aí a festa continuava até o café-da-manhã. Aquele ano, o grupo enriqueceu-se com o ingresso de José Palencia, neto de um latifundiário endinheirado e pródigo. José era um músico nato, capaz de tocar qualquer instrumento que caísse em suas mãos. Tinha uma estampa de artista de cinema, e era um bailarino formidável, de uma inteligência deslumbrante e uma sorte mais invejada que invejável em seus amores fugazes.

Eu, por minha vez, não sabia dançar, e não consegui aprender nem mesmo na casa das senhoritas Loiseau, seis irmãs inválidas de nascimento, e que mesmo assim davam aulas de boa dança sem se levantarem de suas cadeiras de balanço. Meu pai, que nunca foi insensível à fama, aproximou-se de mim com uma visão nova. Pela primeira vez dedicamos longas horas a conversar. Mal nos conhecíamos. Na verdade, visto de hoje, registro que não morei com meus pais mais do que três anos no total, somados os de Aracataca, Barranquilla, Cartagena, Sincé e Sucre. Foi uma experiência muito grata, e que permitiu que eu os conhecesse melhor. Minha mãe disse assim: "Que bom que você ficou amigo de seu pai." Dias depois, enquanto preparava o café na cozinha, me disse mais:

— Seu pai está muito orgulhoso de você.

No dia seguinte me despertou na ponta dos pés e soprou em meu ouvido: "Seu pai tem uma surpresa para você." Era verdade. Quando desceu para tomar o café-da-manhã, ele mesmo me deu a notícia na presença de todos, e com ênfase solene:

— Arruma os seus troços que você está indo para Bogotá.

O primeiro impacto foi uma grande frustração, pois o que eu queria naquele momento era ficar afogado na farra perpétua. Mas prevaleceu a inocência. Pela roupa de frio não houve problemas. Meu pai tinha um terno negro de cheviote e outro de veludo de algodão, e nenhum fechava na cintura. Assim, fomos até Pedro León de Rosales, chamado de o alfaiate dos milagres, que os ajustou ao meu tamanho. Minha mãe, além disso, me comprou o sobretudo de pêlo de camelo de um senador morto. Quando estava me medindo em casa, minha irmã Ligia — que é vidente de natureza — me preveniu, em segredo, que o fantasma do senador costumava passear de noite pela casa dele vestindo o sobretudo. Não dei importância, mas devia ter dado, porque assim que vesti o sobretudo em Bogotá me vi no espelho com a cara do senador morto. Penhorei-o por dez pesos na Caixa Econômica e deixei que se perdesse por lá.

O ambiente doméstico tinha melhorado tanto que quase chorei nas despedidas, mas o programa foi cumprido ao pé da letra sem sentimentalismos.

Na segunda semana de janeiro embarquei em Magangué no *David Arango*, o vapor insígnia da companhia Naviera Colombiana, depois de viver uma noite de homem livre. Meu companheiro de camarote foi um anjo de cento e dez quilos e lampinho de corpo inteiro. Tinha o nome usurpado de Jack o Estripador, e era o último sobrevivente de uma estirpe de atiradores de faca do circo da Ásia Menor. À primeira vista parecia capaz de me estrangular enquanto eu dormisse, mas nos dias seguintes confirmei que era só o que parecia ser: um bebê gigante com um coração que não cabia em seu corpo.

Houve festa oficial na primeira noite, com orquestra e ceia de gala, mas escapei para o tombadilho, contemplei pela última vez as luzes do mundo que eu me dispunha a esquecer sem dor, e chorei à vontade até o amanhecer. Hoje me atrevo a dizer que a única coisa que me faria querer tornar a ser menino seria poder desfrutar outra vez daquela viagem. Tive que percorrer aquele mesmo trajeto várias vezes, ida e volta, durante os quatro anos que me faltavam de colégio e os outros dois da universidade, e a cada vez aprendi mais na vida do que na escola, e melhor que na escola. Na época em que as águas tinham caudal suficiente, a viagem de subida durava cinco dias de Barranquilla a Puerto Salgar, de onde se fazia uma jornada de trem até Bogotá. Em tempos de seca, que eram os mais divertidos para navegar quando não se tinha pressa, podia durar até três semanas.

Os navios fluviais tinham nomes fáceis e imediatos: *Atlántico, Medellín, Capitán de Caro, David Arango*. Seus capitães, como os de Joseph Conrad, eram autoritários e de boa índole, comiam como bárbaros e não sabiam dormir sozinhos em seus camarotes de reis. As viagens eram lentas e surpreendentes. Os passageiros sentavam-se no convés o dia inteiro, para ver os povoados esquecidos, os jacarés tombados com as bocarras abertas à espera das borboletas incautas, as revoadas de garças que alçavam vôo assustadas pelo sulco que o barco deixava na água, as revoadas dos patos das lagoas interiores, os peixes-boi que cantavam nas praias e remansos enquanto amamentavam seus filhotes. Durante toda a viagem despertávamos atordoados ao amanhecer, graças à balbúrdia dos micos e dos periquitos. Freqüentemente a baforada nauseabunda de uma vaca afogada interrompia a sesta, imóvel no fio d'água com um urubu solitário de pé em seu ventre.

Hoje em dia, é raro a gente conhecer alguém nos aviões. Nos navios fluviais nós, estudantes, acabávamos parecendo uma família só, pois combinávamos todos os anos encontrar-nos na viagem. Às vezes o navio encalhava durante até quinze dias em algum banco de areia. Ninguém se preocupava, pois a festa continuava, e uma carta do capitão, selada com o escudo de seu anel, servia de justificativa para chegar tarde no colégio.

Já no primeiro dia chamou a minha atenção o mais jovem de um grupo familiar, que tocava sanfona como entre sonhos, passeando dias inteiros pelo tombadilho da primeira classe. Não consegui agüentar a inveja, pois desde que escutei os primeiros sanfoneiros de Francisco, o Homem, nas festas do 20 de julho em Aracataca, me empenhei para que meu avô me comprasse uma sanfona, mas minha avó travou tudo com a ladainha de sempre, dizendo que sanfona era instrumento da gentalha caipira. Uns trinta anos mais tarde pensei ter reconhecido em Paris o elegante sanfoneiro do barco, num congresso mundial de neurologistas. O tempo havia feito das suas: ele tinha deixado crescer uma barba de boêmio e sua roupa crescera uns dois números, mas a memória de sua maestria era tão vívida que eu não podia estar enganado. Sua reação, porém, não poderia ter sido mais ríspida, quando perguntei sem me apresentar:

— E como vai a sanfona?

Ele replicou, surpreso:

— Sei lá do que o senhor está falando.

Senti que a terra me engolia, e apresentei-lhe minhas humildes desculpas por tê-lo confundido com um estudante que tocava sanfona no *David de Arango* no começo de janeiro de 44. Então ele resplandeceu por causa da lembrança. Era o colombiano Salomón Hakim, um dos grandes neurologistas deste mundo. A desilusão foi que havia trocado a sanfona pela engenharia médica.

Outro passageiro chamou-me a atenção pela distância. Era jovem, robusto, de pele rubicunda e óculos de míope, e uma calvície prematura muito bem controlada. Achei que era a imagem perfeita do turista *cachaco*. Logo no primeiro dia apoderou-se da poltrona mais cômoda, colocou várias torres de livros novos numa mesinha e leu sem pestanejar desde o amanhecer até ser distraído pelo rumor das festanças noturnas. Todos os dias apareceu no refeitório com uma camisa de praia diferente e florida, e tomou café-da-manhã, almoçou, jantou e continuou lendo sozinho na mesa mais do canto. Não creio que tenha trocado um cumprimento sequer com quem quer que fosse. Batizei-o para mim mesmo de "o leitor insaciável".

Não resisti à tentação de xeretar seus livros. A maioria era de tratados indigestos de direito público, que ele lia pela manhã, sublinhando e tomando notas nas margens. Com a fresca da tarde, lia romances. Entre eles, um que me deixou atônito: *O sósia,* de Dostoievski, que eu tentei roubar de uma livraria de Barranquilla e não consegui. Eu andava doido para ler aquele livro. Tão doido que seria capaz até de pedir emprestado, mas não tive coragem. Num daqueles dias ele apareceu com *O grande Meaulnes,* do qual eu nunca tinha ouvido falar, mas que em pouco tempo entrou na lista das minhas obras-primas favoritas. Eu, por meu lado, só levava livros que já tinha lido, e irrepetíveis: *Jeromín,* do Padre Coloma, que jamais acabei de ler; *A voragem,* de José Eustasio Rivera; *Dos Apeninos aos Andes,* de Edmundo de Amicis, e o dicionário de meu avô, do qual eu lia trechos durante horas. O leitor implacável, pelo contrário, não tinha tempo suficiente para os tantos livros que levava. O que quero dizer e não disse é que eu teria dado qualquer coisa para ser como ele.

O terceiro viajante, é claro, era Jack o Estripador, meu companheiro de quarto, que falava durante horas numa língua bárbara enquanto dormia. Suas falas tinham uma condição melódica que dava um novo fundo sonoro às minhas leituras da madrugada. Ele me disse que não tinha consciência disso, nem sabia em que idioma podia ser que sonhava, porque de menino entendeu-se com os acrobatas de seu circo em seis dialetos asiáticos, mas os tinha perdido por completo quando sua mãe morreu. Só lhe sobrou o polaco, que era sua língua original, mas concluímos que tampouco era essa a língua em que falava enquanto dormia. Não me lembro de nenhum ser mais adorável enquanto lubrificava e provava o fio de suas facas sinistras em sua língua rosada.

Seu único problema tinha acontecido no primeiro dia, no refeitório, quando reclamou aos garçons dizendo que não conseguiria sobreviver na viagem se não lhe dessem quatro porções completas por refeição. O contramestre explicou que tudo bem, desde que as pagasse como suplemento extra, com um desconto especial. Ele alegou que tinha viajado pelos mares do mundo e em todos respeitaram seu direito humano de não morrer de fome. O caso subiu até o capitão, que decidiu, muito à colombiana, que lhe servissem só duas porções, mas que os garçons deveriam forçar a mão e, de pura distração, servir porções duplas. O viajante, além disso, se ajudou, bicando com o garfo os pratos dos companheiros de mesa e de alguns vizinhos inapetentes, que se distraíam com suas maluquices. Só mesmo vendo para crer.

Eu não sabia o que fazer de mim, até que em La Gloria embarcou um grupo de estudantes que armavam trios e quartetos de noite, e cantavam belas serenatas com boleros de amor. Quando descobri que eles tinham um *tiple* sobrando, me apoderei dele, e passamos a ensaiar pelas tardes, e depois cantávamos até o amanhecer. O tédio de minhas horas mortas encontrou remédio graças a uma razão do coração: quem não canta não consegue imaginar o que é o prazer de cantar.

Certa noite de grande lua fomos despertados por um lamento dilacerador que nos chegava das margens do rio. O capitão Clímaco Conde Abello, um dos maiores, deu a ordem de buscar com os refletores a origem daquele pranto, e era uma fêmea de peixe-boi que tinha ficado enredada nos ramos de uma árvore tombada. Os marujos se jogaram n'água, amarraram o animal a um cabrestante e conseguiram desencalhá-lo. Era um ser fantástico e enternecedor, entre mulher e vaca, de quase quatro metros de comprimento. Sua pele era lívida e macia, e seu torso de grandes tetas era de mãe bíblica. Foi do próprio capitão Conde Abello que ouvi dizer pela primeira vez que o mundo iria se acabar se continuassem matando os animais do rio, e proibiu que se disparasse de seu barco.

— Quem quiser matar alguém que vá matar em sua própria casa! — gritou ele. — No meu barco, nem pensar.

No dia 19 de janeiro de 1961, dezessete anos mais tarde, e que recordo como sendo um dia ingrato, um amigo me telefonou no México para contar que o vapor *David de Arango* tinha se incendiado e se transformado em cinzas no porto de Magangué. Desliguei com a consciência horrível de que naquele dia terminava minha juventude, e que o pouco que nos restava do nosso rio de nostalgias tinha ido para o caralho. Hoje o rio Magdalena está morto, com suas águas apodrecidas e seus animais extintos. Os trabalhos de recuperação dos quais tanto falaram os sucessivos governos que nada fizeram requereriam o plantio técnico de uns sessenta milhões de árvores em noventa por cento de terras privadas, cujos donos teriam que renunciar, só por amor à pátria, a noventa por cento de sua renda.

Cada viagem deixava lições de vida que nos vinculavam de um modo efêmero mas inesquecível aos povoados do caminho, onde muitos de nós se enredaram para sempre com o próprio destino. Um renomado estudante de medicina se meteu sem ser convidado num baile de casamento, dançou sem permissão com a mulher mais bonita da festa, e o marido o matou com um tiro. Outro se casou, numa bebedeira épica, com a primeira moça de quem gostou em Puerto Berrío, e continua feliz com ela e com seus nove filhos. José Palencia, nosso amigo de Sucre, tinha ganhado uma vaca num concurso de tambores em Tenerife, e lá mesmo a vendeu por cinqüenta pesos: uma fortuna para a época. No imenso bairro de tolerância de Barrancabermeja, a capital do petróleo, levamos uma surpresa ao encontrar cantando com a orquestra de um bordel Ángel Casij Palencia, primo irmão de José, que fazia um ano tinha desaparecido de Sucre sem deixar rastro. A conta da farra que durou até o amanhecer foi assumida pela orquestra.

Minha lembrança mais ingrata é a de uma cantina sombria de Puerto Berrío, de onde a polícia nos arrancou a golpes de cassetete. Éramos quatro passageiros do barco, e sem dar explicações ou escutá-las, nos prenderam sob a acusação de termos violado uma estudante. Quando chegamos na delegacia de polícia já estavam atrás das grades, e sem um arranhão, os verdadeiros culpados, uns vagabundos locais que não tinham nada a ver com o nosso navio.

Na escala final, Puerto Salgar, era preciso desembarcar às cinco da manhã já vestidos para as terras altas. Os homens de terno negro de lã, com colete e chapéu-coco e os sobretudos pendurados no braço, tinham trocado de identidade entre a marimba dos sapos e a pestilência do rio saturado de animais mortos. Na hora de desembarcar tive uma surpresa insólita. Uma amiga de última hora tinha convencido minha mãe de me fazer um pacote enrolando uma rede tosca de cânhamo com um cobertor de lã e um urinol de emergência, tudo isso embrulhado numa esteira de corda e amarrado em cruz com as cordas da própria rede. Meus amigos músicos não conseguiram segurar o riso ao me verem chegar com aquela bagagem bizarra em pleno berço da civilização, e o mais decidido deles fez o que eu não teria me atrevido a fazer: jogou tudo n'água. Minha última visão daquela viagem inesquecível foi a do embrulho regressando às suas origens, ondulando na correnteza.

O trem de Puerto Salgar subia engatinhando pelos beirais de rochas durante as primeiras quatro horas. Nos trechos mais empinados retrocedia para tomar impulso e tornava a tentar subir com um bufar de dragão. Às vezes era preciso que os passageiros descessem para aliviar o peso, e ir a pé até o próximo beiral. As cidadezinhas do caminho eram tristes e frias, e nas estações desertas só nos esperavam as vendedoras da vida inteira que ofereciam pela janela do vagão umas galinhas gordas e amarelas, cozidas inteiras, e umas batatas malhadas que tinham gosto de glória. Foi lá que senti pela primeira vez um estado do corpo que era desconhecido para mim: o frio. Ao entardecer, por sorte, abriam-se de repente até o horizonte as savanas imensas, verdes e belas como um mar do céu. O mundo tornava-se tranqüilo e breve. O ambiente do trem tornava-se outro.

Eu tinha me esquecido completamente do leitor insaciável, quando ele apareceu de repente e sentou-se na minha frente com um aspecto de urgência. Foi incrível. Tinha ficado impressionado com um bolero que cantávamos nas noites do navio e me pediu que copiasse a letra para ele. Não foi só isso que eu fiz: ensinei-o a cantar o bolero. Fiquei surpreso com seu bom ouvido e o lume de sua voz quando cantou sozinho, justo e bem, já na primeira vez.

— Essa mulher vai morrer quando ouvir essa música! — exclamou radiante.

Então entendi sua ansiedade. Desde que ouviu o bolero cantado por nós no navio, sentiu que seria uma revelação para a noiva de quem tinha se despedido em Bogotá três meses antes, e que naquela tarde estaria à sua espera na estação. Tinha tornado a ouvi-lo duas ou três vezes, e era capaz de reconstruí-lo aos pedaços, mas ao me ver sozinho na poltrona do trem tinha resolvido me pedir o favor de ensinar a canção inteira. Também eu tive então a audácia de dizer a ele, com toda a intenção e sem que viesse ao caso, que tinha me surpreendido em sua mesa um livro tão difícil de ser encontrado. Sua surpresa foi autêntica:

— Qual?

— *O sósia.*

Ele riu satisfeito.

— Ainda não acabei de ler — disse. — Mas é uma das coisas mais estranhas que me caiu nas mãos.

Não passou disso. Agradeceu em todos os tons pelo bolero, e se despediu com um forte aperto de mãos.

Começava a escurecer quando o trem diminuiu a marcha, passou por um galpão atopetado de ferro-velho enferrujado e ancorou num cais sombrio. Agarrei o baú pela faixa de couro que o trancava e o arrastei para a rua antes que a multidão me atropelasse. Estava a ponto de chegar na rua quando alguém gritou:

— Jovem, jovem!

Virei-me para ver quem era, da mesma forma que vários jovens e outros menos jovens que corriam comigo, e o leitor insaciável passou ao meu lado e me deu o livro sem se deter.

— Bom proveito! — gritou, e perdeu-se no tropel.

O livro era *O sósia.* Eu estava tão zonzo que não percebi o que tinha acabado de acontecer. Guardei o livro no bolso do sobretudo e o vento gelado do crepúsculo me golpeou em cheio quando saí da estação. Quase sucumbindo, pus o baú na calçada e me sentei em cima para tomar o ar que me faltava. Não havia uma única alma nas ruas. O pouco que consegui ver era a esquina de uma avenida sinistra e glacial debaixo de uma chuvinha tênue, revolta como uma nuvem de cinzas, a dois mil e quatrocentos metros de altura e com um ar polar que estorvava a respiração.

Esperei morto de frio pelo menos meia hora. Alguém teria de chegar, pois meu pai tinha avisado por telegrama urgente dom Eliécer Torres Arango, um parente dele que iria cuidar de mim. Mas o que me assustava não era que alguém viesse ou não, e sim o medo de estar sentado num baú sepulcral e sem conhecer ninguém no outro lado do mundo. De repente desceu de um táxi um homem distinto, com um guarda-chuva de seda e um sobretudo de pêlo de camelo que ia até os tornozelos. Compreendi que era o parente de meu pai, embora tenha passado por mim e mal tenha me olhado, e não tive a audácia de fazer nenhum gesto. Entrou correndo na estação e tornou a sair depois de alguns minutos sem nenhum gesto de esperança. Enfim me descobriu e me apontou com um dedo:

— Você é o Gabito, não é?

Respondi do fundo da alma:

— Quase que não sou mais.

aquele tempo Bogotá era uma cidade remota e lúgubre onde caía uma chuvinha insone desde o começo do século XVI. Chamou a minha atenção o fato de haver na rua demasiados homens apressados, vestidos como eu me vesti desde a minha chegada, de lã negra e chapéu duro. Em troca não se via nenhuma mulher de consolação, cuja entrada era proibida nos cafés sombrios do centro comercial, da mesma forma que os sacerdotes com batina e os militares fardados também não podiam entrar. Nos bondes e mictórios públicos havia um letreiro triste: "Se você não teme a Deus, tema a sífilis."

Fiquei impressionado pelos gigantescos cavalos percherões que puxavam as carroças de cerveja, as chispas de fogos de artifício dos bondes ao dobrarem as esquinas e os estorvos do trânsito para deixar passagem aos enterros a pé debaixo da chuva. Eram os mais lúgubres, com carruagens fúnebres de luxo e cavalos cobertos por mantas de veludo e levando nas cabeças barretes de penachos de plumas negras, com cadáveres de boas famílias que se comportavam como inventores da morte. No átrio da igreja de Nieves vi, do táxi onde eu estava, a primeira mulher nas ruas, esbelta e sigilosa, e com o ar superior de uma rainha de luto, mas fiquei para sempre com a metade da ilusão, porque ela estava com o rosto coberto por um véu inquebrantável.

Foi uma derrocada moral. A casa onde passei a noite era grande e confortável, mas me pareceu fantasmagórica por causa de seu jardim sombrio de rosas escuras e por um frio que triturava os ossos. Era da família Torres Gamboa, parentes de meu pai e meus conhecidos, mas eu os via como estranhos no jantar, abrigados com cobertores de dormir. Minha maior impressão foi quando deslizei debaixo dos lençóis e lancei um grito de horror, porque senti que os lençóis estavam empapados num líquido gelado. Então me explicaram que a primeira vez era assim mesmo, e que pouco a pouco eu iria me acostumando com as esquisitices do clima. Chorei longas horas em silêncio antes de conseguir um sono infeliz.

Era esse o meu estado de espírito quatro dias depois de ter chegado, quando caminhava a toda pressa contra o frio e a chuvinha até o Ministério de Educação, onde iriam abrir as inscrições para o concurso nacional de bolsas de estudo. A fila começava no terceiro andar do ministério, na frente da própria porta do escritório onde as inscrições eram feitas, e descia serpenteando pelas escadarias até a entrada principal. O espetáculo era desanimador. Quando estiou, lá pelas dez da manhã, a fila se prolongava por mais dois quarteirões pela avenida Jiménez de Quesada, e ainda faltavam os candidatos que tinham se refugiado nos portais. Achei que seria impossível conseguir o que quer que fosse naquela estampida de gente, naquele salve-se-quem-puder.

Pouco depois do meio-dia senti duas batidinhas no ombro. Era o leitor insaciável do navio, que tinha me reconhecido entre os últimos da fila, mas me deu trabalho reconhecê-lo com aquele chapéu sombrio e o traje fúnebre dos *cachacos*. Ele, também perplexo, me perguntou:

— Mas que caralho você está fazendo aqui?

Contei.

— Que coisa mais engraçada! — disse ele, morrendo de rir. — Venha comigo — e me levou pelo braço até o ministério. Então fiquei sabendo que ele era o doutor Adolfo Gómez Támara, diretor nacional de bolsas de estudo do Ministério da Educação.

Foi o acaso mais improvável e um dos mais afortunados da minha vida. Com uma piada da mais pura estirpe estudantil, Gómez Támara me apresentou aos seus assistentes como sendo o cantor mais inspirado de boleros românticos. Serviram café e me inscreveram sem mais delongas, não sem antes me advertir que não estavam saltando instâncias mas rendendo tributo aos deuses insondáveis da casualidade. Fui informado que o exame geral seria na segunda-feira seguinte, no colégio de San Bartolomé. Calculavam uns mil candidatos de todo o país para umas trezentas e cinqüenta bolsas, de maneira que a batalha seria longa e difícil, e talvez um golpe mortal nas minhas ilusões. Os candidatos saberiam o resultado uma semana depois, junto com os dados do colégio para onde seriam enviados os contemplados com as bolsas de estudo. Essa notícia foi uma grave novidade para mim, pois tanto podiam me despachar para Medellín como para Vichada, na outra ponta do país. Explicaram que aquela loteria geográfica tinha sido estabelecida para estimular a mobilidade cultural entre as diferentes regiões. Quando os trâmites terminaram, Gómez Támara apertou minha mão com a mesma energia entusiasmada com que havia me agradecido o bolero.

— Agora, fique alerta — me disse —, pois você está com sua vida nas mãos.

Na saída do ministério, um homenzinho de aspecto clerical se ofereceu para me conseguir uma bolsa garantida e sem exames no colégio que eu quisesse, tudo isso por cinqüenta pesos. Era uma fortuna para mim, mas acho que se tivesse aquele dinheiro teria pago só para me poupar do pavor do exame. Dias depois reconheci o impostor na fotografia no jornal como o cabeça de um bando de ladrões que se disfarçavam de padres para fazer negócios ilícitos em repartições públicas.

Nem desfiz o baú, diante da incerteza de ser mandado a um lugar qualquer. Meu pessimismo estava tão bem servido que na véspera do exame fui com os músicos do navio a uma cantina furreca no escabroso bairro de Las Cruces. Cantávamos por dose, ao preço de uma canção por cada copo de *chicha*, a bebida bárbara de milho fermentado, que os bêbados mais refinados afinavam com pólvora. Assim cheguei tarde ao exame, com a cabeça latejando por dentro e sem lembrar nem mesmo onde estive nem quem tinha me levado para casa na noite anterior, mas me receberam por caridade num salão imenso e atopetado de candidatos. Uma olhada de viés no questionário foi suficiente para que eu percebesse que estava derrotado logo de saída. Só para distrair os vigilantes fiquei vagando pelas ciências sociais, cujas perguntas me pareceram as menos cruéis. De repente me senti possuído por uma aura de inspiração que me permitiu improvisar respostas críveis e fazer carambolas milagrosas. A não ser em matemática, que não se rendeu a mim nem com a vontade de Deus. O exame de desenho, que fiz depressa mas bem, foi meu alívio. "Deve ter sido o milagre da *chicha*", me disseram meus músicos. Seja como for, terminei num estado de rendição final, com a decisão de escrever uma carta aos meus pais sobre direitos e razões para não voltar para casa.

Só para cumprir com o dever, fui buscar o resultado uma semana depois. A funcionária da recepção deve ter reconhecido um sinal qualquer na minha ficha, pois me levou, sem nenhuma explicação, até a sala do diretor. Encontrei-o de muito bom humor, em mangas de camisa e com suspensórios vermelhos com estampado. Examinou as notas do meu exame com uma atenção profissional, titubeou uma ou duas vezes, e no fim respirou.

— Não estão ruins — disse para si mesmo. — A não ser em matemática, mas você escapou de raspão graças à nota em desenho.

Estendeu-se para trás na cadeira de molas e me perguntou em qual colégio eu tinha pensado.

Foi um dos meus sustos históricos, mas não vacilei:

— San Bartolomé, aqui em Bogotá.

Ele pôs a palma da mão em cima de uma pilha de papéis que estavam sobre a escrivaninha.

— Isso tudo são cartas de pesos-pesados recomendando filhos, parentes e amigos para os colégios daqui — disse. Percebeu que não precisava ter falado nada, mas prosseguiu: — Se você deixar que eu ajude, acho que o que convém mais é o Liceu Nacional de Zipaquirá, a uma hora de trem de Bogotá.

A única coisa que eu sabia dessa cidade histórica é que tinha minas de sal. Gómez Támara me explicou que era um colégio colonial desapropriado de uma comunidade religiosa por causa da recente reforma liberal, e agora tinha um esplêndido plantel de professores jovens e de mentalidade moderna. Pensei que era meu dever acabar com suas dúvidas.

— Meu pai é do Partido Conservador.

Soltou uma risada.

— Não seja tão sério — disse. — Digo liberal no sentido do pensamento amplo.

Em seguida recuperou seu estilo próprio e decidiu que meu destino estava naquele antigo convento do século XVII, transformado em colégio de incrédulos numa vila sonolenta onde não havia outra distração além de estudar. O velho claustro, efetivamente, mantinha-se impassível diante da eternidade. Em sua primeira época teve um letreiro talhado no pórtico de madeira: *O princípio da sabedoria é o temor a Deus.* Mas o lema foi trocado pelo escudo da Colômbia quando o governo liberal do presidente Alfonso López Pumarejo nacionalizou a educação em 1936. No saguão, onde me recompunha da asfixia provocada pelo peso do baú, me deprimi por causa do patiozinho de arcos coloniais talhados em pedra viva, com varandinhas de madeira pintadas de verde e com vasos de flores melancólicas. Tudo parecia submetido a uma ordem confessional, e em cada coisa se notava claramente que em mais de trezentos anos nada ali tinha conhecido a indulgência das mãos de alguma mulher. Mal educado nos espaços sem lei do Caribe, me assaltou o terror de viver os quatro anos decisivos da minha adolescência naquele tempo encalhado.

Até hoje me parece impossível que dois andares ao redor de um pátio taciturno, e outro edifício de alvenaria improvisado no terreno dos fundos, pudessem ser a residência e o escritório do reitor, a secretaria administrativa, a cozinha, o refeitório, a biblioteca, as seis salas de aula, o laboratório de física e química, o depósito, os banheiros e o dormitório comum com camas de ferro dispostas em bateria para meia centena de alunos trazidos arrastados dos subúrbios mais deprimidos da nação, e muito poucos capitalinos. Por sorte, aquela condição de desterro foi uma graça a mais da minha boa estrela. Foi através dela que aprendi depressa e bem como é o país que me coube na rifa do mundo. A dúzia de paisanos caribenhos que me assumiram como deles logo na chegada, e também eu, é claro, fazíamos diferenças insuperáveis entre nós e os outros: os nativos e os forasteiros.

Os diferentes grupos divididos nos cantos do pátio no recreio da tardinha eram um rico mostruário da nação. Não havia rivalidades enquanto cada um ficasse em seu território. Minhas relações imediatas foram com os costenhos do Caribe, que tinham a fama bem merecida de ser ruidosos, fanáticos da solidariedade de grupo e de baderneiros nos bailes. Eu era uma exceção, mas Antonio Martínez Sierra, rumbeiro de Cartagena, ensinou-me a dançar as danças da moda nos recreios noturnos. Ricardo González Ripoll, meu grande cúmplice de namoros furtivos, foi um arquiteto de fama que jamais interrompeu a mesma canção que mal se percebia que murmurava entre dentes, e dançava sozinho até o fim de seus dias.

Mincho Anaya, um pianista congênito que chegou a ser maestro de uma orquestra nacional de baile, fundou o conjunto do colégio reunindo todos aqueles que quiseram aprender algum tipo de instrumento, e me ensinou o segredo da segunda voz para os boleros e as canções mais colombianas, os *vallenatos*. Sua proeza maior, porém, foi formar Guillermo López Guerra, um bogotano puro, na arte caribenha de tocar claves, esse pequeno instrumento caribenho que consiste em dois pedaços de madeira que são batidos um contra o outro, e nos quais tudo é uma difícil questão de três dois, três dois.

Humberto Jaimes, de El Banco, era um estudioso ferrenho que jamais se interessou em dançar e que sacrificava os fins de semana para ficar estudando no colégio. Creio que não havia visto nunca uma bola de futebol nem lido o comentário sobre um jogo de qualquer coisa. Isso, até se formar engenheiro em Bogotá e entrar no *El Tiempo* como aprendiz de redator esportivo, e depois chegou a ser editor de esportes e um dos bons cronistas de futebol do país. De qualquer forma, o caso mais raro de que me lembro foi sem dúvida o de Silvio Luna, um moreno retinto da região conhecida como Chocó, que se formou em direito e depois em medicina, e parecia disposto a iniciar uma terceira carreira quando o perdi de vista.

Daniel Rozo — o apelido era Pagocio — sempre se portou como um sábio em todas as ciências humanas e divinas, e se esbanjava com elas nas aulas e nos recreios. Sempre recorríamos a ele para ter informações sobre o estado do mundo durante a Guerra Mundial, que seguíamos somente pelos rumores, pois no colégio não era autorizada a entrada de jornais e revistas, e só usávamos o rádio para dançarmos uns com outros. Nunca tivemos ocasião de averiguar de onde Pagocio tirava suas batalhas históricas, nas quais os aliados ganhavam sempre.

Sergio Castro — de Quetame — foi talvez o melhor estudante em todos aqueles anos de Liceu, e obteve sempre, desde a sua entrada, as melhores notas. Acho que seu segredo era o mesmo que Martina Fonseca tinha me aconselhado no Colégio San José: não perdia uma única palavra do professor ou das intervenções de seus colegas na classe, tomava nota até da respiração dos professores e as organizava num caderno perfeito. Talvez por isso não precisasse perder tempo preparando-se para as provas, e lia livros de aventura nos fins de semana enquanto nós nos incinerávamos estudando.

Meu companheiro mais assíduo nos recreios foi Álvaro Ruiz Torres, bogotano puro, que trocava comigo as notícias diárias das namoradas no recreio da noite, enquanto marchávamos a tranco militar ao redor do pátio. Outros eram Jaime Bravo, Humberto Guillén e Álvaro Vidales Barón, de quem fui muito próximo no colégio e depois continuamos nos encontrando durante anos na vida real. Álvaro Ruiz ia a Bogotá passar todos os fins de semana com a família, e regressava bem sortido de cigarros e notícias de namoradas. Foi ele quem estimulou em mim esses dois vícios durante o tempo em que estudamos juntos, e quem nestes dois anos recentes me emprestou suas melhores lembranças para reverdecer estas memórias.

Na verdade, não sei o que aprendi durante o cativeiro do Liceu Nacional, mas os quatro anos de convivência bem vivida com todos infundiram em mim uma visão unitária de meu país, descobri como éramos diversos e para que servíamos, e aprendi para não esquecer nunca mais que na soma de cada um de nós estava o país inteiro. Talvez tenha sido isso o que quiseram dizer no ministério sobre a tal mobilidade regional que o governo estava patrocinando. Já na idade madura, convidado a ir até a cabine de comando de um avião transatlântico, as primeiras palavras que o capitão me dirigiu foi para perguntar de onde eu era. Foi só eu ouvir para responder:

— Sou tão costenho como o senhor é de Sogamoso.

É que ele tinha a mesma maneira de ser, o mesmo gesto, a mesma matéria de voz de Marco Fidel Bulla, meu vizinho de assento no quarto ano do Liceu. Este golpe de intuição me ensinou a navegar nos pantanais daquela comunidade imprevisível, mesmo sem bússola e contra a corrente, e foi talvez uma chave mestra em meu ofício de escritor.

Eu me sentia vivendo um sonho, pois não tinha me candidatado à bolsa porque queria estudar, e sim para manter minha independência de qualquer outro compromisso, sempre em termos cordiais com a família. A segurança de três refeições ao dia bastava para supor que naquele refúgio de pobres vivíamos melhor que em nossas casas, debaixo de um regime de autonomia vigiada menos evidente que o poder doméstico. No refeitório funcionava um sistema de mercado que permitia que cada um desse o seu jeito para ter uma comida ao seu gosto. O dinheiro carecia de valor. Os dois ovos do café-da-manhã eram a moeda mais cotizada, pois com eles era possível comprar — e com vantagem — qualquer outro prato das três refeições. Cada coisa tinha seu equivalente justo, e nada perturbou aquele comércio legítimo. E mais: não recordo uma única briga de socos por motivo algum em quatro anos de internato.

Os professores, que comiam em outra mesa no mesmo salão, tampouco eram alheios às trocas pessoais entre eles, pois ainda arrastavam hábitos de seus colégios recentes. A maioria era de solteiros, ou morava lá sem as esposas, e seus salários eram quase tão escassos como nossas mesadas familiares. Queixavam-se da comida com tanta razão como nós, e numa crise perigosa roçou-se a possibilidade de pactuar com alguns deles uma greve de fome. Só quando recebiam presentes ou tinham convidados de fora se permitiam pratos inspirados, que só então estropiavam as igualdades. Foi o que aconteceu no quarto ano, quando o médico do Liceu nos prometeu um coração de boi para que o estudássemos em seu curso de anatomia. No dia seguinte mandou-o para as geladeiras da cozinha, ainda fresco e sangrento, mas não estava mais lá quando fomos buscá-lo para a aula. Assim ficamos sabendo que à última hora, e na falta de um coração de boi, o médico tinha mandado o de um operário sem dono que tinha se esborrachado ao despencar de um quarto andar. Como não bastava para todos, os cozinheiros o prepararam com dois molhos especiais achando que era o tal coração de boi que tinham anunciado para a mesa dos professores. Creio que essas relações fluidas entre professores e alunos tinham a ver com a então recente reforma da educação, da qual sobrou pouco na história, mas que nos serviu pelo menos para simplificar os protocolos. Foram reduzidas as diferenças de idades, relaxou-se o uso da gravata e ninguém voltou a se alarmar porque professores e alunos tomavam juntos alguns tragos e freqüentavam aos sábados os mesmos bailes de namorados.

Este ambiente só era possível pelo tipo de professores que em geral permitia uma relação pessoal fácil. Nosso professor de matemática, com sua sabedoria e seu áspero senso de humor, transformava as aulas numa festa temível. Chamava-se Joaquín Giraldo Santa e foi o primeiro colombiano a obter o título de doutor em matemática. Para minha desdita, e apesar de meus grandes esforços, e dos dele, jamais consegui me integrar às suas aulas. Costumava dizer-se, naquele então, que as vocações poéticas interferiam com a matemática, e a gente acabava não só acreditando como naufragando. A geometria foi mais compassiva, talvez por obra e graça de seu prestígio literário. A aritmética, pelo contrário, comportava-se com uma simplicidade hostil. Até hoje, para fazer uma soma mental, preciso desbaratar os números em seus componentes mais fáceis, em especial o sete e o nove, cujas tabuadas jamais consegui decorar. Assim, para somar sete e quatro tiro dois do sete, somo o quatro ao cinco que me sobrou e no final torno a somar o dois: onze! A multiplicação sempre me falhou porque nunca pude recordar os números que levava na memória. Dediquei à álgebra meus melhores esforços, não só por respeito à sua estirpe clássica mas também pelo carinho e pelo terror que sentia pelo professor. Tudo inútil. Fui reprovado em cada trimestre, tentei reabilitá-la duas vezes e a perdi em outra tentativa ilícita que me concederam por caridade.

Três professores mais abnegados foram os de idiomas. O primeiro — de inglês — foi mister Abella, um caribenho puro com uma dicção oxfordiana perfeita e um fervor um tanto eclesiástico pelo Dicionário Webster's, que recitava com os olhos fechados. Seu sucessor foi Héctor Figueroa, um bom professor jovem com uma paixão febril pelos boleros que cantávamos a várias vozes nos recreios. Fiz o melhor que pude nas sonolências das aulas e no exame final, mas creio que minha boa classificação não foi tanto por Shakespeare e sim por Leo Marini e Hugo Romani, responsáveis por tantos paraísos e tantos suicídios de amor. O professor de francês no quarto ano, *monsieur* Antonio Yelá Alban, encontrou-me intoxicado pelos romances policiais. Suas aulas me aborreciam tanto como a de todos os outros, mas suas citações oportunas do francês do dia-a-dia foram uma boa ajuda para não morrer de fome em Paris dez anos mais tarde.

A maioria dos professores tinha sido formada na Normal Superior, sob a direção do doutor José Francisco Socarrás, um psiquiatra de San Juan del César que se empenhou em mudar a pedagogia clerical de um século de governo conservador por um racionalismo humanístico. Manuel Cuello del Río era um marxista radical, e talvez por isso admirasse Lin Yutang e acreditava nas aparições dos mortos. A biblioteca de Carlos Julio Calderón, presidida por seu conterrâneo José Eustasio Rivera, autor de *A voragem*, dividia por igual os clássicos gregos, os do grupo Piedra y Cielo nacional e os românticos de todas as partes. Graças a uns e a outros, os poucos leitores assíduos — eu entre eles — liam San Juan de la Cruz ou José María Vargas Vila, mas também os apóstolos da revolução proletária. Gonzalo Ocampo, professor de ciências sociais, tinha em seu quarto uma boa biblioteca política que circulava sem malícia nas aulas dos mais velhos, mas nunca entendi por que *A origem da família, da propriedade privada e o Estado*, de Friedrich Engels, era estudado nas áridas tardes de economia política e não nas aulas de literatura, como a epopéia de uma bela aventura humana. Guillermo López Guerra leu nos recreios o *Anti-Dühring*, também de Engels, emprestado pelo professor Gonzalo Ocampo. No entanto, quando pedi emprestado para discuti-lo com López Guerra, Ocampo disse que não me faria desserviço emprestando aquele tijolaço fundamental para o progresso da humanidade, mas tão longo e maçante que possivelmente não passaria à história. É possível que essas barafundas ideológicas tenham contribuído para a má fama do Liceu como laboratório de perversão política. No entanto, precisei de meia vida para perceber que talvez tenham sido na verdade uma experiência espontânea para espantar os fracos e vacinar os fortes contra todo tipo de dogmatismo.

Minha relação mais direta sempre foi com o professor Carlos Julio Calderón, que dava aulas de castelhano nos primeiros anos, de literatura universal no quarto, espanhola no quinto e colombiana no sexto. E também de uma coisa estranha à sua formação e aos seus gostos: contabilidade. Havia nascido em Neiva, capital do estado de Huila, e não se cansava de proclamar sua admiração patriótica por José Eustasio Rivera. Precisou interromper seus estudos de medicina e cirurgia, e lembrava-se disso como a frustração de sua vida, mas sua paixão pelas artes e pelas letras era irresistível. Foi o primeiro professor a pulverizar meus rascunhos com indicações pertinentes.

Em todo o caso, as relações entre alunos e professores eram de uma naturalidade excepcional, não apenas dentro das salas de aula mas de um modo especial no pátio de recreio depois do jantar. Isso permitia um tratamento diferente do que estávamos acostumados, e que sem dúvida foi afortunado para o clima de respeito e camaradagem em que vivíamos.

Devo uma aventura pavorosa às obras completas de Freud, que tinham chegado à biblioteca. Não entendia nada de suas análises escabrosas, é claro, mas seus casos clínicos me mantinham sem fôlego até o final, como as fantasias de Júlio Verne. O professor Calderón nos pediu que escrevêssemos um conto de tema livre na aula de castelhano. Tive a idéia de uma doente mental de uns sete anos e com um título pedante que ia no sentido contrário ao da poesia: "Um caso de psicose obsessiva". O professor fez com que fosse lido na aula. Meu vizinho de carteira, Aurelio Prieto, repudiou sem reservas a petulância de escrever sem a mínima formação científica nem literária sobre um assunto tão enredado. Expliquei a ele, com mais rancor que humildade, que eu tinha tomado a idéia de um caso clínico descrito por Freud em suas memórias, e minha única pretensão era usá-lo naquela tarefa. O professor Calderón, talvez me achando ressentido pelas críticas ácidas de vários colegas de classe, me chamou de lado no recreio para me animar a seguir adiante pelo mesmo caminho. Mostrou-me que em meu conto era evidente que eu ignorava as técnicas da ficção moderna, mas tinha o instinto e a vontade. Achou-o bem escrito e pelo menos com intenção de algo original. Pela primeira vez me falou da retórica. E me deu de presente alguns truques práticos de temática e métrica para versificar sem pretensões, e concluiu que fosse como fosse eu devia persistir na escrita, nem que fosse apenas por causa da minha saúde mental. Aquela foi a primeira das longas conversas que mantivemos durante meus anos no Liceu, nos recreios e em outras horas livres, e é muito o que devo a elas em minha vida de escritor.

Era meu clima ideal. Já desde o Colégio San José eu tinha enraizado tanto o vício de ler tudo que me caísse nas mãos, que ocupava nessa tarefa o tempo livre e quase todo o tempo das aulas. Aos meus dezesseis anos, com boa ortografia ou sem ela, podia repetir sem tomar fôlego os poemas que havia aprendido no Colégio San José. Eu os lia e relia, sem ajuda nem ordem, e quase sempre escondido, durante as aulas. Creio ter lido completa a indescritível biblioteca do Liceu, feita com as sobras de outras menos úteis: coleções oficiais, heranças de professores desanimados, livros insuspeitos que aportavam por ali sabe-se lá de que saldo de naufrágios. Não devo esquecer a Biblioteca Aldeana da Editora Minerva, patrocinada por dom Daniel Samper Ortega e distribuída em escolas e colégios pelo Ministério da Educação. Eram cem volumes com tudo do bom e do pior que até então tinha sido escrito na Colômbia, e me propus a lê-los em ordem numérica até onde a alma deixasse. A única coisa que até hoje me apavora é que estive a ponto de cumprir esse propósito nos dois anos finais, e pelo resto da minha vida não consegui chegar à conclusão se isso me serviu ou não para alguma coisa.

Os amanheceres do dormitório tinham uma semelhança suspeita com a felicidade, exceto pelo sino mortífero que soava com o estrondo de mil combates às seis da meia-noite, como costumávamos dizer. Só dois ou três débeis mentais saltavam da cama para pegar os primeiros turnos diante das seis duchas de água glacial no banheiro do dormitório. O resto aproveitava — eu entre eles, é claro — para espremer as últimas gotinhas de sono até que o professor de plantão percorria o salão arrancando os cobertores dos que dormiam. Era uma hora e meia de intimidade para pôr em ordem a roupa, polir os sapatos, tomar uma ducha com o gelo líquido do cano sem chuveiro, enquanto cada um desafogava aos berros suas frustrações e debochava das frustrações alheias, segredos de amor eram violados, difundiam-se negócios e diferenças, e combinavam todas as negociatas do refeitório. Tema matinal de discussões constantes era o capítulo lido na noite anterior.

Guillermo Granados dava rédeas soltas desde o amanhecer às suas virtudes de tenor, com seu inesgotável repertório de tangos. Com Ricardo González Ripoll, meu vizinho no dormitório, cantávamos em dueto *guarachas* caribenhas ao ritmo do pano com que lustrávamos os sapatos na cabeceira da cama, enquanto meu compadre Sabas Caravallo percorria o dormitório de um extremo a outro tal e qual sua mãe o pariu, com a toalha dependurada em sua verga de cimento armado.

Se tivesse sido possível, uma boa quantidade de internos teríamos escapado nas madrugadas para comparecer aos encontros marcados nos fins de semana. Não havia guardas noturnos nem professores de dormitório, a não ser o de plantão, que se revezava a cada semana. E o eterno porteiro do Liceu, Riveritos, que na verdade dormia acordado a toda hora enquanto cumpria com seus deveres diários. Morava no quarto do saguão e cumpria bem suas obrigações, mas de noite podíamos destrancar os grossos portões de igreja, fechá-los sem ruído, gozar a noite em casa alheia e regressar pouco antes do amanhecer pelas ruas glaciais. Nunca se soube se Riveritos dormia de verdade feito o morto que parecia ser, ou se era a maneira gentil de ser cúmplice da rapaziada. Não eram muitos os que escapavam, e seus segredos apodreciam na memória dos cúmplices fiéis. Conheci vários que fizeram disso uma rotina, outros que se atreveram uma vez na vida, com a coragem que a tensão da aventura infundia, e regressavam exaustos de terror. Nunca soubemos de alguém que tivesse sido descoberto.

No colégio, meu único inconveniente social eram uns pesadelos sinistros herdados de minha mãe, que invadiam sonos alheios como se fossem alaridos de além-túmulo. Meus vizinhos de cama conheciam de sobra e só os temiam pelo pavor do primeiro uivo no silêncio da madrugada. O professor de plantão, que dormia num camarote de papelão, passeava sonâmbulo de um extremo a outro do dormitório até que a calma fosse restabelecida. Não apenas eram sonhos incontroláveis, como tinham algo a ver com a consciência culpada, porque em duas ocasiões me aconteceram em casas perdidas. Também eram indecifráveis, porque não aconteciam em sonhos pavorosos; pelo contrário, explodiam em sonhos no meio de episódios felizes com pessoas ou lugares comuns que de repente me revelavam um dado sinistro com um olhar inocente. Um pesadelo que só posso comparar com um dos de minha mãe, que tinha em seu colo sua própria cabeça e a expurgava das lêndeas e piolhos que não a deixavam dormir. Meus gritos não eram de pavor, e sim de socorro para que alguém fizesse a caridade de me acordar. No dormitório do Liceu não havia tempo para nada, porque no primeiro gemido despejavam em cima de mim todos os travesseiros das camas vizinhas. Eu despertava arquejante, com o coração alvoroçado mas feliz por estar vivo.

A melhor coisa do Liceu eram as leituras em voz alta antes de dormir. Tinham começado por iniciativa do professor Carlos Julio Calderón com um conto de Mark Twain que os alunos do quinto ano precisavam estudar para um exame inesperado marcado para a primeira hora do dia seguinte. Leu as quatro folhas em voz alta, lá do seu cubículo de papelão, para que os alunos que não tiveram tempo de lê-lo tomassem notas. Foi tão grande o interesse que a partir de então ele se impôs o costume de ler em voz alta todas as noites, antes de dormir. No começo não foi fácil, porque algum professor carola tinha imposto a regra de escolher e expurgar os livros que iam ser lidos, mas o risco de uma rebelião fez com que a escolha ficasse a critério dos alunos mais velhos.

Começaram com meia hora. O professor de plantão lia em seu camarote bem-iluminado na entrada do dormitório geral, e no começo o calávamos com roncos debochados, reais ou fingidos, mas quase sempre merecidos. Mais tarde se prolongaram até uma hora, de acordo com o interesse despertado pelo conto, e os professores foram substituídos por alunos em turnos semanais. Os bons tempos começaram com *Nostradamus* e com *O homem da máscara de ferro*, que agradaram a todos. O que até hoje não entendo foi o êxito estrondoso de *A montanha mágica*, de Thomas Mann, que exigiu a intervenção do reitor para impedir que passássemos a noite em claro esperando um beijo de Hans Castorp e Clawdia Chauchat. Ou a tensão insólita de todos sentados nas camas para não perder uma palavra dos enredados duelos filosóficos entre Naptha e seu amigo Settembrini. Naquela noite, a leitura prolongou-se por mais de uma hora, e foi celebrada no dormitório com uma salva de palmas.

Para mim, o único professor que ficou entre as grandes incógnitas da minha juventude foi o reitor que encontrei ao chegar. Chamava-se Alejandro Ramos, e era áspero e solitário, com uns óculos de lentes grossas que pareciam de cego, e um poder sem alardes que pesava em cada uma de suas palavras como um punho de ferro. Descia de seu refúgio às sete da manhã para examinar nosso asseio pessoal antes de entrar no refeitório. Usava roupas irretocáveis de cores vivas, e o colarinho engomado como de celulóide com gravatas alegres e sapatos resplandecentes. Qualquer falha em nossa limpeza pessoal era registrada com um grunhido que era uma ordem para voltar ao dormitório e corrigi-la. Passava o resto do dia trancado em sua sala do segundo andar, e não tornávamos a vê-lo até a manhã seguinte à mesma hora, ou enquanto dava os doze passos entre a sala e a classe do sexto ano, onde dava sua única aula de matemática três vezes por semana. Seus alunos diziam que era um gênio dos números, e divertido nas aulas, e deixava-os assombrados com sua sabedoria e trêmulos pelo pavor do exame final.

Pouco depois da minha chegada precisei escrever o discurso inaugural para algum ato oficial do Liceu. Os professores, em sua maioria, aprovaram o tema que propus, mas concordaram que a última palavra em casos como aquele quem tinha era o reitor. Morava no final da escada no segundo andar, mas sofri a distância como se fosse uma viagem a pé ao redor do mundo. Tinha dormido mal na noite anterior, pus minha gravata de domingo e mal pude saborear o café-da-manhã. Bati na porta da reitoria tão de leve que só na terceira vez o reitor abriu, e sem cumprimentar cedeu espaço para que eu entrasse. Por sorte, pois eu não teria voz para responder, não só por causa da sua secura mas também pela sua imponência, pela ordem e beleza do escritório com móveis de madeiras nobres e forros de veludo, e as paredes atapetadas pela assombrosa biblioteca de livros encadernados em couro. O reitor esperou com uma parcimônia formal que eu recuperasse o fôlego. Depois apontou-me a poltrona auxiliar na frente da escrivaninha, e sentou-se na sua própria poltrona.

Eu havia preparado a explicação da minha visita quase tanto quanto o discurso. Ele escutou em silêncio, aprovou cada frase com a cabeça, mas sempre sem olhar para mim e sim para o papel que tremia em minhas mãos. Em algum ponto que eu achava divertido tentei ganhar um sorriso dele, mas foi inútil. E tem mais: tenho certeza de que já estava sabendo o motivo da minha visita, mas me fez cumprir todo o ritual de explicá-la.

Quando terminei ele estendeu a mão por cima da escrivaninha e recebeu o papel. Tirou os óculos para ler com atenção profunda, e só se deteve para fazer duas correções com a caneta de bico de metal que molhava no tinteiro. Depois tornou a pôr os óculos e sem olhar-me nos olhos falou com uma voz poderosa que sacudiu meu coração.

— Temos aqui dois problemas — disse ele. — O senhor escreveu: "Em harmonia com a flora ezuberante de nosso país, que o sábio espanhol José Celestino Mutis deu a conhecer ao mundo no século XVIII, vivemos neste Liceu um ambiente paradísico." Acontece que exuberante se escreve com xis, e paradísico se escreve paradisíaco.

Eu me senti humilhado. Não tive resposta para o primeiro caso, mas no segundo não tinha nenhuma dúvida, e repliquei de imediato com o que me restava de voz:

— O senhor me desculpe, reitor, mas o dicionário admite paradísico ou paradisíaco, e achei paradísico mais sonoro.

Ele deve ter-se sentido tão agredido como eu, pois sempre sem olhar para mim apanhou o dicionário na estante sem dizer uma palavra. Meu coração se crispou, porque era o mesmo Atlas de meu avô, porém novo e brilhante, e talvez nunca tivesse sido usado. Na primeira tentativa abriu na página exata, leu e releu a informação e me perguntou sem afastar a vista da página:

— Em que ano o senhor está?

— No terceiro — respondi.

Ele fechou o dicionário com um forte golpe de guilhotina e pela primeira vez me olhou nos olhos.

— Bravo — disse ele. — Continue assim.

Daquele dia em diante só faltou meus colegas de classe me proclamarem herói, e começaram a me chamar com toda a malícia possível de "o costenho que falou com o reitor". No entanto, o que mais me afetou daquela entrevista foi eu ter enfrentado, uma vez mais, o meu drama pessoal com a ortografia. Jamais entendi isso. Um de meus professores tentou me dar o tiro de misericórdia com a notícia de que Simón Bolívar não mereceria sua glória se fosse por causa de sua ortografia, que era péssima. Outros me consolavam com o pretexto de que esse é um mal que afeta a muita gente. Ainda hoje, com dezessete livros publicados, os revisores de minhas provas impressas me honram com a galanteria de corrigir meus erros de ortografia como se fossem simples erratas.

As festas sociais de Zipaquirá correspondiam, de modo geral, à vocação do povoado e ao modo de ser de cada um. As minas de sal, que os espanhóis encontraram vivas, eram uma atração turística nos fins de semana, que se completava com a costela ao forno e as batatas malhadas do altiplano em grandes caldeirões de sal. Os costenhos internos, com nosso merecido prestígio de gritões e malcriados, tínhamos a boa educação de dançar como se fôssemos artistas a música que estava na moda e o bom gosto de sermos apaixonados até morrer de amor.

Cheguei a ser tão espontâneo que no dia em que ficamos sabendo do fim da Guerra Mundial saímos às ruas em manifestação de júbilo com bandeiras, cartazes e gritos de vitória. Alguém pediu um voluntário para dizer o discurso e sem pensar duas vezes apareci na varanda do clube social, na frente da praça da matriz, e improvisei-o na base de gritos altissonantes, que muitos acharam que tinham sido decorados.

Foi o único discurso que me vi obrigado a improvisar em meus primeiros setenta anos de vida. Terminei-o com um reconhecimento lírico a cada um dos Quatro Grandes, mas o que chamou a atenção da praça foi o do presidente dos Estados Unidos, falecido pouco antes: "Franklin Delano Roosevelt, que como Cid, o Campeador, soube ganhar batalhas depois de morto." A frase ficou flutuando na cidade durante vários dias, e foi reproduzida nos cartazes das ruas e em retratos de Roosevelt nas vitrines de algumas lojas. Assim, meu primeiro êxito público não foi como poeta ou escritor, e sim como orador, e pior: como orador político. A partir daquele dia, não houve um único ato público do Liceu em que não me levassem até o balcão, mas só que então eram discursos escritos e corrigidos até o último suspiro.

Com o tempo, aquela desfaçatez me serviu para contrair um terror cênico que me levou a ponto de chegar à mudez absoluta, tanto em grandes bodas como nas cantinas dos índios de poncho e alpargatas, onde terminávamos rolando pelo chão; na casa de Berenice, que era bela e sem preconceitos, e que teve a boa sorte de não se casar comigo porque estava louca de amor por outro, ou no telégrafo, onde a inesquecível Sarita me transmitia fiado os telegramas de angústia quando meus pais atrasavam a remessa de dinheiro para meus gastos pessoais e mais de uma vez, para me tirar do sufoco, me pagava as remessas antes mesmo que elas chegassem. No entanto, a menos esquecível não foi o amor de alguém e sim a fada dos viciados em poesia. Chamava-se Cecilia González Pizano e tinha uma inteligência veloz, uma simpatia pessoal e um espírito livre numa família de estirpe conservadora, e uma memória sobrenatural para a poesia. Morava na frente do portão do Liceu com uma tia aristocrática e solteira, numa mansão colonial ao redor de um jardim de dormideiras. No começo foi uma relação reduzida aos torneios poéticos, mas Cecilia acabou sendo uma verdadeira camarada da vida, sempre morrendo de rir, que finalmente infiltrou-se nas aulas de literatura do professor Calderón, com a cumplicidade de todos.

Em meus tempos de Aracataca eu havia sonhado com a boa vida de ir cantando de feira em feira e de quermesse em quermesse, com sanfona e boa voz, que sempre me pareceu a maneira mais antiga e feliz de contar uma história. Se minha mãe tinha renunciado ao piano para ter filhos, e meu pai tinha dependurado o violino para poder nos manter, era bem justo que o mais velho deles sentasse o bom precedente de morrer de fome por causa de música. Minha eventual participação como cantor e tocador de *tiple* no grupo do Liceu provou que eu tinha ouvido para aprender um instrumento mais difícil, e que sabia cantar.

Não havia jornada patriótica ou sessão solene do Liceu que não contasse, de um modo ou de outro, com a minha mão, sempre graças ao professor Guillermo Quevedo Zornosa, compositor e figura notável da cidade, diretor eterno da banda municipal e autor de "Amapola" — a do caminho, vermelha como o coração —, uma canção de juventude que foi em seu tempo a alma das tertúlias e serenatas. Aos domingos, depois da missa eu era dos primeiros a atravessar o parque para assistir a sua banda de coreto, sempre com *La gazza ladra* no começo, e o Coro dos Martelos, de *Il trovatore*, no final. O professor jamais soube, nem eu me atrevi a contar, que o sonho da minha vida naqueles anos era ser como ele.

Quando pediram voluntários para um curso de apreciação de música no Liceu, os primeiros a levantar a mão fomos Guillermo López Guerra e eu. O curso seria na manhã dos sábados, com o professor Andrés Pardo Tovar, diretor do primeiro programa de música clássica da emissora La Voz de Bogotá. Somados, não chegávamos a ocupar um quarto do refeitório adaptado para a aula, mas fomos seduzidos de imediato pela sua lábia de apóstolo. Ele era um perfeito *cachaco*, de *blazer* de meia-noite, colete acetinado, voz sinuosa e gestos pausados. Uma coisa que hoje em dia, por causa da sua antiguidade, talvez fosse considerada uma curiosa novidade, seria o fonógrafo de manivela que ele manejava com a maestria e o amor de um domador de focas. Partia da suposição — correta, no nosso caso — de que éramos absolutamente novatos. Assim, começou com *O carnaval dos animais*, de Saint-Saëns, descrevendo com dados eruditos a maneira de ser de cada animal. Logo depois, tocou — claro! — *Pedro e o lobo*, de Prokofiev. O problema daquela festa dos sábados é que inculcou em mim o pudor de que a música dos grandes mestres é um vício quase secreto, e precisei de muitos anos para não fazer distinções prepotentes entre música boa e música ruim.

Não tornei a ter nenhum contato com o reitor até o ano seguinte, quando ele ocupou a cátedra de geometria do quarto ano. Entrou na sala na primeira terça-feira às dez da manhã, deu bom-dia com uns rugidos, sem olhar para ninguém, e limpou o quadro-negro com o apagador até não restar um único rastro de pó. Então virou-se para nós, e mesmo sem ter feito a chamada perguntou a Álvaro Ruiz Torres:

— O que é um ponto?

Não houve tempo para responder, porque o professor de ciências sociais abriu a porta sem bater e disse a ele que havia um telefonema urgente do Ministério da Educação. O reitor saiu depressa para atender o telefone, e não regressou à sala. Nunca mais, pois o telefonema era para comunicar sua substituição no cargo que ele tinha cumprido de maneira correta durante cinco anos no Liceu, e após uma vida inteira de bons serviços.

O sucessor foi o poeta Carlos Martín, o mais jovem dos bons poetas do grupo Piedra y e Cielo, que César del Valle me havia ajudado a descobrir em Barranquilla. Tinha trinta anos e três livros publicados. Eu conhecia poemas dele, e o havia visto uma vez numa livraria de Bogotá, mas nunca tive nada a dizer a ele, e nenhum de seus livros para pedir um autógrafo. Uma segunda-feira apareceu sem se anunciar no recreio da hora do almoço. Não o esperávamos tão depressa. Parecia mais um advogado que um poeta, com um terno listrado inglês, a fronte ampla e um bigode linear com um rigor de forma que também podia ser notado em sua poesia. Avançou com seus passos bem medidos até os grupos mais próximos, cordial, sereno e sempre um pouco distante, e estendeu-nos a mão:

— Olá, eu sou Carlos Martín.

Naquela época, eu estava fascinado pelas prosas líricas que Eduardo Carranza publicava na seção literária de *El Tiempo* e na revista *Sábado*. Achava que era um gênero inspirado em *Platero e eu*, de Juan Ramón Jiménez, muito na moda entre os poetas jovens que aspiravam a apagar do mapa o mito de Guillermo Valencia. O poeta Jorge Rojas, herdeiro de uma fortuna efêmera, patrocinou com seu nome e seu saldo a publicação de uns caderninhos originais, que despertaram um grande interesse em sua geração, e unificou um grupo de bons poetas conhecidos.

Foi uma profunda mudança nas relações domésticas. A imagem espectral do reitor anterior foi substituída por uma presença concreta que mantinha a devida distância, mas sempre ao alcance da mão. Prescindiu da revisão rotineira da apresentação pessoal e de outras normas inúteis, e às vezes conversava com os alunos no recreio noturno.

O novo estilo me pôs em meu rumo. Talvez Calderón tivesse falado de mim ao novo reitor, pois numa de suas primeiras noites me fez um exame rigoroso sobre minhas relações com a poesia, e soltei tudo que carregava dentro. Ele me perguntou se eu havia lido *A experiência literária*, um livro muito comentado de dom Alfonso Reyes. Confessei que não, e me trouxe um exemplar no dia seguinte. Devorei a metade debaixo da carteira nas três aulas seguintes, e o resto nos recreios do campo de futebol. Fiquei feliz ao ver que um ensaísta de tamanho prestígio se preocupasse em estudar as canções de Agustín Lara como se fossem poemas de Garcilaso, com o pretexto de uma frase engenhosa: "As populares canções de Agustín Lara não são canções populares." Para mim foi como encontrar a poesia dissolvida numa sopa da vida diária.

Martín abriu mão do magnífico apartamento da reitoria. Instalou seu escritório de portas abertas no pátio principal, e isto aproximou-o ainda mais de nossas tertúlias de depois do jantar. Instalou-se como quem pretende ficar por muito tempo com sua esposa e seus filhos num casarão colonial bem-conservado numa esquina da praça principal, com um estúdio de paredes cobertas por todos os livros com que um leitor atento aos gostos renovadores daqueles anos poderia sonhar. Era lá que nos fins de semana ele recebia a visita de seus amigos de Bogotá, em especial seus companheiros do Piedra y Cielo. Num domingo qualquer precisei ir com Guillermo López Guerra até sua casa por causa de alguma tarefa casual, e lá estavam Eduardo Carranza e Jorge Rojas, as duas maiores estrelas. O reitor, com um gesto rápido para não interromper a conversa, indicou que nos sentássemos, e ficamos lá durante uma meia hora sem entender patavina, porque discutiam um livro de Paul Valéry, de quem jamais havíamos ouvido falar. Eu havia visto Carranza, em mais de uma oportunidade, em livrarias e cafés de Bogotá, e seria capaz de identificá-lo apenas pelo timbre e pela fluidez de sua voz, que combinava com sua roupa do dia-a-dia e com sua maneira de ser: um poeta. Já com Jorge Rojas foi diferente: não seria capaz de identificá-lo por causa de sua roupa e seu estilo ministeriais, até que Carranza dirigiu-se a ele chamando-o pelo nome. Eu ansiava por ser testemunha de uma discussão sobre poesia entre os três maiores, mas ela não aconteceu. No final do assunto, o reitor pôs a mão em meu ombro e disse aos seus convidados:

— Este aqui é um grande poeta.

Disse como uma gentileza galante, é claro, mas eu me senti fulminado. Carlos Martín insistiu em tirar uma foto nossa com os dois grandes poetas, e tirou, mas não tive notícias dela até meio século depois em sua casa do litoral catalão, onde retirou-se para gozar uma boa velhice.

O Liceu foi sacudido por um vento renovador. O rádio, que só usávamos para dançar homem com homem, transformou-se com Carlos Martín em um instrumento de divulgação social, e pela primeira vez escutavam-se e discutiam-se no pátio do recreio os noticiários noturnos. A atividade cultural aumentou com a criação de um centro literário e a publicação de um jornal. Quando fizemos a lista dos possíveis candidatos por suas inclinações

literárias bem definidas, seu número nos deu o nome do grupo: Centro Literário dos Treze. Achamos que era um golpe de sorte, porque além do mais
era um desafio à superstição. A iniciativa foi dos próprios estudantes, e consistia apenas em nos reunir uma vez por semana para falar de literatura
quando na verdade já não fazíamos outra coisa nas horas vagas, dentro e
fora do Liceu. Cada um levava o que tinha escrito, lia e submetia ao julgamento de todos. Assombrado por esse exemplo, eu contribuía com a leitura
de sonetos que assinava com o pseudônimo de Javier Garcés, que na verdade não usava para me diferenciar e sim para me esconder. Eram simples
exercícios técnicos sem inspiração nem aspiração, e aos quais eu não atribuía nenhum valor poético porque não me saíam da alma. Havia começado
com imitações de Quevedo, Lope de Vega e até mesmo de García Lorca, cujos
octassílabos eram tão espontâneos que bastava começar para continuar por
inércia. Cheguei tão longe nessa febre de imitação que me propus a tarefa de
parodiar, pela ordem, cada um dos quarenta sonetos de Garcilaso de la Vega
Escrevia, além disso, tudo aquilo que alguns internos me pediam para en-
viar, como se fosse deles, para as suas namoradas dominicais. Uma delas,
em absoluto segredo, me leu emocionada os versos que seu pretendente de-
dicou-lhe como se tivessem sido escritos por ele.

Carlos Martín nos concedeu um pequeno depósito no segundo pátio
do Liceu, com as janelas trancadas por questões de segurança. Éramos uns
cinco integrantes que nos dávamos as tarefas para a reunião seguinte.
Nenhum deles fez carreira de escritor mas não se tratava disso e sim de
testar as possibilidades de cada um. Discutíamos as obras dos outros, e
chegávamos a nos irritar tanto como se fossem jogos de futebol. Um dia
Ricardo González Ripoll precisou sair no meio de um debate, e surpreendeu o reitor com a orelha na porta para escutar a discussão. Sua curiosidade era legítima porque não lhe parecia verossímil que dedicássemos
nossas horas livres à literatura.

No final de março chegou-nos a notícia de que o antigo reitor, dom
Alejandro Ramos, tinha dado um tiro na cabeça em pleno Parque Nacional
de Bogotá. Ninguém se conformou em atribuir aquilo ao seu caráter solitário e talvez depressivo e nem encontrou um motivo razoável para suicidar-

se atrás do monumento do general Rafael Uribe Uribe, guerreiro de quatro guerras civis e político liberal que foi assassinado com uma machadada por dois fanáticos no átrio do Capitólio. Uma delegação do Liceu, encabeçada pelo novo reitor, assistiu ao enterro do professor Alejandro Ramos, que ficou na memória de todos como sendo o adeus a outra época.

O interesse pela política nacional era bastante escasso no colégio interno. Na casa de meus avós ouvi dizer demasiado que a única diferença entre os dois partidos depois da Guerra dos Mil Dias era que os liberais iam à missa das cinco para que não fossem vistos e que os conservadores à missa das oito para que acreditassem que eram crentes. Acontece que as diferenças reais começaram a ser sentidas trinta anos depois, quando o Partido Conservador perdeu o poder e os primeiros presidentes liberais tentavam abrir o país aos novos ventos do mundo. O Partido Conservador, vencido pela ferrugem de seu poder absoluto, punha ordem e limpeza em sua própria casa, debaixo do esplendor longínquo de Mussolini na Itália e das trevas do general Franco na Espanha, enquanto a primeira administração do presidente Alfonso López Pumarejo, com uma plêiade de jovens cultos, havia tratado de criar as condições para um liberalismo moderno, talvez sem perceber que estava cumprindo com o fatalismo histórico de nos partir nas duas metades em que estava dividido o mundo. Era inevitável. Em algum dos livros que os professores me emprestaram descobri uma citação atribuída a Lenin: "Se você não se meter com a política, a política vai acabar se metendo com você."

No entanto, depois de quarenta e seis anos de uma hegemonia de pedra de presidentes conservadores, a paz começava a parecer possível. Três presidentes jovens e com uma mentalidade moderna haviam aberto uma perspectiva liberal que parecia disposta a dissipar as brumas do passado. Alfonso López Pumarejo, o mais notável dos três, e que tinha sido um reformador arriscado, se fez reeleger em 1942 para um segundo período, e nada parecia perturbar o ritmo da sucessão. Assim, naquele meu primeiro ano do Liceu estávamos todos embebidos nas notícias da guerra européia, que nos mantinha em suspense permanente de um jeito que a política nacional nunca havia conseguido. Jornais e revistas não entravam no Liceu a não ser em casos muito especiais porque não tínhamos o hábito de pensar nisso. Não existiam rádios portáteis, e o único do Liceu era um velho aparelho grande como uma cômoda, que ficava na sala dos professores e que ligávamos no volume máximo às sete da noite e só para dançar. Estávamos longe de pensar que naquele momento estivesse sendo incubada a mais sangrenta e irregular de todas as nossas guerras.

A política entrou no Liceu aos golpes. Nos dividimos em grupos de liberais e conservadores, e pela primeira vez soubemos de qual lado estava cada um. Surgiu uma militância interna, cordial e um tanto acadêmica no começo, e que degenerou no mesmo estado de ânimo que começava a apodrecer o país. As primeiras tensões do Liceu eram quase imperceptíveis, mas ninguém duvidava da boa influência de Carlos Martín à frente de um corpo de professores que nunca havia ocultado suas ideologias. Se o novo reitor não era um militante evidente, pelo menos autorizou que se escutassem os noticiários noturnos na radiola da sala, e as notícias políticas prevaleceram, desde então, sobre a música para dançar. Dizia-se, sem confirmação, que em seu escritório havia um retrato de Lenin ou de Marx.

A única ameaça de motim que ocorreu no Liceu deve ter sido fruto daquele ambiente um tanto tenso. No dormitório, travesseiros e sapatos saíram voando, em detrimento da leitura e do sono. Não consegui chegar à conclusão sobre qual foi o motivo, mas creio recordar — e vários colegas concordam comigo — que foi por algum episódio do livro que era lido em voz alta naquela noite: *Cantaclaro*, de Rómulo Gallegos. Um raro esboço de combate.

Chamado de emergência, Carlos Martín entrou no dormitório e percorreu-o várias vezes de uma ponta a outra no silêncio imenso causado pela sua aparição. Depois, numa explosão de autoritarismo, insólita num espírito como o dele, ordenou que abandonássemos o dormitório de pijamas e pantufas, e entrássemos em formação no pátio gelado. Soltou-nos uma arenga no estilo circular de Catilina e regressamos em perfeita ordem para continuar o sono. Foi o único incidente de que tenho memória em nossos anos de Liceu.

Mario Convers, um estudante que chegou naquele 1944 ao sexto ano, nos mantinha alvoroçados com a idéia de fazer um jornal diferente dos convencionais dos outros colégios. Um de seus primeiros contatos foi comigo, e achei-o tão convincente que aceitei ser seu chefe de redação, sentindo-me lisonjeado mas sem ter uma idéia muito clara de quais seriam as minhas funções. Os preparativos finais do jornal coincidiram com a prisão do presidente López Pumarejo por um grupo de altos oficiais das Forças Armadas no dia 8 de julho de 1944, enquanto fazia uma visita oficial ao sul do país. A história, contada por ele mesmo, não desperdiçava nada. Talvez sem se propor, tinha feito aos investigadores um relato estupendo, segundo o qual não tinha ficado sabendo de nada até ser liberado. E tão restrito às verdades da vida real, que o golpe de Pasto ficou na memória de todos como mais um entre tantos episódios ridículos da história nacional.

Alberto Lleras Camargo, em sua condição de primeiro substituto, manteve o país adormecido com sua voz e sua dicção perfeitas, durante várias horas, através da Rádio Nacional, até que o presidente López foi libertado e restabeleceu-se a ordem. Mas foi imposto, com censura de imprensa, o rigoroso estado de sítio. Os prognósticos eram incertos. Os conservadores, que tinham governado o país durante longos anos desde a independência da Espanha, em 1819, não davam mostra alguma de liberalização. Os liberais, por sua vez, tinham uma elite de intelectuais jovens fascinados pelos cantos de sereia do poder, cujo exemplar mais radical e viável era Jorge Eliécer Gaitán. Ele havia sido um dos heróis da minha infância, graças às suas ações contra a repressão na zona bananeira, da qual ouvi falar sem entender nada desde que tive uso da razão. Minha avó o admirava, mas creio que se preocupava com suas afinidades com os comunistas. Eu havia estado às suas costas enquanto pronunciava um discurso explosivo de um balcão senhorial na praça de Zipaquirá, e me impressionou seu crânio com forma de melão, o cabelo liso e duro e a pele de índio puro, e sua voz de trovão com o sotaque dos *gamines*, os meninos de rua de Bogotá, talvez exagerado pela sagacidade política. Em seu discurso não falou de liberais e conservadores, ou de exploradores e explorados, como todo mundo, mas de pobres e oligarcas, uma palavra que escutei ali pela primeira vez martelada em cada frase, e que me apressei a buscar no dicionário.

Era um advogado eminente, aluno destacado na Roma do grande penalista italiano Enrico Ferri. Havia estudado lá mesmo as artes oratórias de Mussolini e tinha algo de seu estilo teatral numa tribuna. Já Gabriel Turbay, seu rival dentro do partido, era um médico elegante e culto, de finos óculos de armação de ouro que lhe davam um certo ar de artista de cinema. Em um recente congresso do Partido Comunista havia pronunciado um discurso de improviso que surpreendeu a muitos e inquietou a alguns de seus companheiros burgueses de partido, mas ele não achava que estava contrariando de palavra ou de ação sua formação liberal nem sua vocação de aristocrata. Sua familiaridade com a diplomacia russa vinha de 1936, quando estabeleceu em Roma, na condição de embaixador da Colômbia, as relações com a União Soviética. Sete anos depois formalizou-as em Washington, na condição de ministro da Colômbia nos Estados Unidos.

Suas boas relações com a embaixada soviética em Bogotá eram muito cordiais, e tinha no Partido Comunista colombiano alguns amigos dirigentes, que teriam podido armar uma aliança eleitoral com os liberais e da qual falou-se muito naqueles dias, mas que nunca se concretizou. Também naquela época, sendo embaixador em Washington, correu na Colômbia o rumor insistente de que era o namorado secreto de uma grande estrela de Hollywood — talvez Joan Crawford ou Paulette Goddard —, mas tampouco renunciou à sua carreira de solteiro empedernido.

Entre os eleitores de Gaitán e os de Turbay podia-se conseguir uma maioria liberal e abrir novos caminhos dentro do próprio partido, mas nenhuma das duas metades separadas seria capaz de ganhar do conservadorismo unido e armado.

Nossa *Gazeta Literária* apareceu naqueles dias ruins. Até mesmo os que tínhamos o primeiro número impresso ficamos surpreendidos pela sua apresentação profissional de oito páginas em formato tablóide, bem diagramado e bem impresso. Carlos Martín e Carlos Julio Calderón foram os mais entusiastas, e ambos comentaram alguns dos artigos nos recreios. Entre eles, o mais importante era o escrito por Carlos Martín a pedido nosso, no qual defendia a necessidade de uma corajosa tomada de consciência na luta contra os que faziam negociatas com os interesses do Estado, contra os políticos carreiristas e contra os agiotas que entorpeciam a livre caminhada do país. Publicou-se um grande retrato dele na primeira página. Havia um artigo de Convers sobre a hispanidade, e uma prosa lírica minha, assinada por Javier Garcés. Convers nos comunicou que entre seus amigos de Bogotá havia um grande entusiasmo e possibilidades de subvenções para lançá-lo em grande estilo, como um jornal intercolegial.

O primeiro número ainda não tinha sido distribuído quando ocorreu o golpe de Pasto. No mesmo dia em que se declarou que a ordem pública tinha sido gravemente alterada, o prefeito de Zipaquirá apareceu no Liceu à frente de um pelotão armado e confiscou os exemplares que estavam prontos para circular. O ataque foi coisa de cinema, só explicável por alguma denúncia matreira de que o jornal continha material subversivo. No mesmo dia chegou uma notificação do departamento de imprensa da presidência da República, dizendo que o jornal tinha sido impresso sem passar pela censura do estado de sítio, e Carlos Martín foi destituído da reitoria sem aviso prévio.

Para nós, aquela foi uma decisão despropositada, que nos fez sentir humilhados e importantes ao mesmo tempo. A tiragem do jornal não passava de duzentos exemplares para uma distribuição entre amigos, mas nos explicaram que a exigência da censura era inevitável debaixo do estado de sítio. A autorização para que o jornal circulasse foi cancelada até segunda ordem, que não chegou nunca.

Passaram-se mais de cinqüenta anos até que Carlos Martín me revelasse para estas memórias os mistérios daquele episódio absurdo. No dia em que a *Gazeta* foi confiscada, ele foi convocado por Bogotá para comparecer ao gabinete do ministro da Educação que o havia nomeado — Antonio Rocha —, que pediu sua renúncia. Carlos Martín encontrou-o com um exemplar da *Gazeta Literária* em que haviam sido sublinhadas com lápis vermelho numerosas frases consideradas subversivas. Tinham feito a mesma coisa com seu artigo editorial e com o de Mario Convers e também com um poema de autor conhecido, considerado suspeito por estar escrito em código. "Até a Bíblia, sublinhada nessa maneira maliciosa, poderia expressar o contrário de seu sentido autêntico", disse Carlos Martín a eles, numa reação de fúria tão notória que o ministro ameaçou chamar a polícia. Foi nomeado diretor da revista *Sábado*, coisa que num intelectual como ele devia ser considerado uma promoção brilhante. No entanto, ficou para sempre a impressão de ter sido vítima de uma conspiração de direita. Foi alvo de uma agressão num café de Bogotá, e esteve a ponto de reagir a bala. Mais tarde, um novo ministro nomeou-o advogado-chefe da seção jurídica, e fez uma carreira brilhante que culminou com uma aposentadoria rodeada de livros e lembranças em seu remanso de Tarragona.

Coincidindo com a saída forçada de Carlos Martín — e sem nenhum vínculo com ele, é claro —, circulou no Liceu e nas casas e cantinas da cidade uma versão sem dono segundo a qual a guerra com o Peru, em 1932, foi uma patranha do governo liberal para se manter à força contra a oposição libertina dos conservadores. A versão, divulgada até mesmo em folhetos mimeografados, afirmava que o drama havia começado sem a menor intenção política quando um alferes peruano atravessou o rio Amazonas com uma patrulha militar e seqüestrou na margem do território colombiano a namorada secreta do prefeito de Letícia, uma mulata perturbadora que era chamada de Pila, como diminutivo de Pilar. Quando o prefeito colombiano descobriu o seqüestro, atravessou a fronteira natural com um grupo de peões armados e resgatou Pila no território peruano. Mas o general Luis Sánchez Cerro, ditador absoluto do Peru, soube aproveitar a escaramuça para invadir a Colômbia e tratar de mudar os limites amazônicos a favor de seu país.

Olaya Herrera — debaixo da pressão feroz do Partido Conservador, derrotado após meio século de reinado absoluto — declarou o estado de guerra, promoveu a mobilização nacional, depurou o exército com homens de confiança e mandou tropas para liberar os territórios violados pelos peruanos. Um grito de combate estremeceu o país e ensandeceu a nossa infância: "Viva a Colômbia, abaixo o Peru." No paroxismo da guerra circulou inclusive a versão de que os aviões civis da SCADTA foram militarizados e armados como esquadrilhas de guerra, e que um deles, na falta de bombas, dispersou uma procissão de Semana Santa no povoado peruano de Guepí com um bombardeio de cocos. O grande escritor Juan Lozano y Lozano, mobilizado pelo presidente Olaya para que o mantivesse a par da verdade numa guerra de mentiras recíprocas, escreveu com sua prosa de mestre a verdade do incidente, mas a falsa versão foi tida como verdadeira durante muito tempo.

O general Luis Miguel Sánchez Cerro, é claro, encontrou na guerra uma oportunidade celestial para consolidar seu regime de ferro. Por seu lado, Olaya Herrera nomeou comandante das forças colombianas o general conservador Alfredo Vásquez Cobo, que se encontrava em Paris. O general atravessou o Atlântico num navio militar e penetrou pelas bocas do rio Amazonas até Letícia, quando os diplomatas de ambos os bandos começavam a apagar a guerra.

Sem relação alguma com o golpe de Pasto nem com o incidente do jornal, Carlos Martín foi substituído na reitoria por Óscar Espitia Brand, um educador de carreira e físico de prestígio. A substituição despertou, no internato, tudo que é tipo de suspicácia. Minhas reservas contra ele me estremeceram desde o primeiro cumprimento, pela espécie de estupor com que reparou em minha melena de poeta e em meus bigodes agrestes. Tinha um aspecto duro e olhava direto nos olhos com uma expressão severa. A notícia de que seria nosso professor de química orgânica acabou de me assustar.

Num sábado daquele ano estávamos no cinema em plena sessão vespertina quando uma voz perturbada anunciou pelos alto-falantes que havia um estudante morto no Liceu. Foi tão impressionante que não consegui recordar que filme estávamos vendo, mas nunca esqueci a intensidade de Claudette Colbert prestes a arrojar-se a um rio torrencial da balaustrada de uma ponte. O morto era um estudante do segundo ano, de dezessete anos, recém-chegado da remota cidade de Pasto, perto da fronteira com o Equador. Tinha sofrido uma parada respiratória durante um trote organizado pelo professor de ginástica como penitência de fim de semana para seus alunos mais vadios. Foi o único caso de um estudante que tenha morrido pelo motivo que fosse durante minha passagem pelo Liceu, e causou uma grande comoção não apenas no colégio mas em toda a cidade. Meus colegas me elegeram para dizer no enterro algumas palavras de despedida. Naquela mesma noite pedi para ser recebido pelo novo reitor, para mostrar a ele minha oração fúnebre, e entrar em seu escritório me estremeceu como uma repetição sobrenatural da outra e única vez em que estive com o reitor morto. O professor Espitia leu meu manuscrito com uma expressão trágica, e aprovou-o sem comentários, mas quando me levantei para sair ele, com um gesto, pediu que eu voltasse a me sentar. Tinha lido notas e versos meus, dos muitos que circulavam de mão em mão pelos recreios, e havia achado que alguns eram dignos de serem publicados num suplemento literário. Assim que comecei a tentar superar minha timidez impiedosa, ele já havia expressado aquele que, sem dúvidas, era o seu propósito. Aconselhou-me a cortar os cachos de poeta, impróprios para um homem sério, que modelasse o meu bigode de escova e deixasse de usar camisas com pássaros e flores que mais pareciam de carnaval. Nunca esperei nada semelhante, e por sorte consegui me controlar e não responder com uma impertinência. Ele percebeu, e adotou um tom sacramental para me explicar seu temor de que minha moda pegasse entre os alunos mais novos, por causa da minha reputação de poeta. Saí do escritório impressionado pelo reconhecimento de meus costumes e de meu talento poético numa instância tão elevada, e disposto a agradar o reitor com a mudança de meu aspecto num ato tão solene. Tanto assim, que encarei como um fracasso pessoal quando cancelaram as homenagens póstumas, a pedido da família.

O final foi tenebroso. Alguém tinha descoberto que o vidro do ataúde parecia embaçado quando ficou exposto na biblioteca do Liceu. Álvaro Ruiz Torres abriu-o, atendendo a um pedido dos familiares, e comprovou que efetivamente estava úmido por dentro. Procurando às cegas o motivo do vapor num caixão hermético, fez uma ligeira pressão com a ponta dos dedos no peito, e o cadáver emitiu um lamento dilacerante. A família chegou a se transtornar com a idéia de que o menino estivesse vivo, até que o médico explicou que os pulmões tinham retido ar por causa da falha respiratória e o havia expulsado com a pressão no peito. Apesar da simplicidade do diagnóstico, ou talvez por isso mesmo, em alguns de nós ficou o temor de que ele tivesse sido enterrado vivo. Com esse estado de espírito saí para as férias do quarto ano, ansioso por amolecer meus pais e não continuar estudando.

Desembarquei em Sucre debaixo de uma chuvinha invisível. O paredão de pedras do porto me pareceu diferente ao das minhas lembranças. A praça era menor e mais nua do que na memória, e a igreja e o calçadão tinham uma luz de desamparo debaixo das amendoeiras podadas. As grinaldas de cores nas ruas anunciavam o Natal, mas aquele não despertou em mim a emoção das outras vezes, e não reconheci nenhum dos escassos homens com guarda-chuvas que esperavam no cais, até que um deles me disse ao passar, com sua fala e seu tom inconfundíveis:

— O que há de novo?

Era papai, um tanto abatido pela perda de peso. Não tinha o terno branco de algodão cru que o identificava à distância desde seus anos moços, e sim calças caseiras, uma camisa tropical de manga curta e um estranho chapéu de capataz. Estava acompanhado pelo meu irmão Gustavo, que não reconheci por causa da sua espichada dos nove anos.

Por sorte, a família conservava sua intrepidez de pobres, e o jantar antecipado parecia feito de propósito para deixar claro para mim que aquela era a minha casa, e que não havia outra. Na mesa, a boa notícia foi que minha irmã Ligia tinha ganho na loteria. A história — contada por ela mesma — começou quando nossa mãe sonhou que seu pai tinha disparado a esmo para espantar um ladrão que ele havia surpreendido roubando na velha casa de Aracataca. Mamãe contou o sonho no café-da-manhã, conforme um hábito familiar, e sugeriu que comprassem um bilhete de loteria terminado em sete, porque esse número tinha a mesma forma do revólver do meu avô. A sorte falhou com um bilhete que mamãe comprou fiado para pagar com o dinheiro do prêmio. Mas Ligia, que então tinha onze anos, pediu a papai trinta centavos para pagar o bilhete que não ganhou, e outros trinta para insistir na semana seguinte com o mesmo número estranho: 0207.

Nosso irmão Luis Enrique escondeu o bilhete para assustar Ligia, mas o susto foi maior na segunda-feira seguinte, quando ouviu-a entrar em casa gritando feito louca que tinha ganho na loteria. É que na pressa da travessura, meu irmão esqueceu onde estava o bilhete, e na confusão da busca precisaram esvaziar armários e baús, e virar a casa de cabeça para baixo da sala até os banheiros. Porém, o mais inquietante de tudo foi a quantidade cabalística do prêmio: 770 pesos.

A má notícia foi que meus pais tinham enfim cumprido o sonho de mandar Luis Enrique ao reformatório de Fontidueño — em Medellín —, convencidos de que era uma escola para filhos desobedientes e não o que era de verdade: um cárcere para a reabilitação de delinqüentes juvenis de alta periculosidade.

A decisão final foi tomada por papai quando mandou o filho rebelde cobrar uma dívida da farmácia, e Luis Enrique, em vez de entregar os oito pesos que recebeu, comprou um *tiple* de boa categoria, que por conta própria aprendeu a tocar como um mestre. Meu pai não fez nenhum comentário quando descobriu o instrumento em casa, e continuou reclamando do filho a cobrança da dívida, e o filho respondia sempre que a quitandeira não tinha dinheiro para pagar. Tinham-se passado uns dois meses quando Luis Enrique encontrou papai cantando acompanhado pelo *tiple* uma canção improvisada: "Olha só como tocando estou, esse *tiple* que oito pesos me custou...".

Nunca ficamos sabendo como é que ele soube a origem, nem por que tinha bancado o desentendido com a malandragem do filho, mas o fato é que meu irmão sumiu de casa até que mamãe acalmasse meu pai. Então ouvimos de papai as primeiras ameaças de mandar Luis Enrique ao reformatório de Medellín, mas ninguém prestou atenção, já que ele também tinha anunciado seu propósito de me mandar para o seminário de Ocaña, não para me castigar por alguma coisa e sim pela honra de ter um padre em casa, e demorou mais em conceber a idéia do que em esquecê-la. O *tiple*, porém, foi a gota que fez o copo transbordar.

Entrar naquela casa de correção só era possível por uma decisão do juiz de menores, mas papai superou a falta de requisitos através de amigos comuns, com uma carta de recomendação do arcebispo de Medellín, monsenhor García Benítez. Luis Enrique, por sua vez, deu uma nova mostra de sua boa índole, pelo júbilo com que se deixou levar, como se fosse para uma festa.

Sem ele, as férias não eram iguais. Sabia acoplar-se como um profissional com Filadelfo Velilla, alfaiate mágico e *tiplero* magistral, e claro que com o maestro Valdés. Era fácil. Ao sair daqueles bailes conturbados dos ricos, nos assaltavam, nas sombras do parque, bandos de colegiais furtivas com tudo que era tipo de tentação. Propus por engano a uma que passava perto, mas que não era como as outras, que ficasse comigo, e ela me respondeu com uma lógica exemplar dizendo que não podia porque o marido dormia em casa. No entanto, duas noites depois me avisou que deixaria a porta da rua sem tranca três vezes por semana, para que eu pudesse entrar sem bater quando o marido não estivesse lá.

Recordo seu nome e sobrenome, mas prefiro chamá-la agora como a chamava naquele então: Nigromanta. Ia fazer vinte anos no Natal, e tinha um perfil abissínio e uma pele de cacau. Era de cama alegre e orgasmos difíceis e atribulados, e um instinto para o amor que não parecia de ser humano e sim de rio revolto. Já no primeiro *round* ficamos loucos na cama. Seu marido — como Juan Breva — tinha corpo de gigante e voz de menina. Tinha sido oficial da ordem pública no sul do país, e arrastava a má fama de matar liberais só para não perder a pontaria. Moravam num quarto dividido por um biombo de papelão, com uma porta que dava para a rua e outra para o cemitério. Os vizinhos se queixavam de que ela perturbava a paz dos mortos com seus uivos de cadela feliz, mas quanto mais forte ela uivava mais felizes deviam ficar os mortos de serem perturbados por ela.

Na primeira semana precisei escapar pela janela do quarto às quatro da manhã, pois tínhamos nos enganado de dia e o marido poderia chegar a qualquer momento. Saí pelo portão do cemitério através dos fogos-fátuos e dos latidos dos cães necrófilos. Na segunda ponte sobre o arroio vi vindo na minha direção um vulto descomunal que não reconheci até cruzarmos nossos passos. Era o sargento em pessoa, que teria me encontrado na sua casa se eu tivesse demorado cinco minutos a mais.

— Bom dia, branco — me disse num tom cordial.

Respondi sem a menor convicção:

— Deus te cuide, sargento.

Então ele se deteve para me pedir fogo. Acendi seu cigarro, muito próximo a ele, para proteger o fósforo do vento do amanhecer. Quando se afastou com o cigarro aceso, me disse com um humor especial:

— Você está com um cheiro de puta que não tem quem agüente.

O susto durou menos do que eu esperava, pois na quarta-feira seguinte tornei a adormecer e quando abri os olhos deparei com o rival ofendido que me contemplava parado e em silêncio aos pés da cama. Meu terror foi tão intenso que mal consegui continuar respirando. Ela, também nua, tentou se interpor, mas o marido afastou-a com o cano do revólver.

— Não se meta — disse a ela. — Assuntos de cama a gente resolve é com chumbo.

Pôs o revólver em cima da mesa, destampou uma garrafa de rum de cana, colocou-a ao lado do revólver e nos sentamos frente a frente bebendo sem falar. Eu não conseguia imaginar o que ele iria fazer, mas pensei que se quisesse me matar já teria feito, sem tantos rodeios. Pouco depois apareceu Nigromanta envolta num lençol e com ares de festa, mas ele apontou o revólver para ela.

— Isso é assunto de homens — disse.

Ela deu um salto e se escondeu atrás do biombo.

Tínhamos terminado a primeira garrafa quando desabou o dilúvio. Ele abriu a segunda, apoiou o cano do revólver na têmpora e me olhou muito fixo com seus olhos gelados. Então apertou o gatilho até o fundo, mas martelou em seco. Mal podia controlar o tremor da mão quando me deu o revólver.

— Agora é a sua vez — me disse.

Era a primeira vez que eu tinha um revólver na mão e me surpreendeu que fosse tão pesado e quente. Não soube o que fazer. Estava empapado por um suor glacial e o ventre cheio de uma espuma ardente. Quis dizer alguma coisa mas a voz não saiu. Não me ocorreu atirar nele, e em vez disso devolvi o revólver sem reparar que teria sido minha única oportunidade.

— O que foi, se cagou todo? — perguntou ele com um desprezo feliz. — Você devia ter pensado nisso antes de vir até aqui.

Eu bem que podia ter dito que os machos também se cagam, mas percebi que não tinha colhões suficientes para piadas fatais. Então ele abriu o tambor do revólver, tirou a única bala e jogou-a em cima da mesa: estava vazia. Meu sentimento não foi de alívio, e sim de uma terrível humilhação.

O aguaceiro perdeu força antes das quatro da manhã. Nós dois estávamos tão esgotados por causa da tensão, que não me lembro do momento em que ele mandou que eu me vestisse, e obedeci com uma certa solenidade típica dos duelos. Só quando ele tornou a sentar é que percebi que era ele quem estava chorando. Aos borbotões e sem pudor, e quase fazendo alarde das próprias lágrimas. No final secou-as com o dorso da mão, assoou o nariz com os dedos e levantou-se.

— Sabe por que você está saindo daqui assim tão vivo? — perguntou.
E respondeu a si mesmo: — Porque seu pai foi o único que conseguiu me curar de uma gonorréia de cachorro velho que em três anos ninguém tinha conseguido matar.

Não sei como é que minha mãe ficou sabendo do incidente, mas nos dias seguintes empreendeu uma campanha obstinada para que eu não saísse de casa à noite. E, ao mesmo tempo, me tratava como teria tratado papai, com truques para me distrair mas que não serviam para muita coisa. Buscava sinais para ver se eu tinha tirado a roupa fora de casa, descobria rastros de perfume onde não existiam, me preparava comidas difíceis antes que eu saísse para a rua por causa da superstição popular de que nem seu marido nem seus filhos se atreveriam a fazer amor no torpor da digestão. Para terminar, numa noite em que não teve mais nenhum pretexto para me prender em casa, sentou-se à minha frente e disse:

— Andam dizendo por aí que você está enroscado com a mulher de um policial e que ele jurou que vai dar um tiro em você.

Consegui convencer minha mãe de que não era verdade, mas o rumor persistiu. Nigromanta me mandava recados dizendo que estava sozinha, que seu homem estava fora, em missão, e que fazia tempo que o tinha perdido de vista. Sempre fiz o possível para não me encontrar com ele, mas quando isso acontecia ele se apressava em cumprimentar-me de longe, com um gesto que tanto podia ser de reconciliação como de ameaça. Nas férias do ano seguinte eu o vi pela última vez, numa noite de fandango em que me ofereceu um gole de rum bruto que não tive coragem de rejeitar.

Não sei por quais artes de ilusionismo os professores e meus colegas que sempre tinham me visto como um estudante retraído começaram a me ver, no quinto ano, como um poeta maldito, herdeiro do ambiente irresponsável que prosperou na época de Carlos Martín. Será que não foi para ficar ainda mais parecido a essa imagem que comecei a fumar aos quinze anos, lá mesmo, no Liceu? O primeiro golpe foi tremendo. Passei metade da noite agonizando sobre meus vômitos no chão do banheiro. Amanheci exausto, mas a ressaca do tabaco, em vez de me repugnar, provocou em mim desejos irresistíveis de continuar fumando. E assim comecei minha vida de tabagista empedernido, ao extremo de não conseguir pensar uma frase inteira se não estivesse com a boca cheia de fumaça. No Liceu só era permitido fumar nos recreios, mas eu pedia licença para ir urinar duas ou três vezes em cada aula, só para matar a vontade. E assim cheguei a fumar três maços de vinte cigarros por dia, e passava de quatro conforme o fragor da noite. Numa certa época, já fora do colégio, achei que fosse enlouquecer por causa da secura na garganta e da dor nos ossos. Decidi abandonar o tabaco mas não resisti a mais de dois dias de ansiedade.

Não sei se foi isso que soltou minha mão na prosa com as tarefas cada vez mais atrevidas do professor Calderón, e com os livros de teoria literária que ele quase me obrigava a ler. Hoje, repassando a minha vida, recordo que minha concepção do conto era primária apesar dos muitos que eu tinha lido desde meu primeiro alumbramento com *As mil e uma noites*. Isso, até me atrever a pensar que os prodígios que Sherazade contava aconteciam de verdade na vida cotidiana do seu tempo, e deixaram de acontecer por causa da incredulidade e da covardia realista das gerações seguintes. Por isso mesmo, me parecia impossível que alguém dos nossos tempos tornasse a crer que era possível voar sobre cidades e montanhas a bordo de um tapete, ou que um escravo de Cartagena das Índias vivesse castigado duzentos anos dentro de uma garrafa, a menos que o autor do conto fosse capaz de fazer com que seus leitores acreditassem nele.

Eu me aborrecia nas aulas, a não ser nas de literatura — que aprendia de cor — e tinha nelas um protagonismo único. Aborrecido por ter de estudar, acabava deixando tudo à mercê da boa sorte. Tinha um instinto próprio para pressentir os pontos álgidos de cada matéria, e quase adivinhar aqueles que mais interessavam aos professores e não estudar o resto. A realidade é que eu não entendia por que devia sacrificar engenho e tempo em matérias que não me comoviam e por isso mesmo não iriam me servir para nada numa vida que não era a minha.

Eu me atrevi a pensar que a maioria de meus professores me aprovavam mais pela minha maneira de ser do que por causa das minhas provas e exames. Minhas respostas imprevistas me salvavam, da mesma forma que minhas idéias demenciais e minhas invenções irracionais. No entanto, quando terminei o quinto ano, com sobressaltos acadêmicos que eu não me sentia capaz de superar, tomei consciência dos meus limites. O Liceu tinha sido até então um caminho empedrado de milagres, mas o coração me advertia que no fim do quinto ano uma muralha intransponível estaria à minha espera. A verdade nua e crua é que já naquele momento me faltavam a vontade, a vocação, a ordem, o dinheiro e a ortografia para que eu pudesse embarcar numa carreira acadêmica. Ou melhor: os anos voavam e eu não tinha a menor idéia do que ia fazer da minha vida, pois haveria de passar muito tempo antes que me desse conta de que até mesmo aquele estado de derrota era propício, porque não há nada deste mundo nem do outro que não seja útil para um escritor.

O país também não ia muito bem. Acossado pela oposição feroz da reação conservadora, Alfonso López Pumarejo renunciou à presidência da República no dia 31 de julho de 1945. Foi sucedido por Alberto Lleras Camargo, designado pelo Congresso para completar o último ano do período presidencial. A partir de seu discurso de posse, com sua voz sedante e sua prosa de grande estilo, Lleras começou a tarefa ilusória de moderar os ânimos do país para a eleição do novo titular.

Por intermédio do monsenhor López Lleras, primo do novo presidente, o reitor do Liceu conseguiu uma audiência especial para solicitar uma ajuda do governo numa excursão de estudos até a costa atlântica. Tampouco soube por que o reitor me escolheu para acompanhá-lo na audiência com a condição de que eu desse algum jeito na juba desgrenhada e no meu bigode rústico. Os outros convidados foram Guillermo López Guerra, conhecido do presidente, e Álvaro Ruiz Torres, sobrinho de Laura Victoria, uma poeta famosa de temas atrevidos na geração dos Novos, da qual Lleras Camargo também fazia parte. Não tive alternativa: na noite do sábado, enquanto Guillermo Granados lia no dormitório um livro que não tinha nada a ver com meu caso, um aprendiz de barbeiro do terceiro ano me fez um corte de recruta e me talhou um bigode de tango. Agüentei pelo resto da semana o deboche dos internos e externos por causa do meu novo estilo. Só a idéia de entrar no palácio presidencial já me gelava o sangue, mas foi um erro do coração, porque o único signo dos mistérios do poder que encontramos por lá foi um silêncio celestial. Após uma curta espera na ante-sala com enormes gobelinos e cortinas de cetim, um militar de uniforme nos conduziu ao gabinete do presidente.

De uma forma incomum, Lleras Camargo era parecido aos seus retratos. Eu me impressionei com suas costas triangulares num terno impecável de gabardine inglesa, os pômulos pronunciados, a palidez de pergaminho, os dentes de menino travesso que faziam as delícias dos caricaturistas, a lentidão dos gestos e sua maneira de dar a mão olhando direto nos olhos. Não recordo qual a idéia que eu tinha de como seriam os presidentes, mas não me pareceu que todos fossem como ele. Com o tempo, quando o conheci melhor, percebi que talvez ele mesmo não soubesse jamais que era apenas e tão-somente um escritor extraviado.

Depois de escutar as palavras do reitor com uma atenção demasiado evidente, fez alguns comentários oportunos, mas não decidiu nada até escutar os três estudantes. Prestou a mesma atenção, e nos deixou satisfeitos por sermos tratados com o mesmo respeito e a mesma simpatia que dedicava ao reitor. Foram suficientes os dois últimos minutos para que saíssemos levando a certeza de que ele sabia mais de poesia que de navegação fluvial, e que sem dúvida se interessava mais.

Concedeu-nos tudo que foi solicitado, e além disso prometeu assistir ao ato de encerramento do ano no Liceu, quatro meses mais tarde. E assim foi, como se fosse o mais sério dos atos de governo, e riu como ninguém com a comédia bufa que representamos em sua homenagem. Na recepção final divertiu-se como se fosse um estudante a mais, com uma imagem diferente da sua, e não resistiu à tentação estudantil de esticar uma perna no caminho do rapaz que servia as bebidas, e que mal teve tempo de desviar.

Com o espírito da festa de formatura fui passar com a família as férias do quinto ano, e a primeira notícia que me deram foi ótima: meu irmão Luis Enrique estava de volta depois de um ano e seis meses na casa de correção. Uma vez mais, me surpreendi com sua boa índole. Não sentia o menor rancor contra ninguém por causa da condenação, e contava suas desgraças com um humor imbatível. Em suas meditações de recluso chegou à conclusão de que nossos pais o haviam internado de boa-fé. No entanto, a proteção episcopal não o colocou à salvo da dura prova da vida cotidiana no cárcere, que em vez de pervertê-lo enriqueceu o seu caráter e seu bom senso de humor.

Seu primeiro emprego ao regressar foi o de secretário na prefeitura de Sucre. Tempos depois, o titular sofreu um súbito transtorno gástrico, e alguém lhe receitou um remédio mágico que acabava de chegar ao mercado: Alka-seltzer. O prefeito não o dissolveu na água, engoliu-o como se fosse um comprimido convencional, e só por milagre não se afogou na efervescência incessante no estômago. Antes mesmo de se repor do susto, receitou a si mesmo uns dias de descanso, mas tinha lá suas razões políticas para não querer que nenhum de seus suplentes legítimos ficasse em seu lugar, e por isso mesmo deu posse interina a meu irmão. Por causa dessa estranha carambola — e sem a idade mínima exigida — Luis Enrique ficou na história do município como seu prefeito mais jovem.

A única coisa que me perturbava de verdade naquelas férias era a certeza de que no fundo de seus corações minha família baseava o seu futuro no que esperava de mim, e só eu sabia com certeza que eram ilusões vãs. Duas ou três frases casuais de meu pai no meio da refeição me indicaram que havia muito para falarmos do nosso destino comum, e minha mãe apressou-se em deixar isso claro. "Se as coisas continuam do jeito que estão", disse ela, "cedo ou tarde teremos que voltar a Cataca." Mas um rápido olhar de meu pai induziu-a a se corrigir:

— Ou para onde for.

Então, estava claro: a possibilidade de uma nova mudança para qualquer lugar já era um tema apresentado à família, e não por causa do ambiente moral, mas por um futuro mais amplo para os filhos. Até aquele momento eu me consolava com a idéia de atribuir ao lugar e à sua gente, e inclusive à minha família, o espírito de derrota que eu mesmo padecia. Mas o dramatismo de meu pai revelou uma vez mais que é sempre possível encontrar um culpado, para que a culpa não caia em nós.

O que eu percebia no ar era algo muito mais denso. Minha mãe parecia pendente apenas da saúde de Jaime, o filho mais novo, que não tinha conseguido superar sua condição de temporão, nascido no sexto mês da gravidez.

Passava a maior parte do tempo deitada com ele em sua rede do dormitório, sufocada pela tristeza e pelos calores humilhantes, e a casa começava a se ressentir de seu abandono. Meus irmãos pareciam desamparados. Tinha relaxado tanto na ordem que comíamos sem horários, quando sentíamos fome. Meu pai, o mais caseiro dos homens, passava o dia na farmácia contemplando a praça, e as tardes jogando partidas cheias de truques no clube de bilhar. Um dia, não consegui mais suportar a tensão. Eu me estendi na rede ao lado da minha mãe, como não pude fazer quando era menino, e perguntei a ela qual era o mistério que se respirava no ar da casa. Ela engoliu um suspiro inteiro para que sua voz não tremesse, e me abriu a alma:

— Seu pai tem um filho fora de casa.

Pelo alívio que percebi em sua voz, entendi a ansiedade com que ela esperava pela minha pergunta. Tinha descoberto a verdade graças à clarividência dos ciúmes, quando uma das empregadinhas chegou em casa com a emoção de ter visto papai falando pelo telefone no correio. Para uma mulher ciumenta, não era preciso saber nada mais. O telefone que ficava no local dos correios e telégrafos era o único em todo o povoado, e servia apenas para chamadas interurbanas com hora marcada, com esperas incertas e minutos tão caros que só era usado em casos extremos. Cada telefonema, por mais simples que fosse, despertava um alarme malicioso na comunidade da praça. Assim, quando papai voltou para casa mamãe vigiou-o sem dizer nada, até ele rasgar um papelzinho que trazia no bolso com a notificação de uma reclamação judicial por abuso na profissão. Minha mãe esperou a ocasião de perguntar à queima-roupa com quem ele tinha falado por telefone. A pergunta foi tão reveladora que na hora meu pai não encontrou outra resposta mais viável que a verdade:

— Eu estava falando com um advogado.

— Isso eu sei — disse mamãe. — O que preciso é que você mesmo me conte com a franqueza que eu mereço.

Minha mãe admitiu mais tarde que ela mesmo ficou aterrorizada com a podridão que podia ter destapado sem perceber, pois se ele tinha se atrevido a dizer a verdade era porque pensava que ela já sabia de tudo. Ou que teria de contar tudo.

E foi o que aconteceu. Papai confessou que tinha recebido a notificação judicial acusando-o de abusar de uma doente, em seu consultório, narcotizada com uma injeção de morfina. O fato tinha ocorrido num fim de mundo qualquer onde ele havia passado curtas temporadas atendendo doentes sem recursos. E de imediato deu uma prova de sua honradez: o melodrama da anestesia e violação era uma farsa criminosa de seus inimigos, mas a criança era dele, e concebida em circunstâncias normais.

Para minha mãe, não foi fácil evitar o escândalo, porque alguém de muito peso manejava, nas sombras, os fios da confabulação. Existia o precedente de Abelardo e Carmen Rosa, que tinham vivido conosco em diferentes ocasiões e com o carinho de todos, mas ambos eram nascidos antes do matrimônio. No entanto, também minha mãe superou o rancor pelo trago amargo do novo filho e da infidelidade do marido, e lutou ao seu lado, de cara limpa, até desfazer a calúnia da violação.

A paz retornou à família. Pouco depois, porém, chegaram notícias confidenciais vindas da mesma região, sobre uma menina de outra mãe que papai tinha reconhecido como sendo dele, e que vivia em condições deploráveis. Minha mãe não perdeu tempo com brigas e suposições, mas começou a luta para levar a menina para casa. "Mina fez a mesma coisa com tantos filhos soltos de seu pai", disse naquela ocasião, "e nunca teve de que se arrepender." Foi assim que conseguiu, por conta própria, que mandassem a menina para ela, sem alarde, e a misturou dentro de uma família que já era numerosa.

Tudo aquilo eram coisas do passado quando meu irmão Jaime se encontrou numa festa de outra cidadezinha com um rapaz idêntico ao nosso irmão Gustavo. Era o filho que tinha causado a tal batalha judicial, já bem criado e mimado pela mãe. Mas a nossa fez tudo que era gestão possível e levou-o para morar na nossa casa — quando já éramos onze — e ajudou-o a aprender um ofício e tomar rumo na vida. Então, eu não consegui dissimular o assombro de que uma mulher com ciúmes alucinógenos tivesse sido capaz de atos como aqueles, e ela mesma me respondeu com uma frase que desde então conservo como um diamante:

— É que o mesmo sangue dos meus filhos não pode andar rodando por aí.

Eu só via meus irmãos nas férias anuais. A cada viagem, me dava mais trabalho reconhecê-los, e depois levar um irmão novo na memória. Além do nome de batismo, todos tínhamos outro que a família depois nos dava por causa da facilidade cotidiana, e que não era um diminutivo e sim um apelido casual. Eu, desde o instante em que nasci, fui chamado de Gabito — diminutivo irregular de Gabriel na costa *guajira* — e sempre senti que esse é meu nome de batismo, e que o diminutivo é Gabriel. Teve gente que, surpreendida por este santoral feito só de caprichos, nos perguntou por que nossos pais não tinham preferido de uma vez batizar todos os filhos com o apelido.

Essa liberalidade de minha mãe, em todo caso, parecia ir no sentido contrário ao da sua atitude com as duas filhas mais velhas, Margot e Aida, a quem tratava de impor o mesmo rigor que sua mãe impôs a ela por causa de seus amores empedernidos com meu pai. Queria mudar-se de cidade. Papai, por seu lado, e que não precisava ouvir aquilo duas vezes para fazer as malas e se mandar rodando pelo mundo, daquela vez estava relutante. Passaram-se vários dias antes que eu ficasse sabendo que o problema eram os amores de suas duas filhas mais velhas com dois homens diferentes, é claro, mas com o mesmo nome: Rafael. Quando me contaram não consegui disfarçar o riso pela lembrança da história de horror que papai e mamãe tinham sofrido, e disse isso a ela.

— É diferente — mamãe falou.

— É a mesma coisa — insisti.

— Bem — ela concedeu —, é a mesma coisa, mas multiplicada por dois.

Como tinha acontecido com ela em seu momento, razões e propósitos não serviam para nada. Jamais soubemos como é que os pais ficavam sabendo, porque cada uma delas — e por conta própria — tinha tomado todas as precauções para não ser descoberta. Mas as testemunhas eram as mais inesperadas, porque as irmãs tinham se feito acompanhar algumas vezes pelos irmãos menores, que seriam avalistas de sua inocência. O mais surpreendente foi que papai também participou do cerco e da vigilância, não com atos diretos, mas com a mesma resistência passiva de meu avô Nicolás contra sua filha.

"Íamos a um baile e papai entrava na festa e nos levava para casa quando descobria que os Rafaéis estavam lá", contou Aida Rosa numa entrevista a um jornalista. Não deixavam que elas fizessem um passeio pelo campo ou que fossem ao cinema, ou então mandavam alguém que não as perdesse de vista. As duas inventavam, cada uma por seu lado, pretextos inúteis para seus encontros de amor, e aparecia um fantasma que as delatava. Ligia, mais nova que elas, ganhou a má fama de espiã e delatora, mas ela mesma se desculpava argumentando que os ciúmes entre irmãos eram apenas outra maneira do amor.

Naquelas férias tentei interceder junto a meus pais para que não repetissem os erros que os pais de mamãe tinham cometido com ela, e eles sempre encontraram motivos difíceis só para não entender o que eu dizia. O mais terrível foi a história dos panfletos, que tinham revelado segredos atrozes — reais ou inventados — mesmo nas famílias menos suspeitas. Foram delatadas paternidades ocultas, adultérios vergonhosos, perversidades de cama que de modo algum chegavam ao domínio público por caminhos menos fáceis que o dos panfletos. Mas nunca tinha surgido um único que denunciasse algo que de alguma forma não fosse conhecido, por mais secreto que pudesse ser, ou que não fosse acontecer cedo ou tarde. "Nós mesmos fazemos os nossos panfletos", dizia uma de suas vítimas.

O que meus pais não previram foi que as filhas iriam se defender com os mesmos recursos que eles. Mandaram Margot estudar em Monteria, e Aida foi para Santa Marta por decisão própria. Estavam internas, e nos dias de folga havia alguém destacado para acompanhá-las, mas sempre davam um jeito para se comunicar com os Rafaéis remotos. E ainda assim, mamãe conseguiu o que seus pais não conseguiram com ela. Aida passou a metade da vida no convento, e lá viveu, sem penas nem glórias, até que se sentiu a salvo dos homens. Margot e eu continuamos sempre unidos pelas lembranças de nossa infância comum, quando eu vigiava os adultos para que não a surpreendessem comendo terra. No fim, ficou como uma segunda mãe de todos, em especial de Cuqui, que era quem mais precisava dela, e com ela esteve até seu último suspiro.

Só hoje me dou conta de até que ponto aquele mau estado de espírito de minha mãe e as tensões internas da casa coincidiam com as contradições mortais do país que não chegavam à superfície, mas que existiam. O presidente Lleras deveria convocar eleições no ano novo, e o futuro parecia turvo. Os conservadores, que conseguiram derrubar López, tinham com o sucessor um jogo duplo: o adulavam pela sua imparcialidade matemática, mas fomentavam a discórdia no interior do país para reconquistar o poder pela razão ou pela força.

Sucre tinha se mantido imune à violência, e os poucos casos recordados não tinham nada a ver com a política. Um deles tinha sido o assassinato de Joaquín Vega, um músico muito apreciado, que tocava bombardino na banda local. Estavam tocando às sete da noite na entrada do cinema, quando um parente inimigo deu-lhe um único talho no pescoço inflado por causa da pressão da música e dessangrou-o no chão. Os dois eram muito queridos no povoado e a única explicação conhecida e sem confirmação foi uma questão de honra. Bem naquela hora estavam celebrando o aniversário de minha irmã Rita, e a comoção causada pela má notícia desfez a festa programada para durar muitas horas.

O outro duelo, muito anterior mas inesquecível na memória de todos, foi o de Plinio Balmaceda e Dionisiano Barrios. O primeiro era membro de uma família antiga e respeitável, um homem enorme e encantador, mas também um brigão de gênio atravessado quando tropeçava com o álcool. Em são juízo tinha ares e graças de cavalheiro, mas quando bebia demais transformava-se num delirante de revólver fácil e com um rebenque de cavaleiro no cinto para atiçar todo mundo com quem implicasse. A própria polícia tratava de mantê-lo afastado. Os membros de sua boa família, cansados de arrastá-lo para casa cada vez que passava da conta na bebida, terminaram deixando-o entregue à própria sorte.

Dinonisiano Barrios era o contrário: um homem tímido e torto, inimigo de broncas e abstêmio de nascença. Nunca tinha tido problemas com ninguém, até que Plinio Balmaceda começou a provocá-lo com piadas infames por causa da sua corcunda. Ele evitou do jeito que pôde, até o dia em que Balmaceda encontrou-o no caminho e cruzou-lhe a cara com seu açoite porque sentiu vontade e pronto. Então Dionisiano superou a própria timidez, a corcova e sua má sorte, e enfrentou o agressor a tiro limpo. Foi um duelo instantâneo, no qual os dois saíram com ferimentos graves, mas só Dionisiano morreu.

Apesar disso tudo, o duelo histórico da cidade foi outro, o das mortes gêmeas do mesmo Plinio Balmaceda e de Tasio Ananías, um sargento da polícia famoso pela sua correção, filho exemplar de Mauricio Ananías, que tocava tambor na mesma banda em que Joaquín Vega tocava o bombardino. Foi um duelo formal, em plena rua, e os dois saíram com ferimentos graves, e cada um padeceu uma longa agonia em sua própria casa. Plinio recobrou a lucidez quase na mesma hora, e sua preocupação imediata foi pelo que havia ocorrido com Ananías. Que, por seu lado, ficou impressionado com a preocupação com que Plinio rogava pela sua vida. Cada um começou a suplicar a Deus para que o outro não morresse, e as famílias os mantiveram informados enquanto tiveram alma para isso. A cidade inteira viveu em suspense com todo tipo de esforços para encompridar as duas vidas.

Após quarenta e oito horas de agonia, os sinos da igreja dobraram de luto por uma mulher que acabava de morrer. Os dois moribundos ouviram as badaladas, e cada um em sua cama achou que os sinos dobravam pelo outro. Ananías morreu de pena quase na mesma hora, chorando pela morte de Plinio. Que ficou sabendo, e morreu dois dias depois chorando mares pelo sargento Ananías.

Num povoado de amigos pacíficos como aquele, a violência teve naqueles anos uma manifestação menos mortal, mas não menos daninha: os panfletos. O terror estava vivo nas casas das grandes famílias, que esperavam a manhã seguinte como uma loteria da fatalidade. De onde menos se esperava surgia um papel punitivo, que era um alívio pelo que não dissesse de alguém e às vezes uma festa pelo que dizia de outros. Meu pai, talvez o homem mais pacífico que conheci, limpou cuidadosamente o revólver venerável que nunca disparou, e soltou a língua no salão de bilhar.

— Quem se atrever a mencionar qualquer uma das minhas filhas — gritou —, vai levar chumbo, e do bom.

Várias famílias iniciaram seu êxodo com medo de que os panfletos fossem um prelúdio da violência policial que arrasava cidades inteiras no interior do país para amedrontar a oposição.

A tensão se transformou em outro pão-nosso-de-cada-dia. No começo, foram organizadas rondas furtivas não tanto para descobrir os autores dos panfletos mas para saber o que eles diziam, antes que fossem distribuídos ao amanhecer. Nós, que formávamos um grupo de varadores de noite, encontramos um funcionário municipal às três da madrugada, tomando a fresca na porta de sua casa, mas na verdade à espreita dos que distribuíam os panfletos. Meu irmão disse a ele, meio de brincadeira, meio a sério, que alguns dos folhetos diziam a verdade. Ele tirou o revólver, engatilhou e apontou:

— Repete isso, quero ver!

Ficamos sabendo então que na noite anterior tinham distribuído um panfleto verdadeiro contra sua filha solteira. Mas os dados eram de domínio público, e o único que não sabia de nada era o pai da moça.

No começo foi evidente que os panfletos tinham sido escritos pela mesma pessoa, com o mesmo pincel e no mesmo papel, mas num comércio tão pequeno como o daquela praça só uma loja podia vender aquilo, e o próprio dono apressou-se em demonstrar sua inocência. Desde aquele momento eu soube que algum dia iria escrever um livro sobre os panfletos, e não pelo que diziam, que quase sempre eram fantasias de domínio público e sem muita graça, mas por causa da tensão insuportável que conseguiam criar dentro das casas.

Em *A má hora*, meu terceiro romance escrito vinte anos depois, achei que seria um ato de simples decência não usar casos concretos ou identificáveis, embora alguns dos verdadeiros fossem melhores dos que os inventados por mim. Não fazia falta, além do mais, porque sempre me interessei mais pelo fenômeno social que pela vida privada das vítimas. Só depois que o livro foi publicado é que fiquei sabendo que nos arrabaldes, onde ninguém gostava de quem, como eu, morava perto da praça matriz, muitos panfletos foram motivos de festa.

A verdade é que os panfletos só me serviram como ponto de partida de um argumento que em nenhum momento consegui concretizar, porque o que eu ia escrevendo demonstrava que o problema de fundo era político e não moral, como se acreditava. Sempre pensei que o marido de Nigromanta era um bom modelo para o prefeito militar de *A má hora*, mas enquanto o desenvolvia como personagem ele foi me seduzindo como ser humano, e não tive motivos para matá-lo, pois descobri que um escritor sério não pode matar um personagem se não tiver uma razão convincente, e não era esse o caso.

Hoje sei que o próprio romance poderia ser outro romance. Comecei a escrevê-lo num hotel de estudantes da *rue* Cujas, no Quartier Latin de Paris, a cem metros do *boulevard* Saint Michel, enquanto os dias passavam sem misericórdia à espera de um cheque que nunca chegou. Quando dei o livro por terminado, fiz um rolo com as folhas de papel, amarrei-as com uma das três gravatas que tinha levado em tempos melhores, e sepultei-o no guarda-roupa, bem no fundo.

Dois anos depois, na Cidade do México, não sabia mais onde o rolo estava, quando me pediram o livro para um concurso de romances da Esso Colombiana, com um prêmio de três mil dólares daqueles tempos de fome O emissário era o fotógrafo Guillermo Angulo, meu velho amigo colombiano, que conhecia a existência dos originais desde que eu estava escrevendo em Paris, e levou o livro do jeito que estava, ainda amarrado com a gravata e não deu tempo nem de passá-lo a ferro, tamanha era a pressa. Foi assim que mandei o romance para o concurso, sem nenhuma esperança, num prêmio que quase dava para comprar uma casa. Acontece que daquele mesmo jeito que mandei, o livro foi declarado vencedor por um júri ilustre, no dia 16 de abril de 1962, e quase à mesma hora em que nasceu nosso segundo filho, Gonzalo, trazendo a fortuna debaixo do braço.

Não tínhamos tido tempo nem mesmo para pensar no assunto, quando recebi uma carta do padre Félix Restrepo, presidente da Academia Colombiana da Língua — que corresponde às academias de letras — e homem de bem, que havia presidido o júri do prêmio mas não sabia qual era o título do romance. Só então percebi que na pressa da última hora tinha esquecido de escrevê-lo na página inicial: *Este pueblo de mierda.*

Ao saber disso, o padre Restrepo ficou escandalizado, e através de Germán Vargas me pediu da maneira mais amável possível que eu o trocasse por outro menos brutal, e mais em harmonia com o clima do livro. Após trocar muitas idéias com ele, me decidi por um título que talvez não dissesse muito do drama, mas que lhe serviria de bandeira para navegar pelos mares da carolice: *La mala hora*.

Uma semana mais tarde, o doutor Carlos Arango Vélez, embaixador da Colômbia no México, e candidato recente à presidência da República, convidou-me para ir ao seu gabinete, onde fui informado que o padre Restrepo suplicava que eu mudasse duas palavras que ele achava serem inadmissíveis num texto premiado: *preservativo* e *masturbação*. Nem o embaixador nem eu conseguíamos dissimular o assombro, mas chegamos a um acordo: deveríamos acatar o que o padre Restrepo pedia, para pôr um feliz ponto final naquele concurso interminável, mas com uma solução equânime.

— Muito bem, senhor embaixador — disse eu. — Elimino uma das duas palavras, mas o senhor me fará o favor de escolher qual.

Com um suspiro de alívio, o embaixador eliminou a palavra *masturbação*. E assim o conflito foi solucionado, e o livro acabou sendo impresso pela Editora Iberoamericana, de Madri, com uma tiragem grande e um lançamento espetacular. Era encadernado em couro, com um papel excelente e uma impressão impecável. No entanto, foi uma lua-de-mel efêmera, porque não consegui resistir à tentação de fazer uma leitura exploratória, e descobri que o livro escrito em minha língua de índio tinha sido dublado — como os filmes da época — no mais puro dialeto de Madri. Eu tinha escrito: "Do jeito que agora vocês vivem, não só estão numa situação insegura como também constituem um mau exemplo para o povo." A transcrição do editor espanhol me deixou arrepiado: "Tal como viveis agora, não apenas estais em situação insegura como constituís um mau exemplo para o povo." O pior é que como essa frase era dita por um sacerdote, o leitor colombiano podia pensar que era um truque do autor para mostrar que o padre era espanhol, e com isso o seu comportamento se complicava e um aspecto essencial do drama seria completamente descaracterizado. Não satisfeito em pentear a gramática dos diálogos, o revisor se permitiu invadir o estilo à mão armada, e o livro ficou coberto de remendos madrilenhos que não tinham nada a ver com o original. Resultado: não tive outro remédio a não ser desautorizar a edição, por considerá-la adulterada, e recolher e incinerar os exemplares que ainda não tivessem sido vendidos. A resposta dos responsáveis foi o mais absoluto silêncio.

A partir daquele instante resolvi dar o romance por não publicado, e me entreguei à dura tarefa de retraduzi-lo ao meu dialeto caribenho, porque a única versão original era a que eu havia mandado para o concurso, e que tinha sido enviada à Espanha para a edição. Uma vez restabelecido o texto original, e ao mesmo tempo corrigido uma vez mais por minha conta e risco, o livro foi publicado no México pela Editora Era, com a advertência impressa e expressa de que aquela era a sua primeira edição.

Nunca soube por que *A má hora* é o único de meus livros que me transporta ao seu tempo e ao seu lugar numa noite de lua grande e de brisas primaveris. Era sábado, a chuva havia estiado, e as estrelas não cabiam no céu. Tinha acabado de dar onze horas quando ouvi minha mãe na sala de jantar sussurrando um fado de amor para fazer dormir a criança que estava em seus braços. Perguntei a ela de onde vinha aquela música, e ela me respondeu de um jeito todo seu:

— Das casas das bandidas.

Mamãe me deu cinco pesos sem que eu tivesse pedido, porque me viu vestido para ir a uma festa. Antes que eu saísse, ela me avisou, com sua prevenção infalível, que deixaria a porta dos fundos sem trancar, para que eu pudesse voltar na hora que fosse, e sem despertar meu pai. Não consegui chegar até as casas das bandidas porque era noite de ensaio de músicos na carpintaria do maestro Valdés, grupo ao qual meu irmão Luis Enrique havia se filiado assim que voltou para casa.

Naquele ano eu me incorporei a eles para tocar *tiple* e cantar com seus seis maestros anônimos até o amanhecer. Eu sempre tive meu irmão na conta de bom violeiro, mas na minha primeira noite fiquei sabendo que até seus rivais mais furiosos o consideravam um virtuose. Não havia conjunto melhor, e estavam tão seguros de si que quando alguém os contratava para uma serenata de reconciliação ou de reparação, o maestro Valdés tranqüilizava por antecipado:

— Não se preocupe, que vamos deixar essa moça mordendo o travesseiro.

Sem Valdés as férias não eram iguais. Incendiava as festas quando chegava, e Luis Enrique e ele, com Filadelfo Velilla, se entrosavam como profissionais. Foi então que descobri a lealdade do álcool e aprendi a viver do jeito certo, dormindo de dia e cantando de noite. Como dizia minha mãe: soltei os cachorros.

De mim, falaram de tudo, e correu à boca pequena que minha correspondência não chegava ao endereço de meus pais, e sim nas casas bandidas. Eu me transformei no cliente mais assíduo e pontual de seus ensopados épicos de bílis de tigre e seus refogados de iguana, que davam ímpetos para três noites completas. Não tornei a ler nem a participar da rotina da mesa familiar. Tudo isso correspondia à idéia tantas vezes exposta por minha mãe de que eu fazia do meu jeito o que me dava na veneta, e quem levava a fama era o coitado do Luis Enrique. Meu irmão, mesmo sem saber da frase de mamãe, me disse num daqueles dias: "Agora só falta dizerem que estou corrompendo você, e depois me mandarem de novo para a casa de correção."

Na época do Natal decidi escapar da competição anual dos carros alegóricos e fugi com dois amigos cúmplices para o vizinho povoado de Majagual. Anunciei em casa que ia ficar fora três dias, fiquei dez. A culpa foi de María Alejandrina Cervantes, uma mulher inverossímil que conheci na primeira noite, e com quem perdi a cabeça na farra mais fragorosa da minha vida. Isso durou até o domingo em que ela não amanheceu na minha cama e desapareceu para sempre. Anos mais tarde resgatei-a das minhas nostalgias, nem tanto pelas suas graças mas pela ressonância do seu nome, e a revivi para proteger outra mulher em um de meus romances, como dona e senhora de uma casa de prazeres que jamais existiu.

De regresso, encontrei minha mãe coando o café na cozinha, às cinco da madrugada. Ela me disse num sussurro cúmplice que ficasse com ela, porque papai tinha acabado de despertar e estava disposto a me mostrar que nem nas férias eu era tão livre como achava que era. Serviu-me uma xicrona de um café espesso e brutal, mesmo sabendo que eu não gostava, e me fez sentar ao lado do fogão. Meu pai entrou de pijamas, ainda com o humor do sono, e se surpreendeu ao me ver com uma xícara fumegante, mas me fez uma pergunta venenosa:

— Você não dizia que não tomava café?

Sem saber o que responder, inventei a primeira coisa que me passou pela cabeça:

— É que eu sempre tenho sede nessa hora.

— Que nem todos os bêbados — replicou ele.

Não me olhou mais, nem se tornou a falar no assunto. Mas minha mãe me informou que meu pai, deprimido a partir daquele mesmo dia, tinha começado a me considerar um caso perdido, embora nunca tenha me dito isso.

Meus gastos aumentavam tanto que resolvi saquear as economias de minha mãe. Luis Enrique me absolveu com sua lógica de que dinheiro roubado dos pais, se for usado para ir ao cinema e não para ir às putas, é dinheiro legítimo. Sofri com os apuros de cumplicidade de minha mãe para que meu pai não percebesse que eu andava por maus caminhos. Tinha razão de sobra, pois notava-se claramente, lá em casa, que às vezes eu continuava dormindo sem motivo algum na hora do almoço, e tinha uma voz de galo rouco, e andava tão distraído que um dia não escutei duas perguntas de papai, e ele me impingiu o mais duro dos diagnósticos:

— Você está sofrendo do fígado.

Apesar de tudo, consegui manter as aparências sociais. Aparecia bem-vestido e melhor educado ainda nos bailes de gala e nos almoços ocasionais organizados pelas famílias da praça da matriz, cujas casas permaneciam fechadas o ano inteiro e se abriam para as festas de Natal quando os estudantes voltavam.

Aquele foi o ano de Cayetano Gentile, que celebrou suas férias com três bailes esplêndidos. Para mim, foram dias de sorte, porque nos três dancei sempre com o mesmo par. Tirei-a para dançar na primeira noite sem me dar o trabalho de perguntar quem era, nem filha de quem, nem com quem. Achei-a tão sigilosa que na segunda música propus, a sério, que se casasse comigo, e sua resposta foi mais misteriosa ainda:

— Meu pai me disse que está para nascer o príncipe que vai se casar comigo.

Dias depois, eu a vi atravessar o calçadão da praça debaixo do sol bravo do meio-dia, com um radiante vestido de organdi e levando pela mão um menino e uma menina de seis ou sete anos. "São meus", me disse morrendo de rir, sem que eu tivesse perguntado nada. E com tanta malícia, que comecei a suspeitar que minha proposta de casamento não tinha sido levada pelo vento.

Desde recém-nascido na casa de Aracataca eu tinha aprendido a dormir em rede, mas só em Sucre assumi aquilo como parte da minha natureza Não existe nada melhor para a hora da sesta, para viver a hora das estrelas, para pensar devagar, para fazer amor sem preconceitos. No dia em que voltei da minha semana dissipada pendurei-a entre duas árvores do quintal, como papai fazia em outros tempos, e dormi com a consciência tranqüila. Mas minha mãe, sempre atormentada pelo pavor de que seus filhos morressem enquanto dormiam, me despertou no final da tarde para saber se eu estava vivo. Então deitou-se ao meu lado e abordou sem preâmbulos o assunto que estorvava o seu viver.

— Seu pai e eu queremos saber o que é que está acontecendo com você.

A frase não podia ser mais certeira. Fazia tempo que eu sabia que meus pais tinham as mesmas inquietações por causa das mudanças na minha maneira de ser, e ela improvisava explicações banais para tranqüilizá-lo. Nada acontecia naquela casa sem que minha mãe ficasse sabendo, e seus ataques de fúria já eram lendários. Mas a gota d'água foi quando cheguei em casa em plena luz do dia durante uma semana inteira. Minha posição justa teria sido evitar as perguntas ou deixá-las pendentes para uma ocasião mais propícia, mas ela sabia que um assunto tão sério só admitia respostas imediatas.

Todos os seus argumentos eram legítimos: eu desaparecia ao anoitecer, vestido como se fosse a um casamento, não vinha dormir em casa, e no dia seguinte ficava cochilando na rede até depois do almoço. Já não lia mais nada e pela primeira vez desde meu nascimento me atrevi a chegar em casa sem ter a menor idéia de onde estava. "Você nem olha mais para os seus irmãos, confunde seus nomes e suas idades, e noutro dia deu um beijo num neto da Clemencia Morales achando que era um dos seus irmãos", disse minha mãe. Mas de repente percebeu que estava exagerando e compensou tudo com a verdade mais simples:

— Enfim, você virou um estranho nessa casa.

— Tudo isso é verdade — falei —, mas a razão é muito fácil: estou por aqui dessa droga.

— De nós?

Minha reposta podia ser afirmativa, mas não teria sido justa:

— De tudo. E então contei a ela qual era a minha situação no Liceu. Eu era julgado pelas minhas notas, meus pais se vangloriavam ano após ano dos resultados, achavam que eu era não apenas o aluno irretocável mas também o amigo exemplar, o mais inteligente e o mais rápido e o mais famoso graças à sua simpatia. Ou, como dizia minha avó: "O bebê perfeito."

Acontece que, e para acabar logo com aquilo, era preciso dizer que a verdade era outra. Tudo parecia daquele jeito porque eu não tinha a coragem e o sentido de independência do meu irmão Luis Enrique, que só fazia o que queria. E que sem dúvida ia conseguir uma felicidade que não é a que se deseja para os filhos, mas sim a que lhes permite sobreviver aos carinhos excessivos, aos medos irracionais e às esperanças alegres dos pais.

Minha mãe ficou atordoada com aquele quadro tão contrário ao que eles tinham forjado em seus sonhos solitários.

— Pois então não sei o que vamos fazer — disse após um silêncio mortal —, porque se contarmos tudo isso ao seu pai, ele cai duro na mesma hora. Será possível que você não entenda que é o orgulho da família?

Para eles, era simples: já que não existia possibilidade alguma de que eu fosse o médico eminente que meu pai não conseguiu ser por falta de recursos, sonhavam com que eu pelo menos fosse profissional de qualquer coisa.

— Pois não serei nada de nada — concluí. — Eu me nego a que vocês me façam ser à força o que não quero, ou que me façam ser do jeito que vocês gostariam que eu fosse, e muito menos do jeito que o governo quer que eu seja.

A disputa, um pouco aos pulos, prolongou-se pela semana afora. Acho que minha mãe queria dar um tempo para conversar com papai, e essa idéia me trouxe um novo ânimo. Um dia, como quem não quer nada, ela soltou no ar uma proposta surpreendente:

— Dizem por aí que se você quisesse, podia ser um bom escritor.

Eu nunca tinha ouvido nada parecido na família. Minhas inclinações tinham permitido supor desde menino que eu seria desenhista, músico, cantor de igreja e até mesmo poeta dominical. Havia descoberto em mim uma tendência conhecida por todos para uma escritura na verdade retorcida e etérea, mas minha reação, daquela vez, foi mais de surpresa que de qualquer outra coisa.

— Se fosse para ser escritor, eu teria de ser dos grandes, e já não se fabricam mais grandes escritores — respondi. — Afinal das contas, se é para morrer de fome existem outros ofícios melhores.

Numa daquelas tardes, em vez de conversar comigo, ela chorou sem lágrimas. Hoje em dia eu teria me alarmado, porque entendo que o pranto reprimido é um recurso infalível das grandes mulheres para conseguir seus propósitos à força. Mas aos meus dezoito anos não soube o que dizer à minha mãe, e meu silêncio frustrou suas lágrimas.

— Muito bem — disse ela —, então pelo menos prometa que você vai terminar o Liceu da melhor maneira possível, que eu me encarrego de ajeitar o resto com seu pai.

Nós dois tivemos ao mesmo tempo o alívio de ter ganhado. Aceitei, tanto por ela como pelo meu pai, porque tive medo que morressem se não chegássemos logo a um acordo. E foi assim que encontramos a solução fácil de que eu estudaria direito e ciências políticas, que não apenas seria uma boa base cultural para qualquer ofício como também uma carreira humanizada com aulas pela manhã e tempo livre para trabalhar de tarde. Preocupado também pela carga emocional que minha mãe havia suportado naqueles dias, pedi a ela que preparasse o ambiente para que eu pudesse conversar cara a cara com meu pai. Ela se opôs, na certeza de que acabaríamos brigando.

— Não existe neste mundo dois homens mais parecidos que você e ele — disse minha mãe. — E não tem nada pior do que isso numa conversa.

Eu sempre achei o contrário. E só agora, quando já passei por todas as idades que papai teve em sua longa vida, comecei a me ver no espelho muito mais parecido com ele do que comigo.

Minha mãe deve ter coroado naquela noite seu preciosismo de ourives, porque papai reuniu na mesa a família inteira e anunciou, com um ar casual: "Vamos ter um advogado em casa." Talvez temerosa de que meu pai tentasse reabrir o debate com toda a família, minha mãe interveio com a maior inocência.

— Na nossa situação, com esse quadro de filhos — me explicou —, achamos que a melhor solução é a carreira que você mesmo possa custear.

Também não era tão simples assim, muito pelo contrário, mas para nós podia ser dos males o menor, e seus estragos podiam ser os menos sangrentos. Assim, pedi a opinião de meu pai para continuar no jogo, e sua resposta foi imediata e de uma sinceridade dilacerante:

— O que você quer que eu diga? Você me deixa com o coração partido ao meio, mas pelo menos me sobra o orgulho de ajudar você a ser aquilo que quiser.

O cúmulo dos luxos daquele janeiro de 1946 foi minha primeira viagem de avião, graças a José Palencia, que reapareceu do nada com um grande problema. Havia feito aos pulos cinco anos de colégio em Cartagena e tinha acabado de fracassar no sexto. Eu me comprometi a conseguir um lugar para ele no Liceu, para que enfim tivesse um diploma, e Palencia me convidou para irmos juntos, de avião.

O vôo para Bogotá era feito duas vezes por semana num DC-3 da empresa LANSA, e seu risco maior não era o avião em si mas as vacas soltas na pista de argila improvisada num pasto. Às vezes, o avião tinha que ficar dando várias voltas até que acabassem de espantar as vacas da pista. Foi a experiência inaugural do meu medo lendário de avião, numa época em que a Igreja proibia levar hóstias consagradas nos vôos, para mantê-las a salvo das catástrofes. O vôo durava quase quatro horas, sem escalas, a trezentos e vinte quilômetros por hora. Nós, que havíamos feito a prodigiosa travessia fluvial, nos guiávamos do céu pelo mapa vivo do rio Grande de la Magdalena. Reconhecíamos os povoados em miniatura, os barquinhos de corda, as bonequinhas felizes que nos davam adeus nos pátios das escolas. As aeromoças de carne e osso gastavam todo o seu tempo para tranqüilizar os passageiros que viajavam rezando, ou socorrendo os enjoados e convencendo muitos outros que não existia o perigo de toparmos com bandos de urubus que vigiavam os animais moribundos no rio. Os viajantes experientes, por seu lado, contavam e recontavam, como se fossem proezas de coragem, os seus vôos históricos. A subida ao altiplano de Bogotá, sem pressurização nem máscaras de oxigênio, era sentida como um bumbo no coração, e as sacudidas e o bater das asas aumentavam a felicidade da aterrissagem. Mas a maior surpresa foi chegarmos antes que os telegramas mandados na véspera.

De passagem por Bogotá, José Palencia comprou instrumentos para uma orquestra inteira, e não sei se fez isso com premeditação ou por premonição, mas desde que o reitor Espitia viu-o entrar pisando firme com violões, tambores, maracas e harmônicas, entendi que ele já estava aceito no Liceu. Eu, por meu lado, também senti o peso de minha nova condição assim que atravessei o saguão: era aluno do sexto ano. Até aquele momento não tinha consciência de carregar na testa uma estrela que era o sonho de todos nós, e que era irremediavelmente notada na maneira como se aproximavam de nós, no tom em que falavam conosco e até mesmo por um certo temor reverencial. Foi, além do mais, um ano de festas. Embora houvesse um dormitório só para os bolsistas, José Palencia instalou-se no melhor hotel da praça, no qual uma das donas tocava piano, e a vida se transformou para nós em um domingo o ano inteiro.

Foi outro dos saltos da minha vida. Minha mãe me comprava roupa reciclável enquanto fui adolescente, e quando não servia mais ela adaptava para meus irmãos menores. Os anos mais problemáticos foram os dois primeiros, porque a roupa de lã para o clima frio era cara e difícil. Apesar de meu corpo não crescer com demasiado entusiasmo, não dava tempo para adaptar um terno a duas estaturas sucessivas num mesmo ano. Para piorar, o costume original de intercambiar a roupa entre os internos não chegou a se concretizar de vez, porque os enxovais eram tão conhecidos que as piadinhas com os novos donos eram insuportáveis. Isso se resolveu em parte quando Espitia impôs um uniforme de paletó azul e calças cor de cinza, que unificou a aparência e dissimulou as trocas e heranças de guarda-roupa.

No terceiro e no quarto ano eu usava o único terno que tinha sido adaptado pelo alfaiate de Sucre, mas tive que comprar outro, muito bem conservado, para o quinto ano, e que não chegou ao sexto, pois já não me servia mais. Meu pai, porém, entusiasmou-se tanto com meus propósitos de me emendar que me deu dinheiro para comprar um terno novo, sob medida, e José Palencia me deu outro de presente, do ano anterior, que era completo, com colete e tudo, de pêlo de camelo e muito pouco usado. Num minuto percebi até que ponto o hábito não faz o monge. Com o terno novo, intercambiável com o novo uniforme, compareci aos bailes onde reinavam os costenhos, e só consegui uma namorada, que aliás durou menos que uma flor.

Espitia me recebeu com raro entusiasmo. Parecia que as duas aulas de química que ele dava por semana eram só para mim, com tiroteios rápidos de perguntas e respostas. Essa atenção forçada se revelou um bom ponto de partida para cumprir a promessa que fiz aos meus pais de ter um final digno. O resto foi feito pelo método único e simples de Martina Fonseca: prestar atenção nas aulas para evitar viradas de noites e sustos no pavoroso exame final. Foi uma sábia lição. Desde que decidi aplicá-la no último ano do Liceu, minha angústia se acalmou. Respondia com facilidade às perguntas dos professores, que começaram a ser mais familiares, e percebi como era fácil cumprir a promessa que fiz aos meus pais.

Meu único problema inquietante continuou sendo o dos berros de pavor dos pesadelos. O encarregado da disciplina, com relações muito boas com seus alunos, era naquela época o professor Gonzalo Ocampo, e numa noite do segundo semestre entrou no dormitório escuro na ponta dos pés para me pedir umas chaves que eu tinha esquecido de devolver. Mal encostou a mão em meu ombro, e lancei um uivo selvagem que acordou todo mundo. No dia seguinte me mudaram para um dormitório para seis, improvisado no segundo andar.

Foi uma solução para meus medos noturnos, mas demasiado tentadora, porque ficava em cima da despensa, e quatro alunos do dormitório improvisado se infiltraram na cozinha e a saquearam à vontade para uma ceia da meia-noite. O insuspeito Sergio Castro e eu, o menos audaz, ficamos em nossas camas para servir de negociadores em caso de emergência. Uma hora depois os invasores voltaram com meia despensa pronta para ser servida. Foi o maior banquete de nossos longos anos de internato, mas com a má digestão de termos sido descobertos em vinte e quatro horas. Pensei que seria o fim de tudo, e só o talento de negociador de Espitia nos salvou da expulsão.

Foi uma boa época do Liceu e a menos promissora do país. A imparcialidade de Lleras, e sem que ele se propusesse a isso, aumentou a tensão que começava a sentir-se pela primeira vez no colégio. Hoje, porém, me dou conta de que já estava desde antes dentro de mim, mas que somente então comecei a tomar consciência do meu país. Alguns professores que tentavam se manter imparciais desde o ano anterior não conseguiram isso nas aulas, e soltavam rajadas indigestas de suas preferências políticas. Em especial desde que começou a dura campanha para a sucessão presidencial.

Cada dia era mais evidente que com Gaitán e Turbay ao mesmo tempo, o Partido Liberal perderia a presidência da República depois de dezesseis anos de governos autoritários. Eram dois candidatos tão contrários como se fossem de dois partidos diferentes, não apenas por seus próprios pecados como pela determinação sangrenta do conservadorismo, que tinha visto isso claro desde o primeiro dia: em vez de Laureano Gómez, impôs a candidatura de Ospina Pérez, um engenheiro milionário com uma bem conquistada fama de patriarca. Com o liberalismo dividido e o conservadorismo unido e armado, não havia alternativa: Ospina Pérez foi eleito.

Laureano Gómez preparou-se desde então para sucedê-lo com o recurso de utilizar as forças oficiais com uma violência a toda prova. Era de novo a realidade histórica do século XIX, em que não tivemos paz e sim tréguas efêmeras entre oito guerras civis gerais e catorze locais, três golpes de quartel e finalmente a Guerra dos Mil Dias, que deixou uns oitenta mil mortos de ambos os lados numa população de escassos quatro milhões. Simples assim: era um programa comum e completo para retroceder cem anos.

O professor Giraldo, já no final do curso, fez comigo uma exceção flagrante da qual não parei de me envergonhar. Ele preparou para mim um questionário simples para reabilitar a álgebra perdida desde o quarto ano, e me deixou sozinho na sala dos professores com todas as armadilhas e todos os truques ao meu alcance. Voltou esperançoso uma hora depois, viu o resultado catastrófico e anulou cada página com uma cruz de alto a baixo e um grunhido feroz: "Esse crânio está podre." Nas notas finais, porém, apareci aprovado em álgebra, mas tive a decência de não agradecer ao professor por ter contrariado seus princípios e suas obrigações a meu favor.

Na véspera do último exame final daquele ano, Guillermo López Guerra e eu tivemos um incidente desgraçado com o Gonzalo Ocampo, por causa de uma confusão de bêbados. José Palencia tinha nos convidado para estudar em seu quarto de hotel, que era uma jóia colonial com uma vista idílica sobre o parque florido e a catedral ao fundo. Como só nos faltava o último exame, fomos em frente noite afora e voltamos para a escola através de nossas cantinas e botecos de pobres. O professor Ocampo, que estava de plantão como encarregado de disciplina, nos repreendeu por causa da hora e de nosso estado lamentável, e nós dois, em coro, o coroamos de impropérios. Sua reação enfurecida e nossos gritos alvoroçaram o dormitório.

A decisão do corpo de professores foi que López Guerra e eu não podíamos prestar o único exame final que faltava. Quer dizer: pelo menos naquele ano, não nos formaríamos. Jamais ficamos sabendo como foram as negociações secretas entre os professores, porque cerraram fileiras com uma solidariedade inquebrantável. O reitor Espitia precisou assumir a responsabilidade pelo problema por sua conta e risco, e conseguiu que fizéssemos o exame no Ministério da Educação, em Bogotá. E assim foi. O próprio Espitia nos acompanhou, e ficou conosco enquanto respondíamos o exame escrito, que foi analisado ali mesmo. E muito bem.

Deve ter sido uma situação interna muito complexa, porque Ocampo não compareceu à sessão solene, talvez pela fácil solução encontrada por Espitia e por causa de nossas excelentes notas. E no final, por causa de meus resultados pessoais, me deram como prêmio especial um livro inesquecível: *Vidas de filósofos ilustres*, de Diógenes Laércio. Não só era mais do que meus pais esperavam de mim, como além de tudo fui o primeiro da turma naquele ano, apesar de meus colegas de classe — e eu mais do que ninguém — sabermos que eu não era o melhor.

5.

unca imaginei que nove meses depois da minha formatura no segundo grau eu publicaria meu primeiro conto no suplemento literário "Fim de Semana" do *El Espectador* de Bogotá, o mais interessante e severo da época. Quarenta e dois dias mais tarde, foi publicado o segundo. O mais surpreendente para mim, porém, foi uma nota de consagração assinada pelo subdiretor do jornal e diretor do suplemento literário, Eduardo Zalamea Borda, que assinava com o pseudônimo de Ulisses e era o crítico colombiano mais lúcido daquele tempo e o mais alerta para a aparição de novos valores.

Foi um processo tão inesperado, que até hoje não é fácil contar. Eu tinha me matriculado no começo daquele ano na faculdade de direito da Universidade Nacional de Bogotá, conforme havia combinado com meus pais. Morava em pleno centro da cidade, numa pensão da rua Florián, ocupada em sua maioria por estudantes da costa atlântica. Nas tardes livres, em vez de trabalhar para viver, eu ficava lendo no meu quarto ou nos cafés onde deixavam a gente ficar lendo. Eram livros de sorte e de azar, e dependiam mais da minha sorte que dos meus azares, pois os amigos que podiam comprar livros os emprestavam com prazos tão exíguos que eu passava noites em claro para poder devolvê-los a tempo. Mas ao contrário dos que li no Liceu de Zipaquirá, que já mereciam estar num mausoléu de autores consagrados, desta vez eram livros que líamos como pães quentes, recém-tradu-

zidos e impressos em Buenos Aires, depois da longa trégua editorial da segunda guerra européia. Foi assim que, para minha sorte, eu descobri os há
muito descobertos Jorge Luis Borges, D.H. Lawrence e Aldous Huxley, e
Graham Greene e Chesterton, e William Irish e Katherine Mansfield, e muita gente a mais.

Nós conhecíamos as novidades pelas vitrines inalcançáveis das livrarias,
mas alguns exemplares circulavam pelos cafés de estudantes, que eram centros ativos de divulgação cultural entre universitários de província. Alguns
tinham seus lugares reservados ano após ano, e ali recebiam sua correspondência e até mesmo o dinheiro dos vales postais. Alguns favores dos donos,
ou de seus empregados de confiança, foram decisivos para salvar muitas
carreiras universitárias. Numerosos profissionais do país devem mais a eles
que aos seus protetores invisíveis.

Eu preferia o El Molino, o café dos poetas mais velhos, a uns duzentos
metros da minha pensão e na esquina crucial da avenida Jiménez de Quesada
com a rua Séptima. Não permitiam que estudantes tivessem mesa reservada, mas a gente tinha certeza de aprender mais e melhor com as conversas
literárias que escutávamos entrincheirados nas mesas vizinhas que nos livros do curso. Era uma casa enorme e bem montada, no estilo espanhol, e
suas paredes eram decoradas pelo pintor Santiago Martínez Delgado, com
episódios da batalha de Dom Quixote contra os moinhos de vento. Embora
eu não tivesse lugar reservado, sempre dei um jeito para que os garçons me
pusessem o mais perto possível do grande mestre León de Greiff — barbu-
do, ranzinza, encantador —, que ao entardecer começava sua tertúlia com
alguns dos escritores mais famosos do momento, e terminava à meia-noite
afogado em bebidas baratas com seus alunos de xadrez. Foram muito poucos os grandes nomes das artes e das letras do país que não passaram por
aquela mesa, e nos fazíamos de mortos para não perdermos nem uma de
suas palavras. Embora costumassem falar mais de mulheres e de intrigas políticas que de suas artes e ofícios, sempre diziam alguma coisa que para nós
era uma novidade a ser aprendida. Os mais assíduos éramos os da costa atlântica, mais unidos pelo vício dos livros que pelas conspirações caribenhas
contra os *cachacos*. Jorge Álvaro Espinosa, um estudante de direito que ti-

nha me ensinado a navegar na Bíblia e me fez aprender de memória os nomes completos dos colegas de Jó, um dia pôs em cima da mesa um tijolão assustador, e sentenciou com sua autoridade de bispo:

— Esta é a outra Bíblia.

Era, é claro, o *Ulisses* de James Joyce, que li aos pedaços e tropeços até que minha paciência acabou. Foi uma temeridade prematura. Anos depois, já adulto e domado, me dei ao trabalho de relê-lo a sério, e não apenas foi o descobrimento de um mundo próprio que jamais suspeitei existir dentro de mim, mas também uma ajuda técnica incalculável para a liberdade da linguagem, o manejo do tempo e as estruturas dos meus livros.

Um de meus companheiros de quarto era Domingo Manuel Vega, um estudante de medicina que já era meu amigo desde Sucre e dividia comigo a voracidade pela leitura. Outro era meu primo Nicolás Ricardo, o filho mais velho de meu tio Juan de Dios, e que mantinha vivas em mim as virtudes da família. Certa noite Vega chegou com três livros que tinha acabado de comprar, e me emprestou um escolhido ao acaso, como fazia muitas vezes para me ajudar a dormir. Mas daquela vez, conseguiu exatamente o contrário: nunca mais tornei a dormir com a placidez de antes. O livro era *A metamorfose* de Franz Kafka, na falsa tradução de Borges publicada pela Editora Losada de Buenos Aires, que definiu um caminho novo para a minha vida desde a primeira linha, e que hoje é um dos grandes marcos da literatura universal: "Ao despertar certa manhã após um sono intranqüilo, Gregório Samsa encontrou-se em sua cama convertido num monstruoso inseto." Eram livros misteriosos, cujos desfiladeiros não apenas eram diferentes, mas muitas vezes contrários a tudo que eu havia conhecido até então. Não era necessário demonstrar os fatos: bastava o autor haver escrito para que fossem verdade, sem outra prova além do poder de seu talento e da autoridade de sua voz. Eram de novo Sherazade, mas não em seu mundo milenar onde tudo era possível, e sim em outro mundo irreparável no qual tudo já tinha se perdido.

Ao terminar a leitura de *A metamorfose* ficaram em mim os anseios irresistíveis de viver naquele paraíso alheio. O novo dia me surpreendeu na máquina viajante que o mesmo Domingo Manuel Vega me emprestava, para tentar alguma coisa que fosse parecida ao pobre burocrata de Kafka convertido num besouro enorme. Nos dias seguintes não fui à universidade com medo de que o feitiço se rompesse, e continuei suando gotas de inveja até que Eduardo Zalamea Borda publicou em suas páginas uma nota desconsolada, na qual lamentava que a nova geração de escritores colombianos carecesse de nomes para serem lembrados, e que não se vislumbrava no porvir nada que pudesse reverter esse quadro. Não sei com que direito me senti aludido em nome da minha geração pelo desafio daquela nota, e retomei o conto abandonado para tentar uma reparação. Elaborei a idéia de um argumento do cadáver consciente de A *metamorfose* mas aliviado de seus falsos mistérios e de seus preconceitos ontológicos.

Fosse como fosse, eu me sentia tão inseguro que não me atrevi a consultar nenhum de meus companheiros de mesa sobre o conto. Nem mesmo Gonzalo Mallarino, meu colega de faculdade de direito, que era o leitor único das prosas líricas que eu escrevia para superar o tédio das aulas. Reli e corrigi meu conto até a exaustão, e no final escrevi um bilhete pessoal para Eduardo Zalamea — que eu nunca tinha visto na vida — e do qual não recordo nem uma letra. Pus tudo dentro de um envelope, e levei pessoalmente à recepção do *El Espectador*. O porteiro me autorizou a subir até o segundo andar para entregar a carta ao próprio Zalamea de corpo e alma, mas só de pensar na idéia fiquei paralisado. Deixei o envelope na mesa do porteiro e fugi.

Isto tinha acontecido numa terça-feira e não me inquietava nenhum palpite sobre o destino do meu conto, mas tinha certeza de que se por acaso fosse publicado, ia demorar. Nesse meio tempo vaguei e divaguei de café em café durante duas semanas para distrair a ansiedade dos sábados à tarde, até o dia 13 de setembro, quando entrei no El Molino e dei de cara com o título do meu conto de ponta a ponta no *El Espectador* que tinha acabado de sair: "A terceira resignação".

Minha primeira reação foi a certeza arrasadora de que não tinha os cinco centavos para comprar o jornal. Este era o símbolo mais explícito da pobreza, porque muitas coisas básicas da vida cotidiana, além do jornal, custavam cinco centavos: o bonde, o telefone público, a xícara de café, a engraxada nos sapatos. Então me lancei à rua sem proteção alguma contra a chuvinha fina e imperturbável, mas não encontrei nos cafés próximos nenhum conhecido que me desse uma moeda por caridade. Tampouco encontrei ninguém na pensão naquela hora morta do sábado, a não ser a dona, que era a mesma coisa que ninguém, porque eu estava devendo setecentas e vinte vezes cinco centavos por dois meses de cama e serviço. Quando voltei à rua, disposto a tudo, encontrei um homem da Divina Providência que descia de um táxi com o *El Espectador* na mão, e pedi a ele, de cara limpa, que me desse o jornal de presente.

Foi assim que pude ler meu primeiro conto em letras impressas, com uma ilustração de Hernán Merino, o desenhista oficial do jornal. E li escondido em meu quarto, com o coração desembestado e num fôlego só. Em cada linha ia descobrindo o poder demolidor da letra impressa, pois o que eu havia construído com tanto amor e dor como uma submissa paródia de um gênio universal revelou-se então para mim como um monólogo arrevesado e inconsistente, que a duras penas agüentava de pé graças a três ou quatro frases consoladoras. Foi preciso passar quase vinte anos para que eu me atrevesse a lê-lo pela segunda vez, e então meu julgamento — levemente moderado pela compaixão — foi muito menos complacente.

O mais difícil foi a avalanche de amigos radiantes que invadiram meu quarto com exemplares do jornal e elogios desmedidos sobre um conto que com toda certeza eles não tinham entendido. Entre meus companheiros de universidade, uns o apreciaram, outros o compreenderam menos, outros com mais razões não passaram da quarta linha, mas Gonzalo Mallarino, cujo julgamento literário não era fácil de ser posto em dúvida, aprovou-o sem reservas.

Minha ansiedade maior era pelo veredicto de Jorge Álvaro Espinosa, cuja navalha crítica era a mais temível, até mesmo fora do nosso círculo. Eu me sentia contraditório: queria vê-lo de imediato para resolver a incerteza de uma vez, mas ao mesmo tempo me apavorava a idéia de enfrentá-lo. Desapareceu até a terça-feira, o que não era raro num leitor insaciável, e quando reapareceu no El Molino não começou a me falar do conto e sim da minha audácia.

— Suponho que você esteja sabendo do rolo em que se meteu — disse, fixando em mim seus verdes olhos de cobra real. — Agora você está na vitrine dos escritores reconhecidos, e vai ter de fazer muita coisa para merecer isso.

Fiquei petrificado por causa do único julgamento que podia me impressionar tanto como o de Ulisses. Mas antes que ele terminasse, havia decidido me antecipar dizendo o que achava e continuei achando para sempre que era a verdade.

— Este conto é uma merda.

Ele me replicou com um domínio inalterável que ainda não podia dizer nada porque mal tivera tempo para uma leitura diagonal. Mas me explicou que mesmo se fosse tão ruim como eu dizia, não seria ruim a ponto de me permitir sacrificar a oportunidade de ouro que a vida estava me oferecendo.

— Seja como for, esse conto já pertence ao passado — concluiu. — O que importa agora é o próximo.

Fiquei me sentindo oprimido. Cometi o desatino de procurar argumentos contrários ao que Espinosa havia dito, até me convencer de que não ia conseguir ouvir nenhum conselho mais inteligente que o dele. Alongou-se em sua idéia fixa de que primeiro era preciso conceber o conto e depois o estilo, mas que um dependia do outro numa servidão recíproca que era a varinha de condão dos clássicos. Ficou insistindo um pouco em sua opinião tantas vezes repetida de que me fazia falta uma leitura a fundo e sem preconceitos dos gregos, e não apenas de Homero, o único que eu tinha lido por obrigação no colégio. Prometi fazer isso, e quis ouvir outros nomes, mas ele mudou de assunto e passou a falar de *Os moedeiros falsos*, de André Gide, que tinha lido naquele fim de semana. Nunca me animei a dizer a ele que aquela nossa conversa talvez tenha resolvido minha vida. Passei a noite em claro, fazendo anotações para o próximo conto, que não teria os meandros do primeiro.

Suspeitava que os que me falavam dele não estavam tão impressionados pelo conto — que talvez não tivessem lido e que com certeza não tinham entendido — e sim porque tivesse sido publicado com um destaque inusitado numa página tão importante. Para começar, percebi que meus dois grandes defeitos eram dos maiores: a ineficácia da escrita e o desconhecimento do coração humano. E isso era mais que evidente no meu primeiro conto, que foi uma confusa meditação abstrata, agravada pelo abuso de sentimentos inventados.

Buscando em minha memória situações da vida real para o segundo conto, recordei que uma das mulheres mais belas que conheci quando menino me disse que queria estar dentro do gato de uma rara beleza que acariciava em seu regaço. Perguntei a ela por quê, e respondeu: "Porque é mais belo que eu." Tive então um ponto de apoio para o segundo conto, e um título atraente: "Eva está dentro de seu gato." O resto, como no conto anterior, foi inventado do nada, e por isso mesmo — como gostávamos de dizer naquela época — ambos os contos levavam dentro de si o germe de sua própria destruição.

Este segundo foi publicado com o mesmo destaque do primeiro, no sábado, 25 de outubro de 1947, ilustrado por uma estrela ascendente no céu do Caribe: o pintor Enrique Grau. O que me chamou a atenção foi meus amigos terem recebido esse conto como rotineiro num escritor consagrado. Eu, porém, sofri com os erros e duvidei dos acertos, mas consegui manter a alma suspensa no ar. A surpresa maior veio uns dias mais tarde, com uma nota que Eduardo Zalamea publicou, com seu pseudônimo habitual de Ulisses, em sua coluna diária do *El Espectador*. Foi direto ao assunto: "Os leitores de 'Fim de Semana', suplemento literário deste jornal, terão notado a aparição de um talento novo, original, de vigorosa personalidade." E mais adiante: "Dentro da imaginação pode acontecer de tudo, mas saber mostrar com naturalidade, com simplicidade e sem exageros a pérola que consegue arrancar de dentro de si, não é coisa que possa ser feita por todos os rapazes de vinte anos que iniciam suas relações com as letras." E terminava sem reticências: "Com García Márquez nasce um novo e notável escritor."

A nota — como não! — foi um impacto de felicidade, mas ao mesmo tempo me consternou notar que Zalamea não tivesse deixado a si mesmo um caminho de volta. Tudo já estava consumado e eu devia interpretar sua generosidade como um chamado à minha consciência, e pelo resto da minha vida. A nota revelou também que Ulisses havia descoberto a minha identidade através de um de seus colegas de redação. Naquela noite fiquei sabendo que tinha sido através de Gonzalo González, um primo próximo de meus primos mais próximos, e que escreveu durante quinze anos no mesmo jornal, com o pseudônimo de Gog e com uma paixão permanente, uma coluna para responder às perguntas dos leitores, a cinco metros da mesa de Eduardo Zalamea. Por sorte, ele não me buscou, nem eu o procurei. Eu havia visto Zalamea uma vez na mesa do poeta De Greiff e conheci sua voz e sua tosse áspera de fumador irredimível, e o vi de perto em vários atos culturais, mas ninguém nos apresentou. Uns, porque não nos conheciam, e outros porque não achavam possível que não nos conhecêssemos.

É difícil imaginar até que ponto vivia-se naquela época à sombra da poesia. Era uma paixão frenética, outro modo de ser, uma bola de fogo que andava por conta própria por todos os lados. Abríamos os jornais, mesmo na seção de economia ou na página policial, ou líamos a borra do café no fundo da xícara, e lá estava a poesia esperando por nós, para tomar conta de nossos sonhos. Assim, para nós, aborígines de todas as províncias, Bogotá era a capital do país e a sede do governo, mas sobretudo era a cidade onde os poetas viviam. Não só acreditávamos na poesia, e morríamos por ela, mas também sabíamos com certeza — como escreveu Luis Cardoza y Aragón — que "a poesia é a única prova concreta da existência do homem".

O mundo era dos poetas. Suas novidades eram mais importantes para a minha geração do que as notícias políticas cada vez mais deprimentes. A poesia colombiana tinha saído do século XIX iluminada pela estrela solitária de José Asunción Silva, o romântico sublime que aos trinta e um anos disparou um tiro de pistola no círculo que seu médico tinha pintado com um cotonete mergulhado em iodo no lugar do coração. Não nasci a tempo de conhecer Rafael Pombo ou Eduardo Castillo — o grande lírico —, cujos amigos descreviam como um fantasma escapado da tumba ao entardecer, com uma capa de duas voltas, uma pele verdolenga por causa da morfina e um perfil de urubu: a representação física dos poetas malditos. Uma tarde passei de bonde na frente de uma grande mansão da rua Sete e vi no portão o homem mais impressionante que tinha visto na minha vida, com um terno impecável, um chapéu inglês, uns óculos negros para seus olhos sem luz e um poncho da savana. Era o poeta Alberto Ángel Montoya, um romântico um pouco suntuoso que publicou alguns dos bons poemas de sua época. Para minha geração, já eram fantasmas do passado, exceto o mestre León de Greiff, que eu espiei durante anos no café El Molino.

Nenhum deles conseguiu sequer roçar a glória de Guillermo Valencia, um aristocrata de Popayán que antes dos trinta anos tinha se imposto como o sumo pontífice da geração do Centenário, assim chamada por haver coincidido em 1910 com o primeiro século da independência nacional. Seus contemporâneos Eduardo Castillo e Porfirio Barba Jacob, dois poetas grandes de estirpe romântica, não obtiveram a justiça crítica que mereciam de sobra num país ofuscado pela retórica de mármore de Valencia, cuja sombra mística fechou o caminho para três gerações. A imediata, surgida em 1925 com o nome e os ímpetos de Los Nuevos, contava com exemplares magníficos como Rafael Maya e outra vez León de Greiff, que não foram reconhecidos em toda sua magnitude enquanto Valencia permaneceu em seu trono. Valencia havia desfrutado até então de uma glória peculiar que o levou em andor até as próprias portas da presidência da República.

Os únicos que se atreveram em meio século a aparecer no seu caminho foram os do grupo Piedra y Cielo, com seus cadernos juvenis, que em última instância só tinham em comum a virtude de não serem valencistas: Eduardo Carranza, Arturo Camacho Ramírez, Aurelio Arturo e o próprio Jorge Rojas, que havia financiado a publicação de seus poemas. Nem todos eram iguais em forma ou inspiração, mas em seu conjunto estremeceram as ruínas arqueológicas dos parnasianos e despertaram para a vida uma nova poesia do coração, com ressonâncias múltiplas de Juan Ramón Jiménez, Rubén Darío, García Lorca, Pablo Neruda ou Vicente Huidobro. A aceitação pública não foi imediata, nem eles mesmos pareciam achar que seriam vistos como enviados da Divina Providência para varrer a casa da poesia. No entanto, dom Baldomero Sanín Cano, o ensaísta e crítico mais respeitável daqueles anos, apressou-se a escrever um ensaio terminante para cortar caminho a qualquer tentativa contra Valencia. Sua mesura proverbial se desfez. Entre muitas sentenças definitivas, escreveu que Valencia tinha se "apoderado da ciência antiga para conhecer a alma dos tempos remotos no passado, e cavila sobre os textos contemporâneos para surpreender, por analogia, toda a alma do homem". Consagrou-o uma vez mais como um poeta sem tempo nem fronteiras, e colocou-o entre aqueles que "como Lucrécio, Dante, Goethe, conservaram o corpo para salvar a alma". Muitos pensaram então que com um amigo desses, Valencia não precisava de inimigos.

Eduardo Carranza replicou a Sanín Cano com um artigo que já dizia tudo no título: "Um caso de bardolatria". Foi a primeira e certeira investida para situar Valencia em seus limites próprios e reduzir seu pedestal ao seu devido lugar e ao seu devido tamanho. Acusou-o de não ter acendido na Colômbia uma chama do espírito e sim uma ortopedia de palavras, e definiu seus versos como os de um artista afetado e barroco, frígido e habilidoso, um cinzelador escrupuloso. Sua conclusão foi uma pergunta a si mesmo, que acabou se tornando, em essência, um de seus bons poemas: "Se a poesia não serve para apressar o meu sangue, para abrir de repente janelas sobre o misterioso, para ajudar-me a descobrir o mundo, para acompanhar este desolado coração na solidão e no amor, na festa e no desamor, para que me serve a poesia?" E terminava: "Para mim — blasfemo de mim! —, Valencia é apenas um bom poeta."

A publicação de "Um caso de bardolatria" em "Leituras Dominicais" do *El Tiempo*, que na época tinha ampla circulação, causou uma comoção social. Teve, além do mais, o resultado prodigioso de examinar a fundo a poesia na Colômbia desde as suas origens, o que possivelmente não tinha sido feito com seriedade desde que dom Juan de Castellanos escreveu os cento e cinqüenta mil endecassílabos de suas *Elegias de varones ilustres de Índias*.

A poesia foi, a partir de então, a céu aberto. Não apenas para Los Nuevos, que viraram moda, mas para outros que surgiram depois e disputavam seu lugar a cotoveladas. A poesia chegou a ser tão popular que hoje não é possível entender até que ponto se vivia cada número de "Leituras Dominicais", que Carranza dirigia, ou de *Sábado*, dirigido naquela altura por Carlos Martín, nosso antigo reitor do Liceu. Além de sua poesia, Carranza impôs com sua glória uma forma de ser poeta às seis da tarde na rua Sete de Bogotá, que era como passear numa vitrine de dez quarteirões com um livro na mão apoiada sobre o coração. Foi um modelo de sua geração, que fez escola na seguinte, cada uma à sua maneira.

Em meados do ano chegou a Bogotá o poeta Pablo Neruda, convencido de que a poesia tinha que ser uma arma política. Em suas tertúlias bogotanas ficou sabendo do tipo de reacionário que Laureano Gómez era, e à maneira de despedida, quase que ao correr da pluma, escreveu em sua honra três sonetos punitivos, cujo primeiro quarteto dava o tom de todos:

Adeus, Laureano jamais laureado,
sátrapa triste e rei interesseiro.
Adeus, imperador trambiqueiro,
Antes do tempo e sempre comprado.

Apesar de suas simpatias pela direita e de sua amizade pessoal com o próprio Laureano Gómez, Carranza destacou os sonetos em suas páginas literárias, mais como uma notícia exclusiva que como um proclama político. Mas a rejeição foi quase unânime. Sobretudo pelo contra-senso de publicá-los no jornal de um liberal até a medula como era o ex-presidente Eduardo Santos, tão contrário ao pensamento retrógrado de Laureano Gómez como ao pensamento revolucionário de Pablo Neruda. A reação mais ruidosa foi dos que não toleravam que um estrangeiro se permitisse abusos daquele calibre. O simples fato de que três sonetos casuísticos e mais engenhosos que poéticos pudessem armar aquele vendaval é um sintoma alentador do poder da poesia naqueles anos. O resultado, porém, foi que mais tarde o próprio Laureano Gómez em pessoa, já transformado em presidente da República, e o general Gustavo Rojas Pinilla, quando chegou a sua vez, impediram que Neruda tornasse a entrar na Colômbia, mas ainda assim ele esteve em Cartagena e Buenaventura várias vezes, em escalas marítimas entre o Chile e a Europa. Para os amigos colombianos a quem ele anunciava sua passagem, cada escala de ida e de volta era uma festa, e das grandes.

Quando entrei na faculdade de direito, em fevereiro de 1947, minha identificação com o grupo Piedra y Cielo permanecia incólume. Embora eu tivesse conhecido os mais notáveis do grupo na casa de Carlos Martín, em Zipaquirá, não tive a audácia de recordar isso nem mesmo a Carranza, que era o mais acessível. Em certa ocasião encontrei-o tão próximo e sozinho na

Livraria Grancolombia, que o cumprimentei como faria qualquer admirador. Ele correspondeu ao cumprimento, muito amável, mas não me reconheceu. Em compensação, numa outra ocasião o mestre León de Greiff levantou-se de sua mesa no El Molino para vir até a minha me cumprimentar, quando alguém contou a ele que eu havia publicado contos no *El Espectador*, e prometeu que iria lê-los. Por desgraça, poucas semanas depois ocorreu a revolta popular do 9 de abril, e precisei abandonar a cidade ainda fumegante. Quando voltei, após quatro anos, o El Molino havia desaparecido debaixo de suas cinzas, e o mestre Greiff tinha se mudado com seu estranho arsenal de coisas e sua corte de amigos para o Café El Automático, onde nos fizemos amigos de livros e aguardente, e ele me ensinou a mover, sem arte nem sorte, as peças do xadrez.

Meus amigos da primeira época achavam incompreensível que eu me empenhasse em escrever contos, e eu não conseguia explicar nem a mim mesmo, num país onde a arte maior era a poesia. Soube disso desde pequeno, por causa do êxito de *Miséria humana*, um poema popular vendido em caderninhos de papel de embrulho ou recitado por dois centavos nos mercados e cemitérios dos povoados do Caribe. Os romances, por sua vez, eram escassos. Desde *María*, de Jorge Isaacs, muitos tinham sido escritos, mas sem maior ressonância. José María Vargas Vila havia sido um fenômeno insólito com cinqüenta e dois romances diretos ao coração dos pobres. Viajante incansável, seu excesso de bagagem eram seus próprios livros, que eram exibidos e esgotavam como pão quente na porta dos hotéis da América Latina e da Espanha. *Aura ou as violetas*, seu maior êxito, rompeu mais corações que muitos outros, melhores, escritos por seus contemporâneos.

Os únicos que sobreviveram ao seu tempo tinham sido *O carneiro*, escrito entre 1600 e 1638 em plena Colônia pelo espanhol Juan Rodríguez Freyle, um relato tão desmedido e livre da história da Nova Granada que terminou sendo uma obra-prima da ficção; *María*, de Jorge Isaacs, de 1867; *A voragem*, de José Eustasio Rivera, de 1924; *A marquesa de Yolombó*, de Tomás Carrasquilla, de 1926; e *Quatro anos a bordo de mim mesmo*, de Eduardo Zalamea, de 1934. Nenhum deles havia logrado vislumbrar a glória que tantos poetas tinham com ou sem justiça. Por sua vez, o conto — com um antecedente tão insigne como o próprio Carrasquilla, o escritor grande da Antioquia — havia naufragado em uma retórica escarpada e sem alma.

A prova de que a minha vocação era só de narrador foi o rastro de versos que deixei no Liceu, sem assinar ou com pseudônimos, porque jamais tive a intenção de morrer por eles. E mais: quando publiquei os primeiros contos no *El Espectador*, havia muitos outros que disputavam o gênero mas sem méritos suficientes. Hoje penso que isso pode ser entendido porque a vida na Colômbia, sob muitos pontos de vista, continuava no século XIX. Sobretudo na Bogotá lúgubre dos anos quarenta, ainda nostálgica da Colônia, quando me matriculei sem vocação nem vontade na faculdade de direito da Universidade Nacional.

Para comprovar isso, basta mergulhar no centro nervoso da rua Sete com a avenida Jiménez de Quesada, batizado pelo exagero bogotano como a melhor esquina do mundo. Quando o relógio público da torre de San Francisco anunciava o meio-dia com suas doze badaladas, os homens paravam na rua ou interrompiam a conversa nos cafés para ajustar o relógio com a hora oficial da igreja. Ao redor desse cruzamento, e nas quadras adjacentes, ficavam os lugares mais concorridos onde duas vezes por dia marcavam encontro os comerciantes, os políticos, os jornalistas — e os poetas, é claro —, todos vestidos de negro até os pés, como nosso senhor o rei dom Felipe IV.

Em meus tempos de estudante ainda se lia naquele lugar um jornal que talvez tivesse poucos antecedentes no mundo. Era um quadro-negro como o das escolas, exibido no terraço do *El Espectador* ao meio-dia e às cinco da tarde com as últimas notícias escritas a giz. Nesses momentos a passagem dos transeuntes se tornava difícil, quando não impossível, pelo estorvo das multidões que esperavam impacientes. Aqueles leitores pedestres tinham além disso a possibilidade de aplaudir com uma ovação cerrada as notícias que lhes pareciam boas e vaiar ou atirar pedras contra o quadro-negro quando não gostavam delas. Era uma forma de participação democrática instantânea que dava ao *El Espectador* um termômetro mais eficaz que qualquer outro para medir a febre da opinião pública.

Ainda não existia a televisão e havia noticiários muito completos no rádio, mas em horas fixas, e por isso antes de almoçar ou jantar as pessoas ficavam esperando a aparição do quadro-negro para chegar em casa com uma versão mais completa do mundo. Ali ficou-se sabendo e seguiu-se com rigor exemplar e inesquecível o vôo solitário do capitão Concha Venegas entre Lima e Bogotá. Quando eram notícias como essa, fora de suas horas previstas, o quadro-negro era mudado várias vezes para alimentar, com boletins extraordinários, a voracidade do público. Nenhum dos leitores de rua daquele jornal único sabia que o inventor e escravo da idéia se chamava José Salgar, um redator que fez sua estréia no *El Espectador* aos vinte anos, e chegou a ser um jornalista dos grandes sem ter dado um passo além da escola primária.

A instituição que diferenciava Bogotá eram os cafés do centro, onde mais cedo ou mais tarde confluía a vida de todo o país. Cada um desfrutou em seu momento de uma especialidade — política, literária, financeira — de maneira que grande parte da história da Colômbia daqueles anos teve alguma relação com os cafés. Cada pessoa tinha o seu café favorito, e isso era um sinal infalível de identidade.

Escritores e políticos da primeira metade do século — inclusive alguns presidentes da República — haviam estudado nos cafés da rua Catorze, na frente do colégio do Rosário. O Windsor, que marcou época de políticos famosos, era um dos mais perduráveis e foi refúgio do grande caricaturista Ricardo Rendón, que ali fez sua obra maior, e anos depois perfurou o próprio crânio genial com um tiro de revólver na parte dos fundos da Gran Vía.

O contrário de minhas tantas tardes de tédio foi o descobrimento casual de uma sala de música aberta ao público na Biblioteca Nacional. Transformei-a em meu refúgio preferido, para ler ao amparo dos grandes compositores, cujas obras solicitávamos por escrito a uma funcionária encantadora. Visitantes habituais, descobríamos entre nós afinidades de todo tipo através da preferência musical de cada um. Assim conheci a maioria de meus autores preferidos através de gostos alheios, que eram abundantes e variados, e assim detestei Chopin durante muitos anos, por culpa de um melômano implacável que o solicitava quase que diariamente e sem misericórdia.

Uma tarde encontrei a sala deserta porque o aparelho estava quebrado, mas a diretora me deixou sentar para ler no silêncio. No começo eu me senti num remanso de paz, mas antes que se passassem duas horas não tinha conseguido me concentrar por causa de umas rajadas de ansiedade que estorvavam a minha leitura e me faziam sentir alheio ao meu próprio corpo. Levei vários dias até entender que o remédio para a minha ansiedade não era o silêncio da sala e sim a atmosfera da música, que desde então se transformou numa paixão quase secreta e para sempre.

Nas tardes de domingo, quando fechavam a sala de música, minha diversão mais frutífera era viajar nos bondes de vidros azuis, que por cinco centavos giravam sem cessar da praça de Bolívar até a avenida Chile, e passar dentro deles aquelas tardes da adolescência que pareciam arrastar uma cauda interminável de outros muitos domingos perdidos. A única coisa que eu fazia durante aquela viagem de círculos viciosos era ler livros de versos, talvez uma quadra de cidade por cada quadra de versos, até que as primeiras luzes se acendiam na chuvinha perpétua. Então eu percorria os cafés taciturnos dos bairros velhos à procura de alguém que me fizesse a caridade de conversar comigo sobre os poemas que eu tinha acabado de ler. Às vezes encontrava esse alguém — sempre um homem — e ficávamos até depois da meia-noite em algum tugúrio mortal, arrematando as guimbas dos cigarros que nós mesmos havíamos fumado e falando de poesia enquanto o resto inteiro da humanidade fazia amor.

Naquele tempo todo mundo era jovem, mas sempre encontrávamos outros que eram mais jovens que nós. As gerações se empurravam umas às outras, sobretudo entre os poetas e os criminosos, e a gente mal acabava de fazer alguma coisa e já surgia alguém ameaçando fazer melhor. Às vezes encontro entre papéis velhos algumas das fotos que os fotógrafos de rua tiravam de nós, no átrio da igreja de San Francisco, e não consigo reprimir um frêmito de compaixão, porque não parecem fotos nossas mas de nossos próprios filhos, numa cidade de portas fechadas onde nada era fácil, e muito menos sobreviver sem amor nas tardes dos domingos. Ali conheci por acaso meu tio José María Valdeblánquez, quando achei que estava vendo meu avô abrir caminho com o guarda-chuva no meio da multidão dominical que saía da missa. Sua vestimenta não mascarava uma gota de sua identidade: terno preto completo de lã, camisa branca com colarinho de celulóide e gravata de riscas diagonais, colete com corrente de ouro do relógio de bolso, chapéu duro e óculos dourados. Foi tamanha a minha impressão que parei em seu caminho sem perceber. Ele ergueu o guarda-chuva para me ameaçar e me enfrentou a um palmo de meus olhos:

— Posso passar?

— Perdão — disse a ele, envergonhado. — É que confundi o senhor com meu avô.

Ele continuou me examinando com seu olhar de astrônomo, e me perguntou com uma ironia malvada:

— E por acaso é possível saber quem é esse avô tão famoso?

Atordoado pela minha própria impertinência disse a ele o nome completo. Então ele baixou o guarda-chuva e sorriu de muito bom humor.

— Pois com razão nos parecemos — disse. — Sou seu primogênito.

A vida diária era mais fácil de levar na Universidade Nacional. No entanto, não consigo encontrar na memória a realidade daquele tempo, porque não creio ter sido estudante de direito nem um único dia, apesar de minhas notas no primeiro ano — o único que terminei em Bogotá — permitirem acreditar no contrário. Lá não havia tempo nem ocasião para estabelecer as relações pessoais que existiam no Liceu, e os companheiros de curso se dispersavam na cidade ao terminar as aulas. Minha mais grata surpresa foi encontrar, como secretário-geral da faculdade de direito, o escritor Pedro Gómez Valderrama, de quem eu tinha referência graças às suas primeiras colaborações nas páginas literárias, e que foi um de meus grandes amigos até a sua morte prematura.

Meu colega mais assíduo desde o primeiro ano foi Gonzalo Mallarino Botero, o único acostumado a acreditar em alguns prodígios da vida que não eram verdade embora fossem verdadeiros. Foi ele quem me ensinou que a faculdade de direito não era tão estéril como eu pensava, pois desde o primeiro dia me tirou da aula de estatística e demografia, às sete da madrugada, e me desafiou para um duelo pessoal de poesia no café da cidade universitária. Nas horas mortas da manhã recitava de cor os poemas dos clássicos espanhóis, e eu correspondia com poemas de jovens colombianos que tinham aberto fogo contra as chispas retóricas do século anterior.

Um domingo, ele me convidou para ir à sua casa, onde morava com a mãe e seus irmãos e irmãs, num ambiente de tensões fraternais como as da minha casa paterna. Victor, o mais velho, já era um homem de teatro em tempo integral, e um declamador reconhecido no âmbito da língua espanhola. Desde que escapei da tutela de meus pais não tornei a me sentir em casa até conhecer Pepa Botero, a mãe dos Mallarino, uma antioquenha em estado puro posta em plena medula hermética da aristocracia bogotana. Com sua inteligência natural e sua fala prodigiosa tinha a faculdade inigualável de conhecer o lugar exato em que as palavras recobravam sua estirpe cervantina. Eram tardes inesquecíveis, vendo entardecer sobre a esmeralda sem limites da savana, ao calor do chocolate perfumado e das broas de queijo quentes. O que aprendi de Pepa Botero, com sua gíria desabrida, com seu modo de dizer as coisas da vida comum, teve para mim um valor incalculável para uma nova retórica da vida real.

Outros colegas com quem eu convivia eram Guillermo López Guerra e Álvaro Vidal Varón, que já tinham sido meus cúmplices no Liceu de Zipaquirá. No entanto, na universidade estive mais próximo de Luis Villar Borda e Camilo Torres Restrepo, que faziam com garra e por amor à arte o suplemento literário de *La Razón*, um jornal quase secreto que o poeta e jornalista Juan Lozano y Lozano dirigia. Nos dias de fechamento eu ia com eles para a redação e dava uma mão nas emergências de última hora. Algumas vezes encontrei o diretor, cujos sonetos eu admirava e mais ainda os perfis de personagens nacionais que publicava na revista *Sábado*. Ele recordava, de forma meio nebulosa, da nota de Ulisses sobre mim, mas não havia lido nenhum conto, e desguiei de assunto porque tinha certeza de que ele não gostaria deles. Logo no primeiro dia me disse, ao se despedir, que as páginas do jornal estavam abertas para mim, mas eu preferi considerar aquilo apenas como uma gentileza bogotana.

No Café Astúrias, Camilo Torres Restrepo e Luis Villar Borda, meus colegas na faculdade de direito, me apresentaram a Plinio Apuleyo Mendoza, que aos seus dezesseis anos havia publicado uma série de prosas líricas, o gênero da moda imposto no país por Eduardo Carranza nas páginas literárias de *El Tiempo*. Era de pele curtida, com um cabelo retinto e liso que acentuava sua boa aparência de índio. Apesar da idade tinha conseguido publicar suas notas no semanário *Sábado*, fundado por seu pai, Plinio Mendoza Neira, antigo ministro da Guerra e um grande jornalista nato que possivelmente não escreveu uma única linha completa em toda a sua vida. No entanto, ensinou muitos a escrever as suas nos jornais que fundava com bumbos e fanfarras e depois abandonava para ocupar altos cargos políticos ou para fundar outras empresas enormes e catastróficas. Naquela época, vi o filho umas duas ou três vezes, sempre com colegas meus. Fiquei impressionado ao notar que na sua idade ele raciocinava como um ancião, mas eu jamais teria imaginado que anos depois nós iríamos compartilhar tantas jornadas de jornalismo temerário, pois eu ainda não tinha sido vitimado pelo engodo do jornalismo como ofício, e como ciência me interessava menos ainda que o direito.

Na verdade, jamais havia pensado que chegasse a me interessar alguma vez, até que num daqueles dias Elvira Mendoza, irmã de Plinio, fez uma entrevista de emergência com a declamadora argentina Berta Singerman que mudou por completo meus preconceitos contra o ofício, e fez com que eu descobrisse em mim uma vocação ignorada. Mais que uma entrevista clássica de perguntas e respostas — que tantas dúvidas me deixavam e continuam deixando —, aquela foi uma das mais originais publicadas na Colômbia. Anos mais tarde, quando já era uma jornalista internacional consagrada e uma de minhas boas amigas, Elvira Mendoza me contou que tinha sido um recurso desesperado para salvar um fracasso.

A chegada de Berta Singerman havia sido o acontecimento do dia. Elvira — que dirigia a seção feminina da revista *Sábado* — pediu autorização para fazer uma entrevista com ela, e conseguiu que seu pai autorizasse, mas com algumas reticências, por causa de sua falta de experiência no gênero. A redação de *Sábado* era um ponto de encontro dos intelectuais mais conhecidos daqueles anos e Elvira pediu a eles algumas perguntas para o questionário, mas ficou à beira do pânico quando precisou enfrentar o desprezo com que Berta Singerman recebeu-a na suíte presidencial do hotel Granada.

Desde a primeira pergunta deu-se o prazer de recusar todas, achando-as tolas ou imbecis, e sem suspeitar que por trás de cada uma delas havia um bom escritor que ela conhecia e admirava graças às suas várias visitas à Colômbia. Elvira, que sempre foi de gênio vivo, precisou engolir suas lágrimas e suportar a frio aquela ofensa. A entrada imprevista do marido de Berta Singerman salvou a entrevista, pois foi ele quem manejou a situação com um tato especial e um bom senso de humor quando tudo estava a ponto de se converter num incidente grave.

Elvira não escreveu o diálogo que havia previsto com as respostas da diva, mas fez a reportagem sobre suas dificuldades com ela. Aproveitou a intervenção providencial do esposo, e converteu-o no verdadeiro protagonista do encontro. Berta Singerman teve um de seus históricos ataques de fúria quando leu a entrevista. Mas *Sábado* já era o semanário mais lido, e sua circulação semanal acelerou sua ascensão até cem mil exemplares numa cidade de seiscentos mil habitantes.

O sangue-frio e o engenho com que Elvira Mendoza aproveitou a estúpida grosseria de Berta Singerman para revelar sua verdadeira personalidade me puseram a pensar pela primeira vez nas possibilidades da reportagem, não como meio principal de informação, mas como algo muito maior: como gênero literário. Não se passariam muitos anos antes que eu comprovasse na própria carne, até chegar a crer, como creio hoje mais do que nunca, que romance e reportagem são filhos de uma mesma mãe.

Até então eu só havia me arriscado com a poesia: versos satíricos na revista do Colégio San José e prosas líricas ou sonetos de amores imaginários à moda de Piedra y Cielo no único número do jornal do Liceu Nacional. Pouco antes, Cecilia González, minha cúmplice de Zapaquirá, havia convencido o poeta e ensaísta Daniel Arango a publicar uma cançãozinha escrita por mim, com pseudônimo e em corpo tipográfico sete, no rincão mais escondido do suplemento dominical do *El Tiempo*. A publicação não me impressionou nem me fez sentir mais poeta do que era. Em compensação, com a reportagem de Elvira tomei consciência do jornalista que levava adormecido no coração, e senti ânimos de despertá-lo. Mudou a minha maneira de ler jornais. Camilo Torres e Luis Villar Borda, que concordavam comigo, me reiteraram a oferta de Juan Lozano em suas páginas do *La Razón*, mas só me atrevi a mandar um par de poemas técnicos que jamais considerei meus.

Então, me propuseram falar com Plinio Apuleyo Mendoza para a revista *Sábado*, mas minha timidez dominante me alertou que faltava muito para que eu pudesse me arriscar no breu de um ofício novo. No entanto, meu descobrimento teve uma utilidade imediata, pois naqueles dias eu andava enredado com a má consciência que indicava que tudo que eu escrevia, em prosa ou em verso, e até mesmo nas tarefas do Liceu, eram imitações descaradas de Piedra y Cielo, e me propus passar por uma mudança profunda a partir do meu próximo conto. A prática terminou por me convencer de que os advérbios de modo terminados em *mente* são um vício empobrecedor. Por isso comecei a castigá-los quando me apareciam pela frente, e cada vez mais me convencia de que aquela obsessão me obrigava a encontrar formas mais ricas e expressivas. Faz muito tempo que em meus livros não há nenhum, a não ser em alguma citação textual. Não sei, é claro, se meus tradutores detectaram e contraíram também, por razões de seu ofício, essa paranóia de estilo.

A amizade com Camilo Torres e Villar Borda ultrapassou logo os limites das salas de aula e da sala de redação, e andávamos mais tempos juntos na rua que na universidade. Ambos ferviam a fogo lento num inconformismo duro por causa da situação política e social do país. Embebido nos mistérios da literatura, eu nem tentava compreender suas análises circulares e suas premonições sombrias, mas as marcas de sua amizade prevaleceram entre as mais gratas e úteis daqueles anos.

Nas aulas da universidade, enquanto isso, eu estava encalhado. Sempre lamentei minha falta de devoção pelos méritos dos professores de grandes nomes que suportavam nossos tédios. Entre eles, Alfonso López Michelsen, filho do único presidente colombiano reeleito no século XX, e creio que desse detalhe vinha a impressão generalizada de que também ele estava predestinado a ser presidente por nascimento, como acabou sendo. Chegava à sua cátedra de introdução ao direito com uma pontualidade irritante e uns esplêndidos paletós de casimira feitos em Londres. Ditava sua aula sem olhar para ninguém, com o ar celestial dos míopes inteligentes que sempre parecem andar através dos sonhos alheios. Suas aulas me pareciam monólogos de uma corda só, como era para mim qualquer aula que não fosse de poesia,

mas o tédio de sua voz tinha a virtude hipnótica de um encantador de ser-
pentes. Sua vasta cultura literária já tinha desde então uma sustentação se-
gura, e sabia usá-la por escrito e em viva voz, mas só comecei a apreciá-la
quando tornamos a nos conhecer anos depois e a fazer-nos amigos, já longe
da sonolência das salas de aula. Seu prestígio de político empedernido se
nutria de seu encanto pessoal quase mágico e de uma lucidez perigosa para
descobrir segundas intenções nas pessoas. Principalmente naquelas de quem
ele gostava menos. No entanto, sua virtude mais distinta de homem público
foi seu poder assombroso para criar situações históricas com uma frase só.

Com o tempo conseguimos uma boa amizade, mas na universidade não
fui o mais assíduo e aplicado, e minha timidez incorrigível impunha uma
distância insuperável, em especial com as pessoas que eu admirava. Por isso
me surpreendi tanto quando ele me chamou para o exame final do primeiro ano, apesar de minhas faltas de presença que tinham feito com que eu
merecesse a reputação de aluno invisível. Apelei para o meu velho truque de
desviar de assunto com recursos retóricos. Percebi que o professor havia
detectado a minha astúcia, mas que talvez a apreciasse como um recurso literário. O único tropeço foi que na agonia do exame usei a palavra *prescrição* e ele apressou-se em me pedir que a definisse, para se assegurar de que
eu sabia do que estava falando.

— Prescrever é adquirir uma propriedade por decurso de prazo — disse a ele.

Ele me perguntou de imediato:

— Adquirir ou perder?

Dava no mesmo, já que não era uma coisa nem outra, mas não respondi
graças apenas à minha insegurança congênita, e aposto que essa história deve
ter se transformado numa de suas célebres gozações de café, porque na hora
da nota ele não levou a dúvida em conta. Anos depois comentei o incidente
com ele, que já não se lembrava, é claro, mas aí nem ele nem eu tínhamos
certeza sequer se o episódio havia ocorrido de verdade.

Ambos encontramos na literatura um bom remanso para esquecermos
a política e os mistérios da prescrição, e ao mesmo tempo descobríamos livros surpreendentes e escritores esquecidos em conversas infinitas que às

vezes acabavam dispersando as visitas e exasperando nossas esposas. Minha mãe tinha me convencido de que éramos parentes, e era verdade. No entanto, melhor que qualquer vínculo extraviado nos identificava nossa paixão comum pelos cantos da música *vallenata*.

Outro parente casual, por parte de pai, era Carlos H. Pareja, professor de economia política e dono da Livraria Grancolombia, favorita dos estudantes graças ao bom costume de exibir as novidades de grandes autores em mesas abertas e sem vigilância. Até mesmo seus próprios alunos invadiam o local nos descuidos do entardecer e escamoteavam os livros através de truques digitais, de acordo com o código escolar de que roubar livros é delito mas não é pecado. Não por virtude, mas pelo meu medo físico, meu papel nos assaltos limitava-se a proteger as costas dos mais hábeis, com a condição de que, além dos livros para eles, levassem alguns indicados por mim. Uma tarde, um de meus cúmplices acabava de roubar *A cidade sem Laura*, de Francisco Luis Bermúdez, quando senti uma garra feroz em meu ombro e uma voz de sargento:

— Até que enfim, caralho!

Virei apavorado e dei de cara com o professor Carlos H. Pareja, enquanto três de meus cúmplices escapavam em disparada. Por sorte, antes que eu começasse a pedir desculpas percebi que o professor não tinha me surpreendido por ser ladrão, mas por não ter-me visto em sua aula durante mais de um mês. Depois de uma bronca mais convencional, me perguntou:

— É verdade que você é filho de Gabriel Eligio?

Era verdade, mas respondi que não, porque sabia que o pai dele e o meu eram na realidade parentes mas estavam afastados por um incidente pessoal que jamais entendi. Mais tarde, porém, ele ficou sabendo a verdade e daquele dia em diante me tratou na livraria e nas aulas como seu sobrinho, e mantivemos uma relação mais política que literária, apesar de ele ter escrito e publicado vários livros de versos desiguais com o pseudônimo de Simón Latino. A consciência do parentesco, em todo caso, só serviu para ele, pois parei de me prestar a servir de cobertura para roubar-lhe livros.

Outro professor excelente, Diego Montaña Cuéllar, era o avesso de López Michelsen, com quem parecia manter uma rivalidade secreta. López era tido por liberal travesso, e Montaña Cuéllar por um radical de esquerda. Mantive com Montaña Cuéllar uma boa relação fora da sala de aula, e sempre me pareceu que López Michelsen me via como um filhote de poeta, enquanto o outro me via como um bom prospecto para seu proselitismo revolucionário.

Minha simpatia por Montaña Cuéllar começou por um tropeço que ele sofreu com três jovens oficiais da escola militar que assistiam às suas aulas em uniformes de desfile. Eram de uma pontualidade militar, sentavam-se juntos nas mesmas cadeiras afastadas, tomavam notas implacáveis e tiravam notas merecidas em provas rígidas. Diego Montaña Cuéllar aconselhou-os em particular, desde os primeiros dias, para que não fossem às aulas em uniforme de guerra. Com suas melhores maneiras, eles responderam que cumpriam ordens superiores, e não desviaram de nenhuma oportunidade para fazer com que ele sentisse isso. Seja como for, à margem de suas esquisitices, para alunos e professores sempre ficou claro que os três oficiais eram estudantes notáveis.

Chegavam com seus uniformes idênticos, impecáveis, sempre juntos e pontuais. Sentavam-se afastados do resto da turma, e eram os alunos mais sérios e metódicos, mas sempre achei que estavam num mundo diferente do nosso. Se alguém lhes dirigia a palavra, eram atentos e amáveis, mas de um formalismo invencível: não diziam nada além do que lhes era perguntado. Nas épocas de provas e exames, nós, civis, nos dividíamos em grupos de quatro para estudar nos cafés, nos encontrávamos nos bailes dos sábados, nos apedrejamentos estudantis, nos botequins mansos e nos bordéis lúgubres da época, mas nunca nos encontramos, nem por acaso, com nossos colegas militares.

Mal e mal troquei com eles algum cumprimento durante o longo ano em que coincidimos na universidade. Não havia tempo, além disso, porque chegavam pontualmente nas salas e iam embora com a última palavra do professor, sem trocar palavra com ninguém, a não ser com outros militares jovens do segundo ano, com quem se juntavam nos intervalos das aulas. Nunca soube seus nomes nem tornei a ter notícias deles. Hoje sei que as maiores reticências não eram tão deles como minhas, que jamais consegui superar a amargura com que meus avós evocavam suas guerras frustradas e as matanças atrozes dos bananais.

Jorge Soto del Corral, o professor de direito constitucional, tinha fama de saber de cor todas as constituições do mundo, e nas aulas nos mantinha deslumbrados com o resplendor de sua inteligência e sua erudição jurídica, atrapalhada apenas pelo seu escasso senso de humor. Creio que era um dos professores que faziam o possível para que suas diferenças políticas não aflorassem nas aulas, mas dava para percebê-las muito mais do que eles achavam. Até pelos gestos das mãos e a ênfase de suas idéias, pois era na universidade que mais se sentia o pulso profundo de um país que estava à beira de uma nova guerra civil após quarenta e tantos anos de paz armada.

Apesar de minha crônica ausência às aulas e da minha negligência jurídica, fui aprovado nas matérias fáceis do primeiro ano de direito com reforços de última hora, e nas mais difíceis com meu velho truque de escamotear o tema com recursos de invenção. A verdade é que eu não me sentia à vontade comigo mesmo e não sabia como continuar caminhando às cegas naquele beco sem saída. Eu entendia menos e me interessava muito menos ainda pelo direito que por qualquer uma das matérias do Liceu, e já me sentia bastante adulto para tomar minhas próprias decisões. No final, após dezesseis meses de sobrevivência milagrosa, o que sobrou foi um bom grupo de amigos para o resto da vida.

Meu escasso interesse pelos estudos tornou-se mais escasso ainda depois do artigo de Ulisses, principalmente na universidade, onde alguns de meus colegas começaram a me tratar por mestre e me apresentavam como escritor. Aquilo coincidiu com minha determinação de aprender a construir uma estrutura ao mesmo tempo verossímil e fantástica, mas sem resquícios. Com modelos perfeitos e esquivos, como *Édipo rei*, de Sófocles, cujo protagonista investiga o assassinato de seu pai e termina por descobrir que ele próprio é o assassino; como "A pata do macaco", de W. W. Jacob, que é o conto perfeito, onde tudo que acontece é casual; como *Bola de sebo*, de Maupassant, e como tantos outros grandes pecadores que Deus tiver em seu santo reino. Nessas andava eu numa noite de domingo quando enfim me aconteceu uma coisa que valia a pena ser contada. Eu tinha passado quase que o dia inteiro ventilando minhas frustrações de escritor com Gonzalo Mallarino na sua casa da avenida Chile, e quando voltava para a pensão no último bonde um fauno de carne e osso subiu na estação Chapinero. O que eu falei foi isso mesmo: um fauno. Notei que nenhum dos escassos passageiros da meia-noite se surpreendeu ao vê-lo, e isso me levou a pensar que era apenas mais um daqueles disfarçados que nos domingos vendiam de tudo para as crianças nos parques. Mas a realidade me convenceu de que eu não podia duvidar, porque seu conjunto de cornos e suas barbas eram tão rústicos como os de um bode a ponto de sentir o cheiro desagradável de seu pelame ao passar por ele. Antes da rua 26, que era a do cemitério, desceu com os modos de um bom pai de família e desapareceu entre os arvoredos do parque.

Depois da meia-noite, acordado pelos meus pulos na cama, Domingo Manuel Veja me perguntou o que é que eu tinha. "É que o fauno subiu no bonde", disse a ele entre sonhos. Ele me respondeu, totalmente acordado, que se fosse pesadelo devia ser por causa da má digestão do domingo, mas se fosse o tema de meu próximo conto era fantástico. Na manhã seguinte eu já não sabia se na verdade tinha visto um fauno no bonde ou se tinha sido uma alucinação dominical. Comecei por admitir que tinha dormido por causa do cansaço do dia e tive um sonho tão nítido que não conseguia separá-lo da realidade. Para mim, porém, o essencial acabou não sendo se o fauno era real ou não, mas que eu o havia vivido como se fosse. E por isso mesmo — real ou sonhado — não seria legítimo considerá-lo um feitiço da imaginação, mas uma experiência maravilhosa na minha vida.

Assim, no dia seguinte escrevi o conto de uma tacada só, coloquei-o debaixo do travesseiro e li e reli várias noites antes de dormir e pelas manhãs ao despertar. Era uma transcrição descarnada e literal do episódio do bonde, tal como ocorreu, e num estilo tão inocente como a notícia de um batizado na coluna social. Reclamado por novas dúvidas, decidi enfim submetê-lo à prova infalível da letra impressa, mas não no *El Espectador* e sim no suplemento literário do *El Tiempo*. Talvez fosse o modo de conhecer um critério diferente do de Eduardo Zalamea, sem comprometê-lo numa aventura que ele não tinha por que participar. Mandei-o através de um colega de pensão, junto com uma carta para dom Jaime Posada, o novo e muito jovem diretor do "Suplemento Literário" do *El Tiempo*. O conto, porém, não foi publicado, nem a carta respondida.

Os contos dessa época, na ordem em que foram escritos e publicados no "Fim de Semana", desapareceram dos arquivos do *El Espectador* no assalto e incêndio do jornal causado pelas turbas oficiais no dia 6 de setembro de 1952. Eu mesmo não tinha cópia, nem meus amigos mais curiosos, e por isso pensei com certo alívio que tinham sido incinerados pelo esquecimento. No entanto, alguns suplementos literários do interior os haviam reproduzido em seu momento, sem autorização, e outros foram publicados em diferentes revistas, até serem recolhidos num volume pela Editora Alfil, de Montevidéu, em 1972, com o título de um deles: *Nabo, o negro que fez os anjos esperarem.*

Faltava um, que nunca foi incluído no livro, talvez por falta de uma versão confiável: "Tubal 'Caim forja uma estrela", publicado no *El Espectador* no dia 17 de janeiro de 1948. O nome do protagonista, como nem todo mundo sabe, é o de um ferreiro bíblico que inventou a música. Foram três contos. Lidos na ordem em que foram escritos e publicados me pareceram inconseqüentes e abstratos, e alguns, disparatados, e nenhum se baseava em sentimentos reais. Jamais consegui chegar à conclusão alguma sobre o critério com que foram lidos por um crítico tão severo como Eduardo Zalamea. No entanto, para mim têm uma importância que não têm para ninguém mais, pois em cada um deles existe algo que responde à rápida evolução de minha vida literária naquela época.

Muitos dos romances que eu lia e admirava naquele tempo só me interessavam por causa de suas lições técnicas. Quer dizer: pela sua carpintaria secreta. Das abstrações metafísicas dos três primeiros contos até os três últimos da época, encontrei pistas precisas e muito úteis da formação primária de um escritor. Não havia me passado pela cabeça a idéia de explorar outras formas. Pensava que conto e romance não apenas eram dois gêneros literários diferentes, mas dois organismos de natureza distinta que seria funesto confundir. Hoje continuo acreditando nisso, e mais convencido que nunca da supremacia do conto sobre o romance.

As publicações no *El Espectador*, à margem do êxito literário, me criaram outros problemas mais terrenos e divertidos. Amigos distraídos me paravam na rua para me pedir um empréstimo salvador, pois não podiam acreditar que um escritor com tanto estardalhaço não recebesse somas enormes pelos seus contos. Muito poucos acreditaram na minha verdade de que nunca me pagaram um único centavo pela sua publicação, coisa que nem eu teria esperado, porque não era usual na imprensa do país. Mais grave ainda foi a desilusão de papai quando se convenceu de que eu não podia assumir meus próprios gastos num momento em que três dos onze irmãos que já haviam nascido estavam estudando. A família me mandava trinta pesos por mês. Só a pensão me custava dezoito, e sem direito a ovos no café-da-manhã, e eu me via sempre obrigado a descompletá-los para os gastos imprevistos. Por sorte, não sei de onde havia contraído o hábito de fazer desenhos inconscientes nas margens dos jornais, nos guardanapos dos restaurantes, nas mesas de mármore dos cafés. Agora, me atrevo a crer que aqueles desenhos eram descendentes diretos dos que eu pintava quando era menino nas paredes da casa do avô, e que possivelmente eram válvulas fáceis de desabafo. Um colega ocasional das tertúlias do El Molino, que tinha num ministério influência suficiente para conseguir uma vaga de desenhista sem ter a menor noção de desenho, me propôs que eu fizesse o seu trabalho e dividíssemos o salário. Nunca, no resto da minha vida, estive tão perto da corrupção, mas não perto o suficiente para me arrepender.

Meu interesse pela música também aumentou naquela época em que os cantos populares do Caribe — com os quais eu tinha sido amamentado — abriam caminho em Bogotá. O programa de maior audiência era *A hora costenha*, animado por dom Pascual Delvecchio, uma espécie de cônsul musical da costa atlântica para a capital. Tinha se tornado tão popular nos domingos de manhã, que nós, estudantes caribenhos, íamos dançar nas instalações da emissora até que a tarde já estivesse bem avançada. Aquela foi a origem da imensa popularidade das nossas músicas no interior do país e mais tarde até nos últimos rincões, e uma promoção social dos estudantes costenhos em Bogotá.

O único inconveniente era o fantasma do casamento à força. Pois não sei que maus precedentes tinham feito prosperar na costa a crença de que as namoradas de Bogotá se faziam fáceis com os costenhos, e nos armavam armadilhas de cama para nos casar à força. E não por amor, mas pela vontade de morar com uma janela frente ao mar. Nunca tive essa idéia. Pelo contrário: as lembranças mais ingratas da minha vida são os bordéis sinistros dos extramuros de Bogotá, onde íamos desaguar nossas bebedeiras sombrias. No mais sórdido deles eu estive a ponto de deixar a pouca vida que levava dentro de mim quando uma mulher com quem eu havia acabado de estar apareceu nua no corredor gritando que eu havia roubado doze pesos de uma gaveta do toucador. Dois leões-de-chácara da casa me derrubaram a porradas e não lhes bastou arrancar dos meus bolsos os últimos dois pesos que me sobravam depois de um amor de funeral, como também me despiram até os sapatos e me exploraram a dedo à procura do dinheiro roubado. Já estavam decididos a não me matar e sim entregar-me à polícia, quando a mulher se lembrou que no dia anterior tinha mudado seu dinheiro de esconderijo, e encontrou-o intacto.

Entre as amizades que me restaram da universidade, a de Camilo Torres foi não apenas uma das menos esquecíveis, mas também a mais dramática da nossa juventude. Um dia, pela primeira vez ele não apareceu nas aulas. O motivo espalhou-se feito fogo em rastilho de pólvora. Camilo havia arrumado suas coisas e decidiu fugir de sua casa para o seminário de Chiquinquirá, a cento e tantos quilômetros de Bogotá. Sua mãe alcançou-o na estação do trem de ferro e trancou-o na biblioteca. Foi ali que o visitei, mais pálido que de costume, com um poncho branco e uma serenidade que pela primeira vez me fez pensar em um estado de graça. Tinha decidido entrar no seminário por causa de uma vocação que dissimulava muito bem, mas à qual estava disposto a obedecer até o fim.

— O mais difícil já passou — me disse.

Foi sua maneira de me dizer que tinha se despedido de sua noiva, e que ela celebrava a sua decisão. Depois de uma tarde enriquecedora, me deu um presente indecifrável: *A origem das espécies*, de Darwin. Despedi-me dele com a estranha certeza de que era para sempre.

Perdi-o de vista enquanto esteve no seminário. Tive vagas notícias de que tinha ido a Louvain para três anos de formação teológica, de que sua entrega não havia mudado seu espírito estudantil e suas maneiras laicas, e de que as moças que suspiravam por ele o tratavam como se fosse um ator de cinema desarmado pela batina.

Dez anos depois, quando regressou a Bogotá, havia assumido de corpo e alma o caráter de sua investidura mas conservava suas melhores virtudes de adolescente. Eu era então escritor e jornalista sem diploma, casado e com um filho, Rodrigo, que havia nascido no dia 24 de agosto de 1959 na clínica Palermo de Bogotá. Decidimos em família que seria Camilo que o batizaria. O padrinho seria Plinio Apuleyo Mendoza, com quem minha mulher e eu tínhamos contraído desde antes uma amizade de compadres. A madrinha foi Susana Linhares, a esposa de Germán Vargas, que me havia transmitido suas artes de bom jornalista e melhor amigo. Camilo era mais próximo de Plinio que nós, e desde muito antes, mas não queria aceitá-lo como padrinho por suas afinidades da época com os comunistas, e talvez também por causa de seu espírito brincalhão que poderia muito bem estropiar a solenidade do sacramento. Susana comprometeu-se a tomar conta da formação espiritual do bebê, e Camilo não encontrou ou não quis encontrar outros argumentos para fechar o caminho ao padrinho.

O batismo foi feito na capela da Clínica Palermo, na penumbra gelada das seis da tarde, sem ninguém mais além dos padrinhos e de mim, e um camponês de poncho e alpargatas que se aproximou como que levitando para assistir à cerimônia sem se fazer notar. Quando Susana chegou com o recém-nascido, o padrinho incorrigível soltou de brincadeira a primeira provocação:

— Vamos fazer deste menino um grande guerrilheiro.

Camilo, preparando o que era necessário para o sacramento, respondeu no mesmo tom: "Vamos, mas guerrilheiro de Deus." E começou a cerimônia com uma decisão do maior calibre, completamente inusual naqueles tempos:

— Vou batizá-lo em espanhol para que os incrédulos entendam o que significa esse sacramento.

Sua voz ressoava com um castelhano altissonante que eu seguia através do latim de meus tenros anos de coroinha em Aracataca. No momento da purificação pela água, e sem olhar para ninguém, Camilo inventou outra fórmula provocadora:

— Aqueles que acreditarem que neste momento desce sobre esta criatura o Espírito Santo, que se ajoelhem.

Os padrinhos e eu permanecemos de pé e talvez um pouco incomodados pela armadilha astuta feita pelo padre amigo, enquanto o bebê berrava debaixo da ducha de água gelada. O único que se ajoelhou foi o camponês de alpargatas. O impacto desse episódio ficou em mim como um dos castigos mais severos da minha vida, porque sempre acreditei que foi Camilo quem levou o camponês, com toda a premeditação, para nos castigar com uma lição de humildade. Ou, pelo menos, de boa educação.

Tornei a vê-lo poucas vezes, e sempre por alguma razão válida e urgente, quase sempre em relação com suas obras de caridade a favor dos perseguidos políticos. Certa manhã apareceu na minha casa de recém-casado com um ladrão de domicílios que tinha cumprido sua pena, mas a quem a polícia não dava trégua: roubavam tudo que estivesse com ele. Certa vez dei de presente para ele um par de sapatos de explorador com um desenho especial na sola, para dar maior segurança. Poucos dias depois, a empregada da casa reconheceu as solas na foto de um delinquente de rua encontrado morto numa sarjeta. Era o nosso amigo ladrão.

Não quero dizer que este episódio tenha algo a ver com o destino final de Camilo, mas meses depois ele entrou no hospital militar para visitar um amigo doente, e não voltou-se a saber nada dele até o governo anunciar que havia reaparecido como guerrilheiro raso no Exército de Libertação Nacional. Morreu no dia 5 de fevereiro de 1966, aos trinta e sete anos, num combate aberto com uma patrulha militar.

A entrada de Camilo no seminário tinha coincidido com minha decisão íntima de não continuar perdendo tempo na faculdade de direito, mas não tive ânimo para me confrontar de uma vez por todas com meus pais. Através de meu irmão Luis Enrique — que havia chegado a Bogotá com um bom emprego em fevereiro de 1948 — fiquei sabendo que eles estavam tão satisfeitos com os resultados de meu colegial e de meu primeiro ano de direito, que me mandaram de surpresa a máquina de escrever mais leve e moderna que existia no mercado. A primeira que tive na vida, e também a menos afortunada, porque no mesmo dia a penhoramos por doze pesos para continuar a festa de boas-vindas com meu irmão e meus companheiros de pensão. No dia seguinte, loucos de dor de cabeça, fomos à casa de penhores para comprovar que a máquina ainda estava lá com seus selos intactos, e assegurar-nos de que continuaria em boas condições até que nos caísse do céu o dinheiro para resgatá-la. Tivemos uma boa oportunidade com o que me pagou meu sócio, o falso desenhista, mas na última hora decidimos deixar o resgate para depois. Cada vez que passávamos pela casa de penhor, meu irmão e eu, juntos ou separados, comprovávamos da rua que a máquina continuava em seu lugar, envolta como uma jóia em papel celofane e com um laço de organdi, entre fileiras de aparelhos domésticos bem protegidos. Depois de um mês, os cálculos alegres que tínhamos feito na euforia da bebedeira continuavam sem se realizar, mas a máquina estava intacta em seu lugar, e ali poderia continuar enquanto pagássemos a tempo os juros trimestrais.

Creio que naquele momento não tínhamos ainda consciência das terríveis tensões políticas que começavam a perturbar o país. Apesar do prestígio de conservador moderado com que Ospina Pérez chegou ao poder, a maioria de seu partido sabia que a vitória só tinha sido possível por causa da divisão entre os liberais. Aturdidos pelo golpe, os liberais recriminavam Alberto Lleras pela imparcialidade suicida que fez com que a derrota tivesse sido possível. O doutor Gabriel Turbay, mais abatido por causa do seu gênio depressivo que pelos votos adversos, foi para a Europa sem rumo nem sentido, com o pretexto de uma alta especialização em cardiologia, e morreu solitário e vencido pela asma da derrota após um ano e meio entre as flores de papel e os tapetes murchos do Hotel Plaza Athénée de Paris. Jorge Eliécer Gaitán, porém, não interrompeu um único dia sua campanha eleitoral para a eleição seguinte, e radicalizou-a a fundo com um programa de restauração moral da República que superou a divisão histórica do país entre liberais e conservadores, e aprofundou-a com um corte horizontal e mais realista entre exploradores e explorados: o país político e o país nacional. Com seu grito histórico — "Ao ataque!" — e sua energia sobrenatural, esparramou a semente da resistência mesmo nos derradeiros rincões, com uma campanha gigantesca de agitação que foi ganhando terreno em menos de um ano, até chegar às vésperas de uma autêntica revolução social.

Só assim tomamos consciência de que o país começava a desbarrancar no precipício da mesma guerra civil que nos ficou desde a independência da Espanha, e já alcançava os bisnetos dos protagonistas originais. O Partido Conservador, que tinha recuperado a presidência por causa da divisão liberal após quatro períodos consecutivos, estava decidido por todos os meios a não perdê-la de novo. Para conseguir isso, o governo de Ospina Pérez avançava em uma política de terra arrasada que ensangüentou o país até na vida cotidiana dentro dos lares.

Com minha inconsciência política, e das minhas nuvens literárias, eu não havia sequer vislumbrado aquela realidade evidente até a noite em que regressava à pensão e me encontrei com o fantasma da minha consciência. A cidade deserta, açoitada pelo vento glacial que soprava em rajadas vindas dos morros, estava tomada pela voz metálica e a deliberada ênfase suburbana de Jorge Eliécer Gaitán em seu discurso pontual de cada sexta-feira no Teatro Municipal. A capacidade do recinto não era maior que mil pessoas enlatadas, mas o discurso se propagava por ondas concêntricas, primeiro pelos alto-falantes nas ruas vizinhas e depois pelos rádios a todo volume que ressoavam como chicotadas no ar da cidade atônita, e transbordavam durante três e até quatro horas a audiência nacional.

Naquela noite tive a impressão de ser o único nas ruas, a não ser na esquina crucial do jornal *El Tiempo*, protegida como todas as sextas por um pelotão de policiais armados como se fossem para a guerra. Foi uma revelação para mim, que me havia permitido a arrogância de não acreditar em Gaitán, e naquela noite compreendi de repente que ele havia ultrapassado o país que falava espanhol e estava inventando uma língua franca para todos, não tanto pelo que as palavras diziam mas pela comoção e pelas astúcias da voz. Ele mesmo, em seus discursos épicos, aconselhava seus ouvintes num malicioso tom paternal a regressar às suas casas em paz, e eles traduziam como uma ordem cifrada para expressar seu repúdio contra tudo que as desigualdades sociais e o poder de um governo brutal representavam. Até os próprios policiais que deveriam proteger a ordem ficavam motivados por uma advertência que interpretavam do avesso.

O tema do discurso daquela noite era um exame descarnado dos estragos causados pela violência oficial em sua política de terra arrasada para destruir a oposição liberal, com um número ainda incalculável de mortos pela força pública nas áreas rurais, e com populações inteiras de refugiados sem teto nem pão nas cidades. Após uma enumeração pavorosa de assassinatos e atropelos, Gaitán começou a subir a voz, a deleitar-se palavra por palavra, frase por frase, num prodígio de retórica de efeito certeiro. A tensão do público aumentava ao compasso de sua voz, até uma explosão final que explodiu no ar da cidade e ressoou pelo rádio nos rincões mais remotos do país.

A multidão inflamada lançou-se às ruas numa batalha campal incruenta, diante da tolerância secreta da polícia. Creio que foi naquela noite que finalmente entendi as frustrações do avô e as lúcidas análises de Camilo Torres Restrepo. E me surpreendia que na Universidade Nacional os estudantes continuassem sendo liberais e conservadores, com ilhotas comunistas, mas não se percebia que a brecha que Gaitán estava escavando no país passasse por lá. Atordoado pela comoção da noite, cheguei à pensão e encontrei meu companheiro de quarto lendo Ortega y Gasset na paz de sua cama.

— Estou novo, doutor Vega — disse a ele. — Agora sei como e por que começavam as guerras do coronel Nicolás Márquez.

Poucos dias depois — em 7 de fevereiro de 1948 — Gaitán fez o primeiro ato político ao qual assisti na vida: um desfile de luto pelas incontáveis vítimas da violência oficial no país, com mais de sessenta mil mulheres e homens de luto fechado, com as bandeiras vermelhas do partido e as bandeiras negras do luto liberal. Seu discurso era um só: o silêncio absoluto. E ocorreu com uma dramaticidade inconcebível, até nos balcões de residências e escritórios que tinham nos visto passar nos onze quarteirões atulhados de gente na avenida principal. Uma senhora murmurava ao meu lado uma oração entre dentes. Um homem ao lado dela olhou-a surpreso:

— Por favor, minha senhora!

Ela emitiu um gemido de perdão e mergulhou no oceano de seus fantasmas. No entanto, o que me levou à beira das lágrimas foi a cautela dos passos e a respiração da multidão no silêncio sobrenatural. Eu tinha ido até lá sem nenhuma convicção política, atraído pela curiosidade do silêncio, e de repente fui surpreendido pelo nó de pranto na garganta. O discurso de Gaitán na praça Bolívar, do balcão da corregedoria municipal, foi uma oração fúnebre de uma carga emocional avassaladora. Contra os prognósticos sinistros de seu próprio partido, culminou com a condição mais fúnebre do lema da manifestação: não houve um único aplauso.

Assim foi a "marcha do silêncio", a mais emocionante de todas as que foram feitas na Colômbia. A impressão que ficou daquela tarde histórica, entre partidários e inimigos, foi que a eleição de Gaitán era um fato consumado que ninguém conseguiria impedir. Os conservadores também sabiam disso, pelo grau de contaminação que a violência tinha alcançado em todo o país, pela ferocidade da polícia do regime contra o liberalismo desarmado e pela política de terra arrasada. A expressão mais tenebrosa do estado de espírito do país foi vivida naquele fim de semana pelo público que foi à tourada na praça de Bogotá, onde as arquibancadas se lançaram na arena indignadas pela mansidão do touro e pela impotência do toureiro para acabar de matá-lo. A multidão ensandecida esquartejou o touro vivo. Numerosos jornalistas e escritores que viveram aquele horror ou ficaram sabendo dele por ouvir falar o interpretaram como o sintoma mais assustador da ira brutal que o país estava padecendo.

Naquele clima de alta tensão foi inaugurada em Bogotá a Nona Conferência Panamericana, no dia 30 de março, às quatro e meia da tarde. A cidade tinha sido remoçada a um custo descomunal, com a estética pomposa do chanceler Laureano Gómez, que em virtude de seu cargo era o presidente da conferência. Estavam presentes todos os chanceleres da América Latina e várias personalidades do momento. Os mais eminentes políticos colombianos eram convidados de honra, com a única e significativa exceção de Jorge Eliécer Gaitán, eliminado sem dúvida pelo veto muito significativo de Laureano Gómez, e talvez pelo veto de alguns dirigentes liberais que o detestavam por causa de seus ataques à oligarquia comum de ambos os partidos. A estrela polar da conferência era o general George Marshall, delegado dos Estados Unidos e herói maior da recente guerra mundial, e com o resplendor deslumbrante de um artista de cinema por dirigir a reconstrução de uma Europa aniquilada pelo conflito.

E ainda assim, nas notícias da sexta-feira, 9 de abril, Jorge Eliécer Gaitán era o homem do dia, por ter conseguido a absolvição do tenente Jesús María Cortés Poveda, acusado de ter matado o jornalista Endoro Galarza Ossa. Havia chegado muito eufórico ao seu escritório de advogado, no cruzamento populoso da rua Sete com a avenida Jiménez de Quesada, pouco antes das oito da manhã, apesar de ter ficado no tribunal até a madrugada. Tinha várias reuniões nas horas seguintes, mas aceitou de imediato quando Plinio Mendoza Neira convidou-o para almoçar, pouco antes da uma, com seis amigos pessoais e políticos que tinham ido ao seu escritório para felicitá-lo pela vitória judicial que os jornais não tinham conseguido publicar. Entre eles, seu médico pessoal, Pedro Eliseo Cruz, que também era integrante de sua corte política.

Nesse clima intenso me sentei para almoçar na pensão onde morava, a menos de três quarteirões de distância. Não tinham me servido a sopa quando Wilfrido Mathieu se plantou espantado na frente da mesa.

— Este país se fodeu — me disse ele. — Acabam de matar Gaitán na frente do El Gato Negro.

Mathieu era um exemplar estudante de medicina e cirurgia, nativo de Sucre como outros inquilinos da pensão, e padecia de presságios sinistros. Uma semana antes havia nos anunciado que o fato mais iminente e terrível, por causa de suas conseqüências arrasadoras, poderia ser o assassinato de Jorge Eliécer Gaitán. Acontece que já não impressionava ninguém, porque não fazia falta nenhum presságio para supor isso.

Mal tive fôlego para atravessar voando a avenida Jiménez de Quesada e chegar sem ar na frente do café El Gato Negro, quase na esquina da rua Sete. Acabavam de levar o ferido à Clínica Central, a umas quatro quadras dali, ainda com vida mas sem esperança. Um grupo de homens empapavam seus lenços no charco de sangue quente para guardá-los como relíquias históricas. Uma mulher de mantilha negra e alpargatas, das muitas que vendiam quinquilharias naquele lugar, grunhiu com o lenço ensangüentado:

— Filhos-da-puta, mataram ele!

As esquadrilhas de engraxates armados com suas caixas de madeira tratavam de derrubar a porrada as cortinas metálicas da farmácia Nueva Granada, onde os escassos policiais de plantão tinham trancado o agressor para protegê-lo das turbas ensandecidas. Um homem alto e muito senhor de si, com um terno cinza e impecável como se fosse para um casamento, os incitava com gritos bem calculados. E tão efetivos, que o proprietário da farmácia subiu as cortinas de aço com medo de que a incendiassem. O agressor, agarrado a um policial, sucumbiu ao pânico diante dos grupos enlouquecidos que se precipitaram em cima dele.

— Guarda — suplicou quase sem voz —, não deixe que me matem.

Jamais conseguirei esquecê-lo. Tinha os cabelos revoltos, uma barba de dois dias e uma lividez de morto com os olhos sobressaltados de terror. Vestia um terno marrom muito usado com listras verticais e as lapelas esfrangalhadas pelos primeiros puxões da turba. Foi uma aparição instantânea e eterna, porque os engraxates o arrebataram dos policiais a golpes de caixas de madeira e o arremataram a pontapés. No primeiro puxão ele tinha perdido um sapato.

— Ao palácio! — ordenou aos gritos o homem de terno cor de cinza que nunca foi identificado. — Ao palácio!

Os mais exaltados obedeceram. Agarraram pelos tornozelos o corpo ensangüentado e o arrastaram pela rua Sete até a praça Bolívar, entre os últimos bondes elétricos lotados por causa da notícia, vociferando injúrias de guerra contra o governo. Das calçadas e dos balcões os atiçavam com gritos e aplausos, e o cadáver desfigurado a golpes ia deixando fiapos de roupa e de corpo no empedrado da rua. Muitos se incorporaram à marcha, que em menos de seis quarteirões tinha alcançado o tamanho e a força expansiva de uma chispa de guerra. Ao corpo massacrado só restavam a cueca e um sapato.

A praça Bolívar, que havia acabado de ser remodelada, não tinha a majestade de outras sextas-feiras históricas, com as árvores sonsas e as estátuas rudimentares da nova estética oficial. No Capitólio Nacional, onde dez dias antes havia sido instalada a Conferência Panamericana, os delegados tinham ido almoçar. Assim a turba passou de largo até o Palácio Presidencial, também desguarnecido. Deixaram ali o que restava do cadáver sem outra roupa além de fiapos de cueca, do sapato esquerdo e de duas inexplicáveis gravatas enlaçadas na garganta. Minutos mais tarde o presidente da República, Mariano Ospina Pérez, e sua esposa, chegavam para almoçar, depois de inaugurar uma exposição pecuária no povoado de Engativá. Até aquele momento eles ignoravam a notícia do assassinato porque o rádio do automóvel presidencial estava desligado.

Fiquei no lugar do crime mais uns dez minutos, surpreso pela rapidez com que as versões das testemunhas iam mudando de forma e de fundo até perder qualquer semelhança com a realidade. Estávamos no cruzamento da avenida Jiménez com a rua Sete, na hora de mais movimento e a cinqüenta passos do *El Tiempo*. Já sabíamos que ao sair do escritório Gaitán estava acompanhado por Pedro Eliseo Cruz, Alejandro Vallejo, Jorge Padilla e Plinio Mendoza Neira, ministro da Guerra no recente governo de Alfonso López Pumarejo, e que havia convidado todos para almoçar. Gaitán tinha saído do edifício onde ficava seu escritório, sem nenhum tipo de escolta, e no meio de um grupo compacto de amigos. Assim que chegaram à calçada, Mendoza pegou-o pelo braço, levou-o um passo adiante dos outros, e disse:

— O que eu queria dizer a você é uma bobagem.

Não conseguiu dizer mais nada. Gaitán cobriu a cara com o braço e Mendoza ouviu o primeiro tiro antes de ver na frente deles o homem que apontou o revólver e disparou três vezes na cabeça do líder com a frieza de um profissional. Um instante depois já se falava de um quarto disparo sem rumo, e de talvez um quinto.

Plinio Apuleyo Mendoza, que tinha chegado com seu pai e suas irmãs Elvira e Rosa Inés, chegou a ver Gaitán estendido na calçada de barriga para cima um minuto antes que o levassem para o hospital. "Não parecia morto", me contou anos depois. "Era como uma estátua imponente estendida na calçada com o rosto para o céu, junto a uma mancha de sangue escasso e com uma grande tristeza nos olhos abertos e fixos." Na confusão do instante suas irmãs chegaram a pensar que seu pai também tinha morrido, e estavam tão atordoadas que Plinio Apuleyo colocou-as no primeiro bonde que passou, para afastá-las do lugar. Mas o motorneiro percebeu claramente o que havia acontecido, e jogou o boné no chão e abandonou o bonde em plena rua para se juntar aos primeiros gritos da rebelião. Minutos depois, foi o primeiro bonde a ser virado pelas turbas ensandecidas.

As divergências sobre o número e o papel dos protagonistas eram insuperáveis, pois algumas testemunhas garantiam que tinham sido três se revezando para atirar, e outras diziam que o verdadeiro atirador tinha escapulido no meio da multidão enfurecida e sem pressa alguma havia entrado num bonde que estava passando. O que Mendoza Neira queria pedir a Gaitán quando o pegou pelo braço também não era nada do que muito se especulou desde então, mas apenas que o autorizasse a criar um instituto para formar líderes sindicais. Ou, como seu sogro havia debochado alguns dias antes: "Uma escola para ensinar filosofia ao chofer." Não chegou a dizer o que queria quando o primeiro tiro explodiu na frente deles.

Cinqüenta anos depois, minha memória continua fixa na imagem do homem que parecia instigar a multidão na frente da farmácia, e não o encontrei em nenhum dos incontáveis depoimentos que li sobre aquele dia. Eu o havia visto de muito perto, com um terno de grande classe, uma pele de alabastro e um controle milimétrico de seus atos. Tanto chamou minha atenção que continuei olhando para ele até que o apanharam num automóvel demasiado novo assim que levaram o cadáver do assassino, e desde então parece ter sido apagado da memória histórica. Da minha inclusive, até muitos anos depois, em meus tempos de jornalista, quando me assaltou a idéia daquele homem ter conseguido que matassem um falso assassino para proteger a identidade do verdadeiro.

Naquele tumulto incontrolável estava o líder estudantil cubano Fidel Castro, de vinte anos, delegado da Universidade de Havana a um congresso estudantil convocado como uma réplica democrática à Conferência Panamericana. Havia chegado uns seis dias antes, na companhia de Alfredo Guevara, Enrique Ovares e Rafael del Pino — universitários cubanos como ele —, e uma de suas primeiras gestões foi solicitar um encontro com Jorge Eliécer Gaitán, a quem admirava. Dois dias depois Castro teve um encontro com Gaitán, que o convocou para aquela sexta-feira seguinte. Gaitán em pessoa anotou o encontro na agenda de sua escrivaninha, na folha correspondente ao dia 9 de abril: "Fidel Castro, 14 horas".

Conforme ele próprio contou em diferentes meios e ocasiões, e nas intermináveis conversas que tivemos sobre o assunto ao longo de uma velha amizade, Fidel teve a primeira notícia do crime quando rondava pelos arredores, pois havia chegado com antecedência para o encontro das duas da tarde. De repente foi surpreendido pelas primeiras hordas que corriam esbaforidas, e pelo grito geral:

— Mataram Gaitán!

Fidel Castro não se deu conta, até mais tarde, que o encontro não poderia acontecer de jeito nenhum antes das quatro ou cinco da tarde, por causa do imprevisto convite para almoçar que Mendoza Neira tinha feito a Gaitán.

No lugar do crime não cabia mais ninguém. O trânsito foi interrompido e os bondes virados, e assim me dirigi para a pensão para terminar o almoço, quando meu professor Carlos H. Pareja cortou meu passo na porta de seu escritório e me perguntou aonde eu ia.

— Vou almoçar — respondi.

— Não fode — disse ele, com sua impenitente lábia caribenha. — Como é que você pensa em almoçar, se acabam de maitar Gaitán?

E sem me dar tempo para nada, ordenou que eu fosse até a universidade e me pusesse à frente do protesto estudantil. O mais estranho é que obedeci, contra minha maneira de ser. Continuei pela rua Sete na direção norte, no sentido contrário ao da turba que se precipitava para a esquina do crime entre curiosa, dolorida e colérica. Os ônibus da Universidade Nacional, dirigidos por estudantes ensandecidos, encabeçavam a marcha. No parque Santander, a cem metros da esquina do crime, os empregados fechavam correndo os portões do Hotel Granada — o mais luxuoso da cidade —, onde se alojavam naqueles dias os chanceleres e convidados preferenciais da Conferência Panamericana.

Um novo tropel de pobres em franca atitude de combate surgia de todas as esquinas. Muitos estavam armados de facões que tinham acabado de ser roubados nos primeiros assaltos às lojas, e pareciam ansiosos por usá-los. Eu não tinha uma perspectiva clara das conseqüências possíveis do atentado, e assim voltei sobre meus passos rumo à pensão. Subi as escadarias aos pulos, convencido de que meus amigos politizados estariam em pé de guerra. Mas não: o refeitório continuava deserto, e meu irmão e José Palencia — que moravam no quarto vizinho — cantavam com outros amigos no dormitório.

— Mataram Gaitán! — gritei.

Fizeram gestos indicando que já sabiam, mas o espírito de todos era mais de férias que de velório, e não interromperam a canção. Depois nos sentamos para almoçar no refeitório deserto, convencidos de que aquilo tudo não iria longe, até que alguém aumentou o volume do rádio para que nós, os indiferentes, escutássemos. Carlos H. Pareja, fazendo jus à incitação que tinha me feito uma hora antes, anunciou a constituição de uma Junta Revolucionária de Governo, integrada pelos mais notáveis liberais de esquerda, entre eles o mais conhecido escritor e político, Jorge Zalamea. Seu primeiro acordo foi a constituição do comitê executivo, do comando da Polícia Nacional e de todos os órgãos para um Estado revolucionário. Depois falaram os outros membros da junta, com palavras de ordem cada vez mais desmedidas.

Na solenidade do ato, a primeira coisa que me veio à cabeça foi o que meu pai iria pensar quando soubesse que seu primo, o conservador duro, era o maior líder de uma revolução de extrema esquerda. A dona da pensão, diante do tamanho da lista de nomes vinculados às universidades, surpreendeu-se ao ver que não se comportavam como professores e sim como estudantes malcriados. Bastava passar dois números do mostrador do rádio para topar com um país diferente. Na Rádio Nacional, os liberais legalistas faziam chamados à calma, em outra clamavam contra os comunistas fiéis a Moscou, enquanto os mais altos dirigentes do liberalismo oficial desafiavam os riscos das ruas em guerra tratando de chegar ao Palácio Presidencial para negociar um compromisso de unidade com o governo conservador.

Continuamos atordoados com aquela confusão demente até que um dos filhos da dona gritou de repente que a casa estava pegando fogo. Um buraco tinha se aberto no muro de alvenaria dos fundos, e uma fumaça negra e espessa começava a tornar rarefeito o ar dos dormitórios. Vinha, sem dúvida, da sede do governo estadual, parede a parede com a pensão incendiada pelos manifestantes, mas o muro parecia forte o suficiente para resistir. No meio disso tudo descemos as escadas de dois em dois degraus e nos encontramos numa cidade em guerra. Os manifestantes ensandecidos jogavam pelas janelas do edifício de governo tudo que encontravam nos escritórios. A fumaça dos incêndios tinha enevoado o ar, e o céu encapotado era um manto sinistro.

Hordas enlouquecidas, armadas de facões e de todo tipo de ferramentas roubadas nas lojas de ferragens, assaltavam e botavam fogo no comércio da rua Sete e nas ruas vizinhas, com a ajuda de policiais amotinados. Uma visão instantânea foi suficiente para que percebêssemos que a situação era incontrolável. Meu irmão se antecipou ao meu pensamento com um grito:

— Porra, a máquina de escrever!

Corremos até a casa de penhor que ainda estava intacta, com as grades de ferro bem fechadas, mas a máquina não estava onde sempre havia estado. Não nos preocupamos, pensando que num dos dias seguintes poderíamos recuperá-la, sem percebermos até aquele instante que aquele desastre colossal não teria dias seguintes.

A guarnição militar de Bogotá limitou-se a proteger os centros oficiais e os bancos, e não havia ninguém para se responsabilizar pela ordem pública. Muitos altos comandos da polícia se entrincheiraram na Quinta Divisão desde as primeiras horas, e numerosos policiais os seguiram com carregamentos de armas recolhidas nas ruas. Vários deles, com a faixa vermelha dos rebeldes no braço, fizeram uma descarga de fuzil tão perto de nós que me retumbou dentro do peito. Desde então tenho a convicção de que um fuzil pode matar só com o estampido.

Ao regressar à casa de penhores vimos o comércio da rua Oito, que era o mais rico da cidade, ser devastado em minutos. As jóias esplêndidas, os tecidos ingleses e os chapéus da Bond Street que nós, estudantes costenhos, admirávamos nas vitrines inalcançáveis, estavam à mão de qualquer um, diante dos soldados impassíveis que cuidavam dos bancos estrangeiros. O muito refinado Café San Marino, onde nunca pudemos entrar, estava aberto e desmantelado, e pela primeira vez sem os garçons de *smoking* que se antecipavam para impedir a entrada de estudantes caribenhos.

Vários dos que saíam carregados de roupas finas e grandes rolos de tecido no ombro os deixavam jogados no meio da rua. Apanhei um, sem pensar que pesasse tanto, e precisei abandoná-lo com dor na alma. Por todos os lados tropeçávamos em aparelhos eletrodomésticos jogados pelas ruas, e não era fácil caminhar através de garrafas de uísque de grandes marcas e de tudo que é tipo de bebidas exóticas que as turbas degolavam a golpes de facão. Meu irmão Luis Enrique e José Palencia encontraram saldos do saque num armazém de roupas finas, entre eles um terno azul-celeste de lã de alta qualidade e com as medidas exatas de meu pai, que o usou durante anos em ocasiões solenes. Meu único troféu providencial foi a pasta de couro de bezerro do salão de chá mais caro da cidade, e que me serviu para carregar meus originais debaixo do braço nas muitas noites dos anos seguintes em que não tive onde dormir.

Ia eu com um grupo que abria passo pela rua Oito rumo ao Capitólio, quando uma descarga de metralhadora varreu os primeiros que surgiram na praça Bolívar. Os mortos e feridos instantâneos amontoados no meio da rua nos pararam. Um moribundo banhado em sangue saiu arrastando-se do promontório e me agarrou pela barra da calça e gritou uma súplica dilacerante:

— Moço, pelo amor de Deus, não me deixe morrer!

Fugi apavorado. Desde aquele dia aprendi a esquecer outros horrores, meus ou alheios, mas nunca esqueci o desamparo daqueles olhos no fulgor dos incêndios. E no entanto, até hoje me surpreendo por não ter pensado nem por um instante que meu irmão e eu fôssemos morrer naquele inferno sem quartel.

A partir das três da tarde havia começado a chover em rajadas, mas depois das cinco despencou um dilúvio bíblico que apagou muitos incêndios menores e diminuiu o ímpeto da rebelião. A escassa guarnição de Bogotá, incapaz de enfrentá-la, desarticulou a fúria das ruas. Só foi reforçada depois da meia-noite pelas tropas de urgência dos estados vizinhos, principalmente de Boyacá, que tinha a má fama de ser a escola da violência oficial. Até aquele momento a rádio incitava mas não informava, e assim toda notícia carecia de origem, e a verdade era impossível. As tropas novas recuperaram na madrugada o centro comercial devastado pelas hordas e sem outra luz além da dos incêndios, mas a resistência politizada ainda continuou por vários dias com franco-atiradores entrincheirados em torres e telhados. Naquela altura, os mortos nas ruas já eram incontáveis.

Quando voltamos para a pensão, a maior parte do centro estava em chamas, com bondes tombados e escombros de automóveis que serviam de barricadas casuais. Metemos na maleta as poucas coisas que valiam a pena, e só depois percebi que ficaram para trás os rascunhos de dois ou três contos impublicáveis, o dicionário do meu avô, que jamais recuperei, e o livro de Diógenes Laércio que recebi como prêmio no primeiro ano do colégio.

A única coisa que nos ocorreu foi pedir asilo na casa do tio Juanito, a apenas quatro quadras da pensão. Era um apartamento de segundo andar, com uma sala de estar, uma sala de jantar e duas alcovas, onde o tio morava com sua esposa e seus filhos Eduardo, Margarita e Nicolás, o mais velho, que tinha estado comigo na pensão durante algum tempo. Mal cabíamos, mas os Márquez Caballero tiveram o bom coração de improvisar espaços onde não havia, inclusive na sala de jantar, e não apenas para nós mas também para outros amigos nossos e companheiros de pensão: José Palencia, Domingo Manuel Vega, Carmelo Martínez — todos de Sucre — e outros que mal conhecíamos.

Pouco antes da meia-noite, quando parou de chover, subimos no terraço que ficava no teto do prédio para ver a paisagem infernal da cidade iluminada pelos rescaldos dos incêndios. Ao fundo, os morros de Monserrate e de Guadalupe eram dois imensos vultos de sombras contra o céu nublado pela fumaça, mas a única coisa que eu continuava vendo na bruma desolada era a cara do moribundo que se arrastava na minha direção para suplicar-me uma ajuda impossível. A caçada pelas ruas havia amainado, e no tremendo silêncio só se ouviam os tiros dispersos dos incontáveis franco-atiradores esparramados por todo o centro, e o estrondo das tropas que pouco a pouco iam exterminando qualquer rastro de resistência armada ou desarmada para dominar a cidade. Impressionado pela paisagem da morte, tio Juanito expressou num único suspiro o sentimento de todos:

— Deus do céu, isso parece um sonho!

De regresso à sala em penumbra me derrubei no sofá. Os boletins oficiais das emissoras ocupadas pelo governo pintavam um panorama de tranqüilidade paulatina. Já não havia discursos, mas não dava para distinguir com precisão quais as emissoras oficiais e as que continuavam em poder da rebelião, e era impossível até mesmo distingui-las na avalanche incontida do correio das bruxas. Falou-se que todas as embaixadas estavam lotadas de refugiados, e que o general Marshall permanecia na dos Estados Unidos protegido por uma guarda de honra da escola militar. Também Laureano Gómez tinha se refugiado ali já nas primeiras horas, e havia mantido conversas telefônicas com seu presidente, tratando de impedir que ele negociasse com os liberais numa situação que considerava manejada pelos comunistas. O ex-presidente Alberto Lleras, então secretário geral da União Panamericana, tinha salvado a vida por milagre, ao ser reconhecido em seu automóvel sem blindagem quando abandonava o Capitólio e quiseram cobrar dele a entrega do poder aos conservadores. À meia-noite, a maioria dos delegados da Conferência Panamericana estava a salvo.

Entre tantas notícias conflitantes anunciou-se que Guillermo León Valencia, filho do poeta do mesmo nome, tinha sido apedrejado até morrer, e que o cadáver havia sido dependurado na praça Bolívar. Mas a idéia de que o governo controlava a situação tinha começado a se perfilar assim que o exército recuperou as emissoras de rádio que estavam em poder dos rebeldes. Em vez dos proclamas de guerra, as notícias pretendiam então tranqüilizar o país com o consolo de que o governo era dono da situação, enquanto a alta hierarquia liberal negociava com o presidente da República a metade do poder.

Na verdade, os únicos que pareciam atuar com sentido político eram os comunistas, minoritários e exaltados, e no meio da desordem das ruas dava para vê-los dirigir a multidão — como guardas de trânsito — na direção dos centros de poder. Os liberais, por sua vez, demonstraram estar divididos nas duas metades denunciadas por Gaitán em sua campanha: os dirigentes que tratavam de negociar uma cota de poder no Palácio Presidencial, e seus eleitores, que resistiram do jeito que podiam e até onde pudessem em torres e telhados.

Em relação à morte de Gaitán, a primeira dúvida que surgiu foi sobre a identidade de seu assassino. Até hoje não existe uma convicção unânime de que foi Juan Roa Sierra, o pistoleiro solitário que disparou contra ele no meio da multidão da rua Sete. O que não é fácil entender é que tenha agido por si só, já que não parecia ter uma cultura autônoma para decidir por conta própria aquela morte devastadora, naquele dia, naquela hora, naquele lugar e daquela maneira. Encarnación Sierra, a viúva que era sua mãe, de cinqüenta e dois anos, ficou sabendo pelo rádio do assassinato de Gaitán, seu herói político, e estava tingindo de negro seu melhor vestido para guardar luto. Não tinha acabado de fazer isso quando ouviu que o assassino era Juan Roa Sierra, o número treze de seus catorze filhos. Nenhum havia passado do curso primário, e quatro deles — dois meninos e duas meninas — tinham morrido.

Ela declarou que fazia uns oito meses que havia notado mudanças estranhas no comportamento de Juan. Falava sozinho e ria sem motivo, e em algumas ocasiões confessou à família que acreditava ser a reencarnação do general Francisco de Paula Santander, herói da nossa independência, mas acharam que era apenas uma piada idiota de bêbado. Nunca se soube que seu filho fizesse mal a alguém, e havia conseguido que gente de certo peso lhe desse cartas de recomendação para conseguir emprego. Uma delas estava em sua carteira quando ele matou Gaitán. Seis meses antes ele mesmo tinha escrito uma carta, de seu punho e letra, ao presidente Ospina Pérez, solicitando uma audiência para pedir-lhe um emprego.

A mãe declarou à polícia que o filho também tinha levado seu problema a Gaitán em pessoa, mas que ele não havia lhe dado nenhuma esperança. Não existia notícia de que Roa tivesse disparado um revólver alguma vez na vida, mas a maneira com que ele usou a arma do crime estava muito longe de ser a de um novato. O revólver era um 38 longo, tão maltratado que foi admirável que não falhasse em nenhum tiro.

Alguns empregados do edifício achavam que o tinham visto no andar dos escritórios de Gaitán nas vésperas do assassinato. O porteiro afirmou sem a menor dúvida que na manhã do dia 9 de abril ele tinha sido visto subindo pelas escadas e depois descendo de elevador ao lado de um desconhecido. O porteiro acreditava que os dois tinham esperado várias horas perto da entrada do edifício, mas Roa estava sozinho ao lado da porta quando Gaitán subiu ao seu escritório.

Gabriel Restrepo, um jornalista do *La Jornada* — o jornal da campanha gaitanista —, fez o inventário dos documentos de identidade que Roa Sierra usava quando cometeu o crime. Não deixavam dúvidas sobre sua identidade e sua condição social, mas não davam pista alguma de seus propósitos. Tinha nos bolsos das calças oitenta e dois centavos em moedas, quando várias coisas importantes da vida diária só custavam cinco. No bolso interior do paletó levava uma carteira de couro negro com um bilhete de um peso. Levava também um certificado que garantia sua honestidade, outro da polícia segundo o qual não tinha antecedentes criminais, e um terceiro com seu endereço num bairro de pobres: rua Oito, número 30-73. De acordo com o carnê militar de reservista de segunda classe que estava no mesmo bolso, era filho de Rafael Roa e Encarnación Sierra, e tinha nascido vinte e um anos antes: no dia 4 de novembro de 1927.

Tudo parecia em ordem, exceto o fato de um homem de condição tão humilde e sem antecedentes levar consigo tantas provas de bom comportamento. Ainda assim, a única coisa que me deixou um rastro de dúvidas que nunca consegui superar foi o homem elegante e bem-vestido que o havia atirado às hordas enfurecidas e depois desapareceu para sempre num automóvel de luxo.

No meio do fragor da tragédia, enquanto embalsamavam o cadáver do apóstolo assassinado, os membros da direção liberal tinham se reunido no refeitório da Clínica Central para combinar fórmulas de emergência. A mais urgente foi acudir ao Palácio Presidencial sem ter marcado audiência para discutir com o chefe de Estado uma fórmula de emergência capaz de conjurar o cataclismo que ameaçava o país. Pouco antes das nove da noite a chuva tinha amainado e os primeiros delegados abriram passo do jeito que puderam através das ruas em escombros pela revolta popular e com cadáveres crivados de tiros vindos de balcões e telhados pelas balas cegas dos franco-atiradores.

Na ante-sala do gabinete presidencial encontraram alguns funcionários e alguns políticos conservadores, e também a esposa do presidente, dona

Bertha Hernández de Ospina, muito senhora de si. Ainda vestia a roupa com a qual havia acompanhado seu esposo na exposição de Engativá, e no cinto reluzia um revólver militar.

No final da tarde o presidente havia perdido contato com os lugares mais críticos e tentava avaliar o estado da nação, trancado à chave com militares e ministros. A visita dos dirigentes liberais pegou-o de surpresa pouco antes das dez da noite, e não queria recebê-los ao mesmo tempo e sim de dois em dois, mas eles decidiram que daquele jeito não entrava ninguém. O presidente cedeu, mas os liberais acharam que, fosse como fosse, era um motivo para desanimar.

Encontraram o presidente sentado à cabeceira de uma longa mesa de reunião, com um terno irretocável e sem o menor sinal de ansiedade. A única coisa que denunciava uma certa tensão era seu jeito de fumar, contínuo e ávido, e às vezes apagando um cigarro pela metade para acender outro. Um dos visitantes me contou anos depois como tinha se impressionado com o resplendor dos incêndios na cabeça platinada do presidente impassível. O rescaldo dos escombros debaixo do céu ardente era visto pelos grandes vitrais do gabinete presidencial até os confins do mundo.

Devemos o que sabemos daquela reunião ao pouco que os próprios protagonistas contaram, às raras inconfidências de alguns e à muita fantasia de outros, e à reconstrução daqueles dias funestos armados aos pedaços pelo poeta e historiador Arturo Alape, que tornou possível, em boa parte, a base destas memórias.

Os visitantes eram dom Luis Cano, diretor do vespertino liberal *El Espectador*, Plinio Mendoza Neira, que tinha promovido a reunião, e outros três dos mais ativos e jovens dirigentes liberais: Carlos Lleras Restrepo, Darío Echandía e Alfonso Araujo. Durante a discussão, entraram ou saíram outros liberais proeminentes.

De acordo com as evocações lúcidas que escutei anos depois de Plinio Mendoza Neira em seu impaciente exílio de Caracas, nenhum deles tinha um plano preparado. Ele era a única testemunha do assassinato de Gaitán, e contou-o passo a passo com seus dotes de narrador congênito e de jornalista crônico. O presidente escutou com uma atenção solene, e no final pediu

que os visitantes expressassem suas idéias para uma solução justa e patriótica daquela emergência colossal.

Mendoza, famoso entre amigos e inimigos pela sua franqueza sem
adornos, respondeu que o mais indicado seria que o governo delegasse o
poder às Forças Armadas, pela confiança que naquele momento tinham
junto ao povo. Havia sido ministro da Guerra no governo liberal de Alfonso López Pumarejo, conhecia — e bem — os bastidores militares, e
pensava que só eles poderiam retomar os trilhos da normalidade. Mas o
presidente não concordou com o realismo da fórmula, e os próprios liberais não a apoiaram.

A intervenção seguinte foi a de dom Luis Cano, bem conhecido pelo
brilho de sua prudência. Abrigava sentimentos quase paternais pelo presidente e limitou-se a oferecer-se para qualquer decisão rápida e justa que
Ospina combinasse com o apoio da maioria. O presidente deu a ele garan-
tias de encontrar medidas indispensáveis para o retorno à normalidade, mas
sempre apegadas à Constituição. E apontando pelas janelas o inferno que
devorava a cidade, recordou-lhes com uma ironia mal reprimida que quem
tinha causado aquilo não tinha sido o governo.

Era famoso por causa da sua parcimônia e sua boa educação, em contraste com os estrondos de Laureano Gómez e a altivez de outros de seus
colegas de partido, especialistas em eleições compostas, mas naquela noite
histórica demonstrou que não estava disposto a ser menos recalcitrante que
eles. Assim, a discussão prolongou-se até a meia-noite, sem nenhum acordo, e com interrupções de dona Bertha de Ospina com notícias mais e mais
pavorosas.

Naquela altura já era incalculável o número de mortos nas ruas, e de
franco-atiradores em posições inatingíveis e das multidões enlouquecidas
pela dor, pela raiva e pelas bebidas de grandes marcas saqueadas no comércio de luxo. Pois o centro da cidade estava devastado e ainda em chamas, as
lojas de luxo estavam dizimadas ou incendiadas, do mesmo jeito que o Palácio de Justiça, o governo local, e muitos outros edifícios históricos. Era a
realidade que ia estreitando sem piedade os caminhos de um acordo sereno
de vários homens contra um, na ilha deserta do gabinete presidencial.

Darío Echandía, que talvez fosse ali quem tivesse maior autoridade, foi o menos expressivo. Fez dois ou três comentários irônicos sobre o presidente e tornou a se refugiar em suas brumas. Parecia ser o candidato insubstituível para substituir Ospina Pérez na presidência, mas naquela noite não fez nada por merecer ou evitar isso. O presidente, que era tido como um conservador moderado, parecia ser cada vez menos. Era neto e sobrinho de dois presidentes em um século, pai de família, engenheiro aposentado e milionário desde sempre, e várias coisas mais que fazia sem o menor ruído, a ponto de se dizer sem fundamento algum que quem mandava de verdade, tanto em sua casa como no palácio, era sua esposa de armas na mão. E ainda assim — arrematou com um sarcasmo ácido — não teria nenhum inconveniente em aceitar a proposta, mas sentia-se muito cômodo dirigindo o governo da poltrona onde tinha sido sentado pela vontade do povo.

Falava sem dúvida fortalecido por uma informação que faltava aos liberais: o conhecimento pontual e completo da ordem pública no país. Teve esse controle durante o tempo inteiro, graças às várias vezes em que saiu do gabinete para obter informação de fundo. A guarnição de Bogotá não chegava a mil homens, e em todos os estados havia notícias mais ou menos graves, mas todas sob o controle e com a lealdade das Forças Armadas. No vizinho estado de Boyacá, famoso pelo seu liberalismo histórico e seu conservadorismo ríspido, o governador José María Villarreal — conservador de cabo a rabo — não só havia reprimido nas primeiras horas os distúrbios locais, como estava despachando tropas mais bem armadas para controlar a capital. Assim, a única coisa que o presidente precisava era distrair os liberais com sua parcimônia bem medida de pouco falar e fumar devagar. Em nenhum momento olhou para o relógio, mas deve ter calculado muito bem a hora em que a cidade estivesse bem guarnecida com tropas frescas e aprovadas com folga na repressão oficial.

Após um longo intercâmbio de argumentos com que se tentava chegar a alguma fórmula, Carlos Lleras Restrepo propôs aquela que a direção liberal na Clínica Central tinha elaborado, e que eles haviam reservado como recurso extremo: propor ao presidente que delegasse o poder a Darío Echandía, em aras da concórdia política e da paz social. A fórmula, sem nenhuma dúvida, seria acolhida sem reservas por Eduardo Santos e Alfonso López Pumarejo, ex-presidentes e homens de muito crédito político, mas que não estavam no país naquele dia.

A resposta do presidente, porém, dita com a mesma parcimônia com que fumava, não era a que se podia esperar. Não desperdiçou a ocasião de mostrar seu verdadeiro caráter, que poucos conheciam até aquele momento. Disse que para ele e para a sua família o mais cômodo seria retirar-se do poder e viver no exterior com sua fortuna pessoal e sem preocupações políticas, mas que se sentia inquieto sobre o que poderia significar para o país um presidente eleito que fugisse de sua responsabilidade. A guerra civil seria inevitável. E diante de uma nova insistência de Lleras Restrepo sobre sua saída, permitiu-se recordar sua obrigação de defender a Constituição e as leis, que não apenas havia contraído como compromisso com sua pátria mas também com sua consciência e com Deus. Foi então que dizem que ele disse a frase histórica que parece não ter dito jamais, mas que ficou como sua para sempre: "Para a democracia colombiana vale mais um presidente morto que um presidente fujão."

Nenhuma das testemunhas recordou havê-la escutado de seus lábios, nem dos de ninguém. Com o tempo ela foi atribuída a diferentes talentos, e inclusive discutiu-se o seu mérito político e sua validade histórica, mas nunca seu esplendor literário. Foi, desde então, o lema do governo de Ospina Pérez, e um dos pilares de sua glória. Chegou-se a dizer que a frase foi inventada por diversos jornalistas conservadores, e com mais razão pelo conhecido escritor, político e então ministro de Minas e Petróleos, Joaquín Estrada Monsalve, que realmente esteve no palácio presidencial mas não na sala de reuniões. Assim, ficou na história como dita por quem devia tê-la dito, numa cidade arrasada onde as cinzas começavam a gelar, e num país que nunca mais tornaria a ser o mesmo.

Afinal, o mérito real do presidente não foi inventar frases históricas, e sim distrair os liberais com caramelos adormecedores até passada a meianoite, quando chegaram as tropas para reprimir a rebelião da plebe e impor a paz conservadora. Só então, às oito da manhã do dia 10 de abril, ele despertou Darío Echandía com um pesadelo de onze campainhas de telefone e nomeou-o ministro de Governo em um regime de consolação bipartidário. Laureano Gómez, desgostoso por causa da solução encontrada e inquieto por causa da sua segurança pessoal, viajou para Nova York com sua família enquanto eram criadas as condições para seu anseio eterno de ser presidente.

Todo sonho de mudança social de fundo pelo qual Gaitán havia morrido esfumou-se entre os escombros fumegantes da cidade. Os mortos nas ruas de Bogotá, e aqueles mortos pela repressão oficial nos anos seguintes, devem ter sido mais de um milhão, além da miséria e do exílio de tantos outros. O sonho esfumou-se muito antes que os dirigentes liberais no alto governo começassem a perceber que tinham assumido o risco de passar à história na condição de cúmplices.

Entre as muitas testemunhas históricas de Bogotá naquele dia, havia dois que não se conheciam entre si, e que anos depois seriam dois de meus grandes amigos. Um era Luiz Cardoza y Aragón, um poeta e ensaísta político e literário da Guatemala, que assistia à Conferência Panamericana como chanceler de seu país e chefe de sua delegação. O outro era Fidel Castro. Ambos, além disso, foram em algum momento acusados de estarem envolvidos com os distúrbios.

De concreto, se disse que Cardoza y Aragón tinha sido um de seus promotores, escudado pela sua credencial de delegado especial do governo progressista de Jacobo Arbenz na Guatemala. É preciso entender que Cardoza y Aragón era delegado de um governo histórico e um grande poeta da língua, que não haveria se prestado para uma aventura demente. A evocação mais dolorida em seu belo livro de memórias foi a acusação de Enrique Santos Montejo, conhecido como Calibán, que em sua popular coluna do *El Tiempo*, "A Dança das Horas", atribuiu-lhe a missão oficial de assassinar o general George Marshall. Numerosos delegados da conferência tentaram que o jornal retificasse aquela notícia delirante, mas não houve como. *El Siglo*, órgão oficial do conservadorismo no poder, proclamou aos quatro ventos que Cardoza y Aragón tinha sido o promotor do motim.

Eu o conheci muitos anos depois na Cidade do México, ao lado de sua esposa Lya Kostakowsky, em sua casa de Coyoacán, sacralizada pelas recordações e embelezada ainda mais pelas obras originais de grandes pintores de seu tempo. Nós, seus amigos, íamos até lá nas noites de domingo em jornadas íntimas de uma importância sem pretensões. Considerava-se um sobrevivente, primeiro quando seu automóvel foi metralhado pelos franco-atiradores poucas horas depois do crime. E dias depois, já com a rebelião vencida, quando um bêbado que atravessou seu caminho na rua disparou contra seu rosto com um revólver que travou duas vezes. O dia 9 de abril era um tema recorrente em nossas conversas, nas quais se confundia a raiva com a nostalgia dos anos perdidos.

Fidel Castro, por sua vez, foi vítima de todo tipo de acusações absurdas, por causa de alguns atos ligados à sua condição de líder estudantil. Na noite negra, depois de um dia tremendo entre as turbas endoidecidas, terminou na Quinta Divisão da Polícia Nacional, à procura de um modo de ser útil para pôr um fim na matança das ruas. É preciso conhecê-lo para imaginar qual terá sido seu desespero na fortaleza sublevada onde parecia impossível impor um raciocínio comum.

Conversou com os chefes da guarnição e com outros oficiais sublevados, e tratou de convencê-los, sem conseguir, que toda força que se aquartela está perdida. Propôs que pusessem seus homens nas ruas para lutar pela manutenção da ordem e por um sistema mais justo. Tentou motivá-los com tudo que é tipo de precedentes históricos, mas não foi ouvido, enquanto tropas e tanques oficiais metralhavam a fortaleza. No fim, decidiu correr a mesma sorte de todos.

Na madrugada chegou Plinio Mendoza Neira na Quinta Divisão, trazendo instruções da Direção Liberal para conseguir a rendição pacífica não apenas dos oficiais e dos soldados alçados, mas de numerosos liberais sem rumo que esperavam ordens para entrar em ação. Das muitas horas que durou a negociação de um acordo, ficou fixa na memória de Mendoza Neira a imagem daquele estudante cubano, corpulento e discutidor, que várias vezes interferiu nas controvérsias entre os dirigentes liberais e os oficiais rebeldes com uma lucidez que superou a todos. Só anos mais tarde ficou sabendo quem ele era, porque viu por acaso em Caracas sua imagem numa foto da noite terrível, quando Fidel Castro já estava na Sierra Maestra.

Eu o conheci onze anos depois, quando fui como repórter presenciar sua entrada triunfal em Havana, e com o tempo chegamos a uma amizade pessoal que resistiu a incontáveis tropeços através dos anos. Em minhas longas conversas com ele sobre tudo que é divino e humano, o dia 9 de abril foi um tema recorrente que Fidel Castro não terminaria de evocar como um dos dramas decisivos de sua formação. Sobretudo a noite na Quinta Divisão, onde percebeu que a maioria dos sublevados que entravam e saíam se perdiam nos saques em vez de persistir com seus atos na busca urgente de uma solução política.

Enquanto aqueles dois amigos eram testemunhas dos fatos que partiram em dois a história da Colômbia, meu irmão e eu sobrevivíamos nas trevas com os refugiados na casa do tio Juanito. Em nenhum momento tive consciência de que já era um aprendiz do escritor que algum dia ia tentar reconstruir de memória o testemunho daqueles dias atrozes que estávamos vivendo. Minha única preocupação naquela hora era a mais banal: informar a nossa família que estávamos vivos — pelo menos até aquele momento — e ao mesmo tempo saber de nossos pais e irmãos, e principalmente de Margot e de Aida, as duas mais velhas, internas em colégios de cidades distantes.

O refúgio do tio Juanito tinha sido um milagre. Os primeiros dias foram difíceis por causa dos tiroteios constantes e sem nenhuma notícia confiável. Mas pouco a pouco fomos explorando as lojas vizinhas e conseguimos comprar coisas para comer. As ruas estavam tomadas por tropas de assalto com ordens terminantes para disparar. O incorrigível José Palencia disfarçou-se de militar para circular sem limites com um chapéu de explorador e umas polainas que encontrou numa lata de lixo, e escapou por milagre da primeira patrulha que o descobriu.

As emissoras comerciais, silenciadas antes da meia-noite, ficaram sob o controle do exército. O telégrafo e os telefones primitivos e escassos estavam reservados para a ordem pública, e não havia outros recursos de comunicação. As filas para os telegramas eram eternas na frente dos postos superlotados, mas as estações de rádio instalaram serviços de mensagens levadas ao ar para quem tivesse a sorte de pegá-las. Esta via nos pareceu a mais fácil e confiável, e a ela nos encomendamos sem demasiadas esperanças.

Meu irmão e eu saímos à rua depois de três dias trancados. Foi uma visão de terror. A cidade estava em escombros, nublada e turva por causa da chuva constante que tinha moderado os incêndios mas havia atrasado a recuperação. Muitas ruas estavam fechadas pelos ninhos dos franco-atiradores nos telhados do centro, e era preciso dar longas voltas sem sentido, por ordem das patrulhas armadas para uma guerra mundial. O bafo de morte pelas ruas era insuportável. Os caminhões do exército não tinham conseguido recolher os promontórios de corpos nas calçadas e os soldados tinham que enfrentar-se a grupos desesperados para identificar seus mortos.

Numa das ruínas do que havia sido o centro comercial, a pestilência era irrespirável, a ponto de muitas famílias se verem obrigadas a desistir de sua busca. Numa das grandes pirâmides de cadáveres destacava-se um descalço e sem calças, mas com um paletó irrepreensível. Três dias depois, as cinzas ainda exalavam a pestilência dos corpos sem dono, apodrecidos nos escombros ou empilhados nas calçadas.

Quando menos esperávamos, meu irmão e eu fomos parados pelo estalido inconfundível do ferrolho de um fuzil às nossas costas, e uma ordem determinada:

— Mãos ao alto!

Levantei as mãos sem nem pensar, petrificado de terror, até que fui ressuscitado pela gargalhada do nosso amigo Ángel Casij, que tinha respondido ao chamado das Forças Armadas na condição de reservista de primeira classe. Graças a ele, os refugiados na casa do tio Juanito conseguiram mandar uma mensagem ao ar depois de um dia de espera na frente da Rádio Nacional. Meu pai escutou-a em Sucre, entre as inúmeras que foram lidas dia e noite durante duas semanas. Meu irmão e eu, vítimas irredimíveis da mania de fazer suposições que afetava a todos na família, ficamos com o temor de que nossa mãe pudesse interpretar a notícia como uma caridade dos amigos enquanto a preparavam para o pior. Nós dois nos enganamos, mas por pouco: desde a primeira noite mamãe havia sonhado que seus dois filhos mais velhos tinham se afogado num mar de sangue durante os distúrbios. Deve ter sido um pesadelo tão convincente que quando a verdade chegou a ela por outras vias, decidiu que nenhum de nós jamais voltaria a Bogotá, mesmo que tivéssemos de ficar em casa e morrer de fome. A decisão deve ter sido definitiva, porque a única ordem que nossos pais nos deram em seu primeiro telegrama foi a de que viajássemos a Sucre o mais rápido possível para definir nosso futuro.

Na tensa espera, vários colegas tinham pintado de ouro a possibilidade de que eu continuasse os estudos em Cartagena das Índias, pensando que Bogotá se recuperaria de seus escombros mas que os bogotanos jamais iriam se recuperar do terror e do horror da matança. Cartagena tinha uma universidade centenária com tanto prestígio como suas relíquias históricas, e uma faculdade de direito de tamanho humano onde aceitariam como se fossem boas minhas notas ruins da Universidade Nacional.

Não quis rejeitar a idéia antes de fervê-la em fogo vivo, nem mencioná-la aos meus pais enquanto não a provasse em carne própria. Apenas anunciei a eles que viajaria a Sucre de avião, com escala em Cartagena, pois com aquela guerra em brasa o rio Magdalena podia ser um rumo suicida. Luis Enrique, por sua vez, anunciou que viajaria a Barranquilla à procura de trabalho assim que acertasse as contas com seus patrões de Bogotá.

Fosse como fosse, eu já sabia que não seria advogado em lugar nenhum. Só queria ganhar um pouco mais de tempo para distrair meus pais, e Cartagena poderia ser uma boa escala técnica para pensar. O que nunca pensei é que aquele cálculo razoável ia me conduzir a resolver com o coração nas mãos que era ali que eu queria continuar minha vida.

Naqueles dias, conseguir cinco lugares num mesmo avião para qualquer lugar da costa foi uma proeza de meu irmão. Depois de entrar em filas intermináveis e perigosas e de correr de um lado para outro um dia inteiro num aeroporto de emergência, ele encontrou os cinco lugares em três aviões separados, em horas improváveis e em meio a tiroteios e explosões invisíveis. Para meu irmão e para mim, confirmaram finalmente dois assentos num mesmo avião para Barranquilla, mas na última hora saímos em vôos separados. A chuvinha fina e a névoa que persistiam em Bogotá desde a sexta-feira anterior tinham um cheiro de pólvora e de corpos apodrecidos. De casa ao aeroporto fomos interrogados em duas barreiras militares sucessivas, cujos soldados estavam pasmos de terror. Na segunda barreira atiraram-se no chão e fizeram com que nos atirássemos também por causa de uma explosão seguida de um tiroteio de armas pesadas que acabou tendo sido provocada por um escapamento de gás industrial. Entendemos quando um soldado nos disse que seu drama era estar ali fazia três dias em plantões sem substituto, mas também sem munição, porque já não havia em toda a cidade. Mal nos atrevemos a falar desde que nos pararam, e o terror dos soldados acabou de nos arrematar. No entanto, depois dos trâmites formais de identificação e do que iríamos fazer e onde e quando, nos consolou saber que deveríamos ficar ali sem mais nenhum trâmite até que nos levassem a bordo. A única coisa que fumei naquela espera foram dois dos três cigarros que alguém tinha feito a caridade de me dar, e reservei o outro para o terror da viagem.

Como não havia telefone, ficávamos sabendo dos anúncios dos vôos e de outras mudanças nas barreiras militares através de soldados que vinham em motocicletas. Às oito da manhã chamaram um grupo de passageiros para abordar de imediato um avião diferente do meu e que ia para Barranquilla. Depois fiquei sabendo que os outros três do nosso grupo embarcaram com meu irmão em outra barreira militar. A espera solitária foi uma dose cavalar para meu medo congênito de voar, porque na hora de subir ao avião o céu estava encapotado e com trovões pedregosos. Além do mais, a escada do nosso avião tinha sido levada para outro, e dois soldados tiveram que me ajudar a entrar por uma escada de pedreiro. Era o mesmo aeroporto e a mesma hora em que Fidel Castro havia ambarcado em outro avião que saiu para Havana carregado de touros de tourada — como ele mesmo me contou anos depois.

Por boa ou má sorte o meu era um DC-3 cheirando a pintura fresca e a graxas recentes, sem luzes individuais nem ventilação regulada na cabina de passageiros. Tinha sido acondicionado para transporte de tropa e em vez de assentos separados em filas de três, como nos vôos turísticos, havia duas bancadas longitudinais de tábuas ordinárias, bem ancoradas no chão. Toda a minha bagagem era uma maleta de lona com duas ou três mudas de roupa suja, livros de poesia e recortes de suplementos literários que meu irmão Luis Enrique conseguiu salvar. Todos os passageiros ficaram sentados uns na frente dos outros, da cabine de comando até a cauda do avião. Em vez de cintos de segurança havia duas cordas grossas para amarrar navios, que seriam como dois longos cinturões de segurança coletivos para cada lado. O mais duro para mim foi que assim que acendi o único cigarro reservado para o vôo, o piloto de macacão nos anunciou da cabine que era proibido fumar porque os tanques de gasolina do avião estavam aos nossos pés, debaixo do piso de tábuas. Foram três intermináveis horas de vôo.

Quando chegamos a Barranquilla acabava de chover como só chove em abril, com casas desenterradas desde a raiz e arrastadas pela correnteza das ruas, e enfermos solitários que se afogavam em suas camas. Precisei esperar que acabasse de estiar no aeroporto desordenado pelo dilúvio e mal consegui averiguar que o avião de meu irmão e seus acompanhantes tinha chegado na hora, mas que os três se apressaram em abandonar o terminal antes dos primeiros trovões do primeiro aguaceiro.

Precisei de outras três horas para chegar até a agência de viagens e perdi o último ônibus que saiu para Cartagena das Índias com o horário antecipado prevenindo-se contra a tormenta. Não me preocupei, porque achei que meu irmão tinha ido nesse ônibus, mas fiquei assustado por mim diante da possibilidade de dormir uma noite em Barranquilla sem um tostão. Finalmente, e graças a José Palencia, consegui asilo de emergência na casa das belas irmãs Ilse e Lila Albarracín, e três dias depois viajei para Cartagena num ônibus manquitola do Correio Postal. Meu irmão Luis Enrique ficaria em Barranquilla à espera de um emprego. Não me restavam mais do que oito pesos, mas José Palencia prometeu me levar um pouco mais no ônibus da noite. Não havia espaço livre, nem mesmo de pé, mas o condutor aceitou levar três passageiros no teto, sentados em suas cargas e bagagens, e por um quarto do preço da passagem. Nessa situação tão estranha, e em pleno sol, creio ter tomado consciência de que naquele 9 de abril de 1948 o século XX tinha começado na Colômbia.

6.

o final de uma jornada de saltos mortais por uma estrada dura e cheia de curvas, o ônibus do Correio exalou seu último suspiro onde merecia: encalhado num manguezal pestilento de peixes podres a meia légua de Cartagena das Índias. "Quem viaja de ônibus nunca sabe onde morre", recordei lembrando de meu avô. Os passageiros embrutecidos por seis horas de sol a pique e pela pestilência do manguezal nem esperaram que alguém pusesse uma escada para que eles desembarcassem do teto do ônibus. Em vez disso, puseram-se a jogar lá do alto os engradados de galinhas, os cachos de banana e tudo que é coisa de vender ou morrer que tinham servido para que eles pudessem sentar-se no teto do ônibus. O motorista saltou da boléia e anunciou com um grito mordaz:

— Lá está a Heróica!

Este é o nome emblemático pelo qual se conhece Cartagena das Índias, graças às suas glórias do passado, e devia estar ali. Mas eu não via nada, mesmo porque mal conseguia respirar dentro do terno negro de lã que estava usando desde o dia 9 de abril. Os outros dois ternos que completavam meu guarda-roupa haviam tido o mesmo destino da máquina de escrever da Casa de Penhores, mas a versão respeitável para meus pais foi que a máquina e outros objetos de inutilidade pessoal tinham desaparecido junto com a roupa na confusão do incêndio. O condutor insolente, que durante a viagem tinha debochado da minha pinta de bandoleiro, estava explodindo de prazer enquanto eu continuava dando voltas ao redor de mim mesmo sem encontrar a cidade.

— Está bem aí, no teu rabo! — gritou para que eu e todos ouvíssemos.

— E tome cuidado, porque nessa cidade eles adoram quando chega um babaca!

Cartagena das Índias, na verdade, estava às minhas costas fazia quatrocentos anos, mas para mim não foi fácil imaginá-la a meia légua do manguezal, escondida pela muralha lendária que a manteve a salvo dos pagãos e dos piratas em seus anos de esplendor, e havia acabado por desaparecer debaixo de um emaranhado de ramalhadas desgrenhadas e longas réstias de campânulas amarelas. E foi assim que me incorporei ao tumulto dos passageiros e arrastei a maleta por um matagal atapetado de caranguejos vivos cujas cascas estalavam como petardos debaixo das solas dos meus sapatos. Foi impossível então não lembrar do embornal que meus companheiros jogaram no rio Magdalena em minha primeira viagem, ou do baú funerário que arrastei por meio país chorando de raiva nos meus primeiros anos do Liceu e que finalmente joguei num precipício dos Andes em homenagem ao meu diploma colegial. Sempre achei que havia algo de um destino alheio ao meu naquelas sobrecargas imerecidas, e meus já longos anos não foram suficientes para desmentir essa crença.

Mal começávamos a vislumbrar o perfil de algumas cúpulas de igrejas e conventos na bruma do entardecer, quando saiu ao nosso encontro um vendaval de morcegos que voavam roçando nossas cabeças e só não nos jogaram no chão graças à sua sábia experiência. Suas asas zuniam como um tropel de trovões e deixavam à sua passagem uma pestilência de morte. Surpreendido pelo pânico, soltei a maleta e me encolhi no chão com os braços na cabeça, até que uma mulher mais velha que caminhava ao meu lado gritou para mim:

— Reze *A Magnífica*!

Ou seja: a oração secreta para esconjurar assaltos do demônio, repudiada pela Igreja mas consagrada pelos grandes ateus quando as blasfêmias já não eram suficientes. A mulher percebeu que eu não sabia rezar, e agarrou minha maleta pela outra correia para me ajudar a carregá-la.

— Reze comigo — disse ela. — Mas com muita fé, por favor!

E assim ela me ditou *A Magnífica* verso a verso, e eu os repeti em voz alta com uma devoção que nunca mais tornei a sentir. O tropel de morcegos, e até hoje acho difícil acreditar nisso, desapareceu do céu antes que terminássemos de rezar. Só restou então o imenso estrondo do mar nos rochedos e nos recifes.

Tínhamos chegado à grande porta do Relógio, uma das entradas da cidade. Durante cem anos existiu ali uma ponte levadiça que ligava a cidade antiga com o arrabalde de Getsemaní e com os densos bairros de pobres dos manguezais, e que ficava levantada das nove da noite até o amanhecer do dia seguinte. A população ficava isolada não só do resto do mundo, mas também da história. Dizia-se que os colonos espanhóis tinham construído aquela ponte com medo de que os pobres dos subúrbios se infiltrassem à meia-noite para degolá-los enquanto dormissem. No entanto, algo de sua graça divina devia ter sobrado na cidade, porque bastou dar um passo dentro da muralha para ver em toda a sua grandeza a luz malva das seis da tarde, e não consegui reprimir o sentimento de ter tornado a nascer.

Não era à toa. No começo da semana eu tinha abandonado Bogotá chafurdando num pântano de sangue e de lodo, com promontórios de cadáveres sem dono abandonados entre escombros fumegantes. De repente, o mundo tinha se transformado em Cartagena. Não havia rastros da guerra que assolava o país e eu custava a crer que aquela solidão sem dor, aquele mar incessante, aquela imensa sensação de haver chegado estava acontecendo comigo apenas uma semana depois e numa mesma vida.

De tanto ouvir falar dela desde que nasci, identifiquei no mesmo instante a pracinha onde estacionavam as carruagens e as carretas de carga puxadas por burros, e ao fundo a galeria de arcos onde o comércio popular se tornava mais denso e buliçoso. Embora não fosse reconhecida pela consciência oficial, aquela pracinha era o último coração ativo da cidade desde as suas origens. Durante a Colônia chamou-se portal dos Mercadores. Dali manejavam-se os fios invisíveis do comércio de escravos e cozinhavam-se os ânimos contra o domínio espanhol. Mais tarde chamou-se portal dos Escrivãos, por causa dos calígrafos taciturnos de colete de veludo e meiasmangas postiças e que escreviam cartas de amor e tudo que é tipo de documento para os analfabetos pobres. Muitos foram livreiros por baixo do pano, em especial de obras condenadas pelo Santo Ofício, e acredita-se que fossem oráculos da conspiração nativa contra os espanhóis. No começo do século XX meu pai costumava aliviar seus ímpetos de poeta com a arte de escrever cartas de amor no portal. Aliás, não prosperou nem como poeta nem como escriba, porque alguns clientes vivaldinos — ou desvalidos de verdade — não só pediam que escrevesse as cartas por caridade, mas pediam também os cinco centavos para o correio.

Fazia vários anos que se chamava portal dos Doces, com suas lonas apodrecidas e os mendigos que vinham comer as sobras do mercado, e os gritos agoureiros dos índios que cobravam caro para não cantar ao cliente o dia e a hora em que ia morrer. As escunas do Caribe demoravam no porto para comprar os doces de nomes inventados pelas mesmas comadres que os faziam e versificados pelos pregões: "Os batacos para os macacos, os de mangaba para a garotada, os de coco para os loucos, os de panela para Manuela." Pois nas horas boas e nas horas más o portal continuava sendo o centro vital da cidade por onde circulavam assuntos de Estado às escondidas do governo, e o único lugar do mundo onde as vendedoras de frituras sabiam quem seria o próximo governador antes mesmo que em Bogotá o presidente da República pensasse no caso.

Fascinado logo de cara pela algaravia, abri caminho aos tropicões arrastando minha maleta através da multidão das seis da tarde. Um ancião andrajoso, que era pura pele e osso, me olhava sem piscar da plataforma dos engraxates com olhos gelados de gavião. Ele me parou em seco. Assim que viu que eu o tinha visto, se ofereceu para carregar minha maleta. Agradeci, até ele explicar em sua língua materna:

— São trinta cobres.

Impossível. Trinta centavos para levar a maleta era uma mordida forte demais nos últimos quatro pesos que me sobravam enquanto esperava os reforços de meus pais na semana seguinte.

— Isso é mais do que vale a maleta com tudo que está dentro dela — respondi.

Além do mais, a pensão onde a quadrilha de Bogotá já deveria estar não ficava muito longe. O ancião se resignou com os três cobres que ofereci, dependurou no pescoço as correias e carregou a maleta no ombro com uma força inverossímil para seus ossos, e correu como um atleta de pés descalços por um labirinto de casas coloniais descascadas por séculos de abandono. O coração me saltava pela boca aos meus vinte e um anos, enquanto eu tratava de não perder de vista o velhote olímpico que parecia só ter mais algumas poucas horas de vida. Após cinco quarteirões entrou pelo portão grande da pensão e subiu de dois em dois os degraus da escada. Com seu fôlego intacto pôs a maleta no chão, e estendeu a palma da mão:

— São trinta cobres.

Lembrei a ele que já tinha pago, mas ele insistiu: os três centavos do portal não incluíam a escada. A dona do pensão saiu para nos receber, e deu razão ao velho: a escada era cobrada à parte. E me fez um prognóstico válido para toda a minha vida:

— Você vai ver que em Cartagena tudo é diferente.

Precisei, além do mais, enfrentar a má notícia de que nenhum de meus companheiros de pensão de Bogotá havia chegado, embora tivessem reservas confirmadas para quatro, inclusive eu. O programa combinado era nos encontrar na pensão antes das seis da tarde daquele dia. A troca do ônibus regular pelo aventureiro do Correio me atrasou três horas, mas lá estava eu, mais pontual que todos, e sem poder fazer nada com quatro pesos menos trinta e três centavos. É que a dona da pensão era uma mãe encantadora mas escrava de suas próprias normas, conforme eu mesmo haveria de confirmar durante os dois longos meses que morei em sua pensão. Assim, não aceitou me registrar enquanto eu não pagasse o primeiro mês adiantado: dezoito pesos por uma vaga num quarto para seis, além de três refeições por dia.

A ajuda que meus pais estavam mandando iria demorar uma semana para chegar, e por isso mesmo minha maleta não ia nem passar da porta da entrada enquanto meus amigos não chegassem. Sentei-me para esperar numa poltrona de arcebispo com grandes flores pintadas que caiu para mim como se viesse do céu, depois de um dia inteiro de sol a pino no ônibus da minha desgraça. Na verdade, ninguém tinha certeza de nada naqueles dias.

Ter combinado nos encontrar ali numa data e numa hora exatas carecia de sentido da realidade, porque não nos atrevíamos a dizer a nós mesmos que meio país estava numa guerra sangrenta, disfarçada nas províncias fazia anos, e aberta e mortal nas cidades fazia uma semana.

Oito horas depois, encalhado na pensão de Cartagena, eu não conseguia entender o que poderia ter acontecido com José Palencia e seus amigos. Depois de mais outra hora sem notícia alguma, comecei a vagar pelas ruas desertas. Em abril escurece mais cedo. As luzes públicas já estavam acesas e eram tão pobres que podiam se confundir com as estrelas no meio das árvores. Bastou uma primeira volta de quinze minutos ao acaso pelos becos empedrados do setor colonial para descobrir com grande alívio no peito que aquela estranha cidade não tinha nada a ver com o fóssil enlatado que nos descreviam na escola.

Não havia uma única alma nas ruas. As multidões que chegavam dos subúrbios ao amanhecer para trabalhar ou vender voltavam em tropel aos seus bairros às cinco da tarde, e os habitantes do recinto amuralhado encerravam-se em suas casas para jantar e jogar dominó até a meia-noite. O hábito dos automóveis particulares ainda não tinha-se estabelecido, e os poucos que circulavam ficavam fora da muralha. Até mesmo os funcionários mais poderosos continuavam chegando à praça dos Coches nos ônibus de artesanato local, e dali iam até seus escritórios caminhando ou pulando por cima das barracas de quinquilharias expostas nas calçadas. Um governador, dos mais empertigados daqueles anos trágicos, se orgulhava de continuar viajando de seu bairro de privilegiados até a praça dos Coches nos mesmos ônibus em que tinha ido à escola.

O alívio de não ter automóveis circulando havia sido forçado, até porque eles iam no sentido contrário ao da realidade histórica: não cabiam nas ruas estreitas e tortas da cidade, onde pela noite ressoavam os cascos sem ferradura dos cavalos raquíticos. Em tempos de grandes calores, quando se abriam os balcões para que a fresca do parque entrasse, ouviam-se fiapos das conversas mais íntimas com uma ressonância fantasmagórica. Os avós adormecidos ouviam passos furtivos pelas ruas de pedra, e prestavam atenção sem abrir os olhos até reconhecê-los, e diziam desiludidos: "Lá vai o José

Antonio para a casa da Chabela." A única coisa que de verdade tirava os desvelados de seus eixos eram os golpes secos das fichas na mesa de dominó, que ressoavam por todo aquele espaço amuralhado.

Para mim, foi uma noite histórica. Mal conseguia reconhecer na realidade as mentiras escolásticas dos livros, já derrotadas pela vida. E me emocionei até as lágrimas ao confirmar que os velhos palácios dos marqueses eram aqueles mesmos que eu tinha diante de meus olhos, carcomidos e desbeiçados, com mendigos dormindo pelos saguões. Vi a catedral sem os sinos, que o pirata Francis Drake levou para fabricar canhões. Os poucos que se salvaram do assalto foram exorcizados depois de terem sido sentenciados à fogueira pelos bruxos do bispo, por causa de suas ressonâncias malignas que convocavam o diabo. Vi as árvores murchas e as estátuas de próceres que não pareciam esculpidos em mármores perecíveis, e sim estarem mortos em carne viva. Pois em Cartagena as estátuas não estavam preservadas contra o óxido do tempo, e sim ao contrário: preservava-se o tempo para as coisas que continuavam tendo a idade original, enquanto os séculos envelheciam. Foi assim que na própria noite da minha chegada a cidade se revelou para mim a cada passo com sua vida própria, não como o fóssil de papelão dos historiadores, mas como uma cidade de carne e osso que já não estava sustentada pelas suas glórias marciais e sim pela dignidade de seus escombros.

Com esse espírito renovado voltei para a pensão quando deu dez horas na torre do Relógio. O zelador meio adormecido me informou que nenhum dos meus amigos tinha chegado, mas que minha maleta estava a salvo no depósito. Só então tomei consciência de que não tinha comido nem bebido nada desde o mau café-da-manhã de Barranquilla. As pernas me falhavam por causa da fome, mas disse que teria me conformado se a dona aceitasse a maleta como depósito e me deixasse dormir aquela única noite, nem que fosse na poltrona da sala. O zelador riu da minha inocência.

— Não seja maricas! — disse ele em seu caribenho cru. — Essa madame, com os montões de dinheiro que tem, dorme às sete da noite e só se levanta no dia seguinte às onze.

Achei que era um argumento tão legítimo que me sentei num banco do parque Bolívar, do outro lado da rua, para esperar que meus amigos chegassem, e sem incomodar ninguém. As árvores murchas mal apareciam na luz da rua, pois os lampiões do parque só eram acesos aos domingos e nos dias de festa de guarda. Os bancos de mármore tinham marcas dos letreiros muitas vezes apagados e tornados a serem escritos por poetas insolentes. No Palácio da Inquisição, por trás de sua fachada de vice-reinado esculpida em pedra virgem e de seu portão de basílica primada, ouvia-se o queixume inconsolável de algum pássaro doente que podia muito bem não ser deste mundo. E então a ansiedade de fumar me assaltou ao mesmo tempo que a de ler, dois vícios que se confundiram em minha juventude por causa de sua impertinência e de sua tenacidade. *Contraponto*, o romance de Aldous Huxley, que o medo físico não tinha me permitido continuar lendo no avião, dormia trancado à chave na minha maleta. Assim, acendi o último cigarro com uma estranha sensação de alívio e terror, e apaguei-o na metade como reserva para uma noite sem amanhã.

Com o espírito já preparado para dormir no banco onde estava sentado, me pareceu de repente que havia alguma coisa oculta entre as sombras mais espessas das árvores. Era a estátua eqüestre de Simón Bolívar. Ninguém mais, ninguém menos: o general Simón José Antonio de la Santísima Trinidad Bolívar y Palacios, meu herói desde que meu avô mandou que fosse, estava lá, com seu radiante uniforme de gala e sua cabeça de imperador romano, cagado pelas andorinhas.

Continuava sendo meu personagem inesquecível, apesar de suas inconseqüências irredimíveis ou talvez justamente por causa delas. Afinal, eram comparáveis apenas às inconseqüências com as quais meu avô conquistou seu grau de coronel e tantas vezes apostou a vida na guerra que os liberais mantiveram contra o mesmo Partido Conservador que Bolívar fundou e sustentou. Eu andava nessas nebulosas quando uma voz peremptória às minhas costas me trouxe de volta para a terra firme:

— Mãos ao alto!

Levantei-as aliviado, certo de que finalmente eram meus amigos, e dei de cara com dois guardas, com cara de camponeses e quase andrajosos, que me apontavam seus fuzis novinhos. Queriam saber por que eu havia violado o toque de recolher que tinha começado duas horas antes. Eu não sabia nem mesmo que o toque de recolher tivesse sido imposto no domingo anterior, conforme eles me informaram, nem havia ouvido toques de corneta ou de sino, nem nenhum outro indício que tivesse me permitido entender por que não havia ninguém nas ruas. Os guardas foram mais preguiçosos que compreensivos quando viram meus papéis de identidade enquanto eu explicava por que estava ali. Devolveram tudo sem olhar. Perguntaram quanto dinheiro eu tinha, e respondi que não chegava a quatro pesos. Então o mais decidido deles me pediu um cigarro, e mostrei a guimba apagada que havia guardado para fumar antes de dormir. Tirou-a da minha mão e fumou até as unhas. Depois de um tempinho me levaram pelo braço ao longo da rua, mais pela gana de fumar que pela disposição da lei, à procura de algum lugar aberto para comprar cigarros avulsos a um centavo cada. A noite tinha se feito diáfana e fresca debaixo da lua cheia, e o silêncio parecia uma substância invisível que podia ser respirada como o ar. Então compreendi aquilo que papai tanto nos contava sem que acreditássemos: que ele ensaiava o violino de madrugada no silêncio do cemitério para sentir que suas valsas de amor podiam ser escutadas em todo o Caribe.

Cansados da busca inútil por cigarros avulsos, saímos da muralha até um cais do porto de cabotagem que tinha vida própria atrás do mercado público, onde atracavam as escunas de Curaçau e Aruba e outras Antilhas menores. Era o lugar em que as pessoas mais divertidas e úteis da cidade viravam a noite, pois tinham salvo-condutos para o toque de recolher graças aos ofícios que exerciam. Comiam até de madrugada num boteco a céu aberto com bom preço e melhor companhia, pois iam parar lá não apenas os empregados noturnos mas todo mundo que quisesse comer quando já não havia onde. O lugar não tinha nome oficial e era conhecido pelo nome que menos combinava: La Cueva.

Os guardas chegaram lá como quem chega em casa. Era evidente que os clientes que já estavam sentados se conheciam da vida inteira, e sentiam-se contentes por estarem juntos. Era impossível detectar sobrenomes porque todos se tratavam com seus apelidos de escola e falavam berrando ao mesmo tempo sem se entender nem olhar para quem quer que fosse. Vestiam roupas de trabalho, exceto um sessentão adônico de cabeça nevada que vestia um *smoking* de outros tempos, ao lado de uma mulher madura e ainda muito bonita, com um vestido de lantejoulas gasto pelo uso e demasiadas jóias legítimas. Sua presença podia ser um dado vivo de sua condição, porque eram muito escassas as mulheres cujos maridos lhes permitissem aparecer naqueles lugares de má fama. Eu teria pensado que eram turistas se não fosse o desenfado e o sotaque local, e sua familiaridade com todos. Mais tarde soube que não eram nada do que pareciam ser, e sim um velho casal de cartagenenses despistados que se vestiam de gala com qualquer pretexto para jantar fora de casa, e que naquela noite encontraram seus anfitriões dormindo e os restaurantes fechados por causa do toque de recolher.

Foram eles que nos convidaram para jantar. Os demais abriram espaço na mesa comprida, e nós três nos sentamos um pouco apertados e intimidados. Também tratavam os guardas com a familiaridade dos criados. Um era sério e solto, e tinha reflexos de menino bem-educado na mesa. O outro parecia viver com a cabeça nas nuvens, a não ser para comer e fumar. Eu, mais por tímido que por comedido, pedi menos comida que eles, e quando percebi que ia ficar com mais da metade da minha fome os outros já tinham terminado de comer.

O proprietário e atendente único do La Cueva chamava-se Juan de las Nieves, um negro quase adolescente, de uma beleza incômoda, vestido com um manto imaculado de muçulmano, e sempre com um cravo vivo na orelha. O que mais se notava nele, porém, era a inteligência excessiva, que sabia usar sem limites para ser feliz e fazer felizes os outros. Era evidente que lhe faltava muito pouco para ser mulher, e tinha a fama sólida de só ir para a cama com seu marido. Ninguém nunca debochou de sua condição, porque tinha uma graça e uma rapidez de réplica que não deixava favor sem agradecer nem ofensa sem cobrar. Ele sozinho fazia de tudo, de cozinhar com a certeza de saber o que cada cliente gostava, até fritar fatias de banana verde com uma mão e fazer as contas com a outra, sem mais ajuda que a muito escassa de um menino de uns seis anos que o chamava de mamãe. Quando nos despedimos eu me sentia comovido pela descoberta, mas não teria imaginado que aquele lugar de notívagos indóceis viria a ser um dos inesquecíveis da minha vida.

Depois de comer acompanhei os guardas, enquanto eles completavam suas rondas atrasadas. A lua era um prato de ouro no céu. A brisa começava a se levantar, e arrastava de muito longe fiapos de músicas e gritos remotos de uma grande comemoração. Os guardas sabiam que nos bairros pobres ninguém ia para a cama por causa do toque de recolher, e que armavam bailes onde se pagava ingresso em casas diferentes a cada noite, sem sair à rua até o amanhecer.

Quando deu duas da manhã batemos na minha pensão sem nenhuma dúvida de que meus amigos teriam chegado, mas desta vez o zelador nos mandou ao caralho sem complacência por ter sido acordado a troco de nada. Os guardas então entenderam que eu não tinha onde dormir, e resolveram me levar para o seu quartel. Achei uma brincadeira tão atrevida que perdi o bom humor e larguei uma impertinência em cima deles. Um deles, surpreso pela minha reação pueril, me enquadrou com o cano do fuzil no estômago.

— Deixa de ser babaca — me disse ele morrendo de rir. — Lembre-se que você ainda está preso por ter violado o toque de recolher.

E assim dormi — num calabouço para seis e em cima de uma esteira fermentada por suor alheio — minha primeira noite feliz em Cartagena.

Chegar à alma da cidade foi muito mais fácil que sobreviver ao primeiro dia. Antes que se passassem duas semanas eu tinha resolvido as relações com meus pais, que aprovaram sem reservas minha decisão de morar numa cidade sem guerra. A dona da pensão, arrependida por ter me condenado a uma noite na cadeia, acabou me acomodando com outros vinte estudantes num galpão recém-construído no topo de sua bela casa colonial. Não tive motivos de queixas, pois era uma cópia caribenha do dormitório do Liceu Nacional, e custava menos que a pensão de Bogotá, com tudo incluído.

O ingresso na faculdade de direito foi resolvido em uma hora, com o exame de admissão diante do secretário, Ignacio Vélez Martínez, e de um professor de economia política cujo nome não consegui encontrar em minhas recordações. Como era de praxe, o exame foi feito na presença de todo o segundo ano. Desde o preâmbulo chamou a minha atenção a clareza de raciocínio e a precisão da linguagem dos dois professores, numa região famosa no interior do país pelo seu espalhafato verbal. O primeiro tema, por sorteio, foi a guerra da Secessão dos Estados Unidos, da qual eu sabia pouco menos que nada. Foi uma lástima que eu ainda não tivesse lido os novos romancistas norte-americanos, que estavam começando a chegar até nós, mas tive a sorte de o doutor Vélez Martínez começar com uma referência casual à *Cabana do Pai Tomás*, que eu conhecia bem desde o colégio. Peguei essa referência no ar. Os dois professores devem ter sentido um golpe de nostalgia, pois os sessenta minutos que tínhamos reservado para o exame foram consumidos inteiros numa análise emocional sobre a ignomínia do regime escravista do sul dos Estados Unidos; e ficamos nisso. Assim, o que foi previsto por mim como uma roleta-russa transformou-se numa conversa interessante que mereceu uma boa nota e alguns aplausos cordiais.

Foi dessa maneira que entrei na universidade para terminar o segundo ano de direito, com a condição jamais cumprida de prestar exames de reabilitação em uma ou duas matérias que tinha ficado devendo no primeiro ano feito em Bogotá. Alguns colegas se entusiasmaram com meu modo de domesticar os temas, porque havia entre eles uma certa militância a favor da liberdade criativa numa universidade encalhada no rigor acadêmico. Era meu sonho solitário desde o Liceu, não por um inconformismo gratuito mas como única esperança de passar nos exames sem estudar. No entanto, os mesmos colegas que proclamavam a independência de critério nas salas de aula não podiam fazer outra coisa além de se renderem à fatalidade, e subiam ao patíbulo dos exames com os tijolaços atávicos dos textos coloniais aprendidos de cor. Por sorte, na vida real eram professores curtidos na arte de manter vivos os bailes pagos das sextas-feiras, apesar dos riscos da repressão cada dia mais descarada à sombra do estado de sítio. Os bailes continuaram sendo feitos graças a acordos por baixo do pano com as autoridades da ordem pública enquanto o toque de recolher foi mantido, e quando acabou renasceram de suas agonias com mais entusiasmo que antes. Principalmente em Torices, Getsemaní ou no sopé da Popa, os bairros mais farristas daqueles anos sombrios. Bastava aparecer na janela para escolher a festa que agradava mais, e por cinqüenta centavos dançava-se até o amanhecer com a música mais quente do Caribe aumentada pelo estrondo dos alto-falantes. As moças com quem dançaríamos e que tinham ingresso de cortesia eram as mesmas colegiais que víamos durante a semana na saída das escolas, mas vestiam os uniformes das missas dominicais e dançavam como cândidas mulheres da vida debaixo do olho vigilante das tias de guarda ou das mães liberadas. Numa daquelas noites de caça maior eu andava por Getsemaní, que foi durante a Colônia o subúrbio dos escravos, quando reconheci como senha e contra-senha um tapa forte nas minhas costas e a explosão de uma voz:

— Bandido!

Era Manuel Zapata Olivella, habitante empedernido da rua da Mala Crianza, onde a família dos avós de seus tataranetos africanos tinha morado. Tínhamos nos encontrado em Bogotá, no meio do fragor do 9 de abril, e nosso primeiro assombro em Cartagena foi reencontrar-nos vivos. Manuel, além de médico de caridade, era romancista, ativista político e promotor de música do Caribe, mas sua vocação mais predominante era tratar de resolver os problemas de todo mundo. Mal havíamos começado a trocar nossas experiências da sexta-feira agourenta e falar de nossos planos para o futuro, quando ele me propôs que tentasse a sorte no jornalismo. Um mês antes o dirigente liberal Domingo López Escauriaza tinha fundado o jornal *El Universal*, cujo chefe de redação era Clemente Manuel Zabala. Eu tinha ouvido falar dele não como jornalista mas como erudito de todas as músicas, e comunista em repouso. Zapata Olivella insistiu em me levar para conhecê-lo, pois sabia que estava procurando gente nova para provocar, com o exemplo de um jornalismo criativo, o jornalismo rotineiro e submisso que reinava no país, principalmente em Cartagena, que era então uma das cidades mais retardatárias.

Para mim, estava claro que o jornalismo não era o meu ofício. Eu queria ser um escritor diferente, mas tentava isso pela via da imitação de outros autores que não tinham nada a ver comigo. Assim, naqueles dias eu estava numa pausa de reflexão, porque depois dos meus três primeiros contos publicados em Bogotá, e tão elogiados por Eduardo Zalamea e outros críticos e bons e maus amigos, eu me sentia num beco sem saída. Zapata Olivella insistiu contra meus argumentos, dizendo que jornalismo e literatura acabavam sendo a mesma coisa, e um vínculo com o *El Universal* poderia me garantir três destinos ao mesmo tempo: resolver a minha vida de maneira digna e útil, me colocar num meio profissional que era por si só um ofício importante, e trabalhar com Clemente Manuel Zabala, o melhor professor de jornalismo possível e imaginável. O freio de timidez que aquele argumento tão simples produziu em mim quase me põe a salvo de uma desgraça. Mas Zapata Olivella não sabia sobreviver aos seus fracassos, e marcou um encontro comigo às cinco da tarde do dia seguinte no número 381 da rua San Juan de Dios, onde ficava o jornal.

Naquela noite, dormi aos pulos. No dia seguinte, no café-da-manhã, perguntei à dona da pensão onde ficava a rua San Juan de Dios, e ela apontou com o dedo pela janela.

— É logo ali, a duas quadras daqui.

Lá estava a redação do *El Universal*, na frente da imensa parede de pedra dourada da igreja de San Pedro Claver, o primeiro santo das Américas, cujo corpo intacto está exposto há mais de cem anos debaixo do altar-mor. Um velho edifício colonial bordado de remendos republicanos e com duas portas grandes e umas janelas através das quais via-se o jornal inteiro. Mas meu verdadeiro terror estava por trás de uma balaustrada de madeira sem brilho, a uns três metros da janela: um homem maduro e solitário, vestido de linho branco e com paletó e gravata, de pele escura e cabelos duros e negros de índio, que escrevia a lápis numa velha escrivaninha com montanhas de papéis atrasados. Tornei a passar em sentido contrário com uma fascinação sufocante, e duas vezes mais, e na quarta vez como na primeira não tive a menor dúvida de que aquele homem era Clemente Manuel Zabala, idêntico ao que eu havia imaginado, só que mais temível. Apavorado, tomei a simples decisão de não aparecer no encontro daquela tarde com o homem que me bastava ver por uma janela para descobrir que sabia demais sobre a vida e seus ofícios. Voltei para a pensão e me dei de presente outro de meus dias típicos e sem remorsos, deitado de barriga para cima na cama com *Os moedeiros falsos* de André Gide, e fumando sem pausas. Às cinco da tarde, a porta do dormitório estremeceu com uma batida seca como um tiro de rifle.

— Vamos lá, caralho! — gritou da entrada Zapata Olivella. — Zabala está esperando por você, e ninguém neste país pode se dar o luxo de deixá-lo plantado.

O começo foi mais difícil do que eu poderia ter imaginado até mesmo num pesadelo. Zabala me recebeu sem saber o que fazer, fumando sem parar com um desassossego agravado pelo calor. Mostrou-nos tudo. De um lado, a diretoria e a gerência. Do outro, a sala da redação e a oficina com três mesas desocupadas naquelas horas temporãs, e aos fundos uma rotativa sobrevivente de um motim e as duas únicas linotipos.

Minha grande surpresa foi que Zabala tinha lido meus três contos e havia achado que a resenha de Zalamea fora justa.

— Pois eu não acho — disse a ele. — Não gosto desses três contos. Foram escritos por impulsos um tanto inconscientes, e depois de lê-los impressos eu já não soube por onde continuar.

Zabala aspirou fundo a fumaça e disse a Zapata Olivella:

— É um bom sinal.

Manuel pegou a frase no ar e disse a ele que eu podia ser útil no jornal nas horas vagas da universidade. Zabala disse que tinha pensado a mesma coisa quando Manuel pediu que me recebesse. Ao doutor López Escauriaza, diretor, Zabala me apresentou como o possível colaborador de quem ele havia falado na noite anterior.

— Seria ótimo — disse o diretor com seu eterno sorriso de cavalheiro de antanho.

Nada foi decidido, mas mestre Zabala pediu que eu voltasse no dia seguinte para me apresentar a Héctor Rojas Herazo, poeta e pintor dos bons, e seu colunista estrela. Graças a uma timidez que até hoje me parece inexplicável, eu não disse a ele que Héctor tinha sido meu professor de desenho no Colégio San José. Ao sair de lá, Manuel deu um pulo na praça da Aduana, diante da fachada imponente de San Pedro Claver, e exclamou com um júbilo prematuro:

— Viu só, tigre? O troço está resolvido!

Respondi com um abraço cordial para não desiludi-lo, mas estava com sérias dúvidas sobre meu futuro. Manuel então me perguntou o que eu tinha achado de Zabala, e respondi a verdade. Achei um pescador de almas. Esse talvez fosse um motivo determinante para os grupos juvenis que se nutriam de sua razão e sua cautela. Concluí, sem dúvida com uma falsa apreciação de velho prematuro, que talvez fosse aquele jeito de ser que o havia impedido de ter um papel decisivo na vida pública do país.

De noite, Manuel me ligou, morrendo de rir, por causa de uma conversa que tinha tido com Zabala. O mestre havia falado de mim com grande entusiasmo, reiterou sua certeza de que seria uma aquisição importante para a página editorial, e o diretor pensava igual. Mas a razão verdadeira de sua chamada era para me contar que a única coisa que inquietava o mestre Zabala era minha timidez doentia, que podia ser um grande obstáculo na minha vida.

Se na última hora decidi voltar ao jornal foi porque na manhã seguinte um companheiro de quarto abriu a porta do chuveiro e pôs diante dos meus olhos a página editorial do *El Universal*. Havia uma nota assustadora sobre a minha chegada à cidade, que me comprometia como escritor antes que eu fosse, e como iminente jornalista a menos de vinte e quatro horas de eu ter visto um jornal por dentro pela primeira vez. Manuel na mesma hora telefonou para me parabenizar, mas eu reclamei sem disfarçar a raiva que ele tivesse escrito algo tão irresponsável sem antes falar comigo. No entanto, alguma coisa mudou em mim, e talvez para sempre, quando fiquei sabendo que aquele texto havia sido escrito pelo próprio mestre Zabala, de punho e letra. Amarrei então as calças e voltei à redação para agradecer. Zabala mal me deu confiança. Apresentou-me a Héctor Rojas Herazo, de calças cáqui e camisa de flores amazônicas, e palavras enormes disparadas com uma voz de trovão, que não se rendia na conversa até agarrar sua presa. Ele, é claro, não me reconheceu como um de seus tantos alunos no Colégio San José de Barranquilla.

Mestre Zabala — como era chamado por todos — colocou-nos em sua órbita com a lembrança de dois ou três amigos em comum, e de outros que eu devia conhecer. Depois nos deixou sozinhos e voltou à guerra sangrenta de seu lápis vermelho em chamas contra seus papéis urgentes, como se nunca tivesse tido nada a ver com a gente. Héctor continuou falando comigo no rumor da chuvinha miúda das linotipos, como se ele também não tivesse nada a ver com Zabala. Era um conversador infinito, de uma inteligência verbal deslumbrante, um aventureiro da imaginação que inventava realidades inverossímeis nas quais ele mesmo acabava acreditando. Conversamos durante horas sobre outros amigos vivos e mortos, de livros que deveriam não ter sido escritos jamais, de mulheres que nos esqueceram e que não conseguíamos esquecer, de praias idílicas do paraíso caribenho de Tolú — onde ele nasceu — e de bruxos infalíveis e das desgraças bíblicas de Aracataca. Do que existia e do que deveria existir, sem beber nada, apenas respirando e fumando pelos cotovelos com medo de que a vida não fosse suficiente para tudo que ainda nos faltava conversar.

Às dez da noite, quando fechou o jornal, mestre Zabala vestiu o paletó, arrumou a gravata, e com um passo de balé no qual sobrava pouco de juvenil, nos convidou para jantar. No La Cueva, como era previsível, onde os esperava uma surpresa: Juan de las Nieves e vários comensais tardios me reconhecerem como velho cliente. A surpresa aumentou quando um dos guardas da minha primeira visita passou e largou uma piada de viés sobre minha noite dura no quartel e me confiscou um maço de cigarros que eu tinha acabado de abrir. Héctor, por sua vez, promoveu com Juan de las Nieves um torneio de duplo sentido que fez com que os comensais explodissem de rir diante do silêncio satisfeito do mestre Zabala. Eu me atrevi a participar com alguma réplica sem graça, o que me serviu pelo menos para que eu fosse reconhecido como um dos poucos clientes que Juan de las Nieves protegia a ponto de servir fiado até quatro vezes por mês.

Depois do jantar, Héctor e eu continuamos a conversa daquela tarde no Passeio dos Mártires, diante da baía empestada pelas sobras republicanas do mercado público. Era uma noite esplêndida no centro do mundo, e as primeira escunas de Curaçau zarpavam às escondidas. Héctor me deu naquela madrugada as primeiras luzes sobre a história subterrânea de Cartagena, tapada com panos de lágrimas, e que talvez se parecesse mais à verdade que a ficção complacente dos acadêmicos. Ele me ilustrou sobre a vida dos dez mártires cujos bustos de mármore estavam nos dois lados do bulevar em memória de seu heroísmo. A versão popular — que parecia criada por ele — era que quando os colocaram em seus lugares originais, os escultores não tinham talhado os nomes e as datas nos bustos, mas nos pedestais. Por isso quando foram desmontados para serem esfregados e limpos na ocasião do seu centenário, não souberam depois que nomes e datas correspondiam a qual busto, e tiveram que recolocá-los de qualquer jeito nos pedestais porque ninguém mais sabia quem era quem. A história circulava como piada fazia anos, mas eu, ao contrário, achei que tinha sido um ato de justiça histórica consagrar os próceres sem nome nem tanto pelas suas vidas vividas, mas por seu destino comum.

Aquelas noites passadas em claro se repetiram quase todos os dias em meus anos de Cartagena, mas desde as duas ou três primeiras percebi que Héctor tinha um poder da sedução imediata, com um sentido tão complexo da amizade, que só aqueles que gostávamos muito dele podíamos entender sem reservas. Pois ele era de uma ternura absoluta, capaz ao mesmo tempo de cóleras estrepitosas, e às vezes catastróficas, e depois se autocomemorava como se ele próprio fosse uma dádiva do Menino Deus. A gente então entendia como ele era, e por que o mestre Zabala fazia o possível para que gostássemos dele tanto como ele. Na primeira noite, como em tantas outras, ficamos até o amanhecer no Passeio dos Mártires, protegidos do toque de recolher por causa da nossa condição de jornalistas. Héctor tinha a voz e a memória intactas quando viu o resplendor do novo dia no horizonte do mar, e disse:

— Tomara que esta noite termine como *Casablanca*.

Não disse mais nada, mas sua voz me devolveu com todo o seu esplendor a imagem de Humphrey Bogart e Claude Rains caminhando ombro a ombro entre as brumas do amanhecer até o resplendor radiante no horizonte, e a frase lendária do trágico final feliz: "Este é o começo de uma grande amizade."

Três horas mais tarde mestre Zabala me despertou com uma frase menos feliz:

— Como vai essa obra-prima?

Precisei de alguns minutos para entender que ele estava se referindo ao meu texto para o jornal do dia seguinte. Não recordo que tivéssemos fechado algum acordo, nem de ter dito que não ou que sim quando ele me pediu para escrever meu primeiro texto, mas naquela manhã eu me sentia capaz de qualquer coisa, depois da olimpíada verbal da noite anterior. Zabala deve ter entendido isso, pois já tinha indicado alguns temas do dia e eu propus outro, que me parecia mais atual: o toque de recolher.

Não me deu nenhuma orientação. Meu propósito era contar minha aventura da primeira noite em Cartagena, e foi o que fiz, escrevendo à mão, porque não consegui me entender com as máquinas pré-históricas da redação. Foi um parto de quase quatro horas, que o mestre revisou na minha frente sem um único gesto que me permitisse descobrir seu pensamento, até ele encontrar a forma menos amarga de dizer o que ia dizer:

— Não está mau, mas é impossível publicar isso.

Não me surpreendi. Ao contrário: tinha previsto, e por uns minutos me senti aliviado por ter-me livrado da carga ingrata de ser jornalista. Acontece que as verdadeiras razões de Zabala, que eu ignorava, eram determinantes: desde o dia 9 de abril havia em cada jornal do país um censor do governo, que a partir das seis da tarde se instalava numa escrivaninha da redação como se fosse sua própria casa, com vontade e poder para não autorizar nem uma única letra que pudesse roçar a ordem pública.

Os motivos de Zabala pesavam em mim muito mais que os do governo, porque eu não havia escrito um comentário jornalístico e sim o relato subjetivo de um episódio particular sem nenhuma pretensão de jornalismo opinativo. Além do mais, não tinha tratado do toque de recolher como um instrumento legítimo do Estado, mas como a argúcia de uns policiais palermas para conseguir cigarros de um centavo cada. Por sorte, antes de me condenar à morte, mestre Zabala devolveu o texto, que eu deveria refazer de cabo a rabo, não para ele, mas para o censor, e fez a caridade de me dar um julgamento de dois gumes.

— Mérito literário tem, é claro — disse ele. — Mas disso a gente fala depois.

Assim era ele. Desde meu primeiro dia no jornal, quando Zabala conversou comigo e com Zapata Olivella, chamou minha atenção seu insólito costume de falar com um olhando para a cara do outro, enquanto queimava as unhas na brasa do cigarro. Isso no começo me causou uma incômoda insegurança. A coisa menos boba que me ocorreu, só de timidez, foi escutá-lo com uma atenção real e um interesse enorme, mas não olhando para ele e sim para Manuel, para tirar minhas próprias conclusões sobre os dois. Depois, quando falávamos com Rojas Herazo, e mais tarde com o diretor López Escauriaza, e com tantos mais, percebi que aquele era um jeito típico de Zabala quando conversava em grupo. Pelo menos, foi essa a minha conclusão, e assim pudemos, ele e eu, trocar idéias e sentimentos através de cúmplices incautos e intermediários inocentes. Com a confiança dos anos me atrevi a comentar com ele aquela minha impressão, e ele me explicou sem assombro que quando conversava com alguém olhava para o outro, quase de perfil, para não jogar a fumaça do cigarro em sua cara. Ele era assim: jamais conheci alguém com um gênio tão aprazível e discreto, com uma civilidade feito a dele, porque sempre soube ser o que quis ser: um sábio na penumbra.

Na verdade, eu tinha escrito discursos, versos prematuros no Liceu de Zipaquirá, proclamas patrióticos e memoriais de protesto contra a comida ruim, e muito pouco mais, sem contar as cartas para a família que minha mãe me devolvia com a ortografia corrigida mesmo quando eu já era reconhecido como escritor. O texto finalmente foi publicado na página dos editoriais, mas não tinha nada a ver com o que eu havia escrito. Entre os remendos do mestre Zabala e os do censor, o que sobrou de mim foram uns fiapos de prosa lírica sem critério nem estilo, arrematados pelo sectarismo gramatical do revisor de provas. Na última hora combinamos que eu faria uma coluna diária, talvez para delimitar responsabilidades, com meu nome completo e um título permanente: "Ponto e parágrafo".

Zabala e Rojas Herazo, já bem curtidos pelo desgaste diário, conseguiram me consolar do sufoco de meu primeiro texto, e assim me atrevi a prosseguir com o segundo e o terceiro, que não foram melhores. Fiquei na redação quase dois anos publicando até dois textos diários, quando conseguia derrotar a censura, com e sem assinatura, e estive a ponto de me casar com a sobrinha do censor.

Até hoje me pergunto como teria sido a minha vida sem o lápis do mestre Zabala e o torniquete da censura, que só de estar ali já era um desafio criativo. Aliás, o censor vivia mais na defensiva do que nós, por causa de seus delírios de perseguição. As citações dos grandes autores pareciam, para ele.

emboscadas suspeitas, e muitas vezes foram mesmo. Via fantasmas. Era um cervantino de araque, e adivinhava significados imaginários. Certa noite de pouca sorte ele teve que ir ao banheiro a cada quinze minutos, até que se animou a nos dizer que estava a ponto de ficar louco por causa dos sustos que nós lhe dávamos.

— Caralho! — gritou. — Por causa desses trotes já não tenho mais rabo!

A polícia tinha sido militarizada como demonstração maior do rigor do governo com a violência política que estava sangrando o país, com uma certa moderação na Costa Atlântica. No entanto, no começo de maio a polícia disparou, sem boas ou más razões, contra uma procissão de Semana Santa nas ruas de Carmen de Bolívar, a umas vinte léguas de Cartagena. Eu tinha uma fraqueza sentimental por aquele povoado, onde minha tia Mama havia sido criada e onde meu avô Nicolás tinha inventado seus célebres peixinhos de ouro. Mestre Zabala, nascido na aldeia vizinha de San Jacinto, encomendou-me com uma rara determinação o trato editorial da notícia sem levar a censura em conta, assumindo todas as conseqüências. Meu primeiro texto sem assinatura na página editorial exigia do governo uma investigação séria sobre a agressão e também o castigo aos seus autores. E terminava com uma pergunta: "O que aconteceu em Carmen de Bolívar?". Diante do desdém oficial, e já em guerra aberta com a censura, continuamos repetindo a pergunta com uma nota diária na mesma página e com energia crescente, dispostos a exasperar o governo muito mais do que ele já estava. Após três dias, o diretor do jornal confirmou com Zabala que ele havia consultado toda a redação, e ele próprio estava de acordo: deveríamos continuar cuidando do assunto. E assim continuamos fazendo a mesma pergunta. Enquanto isso, a única coisa que soubemos do governo chegou até nós graças a uma inconfidência: tinham dado a ordem de nos deixarem em paz com nosso tema de loucos varridos até que acabasse a nossa corda. Não foi fácil, pois nossa pergunta de cada dia já andava pelas ruas como um cumprimento popular: "E aí, meu irmão: o que aconteceu em Carmen de Bolívar?"

Certa noite, quando menos esperávamos e sem nenhum anúncio, uma patrulha do exército fechou a rua San Juan de Dios com um grande ruído de vozes e armas, e o general Jaime Polanía Puyo, comandante da polícia militar, entrou pisando firme na sede do *El Universal*. Usava o uniforme de merengue branco das grandes datas e ocasiões, com polainas de verniz e o sabre preso com um cordão de seda, e os botões e insígnias tão brilhantes que pareciam de ouro. Não desmerecia um tostão sua fama de elegante e encantador, embora soubéssemos que era de uma dureza para a paz e para a guerra, como mais tarde ele mesmo demonstrou ao comandar o batalhão Colômbia na guerra da Coréia. Ninguém se moveu nas duas intensas horas em que conversou de porta fechada com o diretor. Tomaram vinte e duas xícaras de café escuro, sem cigarros nem bebidas porque os dois eram livres de vícios. Na saída, o general viu-se ainda mais solto quando se despediu de nós, um por um. Comigo demorou um pouco mais, olhou direto nos meus olhos com seus olhos de lince, e disse:

— O senhor vai longe.

Meu coração deu uma cambalhota, pensando que talvez ele soubesse tudo sobre mim e aquilo de ir longe pudesse significar a morte. O relato confidencial que o diretor fez a Zabala de sua conversa com o general revelou que ele sabia os nomes e sobrenomes de quem escrevia cada artigo diário. O diretor, com um gesto bem característico, disse ao general que tudo era feito obedecendo às suas ordens, e que nos jornais, como nos quartéis, ordens são ordens. No final das contas, o general aconselhou o diretor que moderássemos a campanha, para evitar que algum bárbaro saísse de sua caverna para fazer justiça em nome do governo. O diretor entendeu, nós todos entendemos tudo, até o que ele não disse. O que mais surpreendeu o diretor foi o general ter alardeado seus conhecimentos da vida do jornal, como se vivesse lá dentro. Ninguém duvidou que o agente secreto fosse o próprio censor, embora o censor em questão tenha jurado pelos restos mortais de sua santa mãe que não. A única coisa que o general não tentou responder em sua visita foi a nossa pergunta diária. O diretor, que tinha fama de sábio, nos aconselhou a acreditar em tudo que nos tinham dito, porque a verdade podia ser pior.

Desde que me comprometi na guerra contra a censura deixei de lado a universidade e os contos. Ainda bem que a maioria dos professores não fazia chamada, o que favorecia os que faltavam como eu. Além do mais, os professores liberais que conheciam meus dribles na censura sofriam mais do que eu procurando um jeito de me ajudar nas provas. Hoje, tentando contar tudo isso, não encontro aqueles dias nas minhas lembranças, e terminei por acreditar mais no esquecimento que na memória.

Meus pais dormiram tranqüilos desde que informei a eles que no jornal ganhava o suficiente para sobreviver. Não era verdade. O salário mensal de aprendiz não dava para me manter uma semana. Antes que se passassem três meses abandonei a pensão com uma dívida impagável, que a dona mais tarde trocou por uma nota na coluna social sobre os quinze anos de sua neta. Mas só aceitou esse tipo de negociação uma vez.

O dormitório mais fresco e disputado da cidade continuava sendo o Passeio dos Mártires, mesmo com o toque de recolher. Quando as tertúlias da madrugada terminavam, eu ficava por lá, cochilando sentado. Outras vezes eu dormia no depósito do jornal, sobre as bobinas de papel, ou aparecia com minha rede de circo debaixo do braço nos quartos de outros estudantes ajuizados, e ficava por lá enquanto conseguissem suportar meus pesadelos e meu mau costume de falar dormindo. Assim sobrevivi ao acaso, comendo o que houvesse e dormindo onde Deus quisesse, até que a tribo humanitária dos Franco Múnera me propôs duas refeições diárias cobrando um preço de compaixão. O pai da tribo — Bolívar Franco Pareja — era um professor histórico da escola primária, com uma família alegre, fã de artistas e escritores, que me obrigava, para que meu miolo não secasse, a comer mais do que eu lhes pagava. Muitas vezes eu não tinha como pagar nada, mas eles se consolavam com meus recitais na sobremesa. Prestações freqüentes daquele negócio alentador foram os versos de pé-quebrado do mestre Jorge Manrique, escritos por ocasião e em louvor da morte de seu pai, e o *Romanceiro Cigano* de García Lorca.

Os bordéis a céu aberto nas praias de Tesca, longe do silêncio perturbador da muralha, eram mais hospitaleiros que os hotéis de turistas nas praias. Nós nos instalávamos — meia dúzia de universitários — no El Cisne, a partir da primeira noite, para estudar para as provas finais debaixo das luzes do pátio de baile, que nos cegavam. A brisa do mar e o uivar dos navios ao amanhecer nos consolavam do estrondo dos instrumentos de sopro da música caribenha, os *cobres caribes*, e da provocação das moçoilas que dançavam sem calcinhas e com saias muito rodadas, que a brisa do mar levantava até a cintura. De vez em quando alguma pássara nostálgica nos chamava para dormir com o pouco amor que lhe sobrava ao amanhecer. Uma delas, cujo nome e cujo tamanho recordo muito bem, se deixou seduzir pelas fantasias que eu contava enquanto dormia. Graças a ela consegui passar sem truques em direito romano, e escapei de várias rondas, quando a polícia proibiu que se dormisse nos parques públicos. Nós nos entendíamos como se fôssemos um casamento de verdade, não só na cama mas também nos ofícios domésticos que eu fazia ao amanhecer para que ela dormisse algumas horas a mais.

Naquela época eu começava a me acomodar melhor no trabalho editorial, que sempre considerava como mais uma forma de literatura que de jornalismo. Bogotá era um pesadelo do passado, a duzentas léguas de distância e a mais de dois mil metros sobre o nível do mar, e do qual eu só recordava a pestilência das cinzas do dia 9 de abril. Continuava com a febre das artes e das letras, sobretudo nas tertúlias da meia-noite, mas começava a perder o entusiasmo por ser escritor. Tanto assim que não tornei a escrever um conto depois daqueles três publicados no *El Espectador* até Eduardo Zalamea me localizar no começo de julho e me pedir, com a intermediação do mestre Zabala, que mandasse outro para o seu jornal, depois de seis meses de silêncio. Como o pedido vinha de quem vinha, retomei do jeito que deu as idéias perdidas em meus rascunhos, e escrevi "A outra costela da morte", que significou um pouco mais da mesma coisa. Lembro bem que não tinha nenhum argumento prévio, e ia inventando conforme escrevia. Foi publicado no dia 25 de julho de 1948 no suplemento "Fim de Semana", da mesma forma que os anteriores, e não tornei a escrever contos até o ano seguinte, quando minha vida já era outra. Só me faltava desistir das poucas aulas de direito que freqüentava muito de vez em quando, mas que eram o meu último argumento para colorir o sonho de meus pais.

Na época, nem eu suspeitava que em pouco tempo seria melhor estudante que nunca na biblioteca de Gustavo Ibarra Merlano, um novo amigo que Zabala e Rojas Herazo me apresentaram com grande entusiasmo.

Acabava de regressar de Bogotá com um diploma da Escola Normal Superior e incorporou-se de imediato às tertúlias do *El Universal* e às discussões do amanhecer no Passeio dos Mártires. Entre a lábia vulcânica de Héctor e o ceticismo criador de Zabala, Gustavo me acrescentou o rigor sistemático que tanta falta fazia às minhas idéias improvisadas e dispersas, e à leveza do meu coração. E tudo isso envolvido por uma grande ternura e por um caráter de ferro.

Já no dia seguinte me convidou para a casa de seus pais na praia de Marbella, com o mar imenso fazendo as vezes de quintal, e uma biblioteca numa parede de doze metros, nova e ordenada, e na qual só se mantinham os livros que se deveria ler para viver sem remorsos. Havia edições dos clássicos gregos, latinos e espanhóis, tão bem-cuidadas que nem pareciam ter sido lidas, mas as margens das páginas estavam rabiscadas com notas sábias, algumas em latim. Gustavo também as dizia em voz alta, e ao dizê-las ficava rubro até a raiz dos cabelos, e ele mesmo tratava de debochar delas com seu humor corrosivo. Um amigo tinha dito de Gustavo, antes de conhecê-lo: "Esse cara é um padre." Não demorei muito para entender por que era fácil achar que fosse, embora depois de conhecê-lo bem ficasse quase impossível acreditar que ele não fosse padre.

Naquela primeira vez falamos sem parar até a madrugada, e fiquei sabendo que suas leituras eram longas e variadas, mas amparadas pelo seu conhecimento profundo dos intelectuais católicos do momento, de quem eu nunca tinha ouvido falar. Ele sabia tudo que era preciso saber de poesia, mas em especial dos clássicos gregos e latinos que lia em suas versões originais. Tinha opiniões consistentes sobre nossos amigos em comum, e me forneceu informações preciosas para gostar deles ainda mais. Também me confirmou a importância de conhecer três jornalistas de Barranquilla — Cepedas, Vargas e Fuenmayor —, dos quais Rojas Herazo e o mestre Zabala tinham me falado muito. Chamou a minha atenção que além de tantas virtudes intelectuais e cívicas ele também nadasse como um campeão olímpico, com o corpo feito e treinado para isso. O que o deixou mais preocupado comigo foi meu perigoso desdém pelos clássicos gregos e latinos, que eu achava entediantes e inúteis, com a exceção da *Odisséia*, que eu várias vezes tinha lido e relido aos pedaços nos tempos do Liceu. Por isso, antes de nos despedirmos ele escolheu na biblioteca um livro encadernado em couro e me deu com uma certa solenidade. "Você pode até chegar a ser um bom escritor", me disse, "mas nunca será muito bom se não conhecer bem os clássicos gregos." O livro eram as obras completas de Sófocles. Gustavo foi, a partir daquele instante, um dos seres decisivos na minha vida, porque *Édipo rei* se revelou, na primeira leitura, como a obra perfeita.

Para mim foi uma noite histórica, por ter descoberto Gustavo Ibarra e Sófocles ao mesmo tempo, e porque horas depois quase morri de morte matada no quarto da minha namorada secreta do El Cisne. Lembro como se tivesse sido ontem do momento em que um antigo cafetão, que ela achava que tinha morrido fazia mais de um ano, forçou a porta aos pontapés, gritando ofensas feito um energúmeno. Na mesma hora reconheci meu antigo colega da escola primária de Aracataca, que regressava furioso para tomar posse da própria cama. Nós não nos víamos desde aquele tempo, e ele teve a gentileza de bancar o distraído quando me reconheceu pelado na cama, gelado de pavor.

Também naquele ano conheci Ramiro e Óscar de la Espriella, conversadores intermináveis, principalmente em casas proibidas pela moral cristã. Os dois viviam com os pais em Turbaco, a uma hora de Cartagena, e apareciam quase que todo dia nas tertúlias de escritores e artistas na sorveteria Americana. Ramiro, diplomado pela Faculdade de Direito de Bogotá, era muito próximo ao grupo do *El Universal*, onde publicava uma coluna. Seu pai era um advogado rígido e um liberal de roda solta, e sua esposa era encantadora e sem papas na língua. Os dois tinham o bom costume de conversar com os jovens. Em nossas longas conversas debaixo dos frondosos freixos de quase quarenta metros de altura de Turbaco, eles me contaram detalhes de valor incalculável sobre a Guerra dos Mil Dias, o veneno literário que tinha se extinguido em mim com a morte de meu avô. É da mãe de Ramiro que tenho até hoje a visão que acho mais confiável do general Rafael Uribe Uribe, sua elegância respeitável e a espessura de suas munhecas.

O melhor testemunho de como éramos Ramiro e eu naqueles dias foi plasmado em óleo sobre tela pela pintora Cecilia Porras, que se sentia em casa no meio das farras dos homens, contrariando os pernosticismos de seu meio social. Era um retrato de nós dois sentados na mesa do café onde nos reuníamos com ela e com outros amigos duas vezes por dia. Quando Ramiro e eu íamos tomar rumos diferentes pela vida, tivemos a discussão irreconciliável sobre quem ficaria sendo dono do quadro. Cecilia resolveu tudo com a fórmula salomônica de cortar a tela pela metade com tesouras de podar, e deu a cada um sua parte. A minha ficou, anos depois, enrolada no armário de um apartamento de Caracas, e nunca mais consegui recuperá-la.

Ao contrário do resto do país, em Cartagena a violência oficial não tinha feito seus estragos até o começo daquele ano, quando aliás nosso amigo Carlos Alemán foi eleito deputado na Assembléia Estadual pelo respeitável e elegante distrito de Mompox. Ele era um advogado recém-saído do forno e de espírito alegre, mas o diabo armou uma cilada malvada para ele, e na sessão inaugural os nobres parlamentares de partidos opostos se enroscaram numa disputa a tiros, e uma bala perdida chamuscou sua ombreira. Alemán deve ter pensado, e com razão, que um poder legislativo tão inútil como o nosso não merecia o sacrifício de uma vida, e preferiu gastar seus *jetons* antecipadamente na boa companhia dos amigos.

Óscar de la Espriella, que era um farrista de lei, concordava com William Faulkner: um bordel é o melhor domicílio para um escritor, porque as manhãs são tranqüilas, tem festa toda noite e todos têm boas relações com a polícia. O deputado Alemán assumiu essa tese ao pé da letra e tornou-se nosso anfitrião em regime de tempo integral. Numa daquelas noites, porém, me arrependi de ter acreditado nas ilusões de Faulkner quando um antigo cliente e parceiro de Mary Reyes, a dona da casa, derrubou a porta a porradas para levar com ele o filho deles, de uns cinco anos, que vivia com ela. O parceiro e cliente de Mary daquela época tinha sido sargento da polícia, saiu do quarto de cuecas para defender a honra e os bens da casa com seu revólver oficial, e o outro recebeu-o com uma rajada de chumbo que ecoou como um tiro de canhão no salão de baile do bordel. O sargento, assustado, escondeu-se no quarto. Quando eu saí do meu quarto, ainda me vestindo, os inquilinos de turno contemplavam de seus quartos o menino que urinava no fim do corredor, enquanto seu pai o penteava com a mão esquerda e segurava o revólver ainda fumegante com a direita. Por toda a casa ouviam-se apenas os palavrões de Mary, que criticava o sargento pela falta de colhões.

Naqueles mesmos dias entrou sem se anunciar na redação do *El Universal* um homem gigantesco que tirou a camisa com um grande senso teatral, e passeou pela redação inteira para nos surpreender com suas costas e braços pavimentados de cicatrizes que pareciam de cimento. Emocionado pelo pasmo que conseguiu causar, explicou-nos os estragos de seu corpo com uma voz de trovão:

— Arranhões de leões!

Era Emilio Razzore, que acabava de chegar a Cartagena para preparar a temporada de seu famoso circo familiar, um dos maiores do mundo. Tinha saído de Havana uma semana antes, no transatlântico *Euskera*, de bandeira espanhola, e esperaria pelo mesmo navio na semana seguinte. Razzore se orgulhava de estar no circo antes mesmo de nascer, e não era preciso vê-lo atuar para descobrir que era um domador de grandes feras. Chamava-as pelos nomes, como se fossem membros da família, e elas respondiam com um tratamento ao mesmo tempo cálido e brutal. Entrava desarmado nas jaulas dos tigres e dos leões para lhes dar comida na boca. De seu urso de estimação, o mais mimado, tinha ganho um abraço de amor que fez com que passasse uma primavera inteira no hospital. A grande atração, porém, não era ele, nem o engolidor de fogo, e sim o homem que desaparafusava a cabeça a ficava passeando com ela debaixo do braço enquanto dava voltas pela pista. A coisa menos esquecível de Emilio Razzore era sua maneira de ser inquebrável. Depois de ouvi-lo fascinado durante longas horas, publiquei no *El Universal* um artigo no qual me atrevi a escrever que ele era "o homem mais tremendamente humano que conheci". Não tinham sido muitos naqueles meus vinte e um anos de vida, mas continuo achando que a frase era verdadeira. Comíamos no La Cueva com o pessoal do jornal, e também lá fez com que todos gostassem dele com suas histórias de feras humanizadas pelo amor. Numa daquelas noites, depois de muito pensar, me atrevi a pedir que me levasse com seu circo nem que fosse para lavar as jaulas quando os tigres não estivessem dentro. Ele não me disse nada, mas me estendeu a mão em silêncio. Eu entendi que aquele gesto era uma senha e contra-senha de circo, e dei o fato por consumado. A única pessoa a quem confessei aquela história foi a Salvador Mesa Nicholls, um poeta de Antioquia que tinha um amor louco pela lona de circo, e que acabava de chegar a Cartagena como sócio local dos Razzore. Ele também pegou a estrada com um circo quando tinha a minha idade e me advertiu que os que vêem pela primeira vez os palhaços chorarem querem ir embora com eles, mas no dia seguinte se arrependem. Ainda assim, não apenas aprovou minha decisão como convenceu o domador, com a condição de que guardássemos segredo absoluto para que aquela história não virasse notícia antes do tempo. A espera do circo, que até aquele momento tinha sido emocionante, para mim tornou-se irresistível.

O *Euskera* não chegou na data prevista e foi impossível comunicar-se com o navio. Após uma outra semana estabelecemos no jornal um serviço de radioamador para rastrear as condições do tempo no Caribe, mas não conseguimos impedir que começassem a especular na imprensa e no rádio sobre a possibilidade de uma notícia assustadora. Mesa Nicholls e eu ficamos aqueles dias intensos com Emilio Razzore, sem comer nem dormir, em seu quarto de hotel. Vimos como ele se afundava, como diminuía de volume e tamanho na espera interminável, até que o coração confirmou a todos nós que o *Euskera* não chegaria nunca a lugar nenhum, nem teríamos pista alguma sobre seu destino. O domador ficou mais um dia trancado sozinho em seu quarto, e no dia seguinte me visitou no jornal para dizer que cem anos de batalhas diárias não podiam desaparecer daquele jeito, num só dia. Portanto ia para Miami sem um tostão e sem família, para reconstruir peça por peça, e a partir do nada, o circo naufragado. Fiquei tão impressionado com sua determinação, acima da tragédia, que acompanhei-o até Barranquilla para me despedir dele no avião que ia para a Flórida. Antes de embarcar ele me agradeceu a decisão de me alistar em seu circo, e prometeu que me mandaria buscar assim que tivesse alguma coisa concreta nas mãos. Despediu-se com um abraço tão dilacerado que entendi, no fundo da alma, o amor de seus leões. Nunca mais soube dele.

O avião de Miami saiu às dez da manhã do mesmo dia em que apareceu meu artigo sobre Razzore: 16 de setembro de 1948. Eu me dispunha a regressar para Cartagena naquela mesma tarde, quando tive a idéia de passar pelo *El Nacional*, o vespertino onde escreviam Germán Vargas e Álvaro Cepeda, os amigos de meus amigos de Cartagena. A redação ficava num edifício carcomido na cidade velha, com um longo salão vazio, dividido por uma balaustrada de madeira. No fundo do salão, um homem jovem e louro, em mangas de camisa, escrevia numa velha máquina cujas teclas estalavam como petardos no salão deserto. Aproximei-me quase que nas pontas dos pés, intimidado pelos rangidos lúgubres do soalho, e esperei ao lado da balaustrada até ele virar para me olhar, e me dizer de chofre, a voz harmoniosa de locutor profissional:

— O que que há?

Usava os cabelos curtos, tinha os pômulos duros e uns olhos diáfanos e intensos que me pareceram contrariados pela interrupção. Respondi do jeito que pude, letra por letra:

— Sou García Márquez.

Só quando ouvi meu próprio nome dito com semelhante convicção me dei conta de que Germán Vargas podia muito bem não saber quem eu era, embora em Cartagena nossos amigos tivessem me dito que falavam muito de mim com o pessoal de Barranquilla, desde que leram meu primeiro conto. O *El Nacional* tinha publicado uma nota entusiasmada de Germán Vargas, que em matéria de novidades literárias não levava gato por lebre. Mas o entusiasmo com que me recebeu confirmou que sabia perfeitamente quem eu era, e que seu afeto era ainda mais verdadeiro do que tinham me dito. Algumas horas depois conheci Alfonso Fuenmayor e Álvaro Cepeda na Livraria Mundo, e tomamos aperitivos no Café Colômbia. Dom Ramón Vinyes, o sábio catalão que ao mesmo tempo eu tanto queria e tanto temia conhecer, não tinha ido à tertúlia das seis naquela tarde. Quando saímos do Café Colômbia, com cinco tragos nas costas, já éramos amigos de anos e anos.

Foi uma longa noite de inocência. Álvaro, chofer genial que ia ficando mais seguro e mais prudente quanto mais bebia, fez o itinerário das ocasiões memoráveis. No Los Almendros, um botequim ao ar livre debaixo das árvores floridas e onde só entravam os fanáticos pelo Deportivo Junior, vários clientes armaram uma bronca feroz que estava a ponto de acabar em porrada. Tentei acalmá-los, mas Alfonso me aconselhou a não intervir porque naquele ponto de doutores de futebol os pacifistas se davam sempre muito mal. Assim, passei a noite numa cidade que para mim não foi a mesma de sempre, nem a dos meus pais em seus primeiros anos, nem a das pobrezas com minha mãe, nem a do Colégio San José, mas minha primeira Barranquilla de adulto no paraíso de seus bordéis.

O bairro chinês era formado por quatro quarteirões de músicas metálicas que faziam a terra tremer, mas que também tinham seus rincões domésticos que passavam muito perto da caridade. Havia bordéis familiares cujos donos, com esposas e filhos, atendiam os clientes veteranos de acordo com as normas da moral cristã e com a urbanidade de dom Manuel Antonio Carreño. Alguns serviam de avalistas para que as aprendizes fossem para a cama fiado com clientes conhecidos. Martina Alvarado, a mais antiga, tinha uma porta furtiva e uma tabela de tarifas humanitárias para clérigos arrependidos. Não havia bebidas falsificadas, nem contas marotas, nem surpresas venéreas. As últimas matronas francesas da Primeira Guerra Mundial, malucas e tristes, sentavam-se desde o entardecer na porta de suas casas debaixo do estigma das lâmpadas vermelhas, esperando uma terceira geração que ainda acreditasse em suas camisinhas afrodisíacas. Havia casas com salões refrigerados para conciliábulos de conspiradores e refúgios para prefeitos fugitivos de suas esposas.

El Gato Negro, com uma pista de dança debaixo de uma pérgula de bromélias siderais, virou o paraíso da marinha mercante desde que foi comprado por uma caipirona oxigenada que cantava em inglês e vendia por baixo do pano pomadas alucinógenas para senhoras e senhores. Certa noite histórica em seus registros, Álvaro Cepeda e Quique Scopell não suportaram o racismo de uma dúzia de marinheiros noruegueses que faziam fila na frente da única negra, enquanto dezesseis brancas roncavam sentadas no pátio, e os desafiaram para porrada. E na base do puro murro os dois puseram os doze para correr, com a ajuda das brancas que despertaram felizes e os arremataram a cadeiradas. No final, num desagravo disparatado, coroaram a negra pelada como rainha da Noruega.

Fora do bairro chinês havia outras casas legais ou clandestinas, e todas se davam bem com a polícia. Uma delas era um pátio de grandes amendoeiras floridas num bairro de pobres, com uma loja pavorosa e um dormitório com dois catres de aluguel. Sua mercadoria eram as meninas anêmicas das vizinhanças que ganhavam um peso por cada bimbada com os bêbados perdidos. Álvaro Cepeda descobriu o lugar por acaso, na tarde em que se extraviou no aguaceiro de outubro e precisou se refugiar na loja. A dona convidou-o a tomar uma cerveja e ofereceu duas meninas em vez de uma, com direito a repetição enquanto esperavam que o temporal amainasse. Álvaro continuou convidando amigos a tomar cerveja gelada debaixo das amendoeiras, não para que folgassem com as meninas, mas para que as ensinassem a ler. Para as mais aplicadas, ele conseguiu bolsas de estudo em escolas oficiais. Uma delas foi enfermeira do Hospital de Caridad durante anos. A dona deu a casa para ela, de presente, e aquele jardim-de-infância pecador teve até o seu final natural um nome tentador: "A casa das mocinhas que vão para a cama por causa da fome".

Para minha primeira noite histórica em Barranquilla eles só escolheram a casa da Negra Eufemia, com um enorme pátio de cimento para se dançar, entre tamarindeiros frondosos, com cabanas a cinco pesos a hora, e mesinhas e cadeiras pintadas de cores vivas, pelas quais alcaravões passeavam à vontade. Eufemia em pessoa, monumental e quase centenária, recebia e selecionava os clientes na entrada, atrás de uma escrivaninha formal cujo único — e inexplicável — utensílio era um enorme crucifixo. Ela mesma escolhia as moças, pela sua boa educação e suas graças naturais. Cada uma usava o nome que gostava, e algumas preferiam os que Álvaro Cepeda, com sua paixão pelo cinema, havia dado a elas: Irma, a Malvada; ou Susana, a Perversa; ou a Virgem da Meia-Noite.

Parecia impossível conseguir conversar enquanto uma orquestra caribenha extasiada soprava a todo vapor os novos mambos de Pérez Prado e um conjunto de boleros para esquecer lembranças ruins, mas nós éramos especialistas em conversar aos berros. O assunto da noite foi proposto por Germán e Álvaro: os ingredientes comuns ao romance e à reportagem. Estavam entusiasmados com o que John Hersey acabara de publicar sobre a bomba atômica de Hiroshima, mas eu preferia, como depoimento jornalístico direto, o *Diário do ano da peste*, até que eles me explicaram que Daniel Defoe não tinha mais do que cinco ou seis anos de idade quando a peste, que ele usou como tema, tomou conta de Londres.

Por esse caminho chegamos ao enigma de *O conde de Monte Cristo*, que os três vinham arrastando de discussões anteriores como uma charada para romancistas: como Alexandre Dumas conseguiu que um marinheiro inocente, ignorante, pobre e encarcerado sem motivo, conseguisse escapar de uma fortaleza inexpugnável transformado no homem mais rico e mais culto de sua época? A resposta foi que quando Edmund Dantès entrou no castelo de If já tinha construído dentro dele o abade Faria, que lhe transmitiu na prisão a essência de sua sabedoria e revelou a ele tudo que faltava saber para a sua nova vida: o lugar onde estava oculto um tesouro fantástico, e a forma de fugir. Ou seja: Dumas construiu dois personagens diferentes e em seguida misturou seus destinos. Assim, quando Dantès fugiu já era um personagem dentro de outro, e a única coisa que havia sobrado dele mesmo era seu corpo de bom nadador.

Para Germán, era claro que Dumas tinha feito seu personagem ser marinheiro para que pudesse escapar do saco de estopa onde fora amarrado e nadar até a costa quando foi jogado ao mar. Alfonso, o erudito e sem dúvida o mais mordaz, replicou que aquilo não era garantia de nada porque sessenta por cento das tripulações de Cristóvão Colombo não sabiam nadar. Nada o agradava mais do que soltar esses grãozinhos de pimenta para tirar do refogado qualquer vislumbre de pedantismo. Entusiasmado com o jogo dos enigmas literários, comecei a beber sem medida o rum com limão que os outros bebiam em goles lentos e saboreados. A conclusão dos três foi que o talento de Dumas e sua capacidade de controlar a informação naquele romance, e talvez em toda a sua obra, eram mais de repórter que de romancista.

No final, ficou claro para mim que meus novos amigos liam com o mesmo proveito Quevedo, James Joyce e Conan Doyle. Tinham um inesgotável senso de humor e eram capazes de passar noites inteiras cantando boleros e *vallenatos* ou recitando sem titubear a melhor poesia do Século de Ouro espanhol. Por trilhas diferentes chegamos ao mesmo acordo: o máximo de toda a poesia universal eram os poemas de Jorge Manrique, escritos quando da morte de seu pai. A noite converteu-se numa festa deliciosa, que acabou com os últimos preconceitos que pudessem estorvar minha amizade com aquele bando de enfermos letrados. Eu me sentia tão bem com eles e com aquele rum feroz que me livrei da camisa-de-força da timidez. Susana, a Perversa, que em março daquele ano tinha ganho o concurso de baile do carnaval, me tirou para dançar. Espantaram as galinhas e as garças esquisitas, fizeram uma roda para nos animar.

Dançamos a série do *Mambo número 5* de Dámaso Pérez Prado. Com o fôlego que me restou, me apoderei das maracas no palco do conjunto tropical e cantei, durante mais de uma hora, boleros de Daniel Santos, Agustín Lara e Bienvenido Granda. Conforme ia cantando, me sentia redimido por uma brisa de libertação. Nunca soube se os três estavam orgulhosos ou envergonhados de mim, mas quando voltei para a mesa fui recebido como se fizesse definitivamente parte da turma.

Álvaro tinha então começado um assunto que os outros jamais discutiam com ele: cinema. Para mim foi um achado providencial, porque sempre havia considerado o cinema uma arte subsidiária que se alimentava mais do teatro que da literatura. Álvaro, pelo contrário, via o cinema como, de certo modo, eu via a música: uma arte útil para todas as outras.

Já de madrugada, entre cochilando e bêbado, Álvaro dirigia, como um mestre do táxi, o automóvel atopetado de livros recentes e suplementos literários do *New York Times*. Deixamos Germán e Alfonso em suas casas, e Álvaro insistiu em me levar para a dele, para que eu conhecesse a biblioteca, que cobria três lados de seu quarto, do chão ao teto. Apontou-os com o dedo numa volta completa, e me disse:

— Esses são os únicos escritores do mundo que sabem escrever.

Eu estava num tal estado de excitação que esqueci o que tinham sido ontem a fome e o sono. O álcool continuava vivo dentro de mim, como um estado de graça. Álvaro mostrou-me seus livros favoritos, em espanhol e inglês, e falava de cada um com a voz oxidada, os cabelos alvoroçados e os olhos mais dementes que nunca. Falou de Azorín e Saroyan — duas fraquezas suas — e de outros, cujas vidas públicas e privadas conhecia em detalhes ínfimos. Foi a primeira vez que ouvi o nome de Virginia Woolf, que ele chamava de A Velha Woolf, e do Velho Faulkner. Meu assombro exaltou-o até o delírio. Agarrou a pilha dos livros que tinha me mostrado como sendo seus preferidos e colocou-os nas minhas mãos.

— Não seja babaca — me disse —, leve todos, e quando acabar de ler nós vamos buscá-los aonde for.

Para mim, os livros eram uma fortuna inconcebível que eu não me atrevi a correr o risco de levar sem ter nem mesmo um tugúrio onde guardá-los. No fim ele se conformou em me dar de presente a versão em espanhol de *Mrs. Dalloway*, de Virginia Woolf, com o prognóstico inapelável de que eu iria aprendê-la de cor.

Estava amanhecendo. Queria regressar para Cartagena no primeiro ônibus, mas Álvaro insistiu em que eu dormisse na cama ao lado da dele.

— Porra! — disse num último suspiro. — Fique para morar aqui, que amanhã a gente consegue um emprego do caralho para você.

Eu me estendi na cama vestido e tudo, e só então senti no corpo o imenso peso de estar vivo. Ele fez a mesma coisa e dormimos até as onze da manhã, quando sua mãe, a adorada e temida Sara Samudio, bateu na porta com a mão fechada, achando que o único filho de sua vida tinha morrido.

— Não ligue não, professor — me disse Álvaro do fundo do sono. — Todas as manhãs ela diz a mesma coisa, e o pior é que um dia vai ser verdade.

Regressei para Cartagena com o ar de quem tinha descoberto o mundo. Os saraus depois do jantar na casa dos Franco Múnera deixaram de ser com poemas do Século de Ouro e os *Vinte poemas de amor* de Neruda, e passaram a ser com parágrafos de *Mrs. Dalloway* e os delírios de seu personagem desgarrado, Septimus Warren Smith. Eu me tornei outro, ansioso e difícil, a ponto de Héctor e do mestre Zabala acharem que eu parecia um imitador consciente de Álvaro Cepeda. Gustavo Ibarra, com sua versão compassiva do coração caribenho, divertiu-se com meu relato da noite em Barranquilla, enquanto me dava colheradas cada vez mais cordatas de poetas gregos, com a expressa e nunca explicada exceção de Eurípides. Foi ele quem me revelou Melville: a proeza literária de *Moby Dick*, o grandioso sermão sobre Jonas para os caçadores de baleia curtidos em todos os mares do mundo debaixo da imensa abóbada construída com costelas de baleias. E me emprestou *A casa das sete torres*, de Nathaniel Hawthorne, que me marcou para a vida inteira. Tentamos juntos uma teoria sobre a fatalidade da nostalgia na errância de Ulisses Odisseo, e nos perdemos sem saída. Meio século depois, encontrei a mesma teoria, resolvida num texto magistral de Milan Kundera.

Daquela mesma época é meu único encontro com o grande poeta Luis Carlos López, mais conhecido como Zarolho, que tinha inventado a maneira mais cômoda de estar morto sem ter morrido, e enterrado sem enterro, e sobretudo sem discursos. Morava no centro histórico em uma casa histórica da histórica rua Tablón, onde nasceu e viveu sem perturbar ninguém. Saía muito pouco e só para se encontrar com seus amigos de sempre, enquanto sua fama de ser um grande poeta continuava crescendo em vida como só crescem as glórias póstumas.

Era chamado de Zarolho sem ser, porque na realidade era apenas estrábico, mas também de um jeito diferente, e muito difícil de se perceber. Seu irmão, Domingo López Escauriaza, diretor do *El Universal*, tinha sempre a mesma resposta quando lhe perguntavam por ele:

— Anda por aí.

Parecia uma evasiva, mas era a única verdade: andava por aí. Mais vivo que qualquer outro, mas também com a vantagem de estar vivo sem que se soubesse muito sobre ele e percebendo tudo e decidido a se enterrar sozinho e por conta própria. Falava-se dele como de uma relíquia histórica, e mais ainda entre os que nunca haviam lido nada do que escrevia. Tanto assim, que desde que cheguei a Cartagena nem tentei vê-lo, por respeito aos seus privilégios de homem invisível. Tinha na época sessenta e oito anos, e ninguém duvidava de que fosse um grande poeta do idioma em todos os tempos, embora não fôssemos muitos os que sabíamos quem era nem por quê, e nem era fácil acreditar na frase por causa da estranha qualidade de sua obra.

Zabala, Rojas Herazo, Gustavo Ibarra e eu, todos sabíamos poemas dele de cor, e sempre os mencionávamos sem pensar, de forma espontânea e certeira, para iluminar nossas conversas. Não era um ermitão, era um tímido. Até hoje não me lembro de ter visto um retrato dele, se é que existiu algum, mas apenas umas caricaturas fáceis, publicadas no lugar de fotografias. Acho que graças ao fato de não vê-lo tínhamos esquecido que ele continuava vivo, na noite em que eu estava acabando meu texto do dia e ouvi a exclamação sufocada de Zabala:

— O Zarolho, caralho!

Ergui os olhos da máquina, e vi o homem mais estranho que haveria de ver jamais. Muito mais baixo do que imaginávamos, com o cabelo tão branco que parecia azul, e tão rebelde que parecia emprestado. Não era zarolho do olho esquerdo, mas parecia ter um olho torcido. Estava usando a roupa que deveria usar dentro de casa: calças de brim escuro e uma camisa listrada, a mão direita erguida na altura do ombro, segurando uma piteira de prata com um cigarro aceso que ele não fumava e cuja cinza caía sem que ele a sacudisse, quando já não conseguia se manter sozinha.

Passou ao largo até a sala do irmão e saiu duas horas depois, quando só Zabala e eu estávamos na redação, esperando para cumprimentá-lo. Morreu uns dois anos mais tarde, e a comoção que causou entre seus fiéis não foi como se tivesse morrido, e sim ressuscitado. Exposto no ataúde não parecia tão morto como quando estava vivo.

Naquela mesma época o escritor espanhol Dámaso Alonso e sua esposa, a romancista Eulalia Galvarriato, fizeram duas conferências no auditório da universidade. Mestre Zabala, que não gostava de perturbar a vida alheia, venceu sua discrição por uma única vez, e pediu um encontro. Gustavo Ibarra, Héctor Rojas Herazo e eu o acompanhamos, e houve uma química imediata com o casal. Ficamos umas quatro horas numa sala privativa do Hotel do Caribe, trocando impressões de sua primeira viagem à América Latina e de nossos sonhos de escritores novos. Héctor levou para eles um livro de poemas, e eu a fotocópia de um conto publicado no *El Espectador*. Para nós dois, o que mais interessou foi a franqueza das observações do casal, porque eram as confirmações enviesadas de seus elogios.

Em outubro, encontrei no *El Universal* um recado de Gonzalo Mallarino dizendo que me esperava com o poeta Álvaro Mutis na Vila Tulipán, uma pensão inesquecível no balneário de Bocagrande, a poucos metros do lugar onde Charles Lindbergh tinha aterrissado uns vinte anos antes. Gonzalo, meu cúmplice de recitais particulares na universidade, já era um advogado em pleno exercício da profissão, e Mutis o havia convidado para que conhecesse o mar, graças à sua condição de chefe de relações públicas da LANSA, uma empresa aérea colombiana fundada pelos seus próprios pilotos.

Poemas de Mutis e contos meus tinham coincidido pelo menos uma vez no suplemento "Fim de Semana", e bastou nos encontrarmos para que começássemos uma conversa que não terminou até hoje, em incontáveis lugares do mundo, durante mais de meio século. Primeiro nossos filhos, e depois nossos netos nos perguntam sempre de que falamos com uma paixão tão veemente, e respondemos dizendo a verdade: falamos sempre da mesma coisa.

Minhas amizades milagrosas com adultos das artes e das letras me deram ânimo e forças para sobreviver naqueles anos que até hoje recordo como os mais incertos da minha vida. No dia 10 de julho eu havia publicado o último "Ponto e parágrafo" no *El Universal*, depois de três árduos meses em que não consegui superar minhas barreiras de iniciante, e preferi interromper o trabalho com o único mérito de escapar a tempo. Refugiei-me na impunidade dos comentários da página de editoriais, sem assinatura, a não ser quando o que eu escrevia precisasse ter algum toque pessoal. Assim me mantive, na pura rotina, até setembro de 1950, com um texto pretensioso sobre Edgar Allan Poe, cujo único mérito foi o de ser o pior.

Durante aquele ano inteiro eu tinha insistido que mestre Zabala me ensinasse a escrever reportagens. Nunca se decidiu, com sua índole misteriosa, mas me deixou alvoroçado com o enigma de uma menina de doze anos enterrada no Convento de Santa Clara, e cujo cabelo, depois de morta, cresceu vinte e dois metros em dois séculos. Nunca imaginei que ia voltar a esse tema quarenta anos depois, para contar essa história num romance romântico e com implicações sinistras. Mas não foram meus melhores tempos para pensar. Eu fazia birra por qualquer motivo, desaparecia do emprego sem explicações até o mestre Zabala mandar alguém para me amansar. Nos exames de fim de ano fui aprovado para o segundo ano de direito graças a um golpe de sorte, ficando em dependência em apenas duas matérias, e pude me matricular no terceiro mas correu o rumor de que eu tinha conseguido passar só por causa das pressões políticas do jornal. O diretor precisou intervir quando me prenderam na saída do cinema com uma carteira militar falsificada, e eu já estava na lista dos convocados para atuar em missões punitivas da ordem pública.

Em minha confusão política daqueles dias não fiquei nem sabendo que o estado de sítio tinha sido implantado de novo no país, por causa da deterioração da ordem pública. A censura de imprensa apertou de novo. O ambiente ficou tão rarefeito como nos piores tempos, e uma polícia política reforçada por delinqüentes comuns semeava o pânico nos campos. A violência obrigou os militantes e seguidores do Partido Liberal a abandonar terras e lares. Seu possível candidato, Darío Echandía, mestre de mestres em direito civil, cético de nascimento e leitor viciado em gregos e latinos, pronunciou-se a favor da abstenção dos liberais nas eleições. O caminho ficou aberto para a eleição de Laureano Gómez, que parecia dirigir com fios invisíveis o governo lá de Nova York.

Eu não tinha, naquele momento, uma consciência clara de que aqueles percalços não eram apenas infâmias dos conservadores mas sintomas de mudanças ruins em nossas vidas, até que certa noite, entre tantas no La Cueva, tive a infeliz idéia de alardear minha independência de fazer o que bem entendesse. Mestre Zabala manteve no ar a colher da sopa que estava a ponto de tomar, olhando por cima dos arcos de seus óculos, e me parou em seco:

— Diga uma coisa, Gabriel: no meio de todas essas babaquices que você faz, deu para perceber que este país está se acabando?

A pergunta ficou no ar. Bêbado até a medula, me estendi para dormir de madrugada num banco do Passeio dos Mártires e um aguaceiro bíblico me deixou empapado até os ossos. Fiquei no hospital duas semanas, com uma pneumonia refratária aos primeiros antibióticos conhecidos, que tinham a má fama de causar seqüelas tão terríveis como a impotência precoce. Mais pálido e esquelético do que já era naturalmente, meus pais me chamaram a Sucre para que eu me restaurasse — conforme diziam na carta — do excesso de trabalho. Mais longe ainda chegou o *El Universal*, com um editorial de despedida que me consagrou como jornalista e escritor de recursos magistrais, e em outra coluna como autor de um romance que nunca existiu e com um título que não era meu: *Já ceifamos o feno*. Era mais estranho ainda porque naquele momento eu não tinha nenhuma intenção de reincidir na prosa de ficção. A verdade é que aquele título tão alheio a mim tinha sido inventado na hora por Héctor Rojas Herazo como mais uma das contribuições de César Guerra Valdés, um escritor imaginário da mais pura cepa latino-americana, criado por ele para enriquecer nossas polêmicas. Héctor havia publicado no *El Universal* a notícia da sua chegada a Cartagena, e eu tinha escrito uma saudação a ele na minha coluna "Ponto e parágrafo" com a esperança de sacudir a poeira das consciências adormecidas de uma autêntica narrativa continental. Seja como for, o romance imaginário com o belo título inventado por Héctor foi resenhado anos depois não sei onde nem por quem num ensaio sobre meus livros, como sendo uma obra capital da nova literatura.

O ambiente que encontrei em Sucre foi muito propício para as minhas idéias daqueles dias. Escrevi a Germán Vargas para pedir que me mandassem livros, muitos livros, tantos quantos fosse possível, para afogar em obras-primas uma convalescença prevista para durar seis meses. A cidade estava num dilúvio. Papai tinha renunciado à escravidão da farmácia e construiu na entrada de Sucre uma casa suficiente para seus filhos, e éramos onze desde que Eligio tinha nascido, dezesseis meses antes. Uma casa grande e plena de luz, com um alpendre de visitas na frente de um rio de águas escuras, e janelas abertas para as brisas de janeiro. Tinha seis dormitórios bem ventilados com uma cama para cada um, e não de dois em dois, como antes, e ganchos para dependurar redes em diferentes alturas, até nos corredores. O quintal sem muro nem cerca se prolongava até um morro despido, com árvores frutíferas de domínio público e animais próprios e alheios que passeavam pelas alcovas. Pois minha mãe, que sentia saudade dos quintais de sua infância em Barrancas e Aracataca, tratou a casa nova como se fosse uma granja, com galinhas e patos soltos e porcos libertinos que se metiam na cozinha para comer o que seria o almoço. Ainda era possível aproveitar os verões para dormir de janelas abertas, com o rumor de asma das galinhas nos poleiros e o cheiro das graviolas maduras que caíam das árvores de madrugada com um golpe instantâneo e denso. "Tem o mesmo som dos meninos", dizia minha mãe. Meu pai reduziu as consultas à manhã, e para uns poucos fiéis da homeopatia, e continuou lendo tudo que era papel impresso que passava por perto, estendido numa rede que dependurava entre duas árvores, e contraiu a febre ociosa do bilhar contra as tristezas do entardecer. Também havia abandonado os ternos de linho branco e a gravata, e andava na rua como nunca tinha sido visto, com camisas juvenis de manga curta.

A avó Tranquilina Iguarán havia morrido dois meses antes, cega e demente, e na lucidez da agonia continuou discursando e divulgando com sua voz radiante e sua dicção perfeita os segredos da família. Seu tema eterno até o último suspiro foi a pensão da aposentadoria do meu avô. Meu pai preparou o cadáver com ervas preservativas e cobriu-o com cal dentro do caixão, para que tivesse um apodrecimento suave e aprazível. Luisa Santiaga sempre admirou a paixão da mãe pelas rosas vermelhas e fez para ela um roseiral no fundo do quintal, para que nunca faltassem em sua tumba. Chegaram a florescer com tanto esplendor que faltava tempo para satisfazer a curiosidade dos forasteiros que chegavam de longe ansiosos para saber se tantas rosas maravilhosas eram coisa de Deus ou do diabo.

Aquelas mudanças na minha vida e na minha maneira de ser correspondiam às mudanças na minha casa. A cada visita ela me parecia diferente por causa das reformas, das mudanças de meus pais, dos irmãos que nasciam e cresciam tão parecidos que era mais fácil confundi-los que reconhecê-los. Jaime, aos dez anos, tinha sido o que mais demorou em se afastar do regaço materno graças ao fato de ter nascido aos seis meses de gravidez, e minha mãe não tinha acabado de amamentá-lo quando Hernando (Nanchi) já havia nascido. Três anos depois nasceu Alfredo Ricardo (Cuqui) e ano e meio depois Eligio (Yiyo), o último, que naquelas férias começava a descobrir o milagre de engatinhar.

Contávamos, além do mais, com os filhos de meu pai de antes e depois do casamento: Carmen Rosa, em San Marcos, e Abelardo, que passavam temporadas em Sucre; Germaine Hanai (Emi), que minha mãe tinha assimilado como dela com o beneplácito de meus irmãos, e, por último, Antonio Maria Claret (Toño), criado pela mãe em Sincé, e que nos visitava com freqüência. Quinze no total, que comiam como trinta quando havia o que comer, e sentavam onde conseguiam sentar.

Os relatos que minhas irmãs mais velhas fizeram daqueles anos dão uma idéia clara de como era a casa em que não se havia terminado de criar um filho quando já nascia outro. Minha mãe era consciente de sua culpa, e rogava às filhas que tomassem conta dos menores. Margot morria de medo quando descobria que minha mãe estava grávida outra vez, porque sabia que sozinha não teria tempo de cuidar de todos. Assim, antes de ir para o internato em Montería, suplicou a mamãe, com absoluta seriedade, que o próximo irmão fosse o último. Minha mãe prometeu, como sempre, embora fosse só para deixá-la tranqüila, porque tinha certeza de que Deus, em sua sabedoria infinita, resolveria o problema da melhor forma possível.

As refeições na mesa eram desastrosas, porque não havia meio de reunir todo mundo. Minha mãe e as irmãs mais velhas iam servindo conforme os outros chegavam, mas não era raro que na sobremesa aparecesse um peão solto reclamando sua porção. Durante a noite os menores que não conseguiam dormir por causa do frio ou do calor, da dor de dente ou do medo dos mortos, por causa do amor dos pais ou dos ciúmes dos outros, iam passando para a cama de meus pais, e todos amanheciam amontoados na cama do casal. Se depois de Eligio não nasceram outros foi graças a Margot, que impôs sua autoridade quando regressou do internato, e minha mãe decidiu cumprir a promessa de não ter mais nenhum filho.

Por desgraça, a realidade tinha tido tempo de criar outros planos para as duas irmãs mais velhas, que ficaram solteiras o resto da vida. Aida, como nos romances cor-de-rosa, entrou na prisão perpétua de um convento, ao qual renunciou depois de vinte e dois anos cumprindo todas as regras e leis, e não encontrou mais o mesmo Rafael e nem algum outro ao seu alcance. Margot, com seu gênio severo, perdeu o seu Rafael graças a um erro dos dois. Contra precedentes tão tristes, Rita casou-se com o primeiro homem de quem gostou, e foi feliz com cinco filhos e nove netos. As outras duas — Ligia e Emi — casaram-se com quem quiseram, quando nossos pais já tinham se cansado de brigar contra a vida real.

As angústias da família pareciam ser parte da crise que o país vivia, por causa das incertezas econômicas e pela sangria da violência política, que tinha chegado a Sucre como uma estação sinistra, uma crise que entrou na nossa casa nas pontas dos pés mas com passos firmes. Naquela época já tínhamos comido as escassas reservas, e éramos tão pobres como tínhamos sido em Barranquilla antes da viagem para Sucre. Mas minha mãe não se alterava, graças à certeza já comprovada de que todo filho traz o próprio pão debaixo do braço. Era essa a situação na casa quando cheguei de Cartagena, convalescente da pneumonia, mas a família tinha confabulado a tempo para que eu não percebesse nada.

O fuxico na cidade inteira era a suposta relação de nosso amigo Cayetano Gentile com a professora do subúrbio vizinho de Chaparral, uma bela moça de condição social diferente da dele, mas muito séria e de uma família respeitável. Não seria estranho: Cayetano sempre foi um beija-flor, não apenas em Sucre mas também em Cartagena, onde havia feito o colegial e iniciado a carreira em medicina. Mas ninguém soube de alguma namorada firme em Sucre, nem de algum par preferido nos bailes.

Certa noite nós o vimos chegar de sua fazenda em seu melhor cavalo, a professora na sela com as rédeas nas mãos, e ele nas ancas, abraçando sua cintura. Não apenas nos surpreendemos com o grau de intimidade a que tinham chegado, mas também com o atrevimento dos dois, de entrar pela rua principal na hora de maior movimento e numa cidade tão faladeira. Cayetano explicou a quem quis ouvi-lo que havia encontrado a professora na porta da escola esperando por alguém que fizesse a caridade de levá-la até a cidade naquela hora da noite. Eu o preveni, de brincadeira, que qualquer dia ele iria acordar com um panfleto pregado na porta de casa, e ele sacudiu os ombros com um gesto característico e me largou sua brincadeira favorita:

— Eles não se metem com os ricos.

Na verdade, os panfletos tinham passado de moda com a mesma rapidez com que haviam surgido, e pensou-se que talvez fossem um sintoma a mais do mau humor político que assolava o país. A tranqüilidade voltou ao sono de quem os temia. Em compensação, poucos dias depois da minha chegada senti que alguma coisa tinha mudado em relação a mim no espírito de alguns companheiros de partido de meu pai, que me apontavam como autor de artigos contra o governo conservador publicados no *El Universal*. Não era verdade. Se alguma vez precisei escrever notas políticas, foi sempre sem assinar e debaixo da responsabilidade da direção, desde que os diretores decidiram suspender a pergunta sobre o que tinha acontecido em Carmen de Bolívar. O que eu escrevia em minha coluna assinada revelava sem dúvida uma posição clara sobre a situação do país, que era ruim, e sobre a ignomínia da violência e da injustiça, mas sem lemas ou declarações partidárias. Na realidade, eu nunca fui militante de partido algum. A acusação alarmou meus pais, e minha mãe começou a acender velas aos santos, sobretudo quando eu ficava até muito tarde na rua. Pela primeira vez senti à minha volta um clima tão opressivo que resolvi sair de casa o mínimo possível.

Foi durante esses tempos ruins que apareceu no consultório de papai um homem impressionante que já parecia ser o fantasma de si mesmo, com uma pele que permitia transluzir a cor dos ossos e o ventre volumoso e tenso como um tambor. Só precisou dizer uma frase para tornar-se inesquecível para sempre:

— Doutor, eu vim para que o senhor tire o mico que fizeram crescer dentro da minha barriga.

Depois de examiná-lo, meu pai percebeu que o caso não estava ao alcance da sua ciência, e mandou-o a um colega cirurgião que não encontrou o mico que o paciente esperava, mas um engendro sem forma porém com vida própria. O que me importou, porém, não foi a fera no ventre mas o relato do enfermo sobre o mundo mágico de La Sierpe, um país de lenda dentro dos limites de Sucre ao qual só se podia chegar por brejos fumegantes, e onde um dos episódios mais comuns era vingar uma ofensa com um malefício como aquele, de uma criatura do demônio dentro do ventre.

Os habitantes de La Sierpe eram católicos convictos mas viviam a religião à sua maneira, com orações mágicas para cada ocasião. Acreditavam em Deus, na Virgem e na Santíssima Trindade, mas os adoravam em qualquer objeto no qual pensassem descobrir faculdades divinas. Inverossímil para eles era que alguém em cujo ventre crescesse uma fera satânica fosse tão racional a ponto de apelar para a heresia de um cirurgião.

Em pouco tempo me surpreendi ao ver que todo mundo em Sucre sabia da existência de La Sierpe como um fato real, cujo único problema era chegar até lá através de tudo que era tipo de tropeço geográfico e mental. Na última hora descobri por acaso que o mestre na questão La Sierpe era meu amigo Ángel Casij, que eu tinha visto pela última vez quando nos escoltou entre os escombros pestilentos do 9 de abril para que pudéssemos nos comunicar com nossas famílias. Encontrei-o com maior uso da razão do que daquela vez, e com um relato alucinante de suas várias viagens a La Sierpe. Então fiquei sabendo tudo que era possível saber da Marquezinha, dona e senhora daquele vasto reino onde conheciam-se orações secretas para fazer o bem e o mal, para levantar do leito um moribundo não sabendo dele nada além da descrição de seu físico e o lugar exato onde ele estava, ou para mandar uma serpente através dos pântanos para que depois de seis dias desse morte a um inimigo.

A única coisa proibida para a Marquezinha era a ressurreição dos mortos, por ser um poder reservado a Deus. Viveu todos os anos que quis, e supõe-se que chegaram a duzentos e trinta e três, mas sem ter envelhecido nem um dia depois dos sessenta e seis. Antes de morrer concentrou seus fabulosos rebanhos e os fez girar durante dois dias e duas noites ao redor da casa, até que se formou o pântano de La Sierpe, um alagadiço sem limites, atapetado de anêmonas fosforescentes. Conta-se que no centro dele existe uma árvore com abóboras de ouro, a cujo tronco está amarrada uma canoa que a cada dia 2 de novembro, dia dos Mortos, vai navegando sem mestre nem patrão até a outra margem, custodiada por dois jacarés brancos e por cobras com cascavéis de ouro, onde a Marquezinha sepultou sua fortuna sem limites.

Desde que Ángel Casij me contou esta história fantástica, as ânsias de visitar o paraíso de La Sierpe, encalhado na realidade, começaram a me sufocar. Preparamos tudo, cavalos imunizados com orações contrárias, canoas invisíveis, baqueanos mágicos e tudo que fosse preciso para escrever a crônica de um realismo sobrenatural.

Ainda assim, e como ninguém as usou, as mulas ficaram com sela e tudo. Minha lenta convalescença da pneumonia, os debloches dos amigos nos bailes da praça, as experiências pavorosas dos amigos mais velhos, tudo isso me obrigou a adiar a viagem para um depois que não aconteceu nunca. Hoje, porém, lembro disso tudo como um percalço de boa sorte, porque na falta da Marquezinha fantástica mergulhei fundo, e já no dia seguinte, na escrita do meu primeiro romance, do qual só me restou o título: *La casa*.

Pretendia ser um drama da Guerra dos Mil Dias no Caribe colombiano, do qual eu tinha conversado com Manuel Zapata Olivella, numa visita anterior que fiz a Cartagena. Naquela ocasião, e sem relação alguma com meu projeto, ele me deu de presente um panfleto escrito pelo seu pai sobre um veterano daquela guerra, cujo retrato impresso na capa, com o *liquelique* — aquela roupa de linho branco tão típica dos dias de festa dos camponeses — e os bigodes chamuscados de pólvora, de certa forma me fez recordar meu avô. Esqueci seu nome, mas o sobrenome haveria de continuar comigo para todo o sempre: Buendía. Por isso pensei em escrever um romance com o título de *La casa*, sobre a epopéia de uma família que podia ter muito da nossa durante as guerras estéreis do coronel Nicolás Márquez.

O título se baseava no prognóstico de que a ação não sairia da casa. Fiz vários princípios e esquemas de personagens parciais, aos quais punha nomes de família que mais tarde me serviram para outros livros. Sou muito sensível à debilidade de uma frase na qual duas palavras próximas rimem entre si, mesmo que seja em rima vocálica, e prefiro não publicá-la enquanto não a tiver resolvido. Por isso estive muitas vezes a ponto de dispensar a palavra Buendía por sua rima inevitável com os pretéritos imperfeitos. Mas o sobrenome acabou se impondo porque eu tinha conseguido uma identidade convincente para ele.

Eu estava nisso quando amanheceu na casa de Sucre uma caixa de madeira, sem letras pintadas nem referência alguma. Minha irmã Margot havia recebido a caixa sem saber de quem vinha, convencida de que era alguma sobra da farmácia vendida. Eu pensei a mesma coisa, e tomei o café-da-manhã em família com o coração no lugar certo. Papai explicou que não tinha aberto a caixa porque pensou que era o resto da minha bagagem, sem lembrar que já não me sobravam restos de coisa alguma neste mundo. Meu irmão Gustavo, que aos treze anos tinha prática suficiente para pregar ou despregar qualquer coisa, decidiu abri-la sem pedir licença a ninguém. Minutos depois ouvimos seu grito:

— São livros!

Meu coração saltou antes de mim. Eram mesmo livros, sem pista alguma do remetente, empacotados por mãos especializadas até o topo da caixa
e com uma carta difícil de decifrar por causa da caligrafia hieroglífica e da
lírica hermética de Germán Vargas: "Lá vai este treco, professor, para ver se
enfim você aprende." Também assinava Alfonso Fuenmayor, e havia um ra-
bisco que identifiquei como sendo de dom Ramón Vinyes, que eu ainda não
conhecia. A única coisa que me recomendavam era que não cometesse nenhum plágio que pudesse ser notado. Dentro de um dos livros de Faulkner
vinha uma anotação de Álvaro Cepeda, com sua letra arrevesada, e escrita
além do mais com muita pressa, em que me avisava que na semana seguinte
ia embora, para ficar um ano no curso especial de jornalismo da Universidade de Columbia, em Nova York.

A primeira coisa que fiz foi exibir os livros na mesa da sala de jantar,
enquanto minha mãe terminava de tirar os restos do café-da-manhã. Precisou armar-se com uma vassoura para espantar os filhos menores que queriam cortar as ilustrações com as tesouras de podar o jardim e os vira-latas
que fuçavam os livros como se fossem comê-los. Eu também os cheirava,
como sempre faço com todo livro novo, e revisei todos eles ao acaso, lendo
parágrafos aos pulos. Mudei de lugar três ou quatro vezes durante a noite
porque não encontrava sossego ou porque a luz morta do corredor do quintal
me exauria, amanheci com as costas tortas e continuava sem ter a mais remota idéia do proveito que poderia tirar daquele milagre.

Eram vinte e três obras muito respeitáveis de autores contemporâneos,
todas em espanhol e escolhidas com a intenção evidente de que fossem lidas
com o único e exclusivo propósito de aprender a escrever. E em traduções
tão recentes como *O som e a fúria*, de William Faulkner. Cinqüenta anos
depois, para mim continua sendo impossível recordar a lista completa e os
três amigos eternos que a conheciam já não estão aqui para lembrar. Eu só
tinha lido dois daqueles livros: *Mrs. Dalloway*, da Mrs. Woolf, e *Contraponto*,
de Aldous Huxley. Os que lembro melhor eram os de William Faulkner: *O
som e a fúria, O Santuário, Enquanto agonizo* e *Palmeiras selvagens*. E também *Manhattan Transfer* e talvez algum outro, de John Dos Passos; *Orlando*,

de Virginia Woolf; *Ratos e homens* e *As vinhas da ira*, de John Steinbeck; *O retrato de Jenny*, de Robert Nathan, e *Tobacco Road*, de Erskine Caldwell. Entre os títulos que a meio século de distância não consigo recordar havia pelo menos um de Hemingway, talvez de contos, que das coisas dele eram o que mais agradava aos três de Barranquilla; outro de Jorge Luis Borges, sem dúvida também de contos, e talvez outro de Felisberto Hernández, o insólito contista uruguaio que meus amigos tinham acabado de descobrir aos berros. Li tudo nos meses seguintes, uns bem, outros nem tanto, e graças a eles consegui sair do limbo criativo em que havia encalhado.

Eu estava proibido de fumar por causa da pneumonia, mas fumava no banheiro, como que escondido de mim mesmo. O médico percebeu e falou sério comigo, mas não consegui obedecê-lo. Já em Sucre, enquanto tratava de ler sem pausa os livros recebidos, acendia um cigarro com a brasa do outro até não poder mais, e quanto mais tentava abandonar o cigarro, mais fumava. Cheguei a quatro maços diários, interrompia as refeições para fumar e queimava os lençóis quando adormecia com o cigarro aceso. O medo da morte me despertava a qualquer hora da noite, e só fumando mais conseguia superá-lo, até que decidi que preferia morrer a parar de fumar.

Mais de vinte anos depois, casado e com filhos, eu continuava fumando. Um médico que examinou meus pulmões numa tela de raios X me disse, assustado, que em dois ou três anos eu não conseguiria mais respirar. Apavorado, cheguei ao extremo de ficar sentado horas e horas sem fazer mais nada, porque não conseguia ler, ou escutar música, ou conversar com amigos e inimigos sem fumar. Numa noite qualquer, durante um jantar casual em Barcelona, um amigo psiquiatra explicava a outras pessoas que o tabaco talvez fosse o vício mais difícil de erradicar. Eu me atrevi a perguntar qual seria, no fundo, a razão, e sua resposta foi de uma simplicidade assustadora:

— Porque para você deixar de fumar seria como matar um ente querido.

Foi uma deflagração de clarividência. Nunca soube nem quis saber a razão, mas esmaguei no cinzeiro o cigarro que acabava de acender, e não tornei a fumar mais nenhum, sem ansiedade nem remorso, pelo resto da minha vida.

Meu outro vício não era menos persistente. Numa tarde chegou uma das empregadas da casa vizinha, e depois de falar com todo mundo foi até o terraço e, com muito respeito, pediu para falar comigo. Não interrompi a leitura até ela me perguntar:

— Lembra da Matilde?

Eu não lembrava, mas ela não acreditou.

— Não banque o bobo, senhor Gabito — me disse com uma ênfase soletrada: — a Ni-gro-man-ta.

Nigromanta era, naquele momento, uma mulher livre, com um filho do policial morto, e vivia sozinha com sua mãe e outros familiares na mesma casa, mas com um dormitório isolado com saída própria para os fundos do cemitério. Fui vê-la, e o reencontro continuou durante mais de um mês. Cada vez mais eu adiava a volta a Cartagena, e cada vez mais eu queria ficar em Sucre para sempre. Até a madrugada em que fui surpreendido na casa dela por um temporal de trovões e centelhas como tinha sido o da noite da roleta-russa. Tentei evitá-lo debaixo dos beirais, mas quando não agüentei mais saí rua afora com a água até os joelhos. Tive a sorte de minha mãe estar sozinha na cozinha e me levar até o dormitório pelas trilhas do jardim sem que papai percebesse. Assim que me ajudou a tirar a camisa empapada, afastou-a até a distância do braço com as pontas do polegar e do indicador, e atirou-a num canto com uma crispação de asco.

— Você estava com a fulana — disse ela.

Fiquei duro que nem pedra.

— Como é que a senhora sabe?

— Porque é o mesmo cheiro da outra vez — respondeu impávida. — Ainda bem que o homem morreu.

Aquela falta de compaixão, que eu notava pela primeira vez na sua vida, me surpreendeu. Ela deve ter percebido, porque arrematou sem pensar duas vezes:

— Foi a única morte que, quando fiquei sabendo, me deixou alegre.

Perguntei, perplexo:

— Como é que você ficou sabendo?

— Ai, meu filho — suspirou —, Deus me conta tudo que tem a ver com vocês.

Finalmente, me ajudou a tirar as calças empapadas e jogou-as num canto, com o resto da roupa. "Vocês todos vão ser iguais ao seu pai", disse de repente com um suspiro profundo, enquanto me secava as costas com uma toalha de estopa. E terminou, do fundo da alma:

— Queira Deus que também sejam tão bons maridos como ele.

Os cuidados dramáticos aos quais minha mãe me submeteu devem ter tido efeito para prevenir um retorno da minha pneumonia. Até eu me dar conta de que ela enredava aqueles cuidados sem causa só para me impedir de voltar à cama de trovões e centelhas de Nigromanta. E nunca mais a vi.

Restaurado e alegre, retornei a Cartagena com a notícia de que estava escrevendo *La casa*, e falava do livro como se fosse um fato consumado assim que comecei a escrever o capítulo inicial. Zabala e Héctor me receberam como um filho pródigo. Na universidade, meus professores bondosos pareciam resignados a me aceitar do jeito que eu era. Ao mesmo tempo, continuei escrevendo notas que me pagavam no varejo para o *El Universal*. Minha carreira de contista continuou com o pouco que eu pude escrever quase que para satisfazer mestre Zabala: "Diálogo do espelho" e "Amargura para três sonâmbulos", publicados no *El Espectador*. Embora em ambos se notasse um alívio da retórica primária dos quatro anteriores, eu não tinha conseguido sair do atoleiro.

Naquele então, Cartagena estava contaminada pela tensão política do resto do país, e isso era considerado uma espécie de presságio de que alguma coisa grave ia acontecer. No fim do ano, os liberais decretaram a abstenção em todas as linhas, por causa da selvageria da perseguição política, mas não renunciaram aos seus planos subterrâneos para derrubar o governo. A violência aumentou no campo, e as pessoas fugiram para as cidades, mas a censura obrigava a imprensa a escrever de viés. No entanto, era de domínio público que os liberais acossados tinham armado guerrilhas em diversos pontos do país. Nas planícies orientais — um oceano de imensos campos verdes que ocupam mais da quarta parte do território nacional — elas tinham virado lendárias. Seu comandante geral, Guadalupe Salcedo, era visto como uma figura mítica, até mesmo pelo exército, e suas fotos eram distribuídas em segredo, eram copiadas às centenas e nos altares acendiam velas para elas.

Os De la Espriella, ao que parecia, sabiam mais do que diziam, e dentro do recinto amuralhado falava-se com toda naturalidade de um golpe de Estado iminente contra o regime conservador. Eu não conhecia os detalhes, mas mestre Zabala tinha me avisado que no momento em que notasse alguma agitação nas ruas eu deveria ir ao jornal imediatamente. Podia-se tocar a tensão com as mãos, quando entrei na Sorveteria Americana para um compromisso às três da tarde. Sentei-me para ler numa mesa afastada enquanto esperava alguém, e um de meus antigos colegas, com quem eu jamais havia falado de política, me disse ao passar, e sem olhar para mim:

— Vá agora para o jornal, que a merda vai começar.

Fiz o contrário: eu queria é saber como ficaria o centro da cidade, em vez de me trancar na redação. Minutos depois sentou-se à minha mesa um funcionário de imprensa do Ministério da Justiça, que eu conhecia bem, e que por isso mesmo não achei que tivesse sido designado para me neutralizar. Durante uma boa meia hora conversei com ele, na mais pura inocência, e quando se levantou para ir embora percebi que o imenso salão da sorveteria tinha ficado deserto sem que eu notasse. Ele seguiu meu olhar e conferiu a hora: uma e dez.

— Não se preocupe — disse ele com um alívio reprimido. — Não vai acontecer mais nada.

Na verdade, o que houve foi que o grupo mais importante de dirigentes liberais, desesperados pela violência oficial, tinha feito um acordo com militares democratas do mais alto grau para pôr fim à matança desatada em todo o país pelo regime do Partido Conservador, disposto a ficar no poder a qualquer preço. A maioria deles tinha participado nas gestões do dia 9 de abril para alcançar a paz através do acordo que foi feito com o presidente Ospina Pérez, e apenas vinte meses depois perceberam, demasiado tarde, que tinham sido vítimas de um engodo colossal. A frustrada ação daquele dia tinha sido autorizada pelo presidente do Diretório Liberal em pessoa, Carlos Lleras Restrepo, através de Plínio Mendoza Neira, que tinha excelentes relações dentro das Forças Armadas desde que foi ministro da guerra do governo do Partido Liberal. A ação coordenada por Mendoza Neira, com a colaboração sigilosa de proeminentes membros de seu partido em todo o país, deveria começar no amanhecer daquele dia com o bombardeio do Palácio Presidencial por aviões da Força Aérea. O movimento estava apoiado pelas bases navais de Cartagena e Apiay, pela maioria das guarnições militares do país e por organizações sindicais decididas a tomar o poder para um governo civil de reconciliação nacional.

Só depois do fracasso se soube que dois dias antes da data prevista para a ação, o ex-presidente Eduardo Santos havia reunido em sua casa de Bogotá os chefes liberais e os dirigentes do golpe para um exame final do plano. E no meio do debate, alguém fez a pergunta ritual:

— Haverá derramamento de sangue?

Ninguém foi ingênuo ou cínico o suficiente para dizer que não. Outros dirigentes explicaram que tinham sido tomadas todas as medidas para que não houvesse, mas que não existiam receitas mágicas para impedir o imprevisível. Assustados pelo tamanho da própria conspiração, os dirigentes máximos do Partido Liberal deram, sem discutir, a contra-ordem. Muitos dos que estavam envolvidos e que não a receberam a tempo foram presos ou mortos em sua tentativa. Outros aconselharam Mendoza a prosseguir sozinho no comando da rebelião até a tomada do poder, coisa que ele não fez por motivos mais éticos que políticos, mas nem o tempo nem os meios foram suficientes para prevenir todos os envolvidos. Ele conseguiu se exilar na embaixada da Venezuela e viveu quatro anos de exílio em Caracas, a salvo de um conselho de guerra que à revelia condenou-o a vinte e cinco anos de cadeia por sedição. Cinqüenta e dois anos mais tarde, meu pulso não treme na hora de escrever — sem sua autorização — que Mendoza se arrependeu pelo resto da vida em seu exílio de Caracas pelo saldo desolador do Partido Conservador no poder: pelo menos trezentos mil mortos.

Também para mim, de certo modo, foi um momento crucial. Em menos de dois meses fui reprovado no terceiro ano de direito e pus um ponto final no meu compromisso com o *El Universal*, pois não vislumbrava futuro algum num ou noutro. O pretexto foi a liberação de meu tempo para o romance que acabara de começar, embora no fundo da alma eu soubesse que não era nem verdade nem mentira, e que o projeto revelou-se rapidamente como uma fórmula retórica, com muito pouco do bom que eu tinha sabido utilizar de Faulkner e tudo de ruim da minha inexperiência. Aprendi depressa que contar contos paralelos aos que se está escrevendo — sem revelar sua essência — é parte valiosa da concepção e da escrita. Mas não era esse o caso, e na falta de algo para mostrar eu havia inventado um romance falado para distrair o auditório e enganar a mim mesmo.

Essa tomada de consciência me obrigou a repensar de ponta a ponta o projeto que nunca teve mais de quarenta páginas soltas, e que ainda assim foi citado em revistas e jornais — inclusive por mim —, e sobre o qual publicaram até mesmo sisudas críticas de alguns trechos, feitas por leitores imaginativos. No fundo, a razão desse costume de contar projetos paralelos não deveria merecer críticas mas compaixão: o terror de escrever pode ser tão insuportável como o de não escrever. No meu caso, além do mais, estou convencido de que contar a história verdadeira traz má sorte. No entanto, me consola saber que às vezes a história oral poderia ser melhor que a escrita, e que talvez sem saber estejamos inventando um novo gênero que anda fazendo falta à literatura: a ficção da ficção.

A verdade verdadeira é que eu não sabia como continuar vivendo. Minha convalescença em Sucre serviu para que eu entendesse que não sabia onde ia parar nessa vida, mas não me deu nenhuma pista do rumo correto, e nenhum novo argumento para convencer meus pais de que eles não morreriam se eu me desse a liberdade de decidir por conta própria. E assim lá fui eu para Barranquilla com os duzentos pesos que minha mãe tinha me dado antes de regressar a Cartagena, surrupiados dos fundos domésticos.

No dia 15 de dezembro de 1949 entrei na Livraria Mundo às cinco da tarde para esperar os amigos que eu não tinha tornado a ver depois da nossa noite de maio, em que apareci com o inesquecível senhor Razzore. Tudo que eu levava era uma bolsa de praia com outra muda de roupa e alguns livros e a pasta de couro com meus rascunhos. Minutos depois de mim, chegaram todos à livraria, um atrás do outro. Foi uma recepção ruidosa sem Álvaro Cepeda, que continuava em Nova York. Quando o grupo ficou completo passamos aos aperitivos, que já não eram no Café Colômbia que ficava ao lado da livraria, mas em outro mais novo de amigos mais próximos e que ficava na calçada em frente: o Café Japy.

Eu não tinha nenhum rumo, nem naquela noite nem no resto da vida. O estranho é que nunca pensei que esse rumo pudesse estar em Barranquilla, e se apareci por lá foi só para falar de literatura e para agradecer de corpo presente a remessa de livros que tinham mandado para Sucre. De literatura falamos de sobra, mas de agradecimentos nada, apesar de minhas muitas tentativas, porque o grupo tinha um terror sacramental de ouvir ou pronunciar agradecimentos entre seus membros.

Naquela noite Germán Vargas improvisou um jantar para doze pessoas, entre as quais havia de tudo, de jornalistas, pintores e tabeliães ao próprio governador do estado, um conservador típico de Barranquilla, com sua maneira particular de decidir e governar. A maioria foi embora depois da meia-noite, e o resto foi se desfazendo em migalhas, até que só ficamos Alfonso, Germán e eu, com o governador, todos mergulhados mais ou menos no são juízo em que costumávamos ficar nas madrugadas da adolescência.

Nas longas conversas daquela noite havia recebido dele uma lição surpreendente sobre a maneira de ser dos governantes da cidade nos anos sangrentos. Ele calculava que entre os estragos daquela política bárbara o que havia de mais desanimador era o número impressionante de refugiados sem teto nem pão que havia nas cidades.

— Nesse andar da carruagem — concluiu —, meu partido, com o apoio das armas, ficará sem adversários nas próximas eleições e dono absoluto do poder.

A única exceção era Barranquilla, graças a uma cultura de convivência política que os próprios conservadores locais compartilhavam, e que tinha feito dela um refúgio de paz no olho do furacão. Eu quis fazer um reparo ético, mas com um gesto de mão ele me parou.

— Desculpe — disse —, mas isso não quer dizer que a gente esteja à margem da vida nacional. Pelo contrário: justamente por causa do nosso pacifismo o drama social do país veio se metendo entre nós na ponta dos pés e pela porta dos fundos, e agora já está aqui dentro.

Fiquei sabendo então que havia uns cinco mil refugiados vindos do interior na pior miséria, e ninguém sabia como reabilitá-los e nem onde escondê-los para que o problema não se tornasse público. Pela primeira vez na história da cidade havia patrulhas militares que montavam guarda em lugares críticos, e todo mundo as via, mas o governo negava tudo e a censura impedia que fossem denunciadas na imprensa.

Ao amanhecer, depois de despachar o senhor governador quase que arrastado, fomos ao Chop Suey, o ponto de café-da-manhã dos grandes viradores de noite. Alfonso comprou na banca da esquina três exemplares do *El Heraldo*, em cuja página editorial havia uma nota assinada por Puck, seu pseudônimo na coluna que saía dia sim, dia não. Era apenas uma saudação para mim, mas Germán debochou dele porque a nota dizia que eu estava lá passando férias informais.

— Teria sido melhor dizer que ele vai ficar aqui para não precisar escrever uma nota de boas-vindas e depois outra, de despedida — caçoou Germán. — Menos gasto para um jornal tão pão-duro como o *El Heraldo*.

Falando sério, Alfonso achava que um colunista a mais não faria mal para a sua seção. Mas na luz daquele amanhecer, Germán estava indomável.

— Será um quinta-colunista, porque vocês já têm quatro.

Nenhum deles me consultou para saber o que eu queria, nem como queria, nem para que eu dissesse sim. Não se falou mais no assunto. Nem foi preciso, porque Alfonso me disse naquela noite que tinha falado com a direção do jornal e que tinham achado que a idéia de um novo colunista era boa, desde que eu fosse bom e sem maiores pretensões. De qualquer forma, não poderiam decidir nada antes das festas de Ano Novo. E assim fiquei por lá, com o pretexto do emprego, mesmo com o risco de que fevereiro chegasse e eles me dissessem que não.

1.

E foi nesse clima que meu primeiro texto foi publicado na página editorial do *El Heraldo* de Barranquilla no dia 5 de janeiro de 1950. Por precaução, não quis assinar, caso não conseguisse encontrar ali o mesmo espaço que tinha encontrado no *El Universal*. Não precisei pensar duas vezes para chegar ao pseudônimo: Septimus, tomado de Septimus Warren Smith, o alucinado personagem de Virginia Woolf em *Mrs. Dalloway*. O título da coluna — "A Girafa" — era o apelido oficial que só eu conhecia do meu solitário par de danças nos bailes de Sucre.

Achei que naquele ano as brisas de janeiro sopravam mais que nunca, e mal dava para caminhar contra o vento nas ruas castigadas até o amanhecer. Quando se levantavam pelas manhãs, as pessoas tinham como tema de conversa os estragos dos ventos noturnos, que arrastavam sonhos e galinheiros e transformavam as lâminas de zinco dos telhados em guilhotinas voadoras.

Hoje, acho que aquelas brisas loucas varreram os resíduos de um passado estéril e me abriram as portas de uma nova vida. Minha relação com o grupo deixou de ser de complacência e se transformou em cumplicidade profissional. No começo, comentávamos os assuntos que estavam em pauta ou trocávamos observações nada doutorais, mas que não deviam ser esquecidas. Dessas observações, para mim, foi definitiva a que ouvi na manhã em que entrei no Café Japy no momento em que Germán Vargas estava acabando de ler em silêncio "A Girafa" recortada do jornal daquele dia. Ao redor da mesa, os outros membros do grupo esperavam seu veredicto com uma espécie de terror reverencial que fazia com que a fumaça da sala ficasse ainda mais densa. Ao terminar, e sem olhar para mim, Germán rasgou em pedacinhos sem dizer uma palavra e depois misturou tudo com os palitos de fósforo queimados e com as guimbas do cinzeiro. Ninguém disse nada, o humor de quem estava na mesa não mudou, e em nenhum momento ouviu-se comentário algum sobre o episódio. Mas até hoje a lição me serve quando sou assaltado pela preguiça e surge a tentação de escrever um parágrafo qualquer de qualquer jeito, só para cumprir um compromisso.

No hotel de alta rotatividade onde eu morava fazia quase um ano, os proprietários acabaram me tratando como se eu fosse um membro da família. Meu único patrimônio era formado pelas sandálias históricas e por duas mudas de roupa que eu lavava no chuveiro, e a pasta de couro que roubei na casa de chá mais pedante de Bogotá durante os tumultos do dia 9 de abril. Eu a carregava comigo por todos os lados, com os originais do que estivesse escrevendo, e aquilo era a única coisa que eu tinha para perder. Não admitia correr nenhum risco deixando a pasta em qualquer lugar, nem se fosse a caixa-forte de algum banco, trancada a sete chaves. A única pessoa a quem eu tinha confiado a pasta nas primeiras noites que passei no hotel foi o sigiloso Lácides, o porteiro, que aceitou recebê-la como garantia pelo pagamento do quarto. Examinou de forma intensa as tiras de papel escritas a máquina e bordadas de correções, e depois guardou tudo na gaveta do balcão. No dia seguinte resgatei a pasta, na hora combinada, e continuei pagando com tamanho rigor que quando era preciso ele aceitava a pasta com meus papéis como garantia pela diária de até três noites naquele quarto de hotel. Chegou a ser um acordo tão sério e firme que algumas vezes eu deixava a pasta em cima do balcão sem dizer nada além de um boa-noite, e eu mesmo apanhava as chaves no quadro e subia para o meu quarto.

Germán acompanhava com atenção, e a toda hora, as minhas carências, a ponto de saber quando eu não tinha onde dormir e me dar, às escondidas, o peso e meio que custava o aluguel de uma cama. Eu nunca descobri como ele sabia. Graças ao meu bom comportamento ganhei a confiança do pessoal do hotel, a ponto de até as putinhas me emprestarem seu sabonete pessoal para o meu banho de chuveiro. No posto de comando, presidindo a vida, estava a dona e senhora do hotel, Catarina, a Grande, com suas tetas siderais e seu crânio de abóbora. Seu rufião oficial, o mulato Jonás San Vicente, havia sido trompetista de luxo até destruírem num assalto sua dentadura folheada a ouro, para roubar seu tesouro. Todo arrebentado, e já sem fôlego para soprar, ele precisou mudar de ofício, e não poderia conseguir outro melhor para sua vara de seis polegadas que a cama de ouro de Catarina, a Grande. Ela também tinha seu tesouro íntimo, que lhe serviu para escalar, em dois anos, das madrugadas miseráveis do cais fluvial até o trono de matrona-mór. Tive a sorte de conhecer o engenho e a mão aberta dos dois para fazer seus amigos felizes. Mas eles nunca entenderam como é que eu, tantas vezes não tendo nem o peso e meio para dormir, vivia sendo procurado no hotel por senhores que vinham em limusines oficiais.

Outra passagem feliz daqueles dias foi acabar como co-piloto exclusivo do Macaco Guerra, um taxista tão louro que parecia albino, e tão inteligente e simpático que tinha sido eleito vereador honorário sem precisar fazer campanha. Suas madrugadas no bairro chinês pareciam de cinema, porque ele mesmo se encarregava de enriquecê-las — e às vezes, enlouquecê-las — com maluquices inspiradas. Sempre me avisava quando tinha alguma noite de calma, e ficávamos juntos até tarde no carcomido bairro chinês, onde nossos pais e os pais de seus pais aprenderam a nos fazer.

Jamais consegui descobrir por que, no meio daquela vida tão simples, de repente afundei numa apatia inesperada. O romance que estava escrevendo — *La casa* — me parecia, seis meses depois de ter começado, uma farsa insossa. Eu mais falava do romance do que escrevia, e na verdade a pouca coerência que consegui estava nos fragmentos que antes e depois publiquei na coluna "A Girafa" e depois, quando me faltava assunto, em *Crónica*. Na solidão dos fins de semana, quando os outros se refugiavam em suas casas, eu ficava mais sozinho que alma penada naquela cidade desocupada. Eu era de uma pobreza absoluta e de uma timidez de codorna, que tentava contrabalançar com uma soberba insuportável e com uma franqueza brutal. Volta e meia eu sentia, não importava onde, que estava sobrando, e alguns de meus conhecidos deixavam isso claro. Essa sensação era mais crítica na redação do *El Heraldo*, onde eu ficava num canto qualquer escrevendo até dez horas seguidas, sem falar com ninguém, envolvido pela fumaça dos cigarros brutais que fumava sem pausa numa solidão sem alívio. Escrevia sempre com muita pressa, muitas vezes até o amanhecer, e em tiras de papel jornal que depois carregava por todos os lados na pasta de couro.

Num dos tantos descuidos daqueles dias acabei esquecendo a pasta num táxi, e aceitei sem amargura que tinha sido mais um golpe da minha má sorte. Não fiz nenhum esforço para recuperá-la, mas Alfonso Fuenmayor, alarmado pela minha negligência, redigiu e publicou uma nota no final da minha seção: "No sábado passado foi esquecida uma pasta num automóvel de serviço público. Uma vez que o dono da pasta e o autor desta seção coincidentemente são a mesma pessoa, ambos agradeceriam se quem a encontrou tiver a bondade de se comunicar com qualquer um dos dois. A pasta não contém em absoluto objetos de valor: apenas 'girafas' inéditas." Dois dias depois, alguém deixou meus originais na portaria do *El Heraldo*, mas sem a pasta, e com três erros de ortografia corrigidos em tinta verde e com uma boa caligrafia.

O salário do jornal dava justo para pagar o quarto, mas o que menos me importava naqueles dias era o abismo da pobreza. Nas muitas vezes em que não pude pagar o quarto ia ler no Café Roma, sendo o que realmente era: um solitário à deriva na noite do Passeio Bolívar. De longe, cumprimentava os conhecidos, isso quando me dignava a olhá-los, e continuava em frente, até minha mesa habitual, onde ficava lendo até ser espantado pelo sol. Porque mesmo naquelas situações extremas eu continuava sendo um leitor insaciável, sem nenhuma formação sistemática. Sobretudo de poesia, mesmo da ruim, pois nos meus piores estados de espírito eu continuava convencido de que a má poesia acaba conduzindo, cedo ou tarde, à poesia boa.

Em minhas notas de "A Girafa" eu me mostrava sensível à cultura popular, ao contrário dos meus contos, que mais pareciam charadas kafkianas escritas por alguém que não soubesse em que país estava vivendo. É que na verdade o drama da Colômbia me chegava como um eco remoto e só me comovia quando se transbordava em rios de sangue. Acendia um cigarro na brasa do anterior, aspirava a fumaça com a sofreguidão de vida com que os asmáticos bebem ar, e dava para notar, nas minhas unhas e na tosse de cachorro velho que perturbou minha juventude, os três maços que eu consumia por dia. Eu era, enfim, tímido e triste, como todo bom caribenho, e tão zeloso da minha intimidade que qualquer pergunta mais direta era respondida com um desvio retórico. Estava convencido de que minha má sorte era congênita e sem remédio, sobretudo com as mulheres e com o dinheiro, mas não me importava, pois acreditava que não era preciso boa sorte para que eu escrevesse bem. Não me interessava a glória, nem o dinheiro, nem a velhice, porque tinha certeza de que morreria muito jovem e no olho da rua.

A viagem com minha mãe para vender a casa de Aracataca me resgatou desse abismo, e a certeza de um livro novo — outro romance — me mostrou o horizonte de um futuro diferente. Entre as numerosas viagens da minha vida, aquela foi decisiva porque me demonstrou na própria carne que o livro que eu vinha tentando escrever era pura invenção retórica sem nenhuma base em uma verdade poética. O projeto, é claro, se esfacelou inteiro quando foi confrontado com a realidade daquela viagem reveladora.

O modelo de uma epopéia como a que eu sonhava não podia ser outro que o da minha própria família, que nunca foi protagonista e nem mesmo vítima de coisa alguma específica, e sim testemunha inútil e vítima de tudo. Comecei a escrever essa epopéia na mesma hora em que voltei, pois, para mim, elaborar com recursos artificiais não adiantava mais. O importante era a carga emocional que eu arrastava sem saber, e que tinha me esperado intacta na casa de meus avós. A partir do primeiro passo nas areias ardentes do povoado, eu tinha percebido que meu método não era o mais feliz para contar aquele paraíso terreno de desolação e de nostalgia, embora tenha gasto muito tempo e trabalho para encontrar o método correto. O sufoco atordoante de *Crónica*, que estava para sair, não foi um obstáculo, e sim o contrário: serviu como freio de disciplina para a ansiedade.

A não ser Alfonso Fuenmayor — que me surpreendeu na febre criativa horas depois de eu ter começado a escrever —, o resto de meus amigos acreditou durante muito tempo que eu continuava com o velho projeto de *La casa*. Decidi deixar as coisas assim, por causa do temor pueril de que descobrissem o fracasso de uma idéia da qual eu tinha falado tanto como se fosse uma obra-prima. E também fiz isso por causa da superstição, que cultivo até hoje, de contar uma história e escrever outra, para que não se saiba qual é qual. Principalmente nas entrevistas a jornais, que afinal de contas são um gênero de ficção perigoso para escritores tímidos que não querem dizer mais do que devem dizer. Germán Vargas, porém, conseguiu descobrir tudo com sua perspicácia misteriosa, porque meses depois da viagem de dom Ramón a Barcelona, disse a ele numa carta: "Acho que Gabito abandonou o projeto de *La casa* e está mergulhado em outro livro." Dom Ramón, é claro, sabia antes mesmo de ir embora.

Logo na primeira linha tive certeza de que o novo livro deveria se apoiar nas recordações de um menino de sete anos sobrevivente da matança pública de 1928 na zona bananeira. Mas descartei essa idéia, porque o relato ficava limitado ao ponto de vista de um personagem que não tinha recursos poéticos suficientes para contar o que devia contar. Tomei consciência então de que minha aventura de ler *Ulisses* aos vinte anos, e depois *O som e a fúria*, eram duas audácias prematuras e sem futuro, e decidi reler esses dois livros com um olhar menos prevenido. E realmente, muito do que eu tinha achado pedante ou hermético em Joyce e Faulkner se revelou então com uma beleza e uma simplicidade assombrosa. Pensei em diversificar o monólogo com vozes da cidade inteira, como um coro grego narrador, à maneira de *Enquanto agonizo*, que são reflexões de uma família inteira interpostas ao redor de um moribundo. Não me senti capaz de repetir o recurso simples de indicar os nomes dos protagonistas em cada fala, como nos textos de teatro, mas me deu a idéia de usar apenas três vozes: do avô, da mãe e do menino, cujos tons e destinos tão diferentes podiam se identificar sozinhos. O avô do romance não seria zarolho como o meu, mas coxo; a mãe seria absorta, mas inteligente, como a minha; e o menino imóvel, assustado e pensativo, como sempre fui naquela idade. Não foi um achado de criação, nem nada parecido, mas apenas um recurso técnico.

O novo livro não teve nenhuma mudança de fundo durante a escrita, e nenhuma versão diferente da original, a não ser supressões e remendos durante uns dois anos antes de sua primeira edição, quase que pelo vício de continuar corrigindo até morrer. Na verdade, eu havia visualizado o povoado — muito diferente do que eu tinha no projeto anterior — quando voltei a Aracataca com minha mãe, mas o nome da cidade — conforme o sábio dom Ramón tinha me advertido muito bem — me soava muito convincente como o de Barranquilla, pois também carecia do sopro mítico que eu procurava para o livro. Assim, decidi chamá-lo com o nome que sem dúvida conheci quando menino, mas cuja carga mágica não tinha se revelado até então: Macondo.

Precisei mudar o título de *La casa* — já tão familiar entre os meus amigos — porque não tinha nada a ver com o novo projeto, mas cometi o erro de anotar num caderno escolar os títulos que iam surgindo enquanto escrevia, e cheguei a ter mais de oitenta. Finalmente o encontrei, sem querer, com a primeira versão quase que terminada, quando cedi à tentação de escrever um prólogo de autor. O título me saltou aos olhos, como o mais desdenhoso e ao mesmo tempo mais compassivo com que minha avó, em seus resquícios de aristocrata, batizou a agitada emigração provocada pela United Fruit Company: *La Hojarasca*.

Os autores que mais me estimularam a escrever esse livro foram os romancistas norte-americanos, e em especial os que meus amigos de Barranquilla mandaram para mim em Sucre. Sobretudo por causa das afinidades de todo tipo que encontrava entre as culturas do sul profundo e a do Caribe, com a qual tenho uma identificação absoluta, essencial e insubstituível em minha formação de ser humano e de escritor. A partir do momento em que tomei consciência disso tudo comecei a ler como um autêntico romancista artesanal, não apenas por prazer, mas pela curiosidade insaciável de descobrir como tinham sido escritos os livros dos sábios. Lia primeiro pelo direito e depois pelo avesso e os submetia a uma espécie de destripamento cirúrgico até desentranhar os mistérios mais recônditos de sua estrutura. Por isso mesmo, minha biblioteca nunca foi outra coisa que um instrumento de trabalho, onde posso consultar na mesma hora um capítulo de Dostoievski, ou conferir um dado sobre a epilepsia de Júlio César ou sobre o mecanismo de um carburador de automóvel. Tenho também um manual para cometer assassinatos perfeitos, para o caso de algum de meus personagens desvalidos precisar. O resto foi feito pelos meus amigos que me orientavam em minhas leituras e me emprestavam os livros que eu devia ler no momento certo, e que fizeram leituras impiedosas de meus originais antes de serem publicados.

Exemplos assim me deram uma nova consciência de mim mesmo, e o projeto de *Crónica* acabou de me dar asas. Nosso moral era tão alto que apesar dos obstáculos insuperáveis chegamos a ter instalações próprias num terceiro andar sem elevador, entre os pregões das vivandeiras e os ônibus sem lei da rua San Blas, que desde o amanhecer até as sete da noite era um mercado turbulento. Mal cabíamos ali. Ainda não tinham instalado o telefone e o ar condicionado era uma fantasia que podia nos custar mais caro que o semanário, mas Fuenmayor já tinha tido tempo para atopetar o escritório com suas enciclopédias desmanteladas, seus recortes de jornais e revistas de qualquer idioma e seus célebres manuais de ofícios raros. Em sua mesa de diretor ficava a histórica Underwood, resgatada por ele, com grave risco de vida, no incêndio de uma embaixada, e que hoje em dia é uma jóia do Museu Romântico de Barranquilla. A outra única escrivaninha era ocupada por mim, com uma máquina de escrever emprestada pelo *El Heraldo*, na minha recém-estreada condição de chefe de redação. Havia uma mesa de desenho para Alejandro Obregón, Orlando Guerra e Alfonso Melo, três pintores famosos que se comprometeram, em plena lucidez, a ilustrar de graça as colaborações, coisa que aliás fizeram, primeiro por causa da generosidade congênita de todos, e depois porque não tínhamos um tostão furado nem para nós mesmos. O fotógrafo mais constante e sacrificado foi Quique Scopell.

Além do trabalho de redação, que justificava meu título, também me cabia vigiar o processo de diagramação e composição da revista, e ajudar o revisor de provas apesar da minha ortografia de holandês. Como eu tinha o compromisso de continuar com "A Girafa" no *El Heraldo*, não me sobrava muito tempo para colaborações regulares em *Crónica*. Dava, porém, para escrever meus contos nas horas mortas da madrugada.

Alfonso, especialista em todos os gêneros, pôs o peso de sua fé nos contos policiais, pelos quais sentia paixão sedenta. Ele os traduzia ou selecionava, e eu os submetia a um processo de simplificação formal que haveria de servir para o meu ofício. Consistia em economizar espaço através da eliminação não apenas das palavras inúteis mas também de fatos supérfluos, até deixá-los em sua pura essência, sem afetar seu poder de convicção. Quer dizer, apagava tudo que pudesse sobrar num gênero drástico no qual cada palavra deveria responder por toda a estrutura. Este foi um exercício dos mais úteis em minhas investigações enviesadas para aprender a técnica de contar um conto.

Alguns dos melhores contos de José Félix Fuenmayor nos salvaram vários sábados, mas a circulação permanecia impávida. Porém, a eterna tábua de salvação foi o temperamento de Alfonso Fuenmayor, que nunca teve seus méritos de homem de empresa devidamente reconhecidos, e se empenhou na nossa com uma tenacidade superior às suas forças, que ele mesmo tratava de desbaratar a cada passo com seu terrível senso de humor. Fazia de tudo, de escrever os editoriais mais lúcidos até as notas mais inúteis, com a mesma garra com que conseguia anúncios, créditos impensáveis e obras exclusivas de colaboradores difíceis. Mas foram milagres estéreis. Quando os jornaleiros voltavam com a mesma quantidade de exemplares que tinham levado para vender, tentávamos a distribuição corpo a corpo nos botequins favoritos, de El Tercer Hombre aos bares taciturnos do porto fluvial, onde acabávamos recebendo os escassos lucros em espécies etílicas.

Um dos colaboradores mais pontuais, e sem dúvida o mais lido, era o Vate Osío. Desde o primeiro número de *Crónica*, foi dos infalíveis, e seu "Diário de uma datilógrafa", com o pseudônimo de Dolly Melo, acabou conquistando o coração dos leitores. Ninguém podia acreditar que tantos ofícios dispersos fossem feitos com tanta gentileza pelo mesmo homem.

Bob Prieto bem que podia impedir o naufrágio de *Crónica* com alguma descoberta médica ou artística da Idade Média. Mas em matéria de trabalho tinha uma norma muito diáfana: sem pagamento, não há produto. Muito depressa, é claro, e com dor nas nossas almas, não houve mais.

De Julio Mario Santodomingo chegamos a publicar quatro contos enigmáticos escritos em inglês, que Alfonso traduzia com a ansiedade de um caçador de libélulas nas frondes de seus dicionários raros, e que Alejandro

Obregón ilustrava com um refinamento de grande artista. Mas Julio Mario viajava tanto, e com tantos destinos desencontrados, que se tornou um sócio invisível. Só Alfonso Fuenmayor conseguia encontrá-lo, e nos contou numa frase inquietante:

— Cada vez que vejo um avião passar fico achando que Julio Mario Santodomingo está dentro dele.

O resto eram colaboradores ocasionais, que nos últimos minutos do fechamento — ou do pagamento — nos deixavam com a alma por um fio.

O pessoal de Bogotá se aproximou de nós como se fôssemos de um mesmo grupo, mas nenhum dos amigos úteis fez qualquer tipo de esforço para manter o semanário. A não ser Jorge Zalamea, que entendeu as afinidades entre a sua revista e a nossa, e nos propôs um pacto de intercâmbio de material, que deu bons resultados. Mas creio que na verdade ninguém avaliou direito o que havia de milagroso em *Crónica*. O conselho editorial era formado por dezesseis membros escolhidos por nós de acordo com os méritos reconhecidos de cada um deles, e todos eram seres de carne e osso, mas tão ocupados e poderosos que podia-se muito bem duvidar da sua existência.

Para mim, *Crónica* teve a importância paralela de me obrigar a improvisar contos de emergência na angústia do fechamento da revista, para preencher espaços imprevistos. Eu me sentava à máquina enquanto linotipistas e diagramadores faziam sua parte, e inventava do nada um relato do tamanho do vazio da página. Assim escrevi "De como Natanael faz uma visita", que me resolveu um problema de urgência ao amanhecer, e "Olhos de cão azul" cinco semanas mais tarde.

O primeiro desses dois contos foi a origem de uma série com o mesmo personagem, cujo nome tomei, sem permissão, de André Gide. Mais tarde escrevi "O final de Natanael" para resolver outro drama de última hora Ambos formaram parte de uma seqüência de seis, que arquivei sem nenhuma dor quando percebi que não tinham nada a ver comigo. Dos que deixaram algum rastro em minhas recordações, lembro-me de um, sem a menor idéia de qual era o argumento: "De como Natanael se veste de noiva". Hoje em dia, não acho que o personagem se pareça a alguém que eu tenha conhecido, nem que tenha sido baseado em vivências próprias ou alheias, e não posso sequer imaginar como poderia ser meu um conto com um tema tão equívoco. Natanael, definitivamente, foi um risco literário sem nenhum interesse humano. É bom recordar esses desastres para não esquecer que um personagem não pode ser inventado do zero, como eu quis fazer com Natanael. Por sorte, a imaginação não me foi suficiente para chegar tão longe de mim mesmo, e, por desgraça, me deixou convencido que o trabalho literário tinha que ser tão bem pago como o de juntar tijolos, e se pagávamos bem e éramos pontuais com os tipógrafos, com mais razão teríamos de pagar aos escritores.

A melhor ressonância que tínhamos do nosso trabalho em *Crónica* era a que nos chegava nas cartas de dom Ramón a Germán Vargas. Ele se interessava pelas notícias menos pensadas e pelos amigos e fatos da Colômbia, e Germán enviava a ele recortes de jornais e revistas e contava em cartas intermináveis as notícias que a censura proibia. Quer dizer, para ele havia duas *Crónicas*: a que nós fazíamos, e a que Germán resumia nos fins de semana. Os comentários entusiastas ou severos de dom Ramón sobre nossos artigos eram nossa maior avidez.

Por acaso, fiquei sabendo que havia gente que, tentando encontrar as várias causas para explicar os tropeços de *Crónica* e as incertezas do grupo, atribuía tudo à minha congênita e contagiosa falta de sorte. Como prova mortal citavam minha reportagem sobre Berascochea, o jogador uruguaio de futebol, quando tentamos conciliar esporte e literatura num gênero novo e foi um desastre definitivo. Quando fiquei sabendo dessa minha fama muito indigna, ela já estava muito estendida entre os clientes do Japy. Desmoralizado até a medula, comentei o assunto com Germán Vargas, que já estava — como o resto do grupo — sabendo.

— Fique tranqüilo, professor — me disse ele sem titubear. — Escrever como você escreve só pode ser explicado por uma sorte enorme, que ninguém conseguirá derrotar.

Mas nem tudo foram noites ruins. A do dia 27 de julho de 1950, na casa de festas da Negra Eufemia, teve certo valor histórico em minha vida de escritor. Não sei qual terá sido a boa razão que levou a dona da casa a encomendar um *sancocho* épico de quatro carnes, e ao redor do fogão os alcaravões, alvoroçados pelos odores indomáveis, elevaram seus chiados ao máximo. Um cliente frenético agarrou um pelo pescoço e atirou-o vivo dentro do caldeirão fervendo. O bicho mal conseguiu lançar um uivo de dor com um derradeiro agitar de asas, e afundou nos infernos profundos. O assassino bárbaro tratou de agarrar outro, mas a Negra Eufemia já tinha se levantado de seu trono com todo seu poder.

— Quietos, caralho! — gritou —, esses bichos vão acabar arrancando seus olhos!

Fui o único a se importar, porque também fui o único que não teve alma para provar o *sancocho* sacrílego. Em vez de ir dormir, me precipitei para a redação de *Crónica* e escrevi num só fôlego o conto de três clientes de um bordel, cujos olhos são arrancados pelos alcaravões, e ninguém acreditou na história. Tinha apenas quatro folhas tamanho ofício em espaço duplo, e era narrado na primeira pessoa do plural por uma voz sem nome. É de um realismo transparente, e ainda assim o mais enigmático de meus contos, que além do mais tomou um rumo tão inesperado que eu estive a ponto de abandonar a escrita, por não conseguir acompanhá-la. Tinha começado a escrever às quatro da madrugada da sexta-feira e terminei às oito da manhã, atormentado por um deslumbramento de adivinho. Com a cumplicidade infalível de Porfirio Mendoza, o diagramador histórico do *El Heraldo*, reformei a diagramação prevista para a edição de *Crónica* que circulava no dia seguinte. No último minuto, desesperado por causa da guilhotina do fechamento, ditei a Porfirio o título definitivo que finalmente acabava de encontrar, que ele escreveu direto no chumbo derretido: "A noite dos alcaravões".

Para mim, foi o princípio de uma nova era, depois de nove contos que ainda estavam no limbo metafísico e quando eu não tinha nenhum projeto para prosseguir com um gênero que não conseguia dominar. Jorge Zalamea reproduziu esse conto no mês seguinte em *Crítica*, a excelente revista de poesia maior. Tornei a lê-lo cinqüenta anos depois, antes de escrever este parágrafo, e creio que não mudaria nem uma vírgula. No meio da desordem sem bússola em que estava vivendo, aquele foi o princípio de uma primavera.

O país, porém, entrava em parafuso. Laureano Gómez tinha regressado de Nova York para ser proclamado candidato do Partido Conservador à presidência da República. O Partido Liberal se absteve diante do império da violência, e Gómez foi eleito sozinho no dia 7 de agosto de 1950. Como o Congresso estava fechado, tomou posse diante da Corte Suprema de Justiça.

Mal conseguiu governar de corpo presente, pois quinze meses depois se afastou da presidência por motivos — verdadeiros — de saúde. Foi substituído pelo jurista e parlamentar conservador Roberto Urdaneta Arbeláez, na condição de interino. Os bons entendedores interpretaram tudo isso como uma fórmula muito típica de Laureano Gómez para deixar o poder em outras mãos mas sem perdê-lo, e continuar governando de casa, através de um representante. E nos casos mais urgentes, direto pelo telefone.

Acho que o regresso de Álvaro Cepeda com seu diploma da Universidade de Columbia, um mês antes do sacrifício do alcaravão, foi decisivo para superar os ares funestos daqueles dias. Voltou mais mal-ajambrado, sem o bigode de escova, e mais altivo do que quando tinha ido. Germán Vargas e eu, que o esperávamos fazia meses com medo de que tivesse sido amansado em Nova York, morremos de rir quando o vimos descer do avião usando paletó e gravata, e acenando da escada com a última das novidades de Hemingway: *Do outro lado do rio e entre as árvores*. Arranquei o livro de suas mãos, acariciei o volume pelos dois lados, e quando quis perguntar algo Álvaro se adiantou:

— É uma merda!

Germán Vargas, sufocado de riso, murmurou em meu ouvido: "Voltou igualzinho." Mais tarde, porém, Álvaro Cepeda esclareceu que sua opinião sobre o livro era uma brincadeira, pois tinha acabado de começar a lê-lo no vôo que vinha de Miami. Em todo caso, o que nos entusiasmou foi que Álvaro trouxe com ele, e mais alvoroçado que antes, o sarampo do jornalismo, do cinema e da literatura. Nos meses seguintes, e enquanto voltava a se aclimatar, nos manteve com a febre de quarenta graus.

Foi um contágio imediato. "A Girafa", que fazia meses girava sobre si mesma distribuindo golpes a esmo, começou a respirar com dois fragmentos saqueados do original de *La casa*. Um foi "O filho do coronel", nunca nascido, e o outro era "Ny", uma menina fugitiva em cuja porta bati muitas vezes à procura de caminhos diferentes, e que jamais abriu. Também recuperei meu interesse de adulto pelas histórias em quadrinhos, não como passatempo dominical mas como um novo gênero literário condenado sem razão ao quarto das crianças. Meu herói, em meio a tantos outros, foi Dick Tracy. E além disso, claro, recuperei o culto do cinema que me foi inculcado por meu avô e alimentado por dom Antonio Daconte em Aracacata, e que Álvaro Cepeda converteu em paixão evangélica num país onde os melhores filmes eram conhecidos pelos relatos dos viajantes peregrinos. Foi uma sorte que seu regresso coincidisse com a estréia de duas obras-primas: *Intruder in the Dust*, dirigida por Clarence Brown a partir do romance de William Faulkner, e *O retrato de Jenny*, dirigido por William Dieterle e que tinha como argumento básico o romance de Robert Natchan. Comentei os dois filmes em "A Girafa", depois de longas discussões com Álvaro Cepeda. Fiquei tão interessado que comecei a ver o cinema a partir de uma outra visão. Antes de conhecer Álvaro eu não sabia que a coisa mais importante era o nome do diretor, que é o último a aparecer nos créditos. Para mim, era uma simples questão de escrever roteiros e conduzir atores, pois o resto era feito pelos numerosos membros da equipe. Quando Álvaro voltou, me deu um curso completo na base de berros e rum branco até o amanhecer, nas mesas dos piores bares, para me ensinar à força o que tinha aprendido de cinema nos Estados Unidos, e amanhecíamos sonhando acordados em fazer a mesma coisa na Colômbia.

Deixando de lado essas explosões luminosas, a impressão dos amigos que acompanhavam Álvaro em sua velocidade de cruzeiro era que ele não tinha serenidade para sentar e escrever. Nós, que vivíamos ao seu lado, não conseguíamos concebê-lo sentado por mais de uma hora em alguma escrivaninha. Dois ou três meses depois de seu regresso, porém, Tita Manotas — sua namorada de muitos anos e sua esposa da vida inteira — nos chamou apavorada para contar que Álvaro tinha vendido sua camionete histórica e havia esquecido no porta-luvas os originais sem cópia de seus contos inéditos. Não tinha feito nenhum esforço para encontrá-los, com o argumento — típico dele — de que eram "seis ou sete contos de merda". Amigos e conhecidos ajudaram Tita na procura da camionete vendida e revendida várias vezes por todo o litoral caribenho e depois terra adentro, até Medellín. Finalmente a encontramos numa oficina de Sincelejo, a uns duzentos quilômetros de distância. Os originais em tiras de papel de jornal, mastigadas e incompletas, foram entregues diretamente a Tita, com medo de que Álvaro tornasse a extraviá-los por descuido ou de propósito.

Dois desses contos foram publicados em *Crónica* e Germán Vargas guardou os outros durante uns dois anos, enquanto buscava uma saída editorial. A pintora Cecilia Porras, sempre fiel ao grupo, ilustrou-os com desenhos inspirados que eram uma radiografia de Álvaro vestido de tudo que ele conseguia ser ao mesmo tempo: chofer de caminhão, palhaço de rua, poeta louco, estudante da Columbia ou qualquer outro ofício, menos o de homem comum e corrente. O livro foi editado pela Livraria Mundo com o título *Estávamos todos à espera*, e virou um acontecimento editorial que só passou desapercebido para a crítica doutoral. Para mim — e na época escrevi isso —, foi o melhor livro de contos que tinha sido publicado na Colômbia.

Alfonso Fuenmayor, por sua vez, escreveu comentários críticos e de mestre das letras em jornais e revistas, mas tinha um grande pudor de reuni-los em livros. Era um leitor de uma voracidade descomunal, comparável apenas à de Álvaro Mutis ou Eduardo Zalamea. Germán Vargas e ele eram críticos tão drásticos que acabaram sendo mais radicais com seus próprios contos que os dos outros, mas sua mania de encontrar valores jovens não falhou jamais. Foi a primavera criativa na qual correu o rumor insistente de que Germán virava noites escrevendo contos magistrais, mas nunca se soube coisa alguma a respeito deles a não ser muitos anos depois, quando ele se trancou no quarto da casa de seus pais e queimou-os uma hora antes de se casar com minha comadre Susana Linares, para ter certeza de que não seriam lidos nem por ela. Supunha-se que eram contos e ensaios, e talvez o rascunho de um romance, mas Germán jamais disse uma única palavra sobre aqueles papéis nem antes nem depois, e só na véspera de seu casamento tomou as precauções drásticas para que nem a mulher que seria sua esposa no dia seguinte soubesse. Susana percebeu, mas não entrou no quarto para impedir, mesmo porque sua sogra não permitiria. "Naquele tempo", me contou Susi anos depois, com seu humor atropelado, "antes de casar uma noiva não podia entrar no dormitório do noivo".

Não havia se passado um ano quando as cartas de dom Ramón começaram a ser menos explícitas, e cada vez mais tristes e escassas. Entrei na Livraria Mundo no dia 7 de maio de 1952, ao meio-dia em ponto, e Germán não precisou dizer nada para que eu entendesse que dom Ramón tinha morrido dois dias antes, na Barcelona de seus sonhos. A única coisa que dizíamos, conforme os amigos iam chegando ao café, era:

— Que merda!

Eu não soube, naquela época, que estava vivendo um ano diferente em minha vida, e hoje não tenho dúvidas de que tenha sido o ano decisivo. Até então eu tinha me conformado com minha pinta de perdulário. Era querido e respeitado por muitos, e admirado por alguns, numa cidade em que cada um vivia à sua maneira e do jeito em que se sentisse cômodo. Tinha uma vida social intensa, participava de certames artísticos e sociais com minhas sandálias de peregrino que pareciam ter sido compradas para imitar Álvaro Cepeda, com só uma calça de linhão e duas camisas listadas que eu mesmo lavava no chuveiro.

De um dia para outro, por diferentes razões — algumas demasiado frívolas — comecei a melhorar de roupa, cortei o cabelo feito um recruta, afinei o bigode e aprendi a usar uns sapatos de senador que o doutor Rafael Marriaga, membro itinerante do grupo e historiador da cidade, me deu de presente sem ter estreado, porque ficaram grandes para ele. Pela dinâmica inconsciente do alpinismo social comecei a sentir que sufocava de calor no quarto do Arranha-céu, como se Arataca ficasse na Sibéria, e a sofrer por causa dos clientes que se revezavam e falavam em voz alta ao se levantar, e não cansava de resmungar porque as pássaras da noite continuavam arrastando aos seus quartos frotas inteiras de marinheiros de água doce.

Hoje sei que minha aparência de mendigo não se devia à pobreza nem porque eu quisesse parecer poeta, mas ao fato de todas as minhas energias estarem concentradas a fundo na obsessão de aprender a escrever. Assim que vislumbrei o bom caminho abandonei o Arranha-céu e me mudei para o aprazível bairro de Prado, no outro extremo urbano e social, a duas quadras da casa de Meira Delmar e a cinco do hotel histórico onde os filhos dos ricos dançavam com suas amantes virgens depois da missa dos domingos. Ou, conforme disse Germán: comecei a melhorar para pior.

Eu estava sempre na casa das irmãs Ávila — Esther, Mayito e Toña —, que eu tinha conhecido em Sucre, e que fazia tempo estavam empenhadas em me redimir da perdição. Em vez do cubículo de papelão onde perdi tantas manias de neto mimado, passei a ter quarto próprio com banheiro privativo e uma janela sobre o jardim, e três refeições diárias por muito pouco a mais do que o meu salário de carroceiro. Comprei uma calça e meia dúzia de camisas tropicais com flores e pássaros pintados, que por um tempo me deram a secreta fama de marica de navio. Amigos antigos que não tinham tornado a cruzar o meu caminho passaram a ser encontrados em qualquer lugar. Descobri, com alvoroço, que eles citavam de cor os despropósitos de "A Girafa", eram fãs de *Crónica* por causa do que classificavam de pudor esportivo da revista, e até liam meus contos sem conseguir entendê-los. Encontrei Ricardo González Ripoll, meu vizinho de dormitório no Liceu Nacional, e que tinha se instalado em Barranquilla com seu diploma de arquiteto e em menos de um ano havia resolvido a vida com um Chevrolet rabo-de-peixe de idade incerta, onde a cada amanhecer enlatava até oito passageiros. Três vezes por semana ele me pegava em casa de noitinha, para irmos farrear com novos amigos obcecados por endireitar o país, uns com fórmulas de magia política e outros pegando a polícia a porrada.

Quando ficou sabendo dessas novidades, minha mãe me mandou um recado típico: "Dinheiro chama dinheiro." Eu não disse nada ao pessoal do grupo sobre a minha mudança, até encontrá-los certa noite na mesa do Café Japy, e me agarrar à fórmula magistral de Lope de Vega: "E me organizei, por ser conveniente à minha desorganização me organizar." Não me lembro de ter ouvido vaia como aquela nem em estádio de futebol. Germán apostou que, longe do Arranha-céu, eu seria incapaz de conceber uma única idéia. Segundo Álvaro, eu não iria sobreviver às cólicas que três refeições diárias, e na hora certa, provocariam. Alfonso, na contramão, protestou contra o abuso de interferirem na minha vida particular e sepultou o assunto com uma discussão sobre a urgência de tomar decisões radicais em relação ao destino de *Crónica*. Acho que no fundo eles sentiam-se culpados pela minha desordem, mas eram demasiado decentes para agradecer minha decisão com um suspiro de alívio.

Ao contrário do que se poderia esperar, minha saúde e meu moral melhoraram. Lia menos, por escassez de tempo, mas subi o tom de "A Girafa" e me forcei para continuar escrevendo *La Hojarasca* em meu quarto novo, na máquina rupestre que Alfonso Fuenmayor me emprestou, nos amanheceres que antes eu desperdiçava com Macaco Guerra, o taxista. Numa tarde normal na redação eu podia escrever "A Girafa", um editorial, algumas de minhas tantas informações sem assinatura, condensar um conto policial e escrever os textos de última hora para o fechamento de *Crónica*. Por sorte, em vez de se fazer mais fácil com o passar dos dias, o romance em andamento começou a me impor seus critérios próprios, contra os meus, e tive a candidez de entendê-los como sendo ventos propícios.

Eu estava tão entusiasmado que improvisei com urgência meu conto número dez — "Alguém desarruma estas rosas" —, quando o comentarista político para quem tínhamos reservado três páginas de *Crónica* para um artigo de última hora sofreu um grave infarto. Só ao corrigir as provas tipográficas de meu conto descobri que era mais um dos dramas estáticos que eu escrevia sem perceber. Esta contrariedade acabou de agravar meu remorso por ter despertado um amigo pouco antes de meia-noite para que escrevesse o artigo em menos de três horas. Com esta sensação de penitente escrevi o conto no mesmo tempo, e na segunda-feira tornei a discutir no conselho editorial a urgência de sairmos à rua para tirar a revista de seu marasmo com uma reportagem de impacto. No entanto, uma vez mais a idéia — que era de todos — foi recusada, com um argumento que correspondia à minha felicidade: se saíssemos para a rua com a concepção idílica que tínhamos da reportagem, a revista não tornaria a sair a tempo, se é que saía. Entendi a decisão como um cumprimento, mas nunca consegui superar a idéia nefasta de que a verdadeira razão do grupo era a ingrata lembrança da minha reportagem sobre Berascochea.

Naqueles dias, um bom consolo foi o telefonema de Rafael Escalona, autor de canções que eram e continuam sendo cantadas deste lado do mundo

Barranquilla era um centro vital, por causa da freqüente passagem de jograis de sanfona que conhecíamos das festas de Aracataca, e pela intensa propaganda feita pelas emissoras do litoral caribenho. Um cantor muito conhecido naquela época era Guillermo Buitrago, que se orgulhava de seguir de perto as novidades da Província. Outro muito popular era Crescencio Salcedo, um índio descalço que se plantava na esquina da Lanchonete Americana para cantar a seco canções de lavra própria e alheia, com uma voz que tinha algo de lata mas com uma arte tão autêntica que se impunha na multidão diária da rua San Blas. Boa parte da minha primeira juventude foi passada plantada perto dele, sem nem ao menos o cumprimentar, sem aparecer, até aprender de memória seu vasto repertório de canções de todos.

O auge dessa paixão chegou ao seu clímax numa tarde de sonolência em que o telefone me interrompeu quando eu estava escrevendo "A Girafa" do dia. Uma voz igual à de tantos conhecidos da minha infância cumprimentou-me sem fórmulas:

— E aí, meu irmão? Sou o Rafael Escalona.

Cinco minutos depois nos encontramos num canto do Café Roma para cimentar uma amizade da vida inteira. Mal nos cumprimentamos, pois de imediato comecei a espremer Escalona para que me cantasse suas novas canções. Versos soltos, com uma voz muito baixa e bem medida, que ele acompanhava com os dedos tamborilando na mesa. A poesia popular de nossas terras passeava com um vestido novo em cada estrofe. "Vou te dar um ramo de não-me-esqueças/ para que você faça o que o nome diz", cantava. Mostrei a ele que sabia de cabeça os melhores cantos da sua terra, pescados no rio revolto da tradição oral quando eu ainda era muito menino. Mas o que mais o surpreendeu foi que eu falava da Província como se a conhecesse.

Dias antes, Escalona tinha viajado de ônibus de Villanueva a Valledupar, enquanto compunha na memória a música e a letra de uma nova canção para o carnaval do domingo seguinte. Era seu método principal, porque não sabia escrever música nem tocar instrumento algum. Em algum dos povoados do caminho subiu no ônibus um trovador errante, de tamancos e sanfona, dos incontáveis cantadores que percorriam a região para cantar de quermesse em quermesse, de mercado em mercado. Escalona fez com que sentasse ao seu lado e cantou-lhe no ouvido as duas únicas estrofes terminadas de sua nova canção.

O trovador desceu feliz no meio do caminho, e Escalona continuou no ônibus até Valledupar, onde precisou ir para a cama suar a febre de quarenta graus de um resfriado comum. Três dias depois foi domingo de carnaval, e a canção inacabada, que Escalona tinha cantado em segredo ao amigo casual, derrubou todas as músicas, velhas e novas, de Valledupar até o cabo de La Vela. Só ele ficou sabendo quem a divulgou enquanto suava sua febre de carnaval, e quem deu o título: "La vieja Sara".

A história é verídica, e não é rara numa região e no meio de um pessoal em que o assombroso é a coisa mais natural. A sanfona, que não é um instrumento próprio nem generalizado na Colômbia, é popular na província de Valledupar, talvez importado de Aruba e Curaçau. Durante a Segunda Guerra Mundial foi interrompida a importação da Alemanha, e as que já estavam na Província sobreviveram graças aos cuidados de seus donos nativos. Um deles foi Leandro Díaz, um carpinteiro que não apenas era um compositor genial e um maestro da sanfona, como também era o único que sabia consertá-las enquanto a guerra durou, apesar de ser cego de nascença. O modo de vida daqueles trovadores era cantar de povoado em povoado os fatos graciosos e simples da história cotidiana, em festas religiosas ou pagãs, e principalmente na confusão do carnaval. O caso de Rafael Escalona é diferente. Filho do coronel Clemente Escalona, sobrinho do célebre bispo Celedón e com um diploma de bacharel do Liceu de Santa Marta que leva o nome do seu tio, começou a compor quando era muito menino, para escândalo da família, que considerava que cantar com sanfona era um ofício de menestréis. Não apenas era o único trovador com diploma de bacharel, mas também um dos poucos que naquele tempo sabiam ler e escrever, e o homem mais altivo e namorador que jamais existiu. Mas não era nem seria o único: hoje em dia existem centenas, e cada vez mais jovens. Bill Clinton entendeu isso nos dias finais de sua presidência, quando ouviu um grupo de meninos de escola primária que viajaram da Província para cantar para ele na Casa Branca.

Naqueles dias de boa sorte encontrei por acaso Mercedes Barcha, a filha do boticário de Sucre, a quem eu havia proposto casamento quando ela tinha treze anos de idade. Ao contrário das outras vezes, ela finalmente aceitou um convite meu para dançar no domingo seguinte no Hotel Prado. Só então fiquei sabendo que tinha se mudado para Barranquilla com a família, por causa da situação política, que era cada vez mais opressiva. Demetrio, seu pai, era um militante liberal da pá virada, que não se acovardou com as primeiras ameaças que recebeu quando a perseguição e a ignomínia social dos panfletos anônimos recrudesceram. As pressões da família e dos companheiros, porém, fizeram com que ele vendesse as poucas coisas que tinham sobrado em Sucre e instalasse a farmácia em Barranquilla, ao lado do Hotel Prado. Embora tivesse a idade de meu pai, manteve comigo sempre uma amizade juvenil que costumávamos reaquecer no bar que ficava em frente da farmácia, e mais de uma vez terminamos em bebedeiras de marujos com o grupo inteiro no El Tercer Hombre. Na época, Mercedes estudava em Medellín e só ia ao encontro da família nas férias de fim de ano. Sempre foi divertida e amável comigo, mas tinha um talento de ilusionista para escapar de perguntas e respostas e não deixar nada esclarecido. Aceitei como se fosse uma estratégia mais piedosa que a indiferença ou a rejeição, e me conformava em ser visto e encontrar seu pai e seus amigos no bar em frente. E se ele não notou meu interesse naquelas férias ansiosas foi porque aquele era o segredo mais bem guardado dos primeiros séculos do cristianismo. Em várias ocasiões no El Tercer Hombre, ele se vangloriou da frase que ela havia me dito em Sucre, em nosso primeiro baile: "Meu pai diz que está para nascer o príncipe que se casará comigo." Eu não sabia se ela acreditava naquilo, mas se portava como se acreditasse, até a véspera daquele Natal, quando aceitou que nos encontrássemos no domingo seguinte no baile matinal do Hotel Prado. Sou tão supersticioso que atribuí sua decisão ao penteado e ao bigode de artista que o barbeiro tinha me feito, e ao terno de linho e à gravata de seda, comprados para a ocasião num armarinho de turcos. Tinha certeza de que ela iria com o pai, como ia a todos os lados, e convidei também minha irmã Aida Rosa, que passava as férias comigo. Mas Mercedes apareceu sozinha, e dançou com tamanha naturalidade e com tanta ironia, que qualquer proposta séria poderia parecer ridícula. Naquele dia inaugurou-se a temporada inesquecível de meu compadre Pacho Galán, criador glorioso do *merecumbé*, um ritmo que foi dançado durante anos e foi a origem de novos ritmos caribenhos e que continuam vivos. Ela dançava muito bem as canções da moda, e aproveitava sua maestria para driblar com argúcias mágicas as propostas com as quais eu a acossava. Creio que sua tática era me fazer achar que não me levava a sério, mas com tanta habilidade que eu sempre acabava achando um jeito de seguir em frente.

Ao meio-dia em ponto assustou-se com a hora e me deixou plantado no meio de uma música, mas não quis que eu a acompanhasse nem até a porta do salão. Minha irmã achou tudo tão estranho que acabou se sentindo culpada, e até hoje me pergunto se aquele mau momento não teria alguma coisa a ver com sua determinação repentina de entrar no convento das salesianas de Medellín. Mercedes e eu, a partir daquele dia, acabamos inventando um código pessoal com o qual nos entendíamos sem nos dizer nada, e até mesmo sem nos encontrarmos.

Tornei a ter notícias dela um mês depois, no dia 22 de janeiro do ano seguinte, pelo recado seco que me deixou no *El Heraldo*: "Mataram Cayetano." Para nós, não existiam dois: era Cayetano Gentile, nosso amigo de Sucre, um médico iminente, animador de bailes e namorador por profissão. A versão imediata foi que ele tinha sido morto a faca pelos dois irmãos da professorinha de Chaparral que tínhamos visto chegar a cavalo com ele. Ao longo do dia, de telegrama em telegrama, chegou a história completa.

O tempo dos telefones fáceis ainda não existia, e os telefonemas pessoais interurbanos eram combinados através de telegramas prévios. Minha reação imediata foi a de repórter. Decidi viajar para Sucre e escrever, mas no jornal aquilo foi interpretado como um impulso sentimental. Hoje eu entendo, porque já naquela época nós, colombianos, nos matávamos uns aos outros por qualquer motivo, e às vezes inventávamos um motivo qualquer para nos matarmos, mas os crimes passionais estavam reservados como luxo de rico nas cidades. Senti que o tema era eterno e comecei a tomar notas interrogando as testemunhas, até minha mãe descobrir minhas intenções sigilosas e me pedir que não escrevesse a reportagem. Pelo menos enquanto vivesse a mãe de Cayetano, dona Julieta Chimento, que para culminar era sua comadre de sacramento, por ser madrinha de batismo de Hernando, meu irmão número oito. Suas razões — imprescindíveis numa boa reportagem — eram de muito peso. Dois irmãos da professorinha tinham perseguido Cayetano quando ele tentou se refugiar dentro de casa, mas dona Julieta tinha se precipitado para trancar a porta da rua, achando que o filho já estava em seu quarto. Assim, quem não conseguiu entrar foi ele, e o assassinaram a facadas contra a porta trancada.

Minha reação imediata foi me sentar para escrever a reportagem sobre o crime, mas tropecei com todos os obstáculos possíveis e acabei ficando travado. O que mais me interessava já não era o crime em si, mas o tema literário da responsabilidade coletiva. Mas nenhum argumento convenceu minha mãe, e achei que escrever sem a sua permissão seria uma falta de respeito. Desde aquele dia, porém, não se passou nenhum outro sem que eu fosse acossado pela vontade de escrever aquela reportagem. Muitos anos depois, quando começava a me resignar, eu esperava a saída de um vôo no aeroporto de Argel. A porta da sala da primeira classe foi aberta de repente e entrou um príncipe árabe com a túnica imaculada que denunciava sua linhagem, levando no pulso uma esplêndida fêmea de falcão-peregrino, que em vez do capuz de couro da clássica arte de adestrar falcões estava com um de ouro, com incrustações de diamantes. Claro que me lembrei de Cayetano Gentile, que tinha aprendido de seu pai as artes da falcoaria, primeiro com gaviões nativos e depois com exemplares magníficos transplantados da Arábia Feliz. No instante de sua morte ele tinha em sua fazenda uma criação profissional de gaviões, com dois filhotes de raça e um mestiço, amestrados para a caça de perdizes, e um falcão escocês, dos comuns, amestrado para sua defesa pessoal. Naquela época eu já conhecia a entrevista histórica que George Plimpton fez com Ernest Hemingway, para a *The Paris Review*, sobre o procedimento para transformar um personagem da vida real num personagem de romance. Hemingway respondeu: "Se eu explicar como se faz isso, estaria dando um manual para advogados especializados em casos de difamação." No entanto, desde aquela manhã providencial em Argel, minha situação era o contrário: não me sentia com ânimo para continuar vivendo em paz enquanto não escrevesse a história da morte de Cayetano.

Minha mãe continuou firme em sua determinação de impedir que eu escrevesse, sem se importar com qualquer um de meus argumentos. Isso durou trinta anos, até o dia em que ela me telefonou para Barcelona dando-me a má notícia de que Julieta Chimento, mãe de Cayetano, tinha morrido sem se recuperar da perda do filho. Mas naquela vez, com seu moral a toda prova, minha mãe não encontrou motivos para impedir a reportagem.

— Como mãe, só suplico uma coisa — disse ela. — Quero que você trate Cayetano como se ele fosse meu filho.

A história, com o título *Crónica de una muerte anunciada*, foi publicada dois anos mais tarde. Minha mãe não leu o livro, por um motivo que continuo guardando como outra de suas jóias em meu museu pessoal: "Uma coisa que foi tão ruim na vida não pode ter ficado boa num livro."

O telefone da minha mesa tocou às cinco da tarde uma semana depois da morte de Cayetano, quando eu começava a escrever minha tarefa diária no *El Heraldo*. Era papai, que tinha acabado de chegar a Barranquilla sem avisar, e me esperava com urgência no Café Roma. A tensão de sua voz me assustou, mas fiquei mais alarmado ainda ao vê-lo como nunca havia visto, desarrumado e sem ter feito a barba, com o terno azul-celeste do dia 9 de abril mastigado pelo mormaço da estrada, e se mantendo de pé graças apenas à estranha placidez dos derrotados.

Fiquei tão abalado que ainda não me sinto capaz de transmitir a angústia e a lucidez com que papai me contou o desastre familiar. Sucre, o paraíso da vida fácil e das moças bonitas, tinha sucumbido ao embate sísmico da violência política. A morte de Cayetano não passava de um sintoma a mais.

— Você não sabe o que é aquele inferno porque vive neste oásis de paz — me disse ele. — Mas nós, que ficamos lá, só estamos vivos porque Deus nos conhece.

Ele era um dos poucos membros do Partido Conservador que não tinha precisado se esconder dos liberais ensandecidos depois do 9 de abril, e agora seus próprios companheiros, que tinham se acolhido à sua sombra, o repudiavam pela sua tibieza. Papai me pintou um quadro tão assustador — e tão real — que justificava de sobra sua determinação atabalhoada de deixar tudo para trás e levar a família para Cartagena. Eu não tinha argumento nem coração contra ele, mas pensei que podia aliviá-lo com uma solução menos radical que a mudança imediata.

Precisava de tempo para pensar. Tomamos em silêncio dois refrescos, cada um com seus pensamentos, e ele recobrou seu idealismo febril antes de terminar, e me deixou sem palavras. "A única coisa que me consola nesse troço todo", disse com um suspiro trêmulo, "é a felicidade de você poder enfim terminar seus estudos." Nunca disse a ele quanto me comovi por causa daquela felicidade fantástica por uma causa tão trivial. Senti um sopro gelado no ventre, fulminado pela idéia perversa de que o êxodo da família não passava de mais uma de suas argúcias para me obrigar a ser advogado. Olhei-o direto nos olhos, e eram dois remansos atônitos. Percebi que papai estava tão indefeso e ansioso que não me obrigaria a nada, nem me negaria nada, mas também entendi que ele tinha suficiente fé em sua Providência Divina para acreditar que podia me render pelo cansaço. E mais: com o mesmo espírito cativo me revelou que tinha conseguido para mim um emprego em Cartagena, e tinha tudo pronto para que eu tomasse posse no meu cargo já na segunda-feira seguinte. Um grande emprego, me explicou, ao qual eu só precisaria comparecer a cada quinze dias para receber o salário.

Era muito mais do que eu podia digerir. Com os dentes apertados antecipei algumas reservas que o prepararam para a recusa final. Contei a ele a longa conversa com minha mãe na viagem a Aracataca, da qual nunca recebi nenhum comentário dele, e que entendi que sua indiferença era a melhor resposta. O mais triste era que eu jogava com dados viciados, porque sabia que não seria aceito na universidade por ter perdido duas matérias do segundo ano, que jamais recuperei, e outras três irrecuperáveis do terceiro. Tinha escondido aquilo da família para evitar um desgosto inútil, e não quis imaginar qual seria a reação de papai se contasse tudo isso naquela tarde. No começo da conversa eu tinha decidido não ceder a nenhuma fraqueza do coração porque me doía que um homem tão bondoso precisasse se deixar ver pelos filhos em semelhante estado de derrota. Ao mesmo tempo, também concluí que seria dar confiança demais à vida. No final me entreguei à fórmula fácil de pedir uma noite de misericórdia para pensar.

— De acordo — disse ele —, desde que você não perca de vista que o destino da família está em suas mãos.

Ele nem precisava ter dito aquilo. Tinha tanta noção da minha debilidade que quando me despedi dele no último ônibus, às sete da noite, precisei subornar o coração para não ir embora sentado ao seu lado. Para mim, estava claro que tinha se encerrado o ciclo, e que a família voltava a ser tão pobre que só poderia sobreviver com a ajuda de todos.

Não era uma boa noite para decidir coisa alguma. A polícia havia desalojado à força várias famílias de refugiados que tinham acampado no Parque San Nicolás depois de terem vindo do interior fugindo da violência rural. A paz do Café Roma, porém, era inexpugnável. Os refugiados espanhóis sempre me perguntavam por notícias de dom Ramón Vinyes, e eu sempre respondia brincando que suas cartas não traziam notícias da Espanha e sim perguntas ansiosas pelas notícias de Barranquilla. Desde que ele morreu, os refugiados espanhóis não tornaram a mencioná-lo, mas mantinham na mesa sua cadeira vazia. Um dos freqüentadores de sua tertúlia me cumprimentou por causa do "A Girafa" do dia anterior, que tinha feito com que se lembrasse, por alguma razão, do romanticismo dilacerado de Mariano José de Larra, sem que eu jamais tenha sabido por quê. O professor Pérez Domenech me salvou do aperto com uma de suas frases oportunas: "Espero que você não siga também o mau exemplo de se dar um tiro." Acho que ele não teria dito nada se soubesse até que ponto eu corria o risco de fazer exatamente a mesma coisa naquela noite.

Meia hora depois, levei Germán Vargas pelo braço até os fundos do Café Japy. Assim que nos serviram, eu disse que precisava fazer uma consulta urgente. Ele ficou na metade do caminho entre a xícara que estava a ponto de beber — idêntico a dom Ramón — e me perguntou, alarmado:

— Para onde você está indo?

Sua clarividência me impressionou.

— Caralho, como é que você sabe?

Não sabia, mas tinha previsto e achava que minha renúncia seria o final de *Crónica*, e uma irresponsabilidade grave que pesaria em mim pelo resto da vida. Deu a entender que era pouco menos que uma traição, e ninguém mais do que ele tinha direito de me dizer aquilo. Ninguém sabia o que fazer com *Crónica* mas todos nós tínhamos plena consciência de que Alfonso havia sustentado a revista num momento crucial, inclusive com investimentos superiores às suas possibilidades, portanto jamais consegui tirar da cabeça de Germán a idéia malvada de que minha mudança irremediável era a sentença de morte para a revista. Tenho certeza de que ele, que entendia tudo, sabia que meus motivos eram irremediáveis, mas cumpriu com o dever moral de me dizer o que pensava.

No dia seguinte, enquanto me levava para a redação de *Crónica*, Álvaro Cepeda deu uma comovedora mostra da crispação que as borrascas íntimas dos amigos provocavam nele. Já sabia por Germán, sem dúvida, da minha decisão de ir embora, e sua timidez exemplar nos salvou de qualquer argumento de salão.

— Bela merda — disse ele. — Ir para Cartagena é ir para lugar nenhum. Fodido mesmo seria ir para Nova York, como eu fui, mas cá estou, inteirinho.

Era o tipo de resposta parabólica que lhe servia, em casos como o meu, para passar por cima da vontade de chorar. Por isso mesmo, não me surpreendeu que ele preferisse falar pela primeira vez do projeto de fazer cinema na Colômbia, que haveríamos de levar adiante sem resultado algum pelo resto de nossas vidas. Tocou nesse assunto como uma forma disfarçada de me deixar com alguma esperança, e freou duro no meio da multidão amontoada e dos armazéns de quinquilharias da rua San Blas.

— Eu já disse ao Alfonso — me gritou da janela do carro — que é melhor mandar essa revista ao caralho e fazer logo uma igual à *Time*!

A conversa com Alfonso não foi fácil nem para mim nem para ele, porque tínhamos uma pendência atrasada fazia uns seis meses, e nós dois sofríamos uma espécie de gagueira mental nas ocasiões difíceis. Durante uma de minhas birras pueris na sala de diagramação eu havia tirado meu nome e meu título do expediente de *Crónica*, como uma metáfora de renúncia formal, e quando a tormenta passou esqueci de corrigir aquilo. Ninguém percebeu até Germán Vargas reparar, duas semanas depois, e comentar com Alfonso. Para ele, também foi uma surpresa. Porfirio, chefe da diagramação, contou como tinha sido o meu faniquito, e eles concordaram em deixar as coisas daquele jeito até que eu me explicasse. Para minha desgraça, esqueci completamente, até o dia em que Alfonso e eu nos pusemos de acordo para a minha saída de *Crónica*. Quando terminamos, ele se despediu morrendo de rir, e com uma das suas típicas brincadeiras, forte mas irresistível.

— Por sorte, não vamos precisar nem tirar seu nome do cabeçalho do expediente.

Só então, e como uma punhalada, revivi o incidente e senti que a terra se abria debaixo dos meus pés, e não pelo que Alfonso havia dito de maneira tão oportuna, mas porque eu tinha esquecido de esclarecer aquela história. Alfonso, como era de se esperar, me deu uma explicação de adulto. Já que aquele era o único tropeço que não havíamos esclarecido, não seria decente deixá-lo pendente, sem uma explicação. O resto ele faria com Álvaro e Germán, e se fosse preciso salvar o barco com o esforço de todos, sabiam que em duas horas eu estaria de volta. Contávamos com o conselho editorial como reserva extrema, uma espécie de Providência Divina que jamais havíamos conseguido fazer sentar na longa mesa de nogueira das grandes decisões.

Os comentários de Germán e de Álvaro me deram a coragem que faltava para ir embora. Alfonso compreendeu meus motivos e recebeu-os com alívio, mas de modo algum deu a entender que *Crónica* iria terminar com minha demissão. Ao contrário, me aconselhou a enfrentar a crise com calma, me tranqüilizou com a idéia de construir para a revista uma base firme com o conselho editorial, e disse que me avisaria assim que fosse possível fazer alguma coisa que realmente valesse a pena.

Foi o primeiro indício que tive de que Alfonso concebia a possibilidade inverossímil de que fosse *Crónica* acabar. E foi o que aconteceu, sem pena nem glória, no dia 28 de junho, depois de cinqüenta e oito números em quatorze meses. Meio século mais tarde, porém, continuo tendo a impressão de que a revista foi um acontecimento importante no jornalismo nacional. Não restou uma só coleção completa, apenas os seis primeiros números, além de alguns recortes na biblioteca catalã de dom Ramón Vinyes.

Para mim, foi uma casualidade e uma sorte que na casa onde eu morava quisessem trocar os móveis da sala, que me foram oferecidos na bacia das almas. Na véspera da viagem, em meu acerto de contas com o *El Heraldo* o jornal concordou em me adiantar seis meses de salário de "A Girafa". Com parte desse dinheiro comprei os móveis de Mayito para nossa casa de Cartagena, porque sabia que minha família não ia levar os de Sucre e nem tinha dinheiro para comprar outros. Não posso deixar de mencionar que com mais de cinqüenta anos de uso eles continuam bem conservados e em serviço, porque minha mãe, agradecida, não deixou que fossem vendidos.

Uma semana depois da visita de meu pai me mudei para Cartagena tendo como única bagagem os móveis e pouco mais do que levava no corpo. Ao contrário da primeira vez, sabia o que fazer quando precisasse de alguma coisa, conhecia tudo que necessitava em Cartagena, e queria de todo o coração que tudo desse certo para a família, mas que comigo desse errado, como castigo pela minha falta de caráter.

A casa ficava num bom lugar do bairro de La Popa, à sombra do convento histórico que sempre pareceu que ia desmoronar de um momento para outro. Os quatro dormitórios e os dois banheiros do andar térreo estavam reservados para os pais e os onze filhos, eu o mais velho, de quase vinte e seis anos, e Eligio, o menor, de cinco. Todos bem criados na cultura caribenha das redes e das esteiras no chão, e das camas para todos que tivessem lugar.

No andar de cima morava meu tio Hermógenes Sol, irmão de meu pai, com seu filho Carlos Martínez Simahan. A casa inteira não era suficiente para tanta gente, mas o aluguel era um acordo entre meu tio e a proprietária, de quem sabíamos apenas que era muito rica e que a chamavam de Pepa. A família, com seu implacável dom de deboche, não demorou para encontrar o endereço perfeito com ares de opereta: "A casa da Pepa aos pés da Popa."

Para mim, a chegada da prole continua sendo uma lembrança misteriosa. Em meia cidade a luz tinha acabado, e tentávamos no breu preparar a casa para deitar as crianças. Meus irmãos mais velhos e eu nos reconhecíamos pelas vozes, mas os menores tinham mudado tanto desde a minha última visita que seus olhos enormes e tristes me espantavam na luz das velas. A desordem dos baús, dos pacotes e das redes dependuradas no meio das trevas foi, para mim, como um 9 de abril doméstico. O que mais me impressionou, porém, foi quando senti que um embrulho sem forma escapava de minhas mãos. Eram os restos da avó Tranquilina, que minha mãe havia desenterrado e tinha levado para depositar no ossário de San Pedro Claver, onde estão os de meu pai e os da tia Elvira Carrillo, numa mesma cripta.

Naquela emergência, meu tio Hermógenes Sol era o homem providencial. Tinha sido nomeado secretário-geral da Polícia Estadual em Cartagena, e sua primeira disposição radical foi abrir uma brecha burocrática para salvar a família. Isso incluía o descarrilado político que tinha reputação de comunista, ou seja, eu, reputação essa, aliás, que não ganhei por causa da minha ideologia, mas pela maneira como me vestia. Havia emprego para todos. Papai ganhou um posto administrativo sem responsabilidade política. Meu irmão Luis Enrique foi nomeado detetive, e eu ganhei uma sinecura na repartição do Censo Nacional que o governo do Partido Conservador se empenhava em fazer, talvez para ter alguma idéia de quantos adversários tinham sobrado vivos. Para mim, o preço moral do emprego era mais perigoso do que o preço político, porque recebia o salário a cada duas semanas e não podia aparecer na repartição durante o resto do mês, para evitar perguntas. A justificativa oficial, não apenas para mim mas para uns cento e tantos outros empregados, era que estava em missão fora da cidade.

O Café Moka, na frente da repartição, ficava lotado de falsos burocratas dos povoados vizinhos, que só apareciam para receber. Não tive nenhum centavo para meu uso pessoal durante o tempo em que fiz parte da folha de pagamento, porque meu salário era substancial e ia direto para o orçamento doméstico. Enquanto isso, papai havia tentado me matricular na faculdade de direito, e deu de cara com a verdade que eu tinha escondido. O fato de ele ter ficado sabendo me deixou tão feliz como se tivessem me dado o diploma. Minha felicidade era ainda mais merecida porque no meio de tantos contratempos e confusões, eu havia encontrado enfim o tempo e o espaço para terminar meu livro.

No El Universal, fizeram com que eu sentisse que minha chegada era uma volta ao lar. Eram seis da tarde, a hora mais movimentada, e o silêncio abrupto que minha entrada provocou nas linotipos e nas máquinas de escrever me deu um nó na garganta. Mestre Zabala continuava idêntico, e pelas suas mechas de índio não havia passado tempo algum. Como se eu nunca tivesse ido embora, me pediu que por favor escrevesse um editorial que estava atrasado. Minha máquina tinha sido ocupada por um adolescente iniciante, que na pressa atabalhoada por ceder meu lugar acabou despencando no chão. A primeira coisa que me surpreendeu foi a dificuldade de escrever um texto anônimo com a circunspecção editorial, depois de uns dois anos de soltura e desaforo com "A Girafa". Tinha escrito uma lauda quando se aproximou o diretor López Escauriaza para me cumprimentar. Sua fleuma britânica era um lugar-comum nas tertúlias de amigos e nas caricaturas políticas, e me impressionou seu rubor de alegria ao me cumprimentar com um abraço. Quando acabei o texto, Zabala me esperava com um papelzinho onde o diretor havia feito as contas para me propor um salário de cento e vinte pesos por mês pelas notas editoriais. A cifra, insólita para a época e para o lugar, me impressionou tanto que nem respondi nem agradeci: me sentei para escrever mais duas notas, embriagado pela sensação de que a Terra realmente girava ao redor do Sol.

Era como haver retornado às origens. Os mesmos temas corrigidos em vermelho explosivo pelo mestre Zabala, sincopados pela mesma censura de um censor já derrotado pelas astúcias ímpias da redação, as mesmas meias-noites de bisteca a cavalo com rodelas de banana frita no La Cueva, e o mesmo vício de ficar até o amanhecer consertando o mundo no Passeio dos Mártires. Rojas Herazo havia passado um ano vendendo quadros para mudar para qualquer lugar, até que se casou com Rosa Isabel, a grande, e se mudou para Bogotá. No final da noite eu me sentava para escrever "A Girafa", que mandava ao *El Heraldo* pelo único meio moderno da época, que era o correio comum, e com muito poucas faltas, sempre por motivo de força maior, até acabar de pagar minha dívida.

A vida com a família inteira, em condições precárias, não é matéria da memória e sim da imaginação. Meus pais dormiam num quarto do andar de baixo com alguns dos irmãos menores. As quatro irmãs sentiam-se no direito de ter uma alcova para cada uma. No terceiro quarto dormiam Hernando e Alfredo Ricardo, sob os cuidados de Jaime, que os mantinha em estado de alerta com suas pregações filosóficas e matemáticas. Rita, que andava pelos quatorze anos, estudava até a meia-noite na porta da rua, debaixo da luz do poste, para economizar a luz da casa. Aprendia as lições de cor cantando-as em voz alta e com a graça da boa dicção que conserva até hoje. Muitas esquisitices de meus livros vêm de seus exercícios de leitura, como a mula que vai de muleta e o chocolate de chicória do chocolateiro chato e do adivinho que gosta de beber. A casa era mais viva e sobretudo mais humana a partir da meia-noite, com as idas e vindas até a cozinha para beber água, ou ao banheiro para urgências líquidas ou sólidas, ou o dependurar de redes entrecruzadas em diferentes alturas pelos corredores. Eu morava no segundo andar com Gustavo e Luis Enrique — quando o tio e seu filho se mudaram para outra casa —, e mais tarde com Jaime, submetido à penitência de não pontificar sobre nada depois das nove da noite. Certa madrugada ficamos acordados durante várias horas por causa do balido cíclico de um cordeiro órfão. Exasperado, Gustavo disse:

— Parece um farol.

Nunca esqueci a frase, porque era o tipo de analogia que naquele tempo eu agarrava no ar da vida real para meu livro iminente.

Foi a casa mais viva das várias de Cartagena, que foram se degradando junto com os recursos da família. Buscando bairros mais baratos fomos descendo de classe até a casa do Toril, onde pelas noites aparecia o fantasma de uma mulher. Tive a sorte de não estar lá, mas os depoimentos de meus pais e irmãos me causavam tanto terror que era como se eu tivesse estado. Na primeira noite, meus pais cochilavam no sofá da sala quando viram a aparição que passou de um dormitório a outro sem olhar para eles, com um vestido de florzinhas vermelhas e o cabelo curto preso atrás das orelhas com laços vermelhos. Minha mãe descreveu até mesmo as pintas de seu vestido e o modelo de seus sapatos. Papai negava que tivesse visto alguma coisa, para não impressionar ainda mais sua mulher e não assustar os filhos, mas a familiaridade com que a aparição se movia pela casa a partir do entardecer não permitia que fosse ignorada. Minha irmã Margot despertou certa madrugada e viu a mulher na cabeceira de sua cama escrutando-a com um olhar intenso. O que mais a impressionou foi o pavor de ser vista de outra vida.

No domingo, na saída da missa, uma vizinha confirmou para minha mãe que naquela casa não morava ninguém fazia muitos anos, por causa do descaramento da mulher fantasma que certa vez apareceu em pleno dia na sala de jantar enquanto a família almoçava. No dia seguinte minha mãe saiu com dois dos menores para procurar outra casa para nós, e encontrou uma em quatro horas. Para a maioria de seus filhos, porém, custou muito trabalho conjurar a idéia de que a morta não tinha se mudado junto.

Na casa de La Popa, apesar de ter muito tempo livre, os dias acabavam sendo curtos, tamanha era minha vontade de escrever. Quem apareceu por lá foi Ramiro de la Espriella, com seu diploma de doutor em leis, mais político que nunca e entusiasmado com suas leituras de romances recentes. Sobretudo *A pele*, de Curzio Malaparte, que naquele ano tinha se transformado num livro fundamental para a minha geração. A eficácia da prosa, o vigor da inteligência e a concepção truculenta da história contemporânea nos prendiam até o amanhecer. O tempo, em todo caso, nos demonstrou que Malaparte estava destinado a ser um exemplo útil de virtudes diferentes daquelas que eu desejava, e que terminaram por derrubar sua imagem. O contrário do que nos aconteceu quase ao mesmo tempo com Albert Camus.

Naquela época, os Espriella moravam perto de nós, e tinham uma adega familiar que era saqueada de garrafas inocentes que eram levadas para a nossa casa. Contra o conselho de dom Ramón Vinyes, naquele tempo eu lia longos pedaços de meus originais para os Espriella e para meus irmãos, no estado em que se encontravam e antes de terem sido podados, e nas mesmas tiras de papel de jornal de tudo que eu escrevia nas noites insones do *El Universal*.

Durante aqueles dias Álvaro Mutis e Gonzalo Mallarino voltaram, mas tive o afortunado pudor de não pedir que lessem meu rascunho inacabado e ainda sem título. Queria me encerrar sem pausa e terminar a primeira cópia em laudas oficiais antes da última correção. Eu tinha umas quarenta páginas além da versão prevista, mas ainda ignorava que isso pudesse ser um tropeço grave. Pouco depois, fiquei sabendo: é que sou escravo de um rigor perfeccionista que me força a fazer um cálculo prévio da longitude de um livro, com um número exato de páginas para cada capítulo e para o livro inteiro. Se eu perceber uma única falha nesses cálculos, me obrigo a reconsiderar tudo, porque até um erro de datilografia me deixa alterado como se fosse um erro de criação. Eu pensava que esse método absoluto se devia a um critério exacerbado da responsabilidade, mas hoje sei que era só um simples terror, puro e físico.

Ao mesmo tempo, e não ouvindo de novo dom Ramón Vinyes, fiz com que os originais completos, embora sem título, chegassem a Gustavo Ibarra, assim que dei o livro por terminado. Dois dias depois ele me convidou a ir até a sua casa. Encontrei-o numa cadeira de balanço, toda de junco, no terraço que dava para o mar, bronzeado pelo sol e relaxado em sua roupa de praia, e me comoveu a ternura com que acariciava minhas páginas enquanto falava comigo. Um verdadeiro mestre, que não me deu uma aula sobre o livro nem me disse se tinha gostado ou não, mas que me fez ter consciência de seus valores éticos. Ao terminar, olhou-me com satisfação e concluiu com sua simplicidade cotidiana:

— Isto aqui é o mito de Antígona.

Pela minha expressão, percebeu que eu estava no escuro, apanhou em uma de suas estantes o livro de Sófocles e leu o que estava querendo dizer. Em sua essência, a situação dramática de meu romance era, realmente, a mesma de Antígona, condenada a deixar insepulto o cadáver de seu irmão Polinices graças a uma ordem do rei Creonte, tio dos dois. Eu havia lido *Édipo em Colona*, que o mesmo Gustavo tinha me dado de presente naqueles dias em que nos conhecemos, mas me lembrava muito pouco, e mal, do mito de Antígona para tê-lo reconstituído de memória dentro do drama da zona bananeira, cujas afinidades emocionais eu não tinha percebido até aquele momento. Senti a alma revirada de felicidade e desilusão. Naquela noite tornei a ler meu livro, com uma rara mistura de orgulho por ter coincidido, em boa-fé, com um escritor tão grande, e de dor e vergonha pública por causa do plágio. Depois de uma semana de crise nebulosa decidi fazer algumas mudanças de fundo para deixar a salvo minha boa-fé, ainda sem perceber a vaidade sobre-humana de modificar um livro meu para que não ficasse parecido a Sófocles. No final — resignado — me senti com o direito moral de usar uma frase dele como epígrafe reverencial, e usei.

A mudança para Cartagena nos protegeu a tempo da deterioração grave e perigosa de Sucre, mas quase todos os nossos cálculos acabaram sendo enganosos, tanto pela escassez da renda como pelo tamanho da família. Minha mãe dizia que os filhos dos pobres comem mais e crescem mais rápido que os dos ricos, e que para demonstrar isso bastava o exemplo de sua própria casa. O salário de todos não era suficiente para viver sem sobressaltos.

O tempo tomou conta do resto. Jaime, graças a outra confabulação familiar, tornou-se engenheiro civil, o único em uma família que prezava um diploma como se fosse um título nobiliário. Luis Enrique se fez professor de contabilidade e Gustavo formou-se em topografia, e os dois continuaram sendo violeiros e cantores de serestas alheias. Yiyo nos surpreendeu desde pequenino por uma vocação literária bem definida e pela sua personalidade forte, da qual nos havia dado uma amostra precoce aos cinco anos, quando foi surpreendido tentando botar fogo num armário de roupa com a esperança de ver os bombeiros apagando o incêndio dentro de casa. Mais tarde, quando ele e seu irmão Cuqui foram convidados por colegas mais velhos para fumar maconha, Yiyo recusou, assustado. Já Cuqui, sempre curioso e temerário, tragou fundo. Anos depois, náufrago no pantanal da droga, me contou que desde aquela primeira viagem tinha dito a si mesmo: "Merda! Não quero fazer outra coisa na vida." Nos quarenta anos seguintes, e com uma paixão sem futuro, não fez outra coisa além de cumprir a promessa de morrer em sua própria lei. Aos cinqüenta e dois anos perdeu o rumo em seu paraíso artificial e foi fulminado por um infarto descomunal.

Nanchi — o homem mais pacífico do mundo — continuou no exército depois do serviço militar obrigatório, esmerou-se em todo tipo de armas modernas e participou em numerosos simulacros, mas jamais teve oportunidade em nenhuma de nossas tantas guerras crônicas. Quando saiu do exército conformou-se com o ofício de bombeiro, mas não teve nunca, em mais de cinco anos, qualquer oportunidade de apagar um único incêndio. Nem assim, porém, se sentiu frustrado, graças a um senso de humor que o consagrou na família como mestre da piada instantânea, e que lhe permitiu ser feliz só pelo fato de estar vivo.

Yiyo, nos anos mais difíceis da pobreza, tornou-se escritor e jornalista na base da pura garra, sem ter fumado jamais nem ter tomado um só gole além da conta em toda a sua vida. Sua vocação literária arrasadora e sua criatividade secreta se impuseram contra a adversidade. Morreu aos cinqüenta e quatro anos, e só teve tempo de publicar um livro de mais de seiscentas páginas com uma investigação magistral sobre a vida secreta de *Cem anos de solidão*, no qual havia trabalhado durante anos sem que eu soubesse, e sem jamais me solicitar uma informação direta.

Rita, ainda adolescente, soube aproveitar a lição dos desenganos alheios. Quando voltei para a casa de meus pais depois de uma longa ausência, encontrei-a padecendo do mesmo purgatório das outras por causa de seus amores com um moreno galhardo, sério e decente, cuja única incompatibilidade com ela era uma diferença de estatura — e para menos — de dois palmos e meio. Naquela mesma noite encontrei meu pai ouvindo as notícias na rede do quarto. Baixei o volume do rádio, sentei-me na cama em frente e perguntei com todo meu direito de primogênito o que estava acontecendo com os amores de Rita. Ele disparou a resposta que sem dúvida estava preparada desde sempre.

— A única coisa que acontece é que o fulano é um ladrãozinho.

Era exatamente o que eu esperava.

— Ladrãozinho de quê?

— Ladrão ladrãozinho — me disse, sempre sem olhar para mim.

— E o que é que ele roubou? — perguntei sem compaixão.

Ele continuou sem olhar para mim.

— Muito bem — suspirou finalmente. — Ele não, mas o irmão dele está na cadeia, preso por roubo.

— Então, não tem nenhum problema — disse eu com a mais fácil das imbecilidades —, porque Rita não quer casar com ele, mas com o outro, que não está preso.

Não contestou. Sua honradez a qualquer prova havia superado seus próprios limites já a partir da primeira resposta, porque também já sabia que o rumor do irmão preso não era verdade. Sem outros argumentos, tratou de se agarrar ao mito da dignidade.

— Então, está bem, mas que se casem de uma vez, porque não quero noivados longos nesta casa.

Minha réplica foi imediata, e com uma falta de caridade que nunca perdoei.

— Amanhã, ao amanhecer.

— Caramba, homem! Não é preciso exagerar! — respondeu papai assustado, mas já com seu primeiro sorriso. — Essa mocinha ainda nem tem o que vestir.

A última vez que vi a tia Pa, aos seus quase noventa anos, foi na tarde de um calor infame em que chegou a Cartagena sem avisar. Vinha de Rioacha num táxi expresso, com uma maletinha de escolar, vestindo luto fechado e com um turbante de pano negro. Entrou feliz, com os braços abertos, e gritou para todos:

— Vim para me despedir porque vou morrer daqui a pouco.

Acolhemos a tia Pa não apenas por ser quem era, mas porque sabíamos até que ponto ela sabia fazer seus tratos com a morte. Ficou na casa, esperando sua hora no quartinho de empregada, o único que aceitou para dormir, e ali morreu cheirando a castidade numa idade que calculávamos em cento e um anos de vida.

Aquela temporada foi a mais intensa no *El Universal*. Com sua sabedoria política, Zabala me orientava, para que meus textos dissessem o que tinham para dizer sem tropeçar no lápis da censura, e pela primeira vez se interessou pela minha velha idéia de escrever reportagens para o jornal. Logo surgiu o tema tremendo dos turistas atacados por tubarões nas praias de Marbella. A coisa mais interessante que passou pela cabeça do prefeito foi oferecer cinqüenta pesos por cada tubarão morto, e no dia seguinte os galhos das amendoeiras não davam para exibir todos os tubarões que tinham sido capturados durante a noite. Héctor Rojas Herazo, morrendo de rir, escreveu de Bogotá, em sua nova coluna no *El Tiempo*, uma nota de deboche sobre a bobagem de querer aplicar à caça ao tubarão o mesmo método velho e doméstico de agarrar o rabanete pelas folhas. Isso me deu a idéia de escrever a reportagem sobre a caçada noturna. Zabala me apoiou entusiasmado, mas meu fracasso começou no momento de embarcar, quando me perguntaram se eu enjoava e respondi que não; se tinha medo do mar, e na verdade eu tinha, mas também disse que não; finalmente me perguntaram se sabia nadar — que aliás deveria ter sido a primeira coisa a ser perguntada —, e não me atrevi a mentir dizendo que sabia. Foi então, em terra firme e a partir de conversas com marinheiros, que fiquei sabendo que os caçadores iam até Bocas de Cinza, a oitenta e nove milhas náuticas de Cartagena, e regressavam carregados de tubarões inocentes para vendê-los como se fossem criminosos, a cinqüenta pesos cada um. A grande notícia acabou nesse mesmo dia, e com ela minhas ilusões da reportagem. Em seu lugar, publiquei meu conto número oito: "Nabo, o negro que fez os anjos esperarem". Pelo menos foi considerado como uma boa mudança de rumo por dois críticos sérios e meus severos amigos de Barranquilla.

Não acho que minha maturidade política fosse suficiente para me afetar, mas a verdade é que sofri uma recaída semelhante à anterior. Eu me sentia tão encalhado que minha única diversão era amanhecer cantando com os bêbados no Las Bóvedas das muralhas, que tinha sido bordel de soldados na época da Colônia e mais tarde um sinistro cárcere político. O general Francisco de Paula Santander tinha cumprido ali uma pena de oito meses, antes de ser desterrado para a Europa pelos seus companheiros de causa e de armas.

O zelador daquelas relíquias históricas era um linotipista aposentado, cujos colegas da ativa se reuniam com ele depois do fechamento dos jornais para celebrar o novo dia todos os dias, com garrafões de rum branco clandestino, feito com todas as manhas dos ladrões de cavalo. Eram tipógrafos cultos por tradição familiar, gramáticos dramáticos e grandes bebedores de sábados. Entrei para o grupo.

O mais jovem deles se chamava Guillermo Dávila e tinha conseguido a proeza de trabalhar na costa apesar da intransigência de alguns líderes regionais, que resistiam a admitir *cachacos* no sindicato. Talvez tenha conseguido graças à arte de sua arte, pois além de seu bom ofício e de sua simpatia pessoal era um prestidigitador de maravilhas. Nos deixava deslumbrados com suas travessuras mágicas de fazer sair pássaros vivos das gavetas das escrivaninhas ou deixar em branco o papel no qual estava escrito o editorial que tínhamos acabado de entregar em cima da hora do fechamento da edição. Mestre Zabala, tão severo no dever, esquecia-se por um instante de Paderewski e da revolução proletária, e pedia aplausos para o mago, com a advertência sempre reiterada e sempre desobedecida de que aquela tinha sido a última vez. Para mim, compartilhar com um mago a rotina diária foi como enfim descobrir a realidade.

Num daqueles amanheceres no Las Bóvedas, Dávila me contou sua idéia de fazer um jornal de vinte e quatro por vinte e quatro — meia lauda — que circulasse de tarde e de graça, bem na hora do atropelo em que o comércio fechava. Seria o menor jornal do mundo, para ser lido em dez minutos. E foi. Chamava-se *Comprimido*, que eu mesmo escrevia em uma hora, às onze da manhã, Ávila diagramava, armava e imprimia em duas horas, e depois era distribuído por um jornaleiro temerário, cujo fôlego só dava para anunciar o jornal uma vez.

Saiu na terça-feira 18 de setembro de 1951 e é impossível conceber um êxito mais estrondoso e mais curto: três números em três dias. Dávila me confessou que nem mesmo um ato de magia negra teria sido capaz de conceber uma idéia tão grande a um custo tão baixo, que coubesse em tão pouco espaço, fosse executada em tão pouco tempo e desaparecesse com tanta rapidez. O mais estranho foi que por um instante do segundo dia, embriagado pelo frenesi das pessoas disputando o jornal na rua e pelo fervor dos fãs, cheguei a pensar que a solução da minha vida podia ser simples como aquela. O sonho durou até a quinta-feira, quando o gerente nos demonstrou que mais um número nos deixaria falidos, mesmo se tivéssemos decidido publicar anúncios comerciais, pois teriam de ser tão pequenos e tão caros que não haveria solução racional. A própria concepção do jornal, que se baseava em seu tamanho, arrastava consigo o germe matemático da própria destruição: quanto mais vendesse, mais impagável.

Fiquei dependurado no ar. A mudança para Cartagena tinha sido oportuna e útil depois da experiência de *Crónica*, e além disso me criou um ambiente muito propício para continuar escrevendo *La Hojarasca*, sobretudo por causa da febre criativa que se vivia em nossa casa, onde as coisas mais insólitas sempre pareciam possíveis. Para mim, seria suficiente lembrar do almoço em que conversei com papai sobre a dificuldade de muitos escritores para escrever suas memórias quando já não se lembravam de nada. Cuqui, com apenas seis anos, chegou à conclusão com uma simplicidade magistral:

— Então — disse ele —, a primeira coisa que um escritor deve escrever são as memórias, enquanto ainda se lembra de tudo.

Não me atrevi a confessar que com *La Hojarasca* estava acontecendo a mesma coisa que tinha acontecido com *La casa*: eu começava a me interessar mais pela técnica do que pelo tema. Depois de um ano de ter trabalhado com tanto júbilo, achei que o livro tinha se revelado um labirinto circular sem entrada nem saída. Hoje, acho que sei por quê. O romance costumbrista, que em suas origens ofereceu tão bons exemplos de renovação, tinha acabado por fossilizar até mesmo os grandes temas nacionais, que tentavam abrir saídas de emergência. Seja como for, o caso é que eu não suportava mais a incerteza nem por um minuto. Só estavam faltando comprovações de dados e decisões de estilo antes do ponto final, e mesmo assim não sentia o livro respirar. Depois de tanto tempo trabalhando nas trevas, eu estava atolado, e via o livro fazer água sem conseguir saber onde estavam as rachaduras. O pior de tudo era que naquele ponto da escrita ninguém poderia me ajudar, porque as fissuras não estavam no texto mas dentro de mim, e somente eu poderia ter olhos para vê-las e coração para sofrê-las. Talvez tenha sido por isso que acabei abandonando "A Girafa" sem pensar duas vezes assim que acabei de pagar ao *El Heraldo* o adiantamento que me ajudou a comprar os tais móveis.

Lamentavelmente, nem a imaginação, nem a resistência, nem o amor foram suficientes para derrotar a pobreza. Tudo parecia estar a favor dela. Depois de um ano, o escritório do censo tinha fechado, e meu salário no *El Universal* não chegava a compensar essa perda. Não voltei para a faculdade de direito, apesar das tentativas de alguns professores que tinham confabulado para me fazer seguir adiante apesar de meu desinteresse pelo seu interesse e pela sua ciência. O dinheiro de todos não bastava na casa, o buraco era tão grande que minha contribuição nunca foi suficiente, e a falta de esperanças me afetava mais do que a falta de dinheiro.

— Já que estamos todos nos afogando — disse no almoço de um dia decisivo —, pelo menos deixem que eu me salve, para tentar mandar nem que seja uma canoa.

E assim, na primeira semana de dezembro me mudei de novo para Barranquilla, com a resignação de todos e a certeza de que a canoa salvadora chegaria. Alfonso Fuenmayor deve ter imaginado tudo no primeiro golpe de vista quando me viu entrar de repente na nossa velha redação do *El Heraldo*, pois a de *Crónica* tinha ficado sem recursos. De sua máquina de escrever, olhou-me como se olha para um fantasma:

— Que caralho o senhor está fazendo aqui sem avisar ninguém?

Poucas vezes na vida respondi tão próximo da verdade:

— Estou de saco cheio, professor.

Alfonso me tranqüilizou.

— Ah, bom! — exclamou com seu jeito de sempre e com o mais co-lombiano dos versos do hino nacional. — Ainda bem que assim está a hu-manidade inteira, que entre grilhões geme...

Não demonstrou a menor curiosidade pelo motivo da minha viagem. Achou que era uma espécie de telepatia, porque a todos que perguntavam por mim nos últimos meses ele respondia que eu estava para chegar a qual-quer momento, e para ficar. Levantou-se feliz de sua mesa enquanto vestia o paletó, porque eu estava chegando como se tivesse caído do céu. Alfonso estava meia hora atrasado para um compromisso, não tinha terminado o editorial do dia seguinte, e me pediu para acabá-lo. Mal cheguei a perguntar qual era o assunto do editorial, e ele me respondeu do corredor, e com toda pressa, com um frescor típico da nossa maneira de ser amigos:

— Leia, e verás.

No dia seguinte havia outra vez duas máquinas de escrever frente a frente na sala do *El Heraldo*, e eu estava escrevendo outra vez "A Girafa" para a mesma página de sempre. E — é claro! — ganhando a mesma coisa. Traba-lhava dentro das normas particulares que tinha com Alfonso, segundo as quais muitos editoriais tinham parágrafos de um ou de outro, e era impos-sível diferenciá-los. Alguns estudantes de jornalismo ou de literatura quise-ram distingui-los nos arquivos e não conseguiram, a não ser nos casos de temas específicos, e não por causa do estilo mas pela informação cultural.

No *El Tercer Hombre* doeu em mim a má notícia de que tinham mata-do nosso amigo ladrão. Certa noite igual às outras ele saiu para realizar seu ofício, e a única coisa que se soube depois e sem maiores detalhes é que, dentro da casa que estava roubando, tinha levado um tiro no coração. O corpo foi procurado por uma irmã mais velha, único membro da família, e só nós e o dono do bar fomos ao seu enterro de pobre.

Voltei à casa das irmãs Ávila. Meira Delmar, vizinha de novo, continuou purificando com suas noitadas sedantes as minhas noites ruins do El Gato Negro. Ela e sua irmã Alicia pareciam gêmeas, por causa de seu modo de ser e por conseguir que o tempo se tornasse circular quando estávamos com elas. De uma forma muito especial, continuavam no grupo. Pelo menos uma vez por ano nos convidavam para uma mesa de delícias árabes que alimentavam a nossa alma, e em sua casa havia reuniões surpresa de visitantes ilustres, que iam de artistas de todos os gêneros a poetas extraviados. Acho que foram elas, com o maestro Pedro Viaba, que puseram ordem na minha melomania desordenada, e me incluíram no bando feliz do centro artístico.

Hoje, sei que Barranquilla me dava uma perspectiva melhor para *La Hojarasca*, pois assim que tive uma mesa com máquina de escrever comecei a correção com ímpeto renovado. Num daqueles dias me atrevi a mostrar ao grupo a primeira cópia legível, avisando que o livro não estava pronto. Tínhamos falado tanto dele, que qualquer advertência seria desnecessária. Alfonso ficou dois dias escrevendo na minha frente sem fazer menção alguma ao romance. No terceiro dia, quando terminamos o trabalho no final da tarde, pôs em cima da minha mesa o rascunho aberto e leu as páginas que tinha marcado com tiras de papel. Mais que um crítico, parecia um perseguidor de inconseqüências e um purificador de estilo. Suas observações foram tão certeiras que utilizei todas, exceto uma, em que ele achava que determinada passagem tinha sido tirada do nada, mesmo depois de eu ter demonstrado que era um episódio real da minha infância.

— Até a realidade se engana quando a literatura é ruim — disse ele, morrendo de rir.

O método de Germán Vargas era outro: quando o texto estava bom, ele não fazia comentários imediatos, mas soltava uma opinião tranqüilizadora, que terminava com um ponto de exclamação:

— Do cacete!

Só que nos dias seguintes ele continuava soltando réstias de idéias dispersas a respeito do livro, que culminavam numa noite de farra em que Germán disparava um julgamento certeiro. Se não gostasse do rascunho, chamava o autor para uma conversa particular e dizia com tamanha franqueza e com tal elegância, que o aprendiz não tinha outro remédio a não ser agradecer de todo coração apesar de estar querendo morrer de tanto chorar. Não foi o meu caso. No dia menos esperado Germán fez, meio brincando, meio a sério, um comentário sobre o livro, e que acabou devolvendo minha alma ao corpo.

Álvaro tinha desaparecido do Japy sem deixar nenhum sinal de vida. Quase uma semana depois, quando eu menos esperava, fechou meu caminho com o automóvel, no Passeio Bolívar, e me gritou em seu melhor espírito:

— Entre aqui, professor, que vou acabar com a sua raça para você aprender a deixar de ser burro.

Era sua frase anestésica. Demos voltas sem rumo certo pelo centro comercial sufocado pela canícula, enquanto Álvaro largava aos gritos uma análise mais emocional, mas impressionante, de sua leitura. Interrompia o que estava dizendo cada vez que via um conhecido na calçada para gritar algum despropósito cordial ou gozador, e retomava o raciocínio exaltado, com a voz arrepiada pelo esforço, os cabelos revoltos e aqueles olhos arregalados que pareciam me olhar através das grades de um mirante. Acabamos tomando cerveja gelada na varanda do Los Almendros, acossados pelas torcidas do Junior e do Sporting que estavam na calçada do outro lado da rua, e acabamos sendo atropelados pela avalanche de energúmenos que escapavam do estádio muito murchos por causa de um indigno dois a dois. Pela janela do automóvel, Álvaro gritou para mim o único julgamento definitivo sobre os originais do meu livro:

— Seja como for, professor, seu livro ainda tem costumbrismo demais!

Eu, agradecido, ainda consegui gritar de volta:

— Mas daquele de Faulkner, e do melhor!

Ele pôs um ponto final em tudo que não foi dito nem pensado com uma gargalhada fenomenal:

— Não seja filho-da-puta!

Cinqüenta anos depois, cada vez que me lembro daquela tarde, torno a ouvir a gargalhada explosiva que ressoou como um chuvisco de pedras na rua em chamas.

Para mim, ficou claro que os três tinham gostado do livro, com suas reservas pessoais e possivelmente justas, mas não disseram com todas as letras porque talvez achassem que esse era um recurso fácil. Nenhum falou em publicar o romance, coisa que também era típica deles, que achavam que importante era escrever bem. O resto era problema dos editores.

Ou seja: eu estava outra vez na nossa Barranquilla de sempre, mas minha desgraça era a consciência de que daquela vez não teria ânimo para insistir com "A Girafa". Na verdade, a coluna tinha cumprido sua missão de me impor uma carpintaria diária para aprender a escrever a partir do zero, com a tenacidade e a pretensão enfurecida de ser um escritor diferente. Em muitas ocasiões eu não conseguia por causa do tema, e mudava para outro quando percebia que o assunto ainda era muito sério para mim. Seja como for, foi uma ginástica essencial para a minha formação de escritor, com a certeza cômoda de que não era mais que um material alimentício, sem nenhum compromisso histórico.

A própria busca de um assunto diário tinha amargado meus primeiros meses. Não me sobrava tempo para mais nada: perdia horas esquadrinhando outros jornais, tomava notas de conversas particulares, me extraviava em fantasias que me maltratavam o sono, até que a vida real saiu ao meu encontro. Neste sentido, minha experiência mais feliz foi a de uma tarde em que do ônibus vi passar um letreiro simples, na porta de uma casa: "Vendem-se palmas fúnebres".

Meu primeiro impulso foi bater na porta e averiguar os detalhes daquele achado, mas fui vencido pela timidez. Desta maneira, a própria vida me ensinou que um dos segredos mais úteis para escrever é aprender a ler os hieróglifos da realidade sem bater na porta para perguntar nada. E isso se tornou muito mais claro enquanto relia, em anos recentes, as mais de quatrocentas "girafas" publicadas, e ao compará-las com alguns dos textos literários que se originaram nelas.

Na temporada de Natal chegou de férias a chefia inteira do *El Especta-dor*, a começar pelo diretor geral, doutor Gabriel Cano, com todos os filhos: Luis Gabriel, o gerente; Guillermo, na época subdiretor; Alfonso, subgerente, e Fidel, o caçula, aprendiz de tudo. Com eles chegou Eduardo Zalamea, o Ulisses, que para mim tinha um valor especial por causa da publicação de meus contos e daquele seu texto de apresentação. Eles todos tinham o costume de desfrutar em bando da primeira semana do Ano-Novo no balneário de Pradomar, a dez léguas de Barranquilla, onde tomavam o bar de assalto. A única coisa daquela confusão toda que recordo com certa precisão é que Ulisses em pessoa foi uma das grandes surpresas da minha vida. Eu o via sempre em Bogotá, no começo no El Molino e anos depois no El Automático, e às vezes nas tertúlias do mestre De Greiff. Lembrava-me dele por causa de seu semblante sisudo e pela voz de metal, e acabei chegando à conclusão de que era um mal-humorado de marca maior, que aliás era a sua fama entre seus bons leitores da cidade universitária. Por isso eu o evitara em diversas ocasiões, para não contaminar a imagem que havia inventado para meu uso pessoal. E me enganei. Era um dos seres mais afetuosos e prestativos que recordo, embora necessitasse de um motivo especial da mente ou do coração. Sua matéria humana não tinha nada da de dom Ramón Vinyes, Álvaro Mutis ou León de Greiff, mas compartilhava com eles a aptidão congênita de professor a toda hora, e a rara sorte de ter lido todos os livros que mereciam ser lidos.

Dos jovens Cano — Luis Gabriel, Guillermo, Alfonso e Fidel — eu chegaria a ser mais que amigo quando trabalhei como redator do *El Espectador*. Seria temerário tentar recordar algum diálogo daquelas conversas de todos contra todos nas noites de Pradomar, mas também seria impossível esquecer sua persistência insuportável na enfermidade mortal do jornalismo e da literatura. Eles me transformaram em mais um do grupo, como seu contista particular, descoberto e adotado por eles e para eles. Mas não me lembro — como tanto se disse por aí — que alguém tivesse sequer sugerido que fosse trabalhar com eles. Não lamento, porque naquele mau momento eu não tinha a menor idéia de qual seria meu destino, nem mesmo se me deixassem escolher.

Álvaro Mutis, entusiasmado com o entusiasmo dos Cano, voltou a Barranquilla quando acabava de ser nomeado chefe de relações públicas da Esso Colombiana, e tratou de me convencer a trabalhar com ele em Bogotá. Sua verdadeira missão, no entanto, era muito mais dramática: por uma falha assustadora de algum concessionário local, tinham enchido os depósitos do aeroporto com gasolina de automóvel em vez de gasolina de avião, e era impensável que um aparelho abastecido com aquele combustível equivocado pudesse chegar a algum lugar. A tarefa de Mutis era corrigir o erro no mais absoluto segredo, antes do amanhecer e sem que os funcionários do aeroporto ficassem sabendo, e muito menos a imprensa. Deu tudo certo. O combustível foi trocado pelo bom em quatro horas de uísques e boa conversa que tivemos nos cubículos em que a polícia botava os suspeitos antes de dar a eles outro destino. Sobrou tempo para falarmos de tudo, mas para mim o ponto inimaginável foi que a Editora Losada de Buenos Aires poderia publicar o romance que eu estava a ponto de terminar. Álvaro Mutis tinha sabido disso pelo caminho mais direto, o novo gerente da editora em Bogotá, Julio César Villegas, um antigo ministro de Governo do Peru asilado há pouco na Colômbia.

Não me lembro de emoção mais intensa. A Editora Losada era uma das melhores de Buenos Aires, que tinham preenchido o vazio editorial provocado pela guerra civil espanhola. Seus editores nos alimentavam todos os dias com novidades tão interessantes e raras que mal tínhamos tempo de ler. Os vendedores chegavam, pontuais, com os livros que encomendávamos, e eram recebidos como enviados da felicidade. A simples idéia de que uma dessas editoras pudesse publicar *La Hojarasca* quase me transtornou. Mal acabei de me despedir de Mutis num avião abastecido com o combustível certo, e corri para o jornal, para começar a fazer uma profunda revisão nos originais.

Nos dias seguintes me dediquei de corpo e alma ao exame frenético de um texto que quase escapou das minhas mãos. Não eram mais do que cento e vinte laudas datilografadas em espaço duplo, mas fiz tantos ajustes, tantas mudanças e invenções, que nunca soube se ficou melhor ou pior. Germán e Alfonso releram as partes mais críticas e tiveram o bom coração de não me fazer reparos irredimíveis. Naquele estado de ansiedade revisei a versão final com a alma na mão e tomei a decisão serena de não publicá-la. No futuro, isso seria uma mania. Uma vez que me sentia satisfeito com um livro terminado, ficava com a impressão desoladora de que não seria capaz de escrever outro melhor.

Por sorte, Álvaro Mutis suspeitou qual era a causa da minha demora, e voou para Barranquilla para pegar e mandar para Buenos Aires o único original passado a limpo, sem me dar tempo para uma leitura final. Ainda não existiam as fotocópias comerciais, e a única cópia que ficou comigo foi o primeiro rascunho corrigido nas margens e entre as linhas com tintas de cores diferentes para evitar confusões. Joguei tudo no lixo e não recobrei a serenidade durante os dois longos meses que a resposta levou para chegar.

Num dia qualquer, me entregaram no *El Heraldo* uma carta que tinha se extraviado na mesa do chefe de redação. O timbre da Editora Losada de Buenos Aires gelou meu coração, mas tive o pudor de não abrir o envelope ali mesmo, e procurei um cubículo reservado. Graças a isso enfrentei sem nenhuma testemunha a notícia seca de que *La Hojarasca* tinha sido recusada. Nem precisei ler a sentença completa para sentir o impacto brutal, achando que ia morrer naquele mesmo instante.

A carta era a sentença suprema de dom Guillermo de Torre, presidente do conselho editorial, baseado numa série de argumentos simples nos quais ressoavam a dicção, a ênfase e a suficiência dos brancos de Castela. O solitário consolo foi a surpreendente concessão final: "Há que se reconhecer no autor seus excelentes dotes de observador e de poeta." Até hoje, porém, me surpreende que mais além da minha consternação e da minha vergonha, mesmo as objeções mais ácidas me pareceram pertinentes.

Nunca tirei cópia, nem soube onde ficou a carta depois de circular vários meses entre meus amigos de Barranquilla, que apelaram a todo tipo de argumento balsâmico para tentar me consolar. Mas a verdade é que quando tentei conseguir uma cópia para documentar estas memórias, cinqüenta anos depois, não se encontrou nem rastros dela na editora em Buenos Aires. Não recordo se foi publicada como notícia, embora nunca tenha pretendido que fosse, mas sei que precisei de um bom tempo para me recuperar depois de xingar à vontade, e de escrever uma carta cheia de raiva e que foi publicada sem minha autorização. Esta inconfidência me provocou uma pena maior, porque minha reação final tinha sido aproveitar o que pudesse me ser útil daquele veredicto, corrigir tudo que fosse corrigível segundo meu ponto de vista, e tocar em frente.

O melhor alento me foi dado pelas opiniões de Germán Vargas, Alfonso Fuenmayor e Álvaro Cepeda. Encontrei Alfonso num bar do mercado público, onde havia descoberto um oásis para ler na barafunda dos vendedores de tudo. Consultei-o para saber se deixava meu romance do jeito que estava, ou se tratava de reescrevê-lo com outra estrutura, pois achava que a segunda metade perdia a tensão da primeira. Alfonso me ouviu com uma certa impaciência, e me deu sua opinião final.

— Escute aqui, professor — disse no final, como um verdadeiro professor —, Guillermo de Torre pode até ser tão respeitável como acha que é, mas acho que não está muito atualizado em relação à literatura.

Em outras conversas ociosas daqueles dias, ele me consolou com o antecedente de que Guillermo de Torre tinha recusado os originais de *Residencia en la Tierra*, de Pablo Neruda, em 1927. Fuenmayor achava que o destino do meu romance poderia ter sido outro se o leitor fosse Jorge Luis Borges, mas em compensação os estragos também teriam sido muito piores se a recusa tivesse partido dele.

— Portanto, pare de encher o saco — decidiu Alfonso. — Seu romance é tão bom como a gente já tinha achado, e a única coisa que o senhor tem de fazer a partir de agora é continuar escrevendo.

Germán — fiel ao seu modo ponderado de ser — me fez o favor de não exagerar. Ele não achava que o romance fosse tão ruim a ponto de não ser publicado num continente onde o gênero estava em crise, nem tão bom a ponto de se armar um escândalo internacional, cujo único perdedor seria um autor iniciante e desconhecido. Álvaro Cepeda resumiu o julgamento de Guillermo Torre com outra de suas lápides floridas:

— É que os espanhóis são umas bestas.

Quando percebi que não tinha uma cópia do meu romance passado a limpo, a Editora Losada me informou, através de uma terceira ou quarta pessoa, que tinha por norma não devolver originais. Por sorte, Julio César Villegas havia feito uma cópia antes de mandar meu original para Buenos Aires, e fez com que ela chegasse a mim. Comecei então uma nova correção, sobre as conclusões de meus amigos. Eliminei um longo episódio da protagonista que contemplava do corredor de begônias um aguaceiro de três dias, que mais tarde transformei no "Monólogo de Isabel vendo chover em Macondo". Eliminei um diálogo supérfluo do avô com o coronel Aureliano Buendía pouco antes da matança dos peões dos bananais, e umas trinta páginas que atrapalhavam na forma e no conteúdo a estrutura unitária do romance. Quase vinte anos mais tarde, quando achava que estavam esquecidos, partes desses fragmentos me ajudaram a manter as nostalgias ao longo e ao largo de *Cem anos de solidão*.

Eu estava quase superando o golpe quando foi publicada a notícia de que o romance colombiano escolhido para ser editado no lugar do meu pela editora Losada era *Cristo de costas*, de Eduardo Caballero Calderón. Foi um erro, ou uma verdade inventada com muita manha e má-fé, porque não se tratava de um concurso e sim de um programa da Editora Losada para entrar no mercado da Colômbia com autores colombianos, e meu romance não foi recusado numa disputa com outro, mas porque dom Guillermo de Torre não o considerou publicável.

Minha consternação foi maior do que admiti na época, e não tive o valor de padecê-la sem me convencer. Foi assim que apareci, sem avisar, na fazenda de banana que ficava em Sevilla — a poucas léguas de Cataca — onde meu amigo de infância, Luis Carmelo Correa, trabalhava como controlador do horário dos peões e controlador fiscal. Passamos dois dias recapitulando uma vez mais, como sempre, nossa infância. Sua memória, sua intuição e sua franqueza acabaram sendo tão reveladoras para mim que me causaram um certo pavor. Enquanto falávamos ele arrumava com sua caixa de ferramentas os defeitos da casa, e eu escutava numa rede balançada pela brisa tênue das plantações. Da cozinha, Nena Sánchez, sua esposa, nos corrigia disparates e esquecimentos, morrendo de rir. No final, num passeio de reconciliação pelas ruas desertas de Aracataca, compreendi até que ponto tinha recuperado meu ânimo, e não me restou a menor dúvida de que *La Hojarasca* — recusado ou não — era o livro que eu tinha me proposto escrever depois da viagem com minha mãe.

Encorajado por aquela experiência, fui procurar Rafael Escalona em seu paraíso de Valledupar, tentando escavar meu mundo até as raízes. Não me surpreendeu, porque tudo que encontrava, tudo que acontecia, todas as pessoas que me apresentavam era como se eu já tivesse vivido, e não em outra vida, mas naquela mesma em que estava. Mais adiante, numa das minhas tantas viagens, conheci o coronel Clemente Escalona, pai de Rafael, que a partir do primeiro dia me impressionou pela sua dignidade e pelo seu porte de patriarca à moda antiga. Era delgado e reto feito um junco, de pele curtida e ossos firmes, e de uma dignidade a toda prova. Desde que eu era muito jovem, o tema das angústias e do decoro com que meus avós esperaram até o final de seus longos anos a pensão de veterano de guerra tinha me perseguido. Quatro anos depois, quando finalmente estava escrevendo meu livro num velho hotel de Paris, a imagem que sempre tive na memória não era a de meu avô, mas a de Clemente Escalona, como a repetição física do coronel para quem ninguém escrevia.

Através de Rafael Escalona fiquei sabendo que Manuel Zapata Olivella tinha se instalado como médico de pobres no povoado de La Paz, a poucos quilômetros de Valledupar, e lá fomos nós. Chegamos ao entardecer, e havia alguma coisa no ar que nos impedia de respirar. Zapata e Escalona lembraram que apenas vinte dias antes o povoado tinha sido vítima de um ataque da polícia, que semeava o terror na região para impor a vontade oficial. Foi uma noite de horror. Mataram a esmo, e puseram fogo em quinze casas.

Não ficamos sabendo de nada, por causa da censura. Mas nem naquela época pude imaginar o que havia acontecido. Juan López, o melhor músico da região, tinha partido para não voltar desde a noite negra. Na casa dele pedimos a Pablo, seu irmão mais novo, que tocasse para nós, e ele respondeu com uma simplicidade impávida:

— Não canto nunca mais na vida.

Soubemos então que não apenas ele, mas todos os músicos da cidade tinham guardado suas sanfonas, seus tambores, suas danças, e não tornaram a cantar por causa da dor dos mortos. Era compreensível, e nem

Escalona, que era mestre de muitos, e Zapata Olivella, que começava a ser médico de todos, conseguiram que alguém cantasse.

Diante da nossa insistência, os vizinhos vieram dar explicações, mas no fundo de suas almas sentiam que o luto não podia continuar durando. "É como a gente morrer junto com os mortos", disse uma mulher com uma rosa vermelha na orelha. As pessoas apoiaram a mulher. Então Pablo López deve ter sentido que estava autorizado a torcer o pescoço de sua dor, pois sem dizer uma palavra entrou na casa e saiu com a sanfona. Cantou como nunca, e enquanto ele cantava outros músicos começaram a chegar. Alguém abriu o bar que ficava em frente e ofereceu bebidas por sua conta. Os outros abriram de par em par depois de um mês de luto, e cantamos. Meia hora mais tarde o povoado inteiro cantava. Na praça deserta apareceu o primeiro bêbado depois de um mês, e começou a cantar a todo vapor uma canção de Escalona, que aliás dedicou ao próprio Escalona, em homenagem ao seu milagre de ter ressuscitado o povo.

Por sorte, no resto do mundo a vida continuava. Dois meses depois da recusa dos meus originais conheci Julio César Villegas, que tinha rompido com a Editora Losada e havia sido nomeado representante na Colômbia da Editora González Porto, que vendia enciclopédias e livros científicos e técnicos a prestação. Villegas era o homem mais alto e mais forte, e o que tinha os maiores e melhores recursos para enfrentar os piores obstáculos da vida real, além de consumidor desmedido dos uísques mais caros, conversador insuperável e jogador de futebol de salão. Na noite do nosso primeiro encontro, na suíte presidencial do Hotel Prado, saí trocando pernas com a maletinha de caixeiro-viajante atopetada de folhetos de propaganda e amostras de enciclopédias ilustradas, livros de medicina, direito e engenharia da Editora González Porto. No segundo uísque eu já tinha aceitado me transformar em vendedor de livros a prestação na província de Padilla, na região que ia de Valledupar a La Guajira. Meu ganho seriam os vinte por cento da entrada, o que deveria ser suficiente para viver sem angústias depois de pagar os meus gastos, inclusive o hotel.

Esta foi a viagem que eu mesmo transformei em legendária por causa do meu defeito incorrigível de não medir a tempo meus adjetivos. Reza a lenda que a viagem foi planejada como uma expedição mítica à procura de minhas raízes nas terras de meus ancestrais, com o mesmo itinerário romântico de minha mãe sendo levada pela mãe dela para ficar a salvo do telegrafista de Aracataca. Mas na verdade não foi uma, foram duas viagens muito breves e estabanadas.

Na segunda viagem só voltei aos povoados ao redor de Valledupar. Claro que, ao estar ali, tinha previsto continuar até o cabo Vela com o mesmo itinerário de minha mãe apaixonada, mas só cheguei a Manaure de la Sierra, a La Paz e a Villanueva, a umas poucas léguas de Valledupar. Naquela ocasião eu não conheci San Juan del César, nem Barrancas, onde meus avós se casaram e onde nasceu minha mãe, e onde o coronel Nicolás Márquez matou Medardo Pacheco; e só vim a conhecer Rioacha, que é o embrião da minha tribo, em 1984, quando o presidente Belisario Betancur mandou de Bogotá um grupo de amigos para inaugurar as minas de carvão de Cerrejón. Foi a primeira viagem à minha Guajira imaginária, que me pareceu tão mítica como eu mesmo a havia descrito tantas vezes sem conhecê-la, mas não acredito que fosse por causa de minhas falsas recordações e sim por causa das memórias que ouvi dos índios comprados por meu avô a cem pesos cada um para a casa de Aracataca. Minha maior surpresa, é claro, foi a primeira visão de Rioacha, a cidade de areia e sal onde nasceu minha estirpe desde os tataravós, onde minha avó viu a Virgem dos Remédios apagar o forno com um sopro gelado quando o pão estava a ponto de queimar, onde meu avô fez suas guerras e sofreu prisão por causa de um delito de amor, e onde fui concebido na lua-de-mel de meus pais.

Não tive muito tempo disponível para vender livros em Valledupar. Vivia no Hotel Wellcome, uma estupenda casa colonial bem conservada no espaço da praça grande, que tinha um grande caramanchão de folhas de palmeira no pátio, com rústicas mesas de bar e redes dependuradas nos ganchos. Víctor Cohen, o proprietário, vigiava feito um guardião dos infernos a ordem da casa, e também zelava pela sua reputação moral ameaçada pelos forasteiros devassos. Além disso, era um purista da língua, que declamava Cervantes de cor, com todos os tiques e sotaques castelhanos, e colocava a moral de García Lorca em dúvida. Nós dois nos entrosamos bem por causa de seu domínio da obra de Andrés Bello, e de sua declamação rigorosa dos românticos colombianos, e nos entrosamos muito mal por causa de sua obsessão em impedir que os códigos morais fossem contrariados no espaço purificado de seu hotel. Tudo isso começou de maneira muito fácil, já que ele era um velho amigo de meu tio Juan de Dios, e gostava de mexer em seu baú de memórias.

Aquele caramanchão do pátio do hotel foi, para mim, uma loteria, porque passava as muitas horas que me sobravam lendo em uma rede, debaixo do mormaço do meio-dia. Nos tempos de maior dureza cheguei a ler tratados de cirurgia e manuais de contabilidade, sem pensar que haveriam de me servir para minhas aventuras de escritor. O trabalho era quase espontâneo, porque a maioria dos clientes passava, de uma forma ou de outra, pelos Iguarán ou pelos Cotes, e por isso bastava uma visita minha, que se prolongava até o almoço, evocando tramóias de família. Alguns assinavam o contrato da venda sem ler, para poder chegar na hora do almoço junto com o resto da tribo que nos esperava à sombra das sanfonas. Entre Valledupar e La Paz fiz minha melhor colheita em menos de uma semana, e regressei a Barranquilla com a emoção de haver estado no único lugar do mundo que eu entendia de verdade.

No dia 13 de junho, logo cedo, eu estava indo de ônibus para sei lá onde quando fiquei sabendo que as Forças Armadas tinham tomado o poder diante da desordem que reinava no governo e no país inteiro. No dia 6 de setembro do ano anterior, uma turba formada por meliantes do Partido Conservador e policiais fardados tinha posto fogo, em Bogotá, nos edifícios do *El Tiempo* e do *El Espectador*, os dois jornais mais importantes do país, e atacaram a tiros as residências do ex-presidente Alfonso López Pumarejo e de Carlos Lleras Restrepo, presidente do Partido Liberal. Lleras, conhecido como político de caráter duro, chegou a trocar disparos com seus agressores, mas no fim se viu obrigado a escapar pela grade da cerca de uma casa vizinha. A situação de violência oficial que o país sofria desde 9 de abril tinha se tornado insustentável.

Isso, até a madrugada daquele 13 de junho, quando o general-de-divisão Gustavo Rojas Pinilla tirou do palácio o presidente interino, Roberto

Urdaneta Arbeláez. Laureano Gómez, o presidente efetivo que estava em gozo de uma boa licença por determinação de seus médicos, reassumiu então o comando numa cadeira de rodas, e tentou dar um golpe em si mesmo e governar os quinze meses que faltavam para o seu período constitucional. Mas Rojas Pinilla e seu estado-maior tinham chegado para ficar.

O apoio nacional à decisão da Assembléia Constituinte que legitimou o golpe militar foi imediato e unânime. Rojas Pinilla foi investido de poderes até o final do período presidencial, em agosto do ano seguinte, e Laureano Gómez viajou com a família para Benidorm, na costa levantina da Espanha, deixando para trás a impressão de que seus tempos de fúria tinham terminado. Os patriarcas do Partido Liberal proclamaram seu apoio à reconciliação nacional com um chamado aos seus militantes que estavam em armas por todo o país. A foto mais significativa publicada pelos jornais nos dias seguintes foi a dos líderes liberais cantando uma serenata de namorados debaixo da sacada da alcova presidencial. A homenagem foi encabeçada por dom Roberto García Peña, diretor do *El Tiempo*, e um dos opositores mais encarniçados do regime deposto.

A foto mais emocionante daqueles dias, porém, foi a fila interminável dos guerrilheiros liberais que entregaram suas armas nas planícies orientais, comandados por Guadalupe Salcedo, cuja imagem de bandoleiro romântico havia tocado fundo o coração dos colombianos castigados pela violência oficial. Era uma nova geração de guerreiros contra o regime conservador, identificados, de algum modo, como sendo um resquício da Guerra dos Mil Dias, e que mantinham relações nada clandestinas com os dirigentes locais do Partido Liberal.

À frente deles, Guadalupe Salcedo tinha difundido a todos os níveis do país, a favor ou contra, uma nova imagem mítica. Talvez por isso — quatro anos após a sua rendição — foi crivado de balas pela polícia em algum lugar de Bogotá, cuja localização exata nunca foi sabida, nem esclarecidas de maneira concreta as circunstâncias de sua morte.

A data oficial da sua morte é 6 de junho de 1957, e seu corpo foi depositado em cerimônia solene numa cripta numerada do cemitério central de Bogotá, com a presença de políticos conhecidos. Guadalupe Salcedo manteve, de seus quartéis de guerra, relações não apenas políticas, mas também sociais, com os dirigentes do liberalismo em desgraça. No entanto, existem pelo menos oito versões diferentes para a sua morte, e não faltam os incrédulos daquela época e também desta que até hoje se perguntam se o cadáver era mesmo o dele, e se está de verdade na cripta em que foi sepultado.

Com aquele estado de espírito me lancei em minha segunda viagem de negócios à Província, depois de confirmar com Villegas que estava tudo em ordem. Como na vez anterior, fiz minhas vendas rápidas em Valledupar, com uma clientela conhecida de antemão. Depois fui com Rafael Escalona e Poncho Cotes até Villanueva, La Paz, Patillal e Manaure de la Sierra, para visitar veterinários e agrônomos. Alguns haviam conversado com outros compradores de minha viagem anterior, e me esperavam com pedidos especiais. Qualquer hora era hora para armar uma festa com os próprios clientes e seus alegres compadres, e amanhecíamos cantando com as sanfonas sem interromper compromissos nem pagar créditos urgentes porque a vida cotidiana seguia seu ritmo natural no fragor da festança. Em Villanueva estivemos com um sanfoneiro e dois caixistas que ao parecer eram netos de algum daqueles que escutávamos em Aracataca quando éramos meninos. Assim, o que tinha sido um hábito infantil se revelou para mim naquela viagem como um ofício inspirado que haveria de me acompanhar para sempre.

Daquela vez conheci Manaure, no coração da Serra, um povoado belo e tranqüilo, histórico na família porque foi para lá que levaram minha mãe quando era menina, para curar umas febres terças que tinham resistido a tudo que era tipo de poções horrendas. Tinha ouvido falar tanto de Manaure, de suas tardes de maio e de seus cafés-da-manhã medicinais, que quando cheguei lá pela primeira vez percebi que recordava tudo como se tivesse conhecido tudo numa vida anterior.

Estávamos tomando cerveja gelada no único botequim do povoado quando se aproximou da nossa mesa um homem que parecia uma árvore, com polainas de montar e um revólver de guerra no cinto. Rafael Escalona nos apresentou, e ele ficou olhando em meus olhos com minha mão na dele.

— Você tem alguma coisa a ver com o coronel Nicolás Márquez? — me perguntou.

— Sou neto dele — respondi.

— Então — disse ele —, seu avô matou o meu avô.

Ou seja, ele era neto de Medardo Pacheco, o homem que meu avô tinha matado num duelo limpo. Não tive tempo de me assustar, porque ele falou de um modo muito cálido, como se aquela fosse uma forma de também sermos parentes. Ficamos de farra com ele durante três dias e três noites em seu caminhão de fundo duplo, bebendo *brandy* quente e comendo *sancocho* de bode em memória dos avós mortos. Vários dias se passaram até que ele confessasse: ele e Escalona tinham combinado essa história para me assustar, mas não teve mais coragem para continuar com a brincadeira dos avós mortos. Na verdade, chamava-se José Prudêncio Aguilar, e era contrabandista de profissão, um homem direito e de bom coração. Em homenagem a ele, e para não deixar por menos, batizei com seu nome o rival que José Arcadio Buendía matou com uma lança na rinha de galos de *Cem anos de solidão*.

Ruim mesmo foi que no final daquela viagem de nostalgias os livros vendidos ainda não tinham chegado, e sem eles eu não podia receber a parcela de entrada, que era o meu salário. Fiquei sem um centavo e o metrônomo do hotel andava mais depressa que minhas noites de festa. Víctor Cohen começou a perder a pouca paciência que lhe restava por causa dos rumores que diziam que eu torrava o dinheiro da minha dívida com ele em maluquices de baixo estofo e com putinhas de vida ruim. A única coisa que devolveu meu sossego foram os amores contrariados de *O direito de nascer*, a radionovela de dom Félix B. Caignet, cujo impacto popular reviveu minhas velhas esperanças com a literatura de lágrimas. A leitura inesperada de *O velho e o mar*, de Hemingway, que chegou de surpresa na revista *Life en español*, acabou de me restabelecer de meus quebrantos.

No mesmo correio chegou o carregamento de livros que eu devia entregar aos seus novos donos para cobrar as cotas de entrada. Todos pagaram, pontuais, mas eu já devia no hotel mais que o dobro do que tinha ganho, e Villegas me avisou que eu não receberia mais nenhum tostão nas próximas três semanas. Então fui falar a sério com Víctor Cohen, e ele aceitou um vale com um fiador. Como Escalona e seu grupo não estavam ao alcance, um amigo providencial me fez o favor só porque tinha gostado de um conto meu publicado em *Crónica*. Na hora da verdade, porém, não pude pagar ninguém.

O vale tornou-se histórico anos depois, quando Víctor Cohen o mostrava a amigos e visitantes, não como um documento acusador mas como um troféu. A última vez em que o vi ele estava com quase cem anos, era espigado e lúcido, e com o humor intacto. No batizado de um filho de minha comadre Consuelo Araujonoguera, do qual eu fui padrinho, tornei a ver, quase cinqüenta anos depois, o vale que não paguei. Víctor Cohen o mostrava a todos que quisessem vê-lo, com a graça e firmeza de sempre. E me surpreendi com a clareza do documento escrito por ele, e pela enorme vontade de pagar que se notava na desfaçatez da minha assinatura. Víctor celebrou aquela noite dançando um *paseo vallenato* com uma elegância colonial que ninguém teve desde os tempos de Francisco, o Homem. Quando terminou, muitos amigos me agradeceram por não ter pago o vale na época correta, pois essa tinha sido a origem daquela noite impagável.

A magia sedutora do doutor Villegas dava para ir em frente, mas não com os livros. Não é possível esquecer a maestria senhorial com que ele toureava os credores e a felicidade com que eles entendiam os motivos de Villegas para não pagar em dia. O mais tentador de seus assuntos na época tinha a ver com o romance *Fecharam-se os caminhos*, da escritora Olga Salcedo de Medina, de Barranquilla, que tinha provocado um alvoroço mais social que literário, e com escassos antecedentes regionais. Inspirado pelo êxito de *O direito de nascer*, que acompanhei com interesse crescente durante o mês inteiro, eu tinha pensado que estávamos vivendo um fenômeno popular que não podia ser ignorado pelos escritores. Sem sequer mencionar a dívida pendente, comentei isso com Villegas quando voltei de Valledupar, e ele me propôs que escrevesse uma adaptação, mas com malícia suficiente para triplicar a vasta audiência já amarrada pelo drama radiofônico de Félix B. Caignet.

Passei duas semanas trancado e isolado do mundo, fazendo a adaptação para a transmissão radiofônica, e achei o resultado muito mais revelador que o previsto, com medidas de diálogos, graus de intensidade e situações e tempos fugazes que não se pareciam em nada a tudo que eu havia escrito antes. Com minha inexperiência em diálogos — que continuam não sendo o meu forte — a prova foi valiosa, e agradeci mais pelo aprendizado que pelo lucro. Mas nem disso eu tinha queixas, porque Villegas me adiantou a metade e se comprometeu a cancelar minha dívida anterior com o dinheiro que começaria a entrar por causa da novela.

Foi gravada na emissora Atlântico, reunindo o melhor elenco regional possível, dirigida sem experiência e sem inspiração pelo próprio Villegas. Para narrador, tinham recomendado a ele Germán Vargas, por ser um locutor diferente graças ao contraste de sua sobriedade com a estridência do rádio local. A primeira grande surpresa foi que Germán aceitou, e a segunda foi que desde o primeiro ensaio ele mesmo chegou à conclusão de que não era o mais indicado. Então, Villegas em pessoa assumiu a tarefa da narração, com sua cadência e os assovios andinos que acabaram de desnaturalizar aquela aventura temerária.

Transmitiram a novela completa, com mais penas que glórias, e foi uma aula magistral para minhas ambições insaciáveis de ser narrador em qualquer gênero. Assisti às gravações, que eram feitas direto sobre o disco virgem, com uma agulha de arado que ia deixando fiapos de filamentos negros e luminosos, quase intangíveis, como cabelos de anjo. Toda noite eu levava um bom punhado daqueles fiapos, que repartia entre meus amigos, como um troféu insólito. Entre tropeços e lambanças sem fim, a radionovela foi ao ar no prazo, com uma festa descomunal, típica de seu produtor.

Ninguém conseguiu inventar um comentário de cortesia para me fazer acreditar que tinha gostado da obra, mas a novela teve uma boa audiência e um volume de publicidade suficiente para salvar a cara. A mim, por sorte, deu novos brios num gênero que achava que estava disparando rumo a horizontes impensáveis. Minha admiração e gratidão por dom Félix B. Caignet chegaram a tal ponto que uns dez anos mais tarde pedi a ele um encontro particular, quando eu estava passando alguns meses em Havana como redator da agência cubana Prensa Latina. Mas apesar de todo tipo de argumentos e pretextos, dom Félix nunca se deixou ver, e só me restou dele a lição magistral que li em alguma entrevista sua: "As pessoas sempre querem chorar: a única coisa que eu faço é dar o pretexto." As magias de Villegas, por sua vez, não deram para mais nada. Ele também se enrolou inteiro com a Editora González Porto — como antes tinha se enrolado com a Losada — e não houve jeito de acertarmos nossas últimas contas, porque abandonou os sonhos de grandeza e voltou ao seu país.

Álvaro Cepeda Samudio me tirou do purgatório com sua velha idéia de transformar o *El Nacional* no jornal moderno que ele tinha aprendido a fazer nos Estados Unidos. Até então, além de colaborações ocasionais em *Crónica*, que sempre foram literárias, ele só tinha tido oportunidade para praticar sua formação da Universidade de Columbia com os artigos minúsculos e exemplares que mandava para o *Sporting News*, de Saint Louis, Missouri. Finalmente, em 1953 nosso amigo Julián Davis Echandía, que tinha sido o primeiro chefe de Álvaro, chamou-o para que tomasse conta de tudo em seu jornal vespertino, o *El Nacional*. O próprio Álvaro o havia entusiasmado com o projeto astronômico que apresentou a ele quando voltou de Nova York, e quando capturou o mastodonte, me chamou para ajudar a carregá-lo, sem cargos ou deveres definidos, mas com o primeiro salário pago antecipado, e que foi suficiente para viver mesmo sem que eu recebesse o resto.

Foi uma aventura mortal. Álvaro tinha feito o projeto inteiro com modelos dos Estados Unidos. Lá em cima, feito Deus nas alturas, ficava Davis Echandía, precursor dos tempos heróicos do jornalismo sensacionalista local e o homem menos decifrável que conheci, bom de nascença e mais sentimental que compassivo. O resto da equipe era formado por grandes jornalistas de choque, da safra brava, todos amigos entre si e colegas de muitos anos. Em teoria, cada um tinha sua órbita bem definida, mas fora disso jamais se soube quem fez o que para que o enorme mastodonte técnico não conseguisse dar nem o primeiro passo. Os poucos números que conseguiam sair foram o resultado de um ato heróico, mas nunca se soube de quem. Na hora de entrar na gráfica, as pranchas estavam empasteladas. O material urgente desaparecia, e nós, os bondosos, enlouquecíamos de raiva. Não recordo uma só vez em que o jornal saísse na hora e sem remendos, por causa dos demônios que viviam escondidos na nossa gráfica. Jamais soubemos o que aconteceu. A explicação que prevaleceu foi talvez a menos perversa: alguns veteranos encarquilhados não conseguiram suportar o regime renovador, e conspiraram com suas almas gêmeas até conseguirem desmantelar a empresa.

Álvaro saiu batendo a porta, e com força. Eu tinha um contrato que em condições normais seria uma garantia, mas naquelas era uma camisa-de-força. Ansioso por tirar algum proveito do tempo perdido tentei armar ao correr da máquina, alguma coisa que valesse a pena, a partir das tentativas anteriores. Retalhos de *La casa*, paródias do Faulkner truculento de *Luz de agosto*, das chuvas de pássaros mortos de Nathaniel Hawthorne, dos contos policiais que tinham me deixado enfastiado, de tão repetitivos, e de algumas dores que sobravam da viagem com minha mãe a Aracataca. Em meu escritório estéril, onde não havia nada além da escrivaninha descascada e da máquina de escrever com o último alento, fui deixando tudo fluir à vontade, até chegar, numa tirada só, ao ponto final: "Um dia depois do sábado". Outro de meus poucos contos que me deixaram satisfeito já na primeira versão.

No *El Nacional*, fui abordado por um vendedor ambulante de relógios de pulso. Eu nunca tinha tido um, por motivos que naqueles anos eram óbvios, e o que ele me oferecia era caro e de um luxo ostensivo. O próprio vendedor me confessou então que era membro do Partido Comunista, encarregado de vender relógios como se fossem anzóis para pescar contribuintes.

— É como comprar a revolução a prestações — me disse.

Respondi com bom humor:

— A diferença é que me dão o relógio na hora, e a revolução, não.

O vendedor não gostou muito da piada sem graça, e eu acabei comprando o relógio mais barato, só mesmo para agradá-lo, e num sistema de prestações que ele mesmo viria cobrar no fim do mês. Foi meu primeiro relógio, e tão pontual e duradouro que continua guardado comigo como uma relíquia daqueles tempos.

Certo dia Álvaro Mutis voltou com a notícia do vasto orçamento da sua empresa para a cultura, e do surgimento da revista *Lámpara*, seu órgão literário. Quando me convidou para colaborar, propus um projeto de emergência: a lenda de La Sierpe. Pensei que se algum dia quisesse contar essa história não deveria ser através de nenhum prisma retórico, mas resgatada da imaginação coletiva como o que de fato era: uma verdade geográfica e histórica. Ou seja, finalmente uma grande reportagem.

— Você pode parir o que bem entender e por onde quiser — me disse Mutis. — Mas faça, porque esse é o tom e o ambiente que procuramos para a revista.

Prometi a reportagem para dali a duas semanas. Antes de partir para o aeroporto, Mutis havia telefonado para seu escritório em Bogotá, pedindo que mandassem meu pagamento adiantado. O cheque chegou pelo correio uma semana depois, e me deixou sem respiração. E mais ainda quando fui descontá-lo no banco, e o caixa inquietou-se com o meu aspecto. Fizeram que eu fosse até um escritório superior, onde um gerente demasiado amável me perguntou onde eu trabalhava. Como de hábito, respondi que escrevia no *El Heraldo*, embora não fosse mais verdade. E só. O gerente examinou o cheque, observou-o com um ar de desconfiança profissional, e enfim determinou:

— Trata-se de um documento perfeito.

Naquela mesma tarde, quando eu estava começando a escrever "A Girafa", me avisaram que havia um telefonema do banco. Cheguei a pensar que o cheque não fosse confiável por causa de qualquer uma das incontáveis razões possíveis na Colômbia. Mal consegui engolir o nó na garganta quando o funcionário do banco, sempre na cadência afetada dos andinos, pediu desculpas por não ter sabido a tempo que o mendigo que descontou o cheque era o autor que escrevia "A Girafa".

No fim do ano, Mutis voltou a Barranquilla outra vez. Mal conseguiu saborear o almoço, preocupado em me ajudar a pensar num jeito estável e definitivo de ganhar mais sem me cansar. Na hora da sobremesa, ele concluiu que a melhor coisa a ser feita seria informar a família Cano que eu estaria disponível para o *El Espectador*, mas só de pensar em voltar a Bogotá eu ficava todo arrepiado. Acontece que Álvaro não dava sossego quando se tratava de ajudar a um amigo.

— Vamos fazer uma coisa — me disse —, vou mandar as passagens e você vai quando quiser e do jeito que quiser, para ver o que acontece.

Era demais para dizer que não, mas eu tinha certeza que o último avião da minha vida tinha sido o que me tirou de Bogotá depois do dia 9 de abril. Além do mais, o relativo êxito da radionovela e a publicação destacada do primeiro capítulo de "La Sierpe" na revista *Lámpara* tinham servido para que eu conseguisse encomendas de alguns textos de publicidade, que finalmente me ajudaram a mandar a tal canoa de alívio para a família em Cartagena. Assim, uma vez mais resisti à tentação de me mudar para Bogotá.

Álvaro Cepeda, Germán e Alfonso, e a maioria dos companheiros de tertúlia do Japy e do Café Roma, me falaram bem de "La Sierpe" quando *Lámpara* publicou seu primeiro capítulo. Concordavam que a fórmula direta da reportagem havia sido a mais adequada para um tema que estava na perigosa fronteira entre aquilo em que se podia acreditar ou não. Alfonso, com seu estilo entre brincalhão e sério, me disse então uma coisa que não esqueci nunca: "É que a credibilidade, querido professor, depende muito da cara que a gente coloca na hora de contar uma história." Estive a ponto de revelar a eles as propostas de trabalho de Álvaro Mutis, mas não me atrevi, e hoje sei que foi de medo que aprovassem. Ele havia tornado a insistir várias vezes, inclusive depois que me fez uma reserva no avião, que cancelei na última hora. Então me deu sua palavra que não estava fazendo nenhuma diligência paralela para o *El Espectador*, nem para nenhum outro meio escrito ou falado. Seu único propósito — insistiu até o fim — era o desejo de conversar comigo sobre uma série de colaborações fixas para a revista, e examinar alguns detalhes técnicos sobre como seria a série completa de "La Sierpe", cujo segundo capítulo deveria sair no número que estava quase pronto. Álvaro Mutis parecia ter certeza de que esse tipo de reportagem podia ser uma agulhada à chatice do costumbrismo, e em seu próprio território. De todos os motivos que ele tinha me apresentado até aquele momento, esse foi o único que me deixou pensando.

Numa terça-feira de chuvinha lúgubre percebi que não poderia ir mesmo que quisesse, porque não tinha outra roupa além de minhas camisas de dançarino. Às seis da tarde não encontrei ninguém na Livraria Mundo, e fiquei esperando na porta, com uma bola de lágrimas por causa do crepúsculo triste que começava a sofrer. Na calçada em frente havia uma vitrine de roupa formal que eu jamais havia visto embora estivesse ali desde sempre, e sem pensar no que estava fazendo atravessei a rua San Blas debaixo das cinzas da chuvinha fina e entrei com passo firme na loja mais cara da cidade. Comprei um terno clerical de lã azul meia-noite, perfeito para o espírito da Bogotá daquele tempo; duas camisas brancas de colarinho duro, uma gravata de listas diagonais e um par de sapatos que o ator José Mojica tinha feito virar moda antes de virar santo. As únicas pessoas a quem contei que estava indo embora foram Germán, Álvaro e Alfonso, que aprovaram dizendo que era uma decisão sensata, mas com a condição de que quando eu voltasse não tivesse virado *cachaco*.

Comemoramos no El Tercer Hombre até o amanhecer, o grupo inteiro, como se fosse a festa antecipada de meu próximo aniversário, pois Germán Vargas, que era o guardião do santoral, informou que no dia 6 de março seguinte eu iria fazer vinte e sete anos. No meio dos bons augúrios de meus grandes amigos, me senti disposto a devorar do jeito que fosse os setenta e três que ainda me faltavam para chegar aos meus primeiros cem.

8.

diretor do *El Espectador*, Guillermo Cano, me telefonou assim que ficou sabendo que eu estava no escritório de Álvaro Mutis, quatro andares acima do dele, num edifício que acabavam de estrear, a uns cinco quarteirões de sua antiga sede. Eu tinha chegado na véspera e estava saindo para almoçar com um grupo de amigos de Mutis, mas Guillermo insistiu que eu fosse cumprimentá-lo. Fui. Depois dos abraços efusivos, bem no estilo da capital, e de alguns comentários sobre as novidades do dia, ele pegou meu braço e me afastou de seus companheiros de redação. "Escuta aqui, Gabriel", disse com uma inocência insuspeita, "por que você não me faz o favorzão de escrever uma notinha editorial que está fazendo falta para fechar o jornal?" Com o polegar e o indicador estendidos mostrou o tamanho de meio copo d'água, e concluiu:

— Mais ou menos desse tamanho.

Achando mais graça do que ele, perguntei onde podia sentar, e Guillermo apontou uma mesa vazia com uma máquina de escrever, que vinha de outros tempos. Sem perguntar mais nada, me acomodei pensando em um tema que servisse, e lá fiquei, sentado na mesma cadeira, na frente da mesma mesa e da mesma máquina pelos dezoito meses seguintes.

Minutos depois da minha chegada, Eduardo Zalamea, o subdiretor, saiu da sala vizinha mergulhado num maço de papéis. Ao me reconhecer, levou um susto:

— Caramba, doutor Gabo! — disse quase gritando, usando o título que havia inventado para mim em Barranquilla, como apócope de Gabito, e que só ele usava. Mas que depois se generalizou na redação, e continuou sendo usado até em letras de forma: Gabo.

Não me lembro do tema que escolhi para o editorial que Guillermo Cano encomendou, mas conhecia muito bem, desde meus tempos da Universidade Nacional, o estilo dinástico do *El Espectador*. E em especial da seção "Dia a dia" da página editorial, que desfrutava de um merecido prestígio, e decidi imitá-lo com o mesmo sangue-frio com que Luisa Santiaga enfrentava os demônios da adversidade. Terminei em meia hora, fiz algumas correções a mão e entreguei o texto a Guillerme Cano, que leu de pé, por cima do arco de seus óculos de míope. Aquela concentração não parecia ser somente dele, mas de toda uma dinastia de antepassados de cabelos brancos, iniciada por dom Fidel Cano, o fundador do jornal em 1887, continuada pelo seu filho, dom Luis, consolidada pelo irmão de Luis, dom Gabriel, e recebida, já amadurecida na corrente sangüínea, pelo seu neto Guillermo, que aos vinte e três anos acabava de assumir a direção geral. Da mesma forma que seus antepassados fariam no passado, ele fez algumas correções intercaladas por várias dúvidas menores, e terminou com o primeiro uso prático e simplificado de meu novo nome:

— Muito bem, Gabo.

Na noite do regresso eu tinha percebido que enquanto minhas lembranças sobrevivessem, para mim Bogotá não voltaria a ser a mesma. Como muitas das grandes catástrofes do país, o 9 de abril tinha trabalhado mais para o esquecimento que para a história. O Hotel Granada foi arrasado em seu parque centenário e em seu lugar já começava a crescer o edifício demasiado novo do Banco da República. As antigas ruas de nossos anos não pareciam, sem os bondes iluminados, ser de mais ninguém, e a esquina do crime histórico tinha perdido sua grandeza nos espaços abertos pelos incêndios. "Agora sim, parece uma cidade grande", disse surpreso alguém que nos acompanhava. E acabou de me dilacerar com a frase de ritual:

— É preciso agradecer ao dia 9 de abril.

Em compensação, eu nunca tinha estado melhor que na pensão sem nome onde Álvaro Mutis me instalou. Ao lado do parque nacional, uma casa embelezada pela desgraça e onde na primeira noite não pude suportar a inveja dos meus vizinhos de quarto, que faziam amor como se fosse uma guerra feliz. No dia seguinte, quando os vi sair não consegui acreditar que fossem eles: uma menina esquálida com um vestido de orfanato público, e um senhor de muita idade, com cabelos platinados e de dois metros de altura, que podia muito bem ser seu avô. Pensei que tinha me enganado, mas eles mesmos se encarregaram de confirmar, todas as noites, que eram mesmo quem eu tinha achado que fossem, morrendo de tanto gritar até o amanhecer.

O *El Espectador* publicou minha nota na página editorial e no lugar reservado às boas. Passei a manhã nas lojas comprando a roupa que Mutis me impunha com o fragoroso sotaque inglês que inventava para divertir os vendedores. Almoçamos com Gonzalo Mallarino e com outros escritores jovens, convidados para a minha apresentação na sociedade. Não tornei a saber nada de Guillermo Cano até três dias mais tarde, quando ligou para mim no escritório de Mutis.

— Escute aqui, Gabo, o que aconteceu com o senhor? — me disse com uma severidade de diretor mal imitada. — Ontem fechamos atrasados, esperando seu texto.

Desci para a redação para conversar com ele, e até hoje não sei como é que continuei escrevendo textos sem assinatura todas as tardes, durante mais de uma semana, sem que ninguém me falasse nada sobre emprego e muito menos salário. Nas tertúlias de descanso, os redatores me tratavam como um a mais, e de fato eu era, sem imaginar até que ponto.

A seção "Dia a dia", jamais assinada, era encabeçada sempre por Guillermo Cano, com uma nota política. Numa ordem estabelecida pela direção, depois aparecia a nota de tema livre escrita por Gonzalo González, que além disso cuidava da seção mais inteligente e popular do jornal — "Perguntas e respostas" —, onde, com o pseudônimo de Gog, não por causa de Giovanni Papini, mas de seu próprio nome, resolvia qualquer dúvida dos leitores. À continuação apareciam os meus textos, e em ocasiões muito escassas, algum texto especial de Eduardo Zalamea, que ocupava todos os dias o melhor espaço da página editorial — "A cidade e o mundo" — com o pseudônimo de Ulisses, não por causa de Homero — conforme ele mesmo fazia questão de esclarecer —, mas de James Joyce.

Nos primeiros dias do ano, Álvaro Mutis deveria fazer uma viagem de trabalho a Porto Príncipe, e me convidou para ir junto. O Haiti era, na época, o país dos meus sonhos, depois que li *O reino deste mundo*, de Alejo Carpentier. No dia 18 de fevereiro eu ainda não tinha respondido nada a Mutis, quando escrevi uma nota sobre a rainha-mãe da Inglaterra perdida na solidão do imenso castelo de Buckingham. O que me chamou a atenção foi o fato de meu texto ter sido publicado no primeiro lugar de "Dia a dia", e que tivesse despertado bons comentários na redação. Naquela noite, numa festa para pouca gente na casa do chefe de redação, José Salgar, Eduardo Zalamea fez um comentário ainda mais entusiasmado. Mais tarde, um inconfidente benévolo me disse que aquela opinião de Zalamea tinha dissipado as últimas dúvidas para que a diretoria me fizesse a oferta formal de um emprego fixo.

No dia seguinte, logo cedo, Álvaro Mutis me chamou ao seu escritório para dar a triste notícia de que a viagem ao Haiti havia sido cancelada. O que ele não me disse foi que sua decisão tinha surgido numa conversa casual com Guillermo Cano, que pediu do fundo do coração que não me levasse a Porto Príncipe. Álvaro, que também não conhecia o Haiti, quis saber a razão. "Pois quando você conhecer o Haiti" — disse Guillermo — "vai entender que aquela é a coisa que o Gabo mais vai gostar no mundo." E arrematou a tarde com um passe magistral:

— Se o Gabo for ao Haiti, não volta nunca mais.

Álvaro entendeu, cancelou a viagem, e fez com que eu concluísse que tinha sido uma decisão da sua empresa. E assim jamais conheci Porto Príncipe, mas só fiquei sabendo os motivos reais há muito poucos anos, quando Álvaro me contou essa história numa de nossas intermináveis relembranças de avós. Guillermo, por sua vez, assim que me teve amarrado ao seu jornal por um contrato, repetiu durante anos que eu pensasse numa grande reportagem sobre o Haiti, mas nunca pude ir, nem disse a ele o porquê.

Jamais teria me passado pela cabeça a ilusão de ser redator contratado do *El Espectador*. Compreendia que publicassem meus contos por causa da escassez e da pobreza no gênero na Colômbia, mas a redação diária num vespertino era um desafio muito diferente para alguém que fosse, como eu, tão pouco curtido no jornalismo de combate. Com meio século de idade, criado

numa casa alugada e nas maquinarias que tinham sobrado do *El Tiempo* —
um jornal rico, poderoso e prepotente —, o *El Espectador* era um modesto
vespertino de dezesseis páginas apertadas, mas seus cinco mil exemplares mal
contados eram arrebatados dos jornaleiros quase que na própria porta da
gráfica, e eram lidos em meia hora nos cafés taciturnos da cidade velha. Eduardo Zalamea Borda em pessoa tinha declarado à BBC de Londres que aquele
era o melhor jornal do mundo. O mais comprometedor, porém, não era a
declaração em si, mas o fato de que quase todos os que faziam o jornal, e muitos
dos que o liam, estavam convencidos de que era de verdade.

Devo confessar que no dia seguinte ao do cancelamento da viagem ao
Haiti, quando Luis Gabriel Cano, o gerente geral, me chamou na sua sala,
meu coração deu uma cambalhota. O encontro, com todo o seu formalismo,
não durou cinco minutos. Luis Gabriel tinha a reputação de ser um homem
tosco, generoso como amigo e avarento como gerente, mas eu achei e continuei achando sempre que era muito concreto e cordial. Sua proposta, em
termos solenes, foi que eu ficasse no jornal como redator contratado para
escrever informação geral, notas de opinião e tudo que fosse preciso no sufoco de última hora, com um salário mensal de novecentos pesos. Perdi a
respiração. Quando a recuperei tornei a perguntar quanto, e ele repetiu, letra por letra: novecentos. Na hora, fiquei tão impressionado que alguns meses
depois, falando dessa história numa festa, meu querido Luis Gabriel revelou que havia interpretado minha surpresa como se fosse um gesto de recusa. A última dúvida tinha sido expressa por dom Gabriel, com um medo bem
justificado: "Está tão magrinho e pálido que pode morrer no meio da redação." Foi assim que entrei como redator no *El Espectador*, onde em menos
de dois anos consumi a maior quantidade de papel da minha vida.

Foi uma casualidade afortunada. A mais temida instituição do jornal era
dom Gabriel Cano, o patriarca, que se constituiu por determinação própria
no inquisidor implacável da redação. Lia na edição diária, com sua lupa
milimétrica, até a vírgula mais inesperada, marcava com letra vermelha os
tropeços de cada artigo e exibia num quadro de cortiça os recortes castigados com seus comentários demolidores. O quadro ficou sendo chamado,
desde o primeiro dia, de "O Muro da Infâmia", e não me lembro de um só
redator que tenha escapado de sua caneta sangrenta.

A promoção espetacular de Guillermo Cano como diretor do *El Espectador* aos vinte e três anos não parecia ser o fruto prematuro de seus méritos pessoais, mas principalmente o cumprimento de uma predestinação que estava escrita antes de seu nascimento. Por isso, minha primeira surpresa foi comprovar que era diretor de verdade, quando muitos de nós, vendo de fora, achávamos que ele não passava de um filho obediente. O que mais me chamou a atenção foi a rapidez com que reconhecia a notícia.

Às vezes precisava enfrentar todo mundo, mesmo sem muitos argumentos, até conseguir convencê-los de sua verdade. Era uma época em que o ofício não era ensinado nas universidades mas aprendido aos pés da vaca, respirando tinta de gráfica, e o *El Espectador* tinha os melhores professores, de bom coração mas mão dura. Guillermo Cano tinha começado ali desde suas primeiras letras, com matérias sobre as touradas, que eram e são muito populares na Colômbia, tão severas e eruditas que sua vocação dominante não parecia ser a de jornalista mas de toureiro. Por isso, a mais dura experiência de sua vida deve ter sido a de se ver promovido da noite para o dia, e sem etapas intermediárias, de estudante primíparo a grande mestre. Ninguém que não o conhecesse de perto teria podido vislumbrar, atrás de suas maneiras suaves e um tanto evasivas, a terrível determinação de seu caráter. Com a mesma paixão se empenhou em batalhas vastas e perigosas, sem se deter jamais diante da certeza de que mesmo por trás das causas mais nobres a morte pode estar à espreita.

Não conheci ninguém mais refratário à vida pública, mais reticente às homenagens pessoais, mais esquivo aos agrados do poder. Era homem de poucos amigos, mas os poucos eram muito bons amigos, e desde o primeiro dia me senti um deles. Talvez o fato de eu ser um dos mais jovens numa redação de veteranos curtidos tenha contribuído para isso, pois criou-se entre nós dois um senso de cumplicidade que jamais desfaleceu. O que essa amizade teve de exemplar talvez tenha sido sua capacidade de prevalecer sobre nossas contradições. Os desacordos políticos eram muito profundos, e foram cada vez mais à medida que o mundo se descompunha, mas soubemos sempre encontrar um território comum para continuar lutando juntos pelas causas que nos pareciam justas.

A sala da redação era enorme, com mesas dos dois lados, num ambiente presidido pelo bom humor e as piadas pesadas. Lá estava Darío Bautista, uma estranha espécie de contraministro da Fazenda, que desde o primeiro cantar dos galos se dedicava a amargar a aurora dos funcionários do mais alto nível, com cabalas quase sempre certeiras de um porvir sinistro. Estava também o redator policial, Felipe González Toledo, repórter de nascença, que muitas vezes se antecipou à investigação oficial com a arte de desfazer um nó e esclarecer um crime. Guillermo Lanao, que cobria vários ministérios, conservou o segredo de ser menino até a sua mais tenra velhice. Rogelio Echavarría, poeta e dos grandes, responsável pela edição matutina, e que nunca vimos à luz do dia. Meu primo Gonzalo González, com uma perna engessada por causa de um mau jogo de futebol, achava que tinha de estudar para responder perguntas sobre qualquer assunto, e acabou virando um especialista em tudo. Apesar de na universidade ter sido um jogador de futebol de primeira linha, tinha uma interminável fé no estudo teórico de qualquer coisa, acima de qualquer experiência. Deu sua demonstração mais espetacular num campeonato de boliche disputado pelos jornalistas, quando se dedicou a estudar um manual das leis físicas do jogo em vez de treinar até o amanhecer como todos os outros, e foi o campeão daquele ano.

Com essa seleção na redação, tudo era um recreio eterno, sempre sujeito ao lema de Darío Bautista ou Felipe González Toledo: "Quem se emputece se fode." Cada um de nós conhecia as tarefas dos outros, e ajudávamos onde se pedia ou se podia. Era tanta a participação comum, que quase dá para dizer que trabalhávamos em voz alta. Mas quando a situação ficava feia, não se ouvia um suspiro. Lá do fundo da sala, na única mesa atravessada no caminho, mandava José Salgar, que costumava percorrer a redação, informando e se informando de tudo, enquanto desafogava a alma com sua terapia de malabarista.

Acho que a prova de fogo para minha timidez invencível aconteceu na tarde em que Guillermo Cano me levou de mesa em mesa por todo o salão, para me apresentar. Perdi a fala e meus joelhos se desarticularam quando Darío Bautista bramou, sem olhar para ninguém, com sua terrível voz de trovão:

— Chegou o gênio!

A única coisa que me passou pela cabeça foi fazer uma meia-volta teatral, com o braço estendido na direção de todos e de ninguém, e dizer a coisa menos engraçada que me saiu da alma:

— Aqui estou, às ordens dos senhores.

Até hoje sofro o impacto da vaia generalizada, mas também sinto o alívio dos abraços e das boas palavras com que cada um me deu as boas-vindas. A partir daquele instante fui um a mais naquela comunidade de tigres caritativos, com uma amizade e um espírito de grupo que nunca decaiu. Toda informação que eu precisasse para o que estivesse escrevendo, por mais insignificante que fosse, era solicitada ao redator correspondente, e jamais deixou de chegar na hora exata.

Minha primeira grande lição de repórter veio de Guillermo Cano, e foi vivida por toda a redação, na tarde em que caiu sobre Bogotá um aguaceiro que manteve a cidade em estado de dilúvio universal durante três horas, sem trégua. A torrente de águas revoltas da avenida Jiménez de Quesada arrastou tudo que encontrava pelo caminho nas encostas das colinas, e deixou nas ruas um rastro de catástrofe. Os automóveis de todos os tipos e o transporte público ficaram paralisados no lugar em que foram surpreendidos, e milhares de transeuntes se refugiavam aos tropeções nos edifícios inundados, até que não sobrou lugar para mais ninguém. Os redatores do jornal, surpreendidos pelo desastre no momento em que fechavam a edição, contemplavam das janelas o triste espetáculo, com as mãos nos bolsos, como meninos de castigo, e sem saber o que fazer. De repente, Guillermo Cano pareceu despertar de um sono sem fundo, virou-se para a redação paralisada e gritou:

— Este aguaceiro é notícia!

Foi uma ordem não dada, e obedecida no mesmo instante. Saímos todos correndo para os nossos postos de combate, para conseguir por telefone e aos atropelos as informações que José Salgar nos pedia para que escrevêssemos entre todos a reportagem sobre o aguaceiro do século. As ambulâncias e radiopatrulhas chamadas para casos urgentes ficaram imobilizadas pelos veículos engarrafados no meio das ruas. Os esgotos e tubulações domésticas estavam bloqueados pelas águas e a totalidade do corpo de bombeiros não bastou para superar a emergência. Bairros inteiros precisaram ser desalojados à força, por causa da ruptura de uma represa urbana. Em outros, as bocas-de-lobo explodiam, levando junto a tubulação do esgoto. As calçadas estavam ocupadas por anciãos inválidos, enfermos e crianças asfixiadas. No meio do caos, cinco proprietários de botes a motor para pescar nos fins de semana organizaram um campeonato na avenida Caracas, a mais movimentada da cidade. Essas histórias, reunidas a toque de caixa, eram distribuídas por José Salgar aos redatores, que as elaboravam para a edição especial improvisada em cima da hora. Os fotógrafos, ensopados apesar das capas de chuva que estavam usando, revelavam as fotos em um ritmo alucinante. Pouco antes das cinco, Guillermo Cano escreveu a síntese magistral de um dos aguaceiros mais dramáticos de que se tem memória na cidade. Quando finalmente escampou, a edição improvisada do *El Espectador* circulou como num dia comum, com apenas uma hora de atraso.

Minha relação inicial com José Salgar foi das mais difíceis, mas acabou sendo sempre criativa como nenhuma outra. Creio que ele tinha um problema que ia no sentido oposto ao meu: Salgar exigia sempre que seus repórteres soltassem um dó de peito, enquanto eu ansiava que me pusesse na onda, quer dizer, que me deixasse fazer reportagens. Mas meus outros compromissos com o jornal me mantinham atado, e só me sobravam as horas dos domingos. Acho que Salgar pôs o olho em mim para que eu fosse repórter, enquanto os outros tinham posto em mim o olho para cinema, comentários editoriais e assuntos culturais, porque sempre tinham me marcado como contista. Mas meu sonho era mesmo a reportagem, desde meus primeiros passos nos jornais do litoral, e sabia que Salgar era o melhor mestre, mas me fechava as portas, talvez com a esperança que eu as derrubasse para entrar à força. Trabalhávamos muito bem, cordiais e dinâmicos, e cada vez que eu passava algum material para ele, escrito de acordo com Guillermo Cano e mesmo com Eduardo Zalamea, Salgar aprovava sem reticências, mas não dispensava o ritual. Fazia o gesto árduo de tirar à força a rolha de uma garrafa, e me dizia mais a sério do que ele mesmo parecia crer:

— Torça o pescoço do cisne.

No entanto, nunca foi agressivo. Pelo contrário: um homem cordial, forjado a ferro em brasa, e que tinha subido na vida pela escada do bom trabalho.

desde servir café na gráfica aos catorze anos até se transformar no chefe de redação com maior autoridade no país. Acho que ele não conseguia perdoar que me desperdiçasse em malabarismos líricos num país onde faziam tanta falta os repórteres de choque. Eu, por minha vez, achava que nenhum gênero jornalístico servia melhor para expressar a vida cotidiana que a reportagem. Hoje, em todo caso, sei que a teimosia com que nós dois tratávamos do assunto foi o melhor estímulo que tive para cumprir o sonho esquivo de ser repórter.

A ocasião surgiu na minha frente às onze e vinte da manhã do dia 9 de junho de 1954, quando eu estava voltando da prisão Modelo de Bogotá, onde tinha ido visitar um amigo. Tropas do exército, armadas para uma guerra, barravam uma multidão estudantil na rua Sete, a duas quadras da mesma esquina onde seis anos antes Jorge Eliécer Gaitán tinha sido assassinado. Era a manifestação de protesto contra a morte de um estudante, no dia anterior, por tropas do batalhão Colômbia, treinado para a guerra da Coréia, e era também o primeiro confronto de rua entre civis e o governo das Forças Armadas. De onde eu estava, só dava para ouvir os gritos da discussão entre estudantes que tentavam prosseguir até o Palácio Presidencial e os militares que impediam. No meio da multidão não conseguíamos entender o que estavam gritando, mas dava para perceber a tensão no ar. De repente, sem nenhum aviso prévio, ouviu-se uma rajada de metralhadoras, e em seguida mais duas. Vários estudantes e alguns transeuntes foram mortos na hora. Os sobreviventes que trataram de levar feridos ao hospital foram dissuadidos a golpes de fuzil. A tropa desalojou o setor e fechou as ruas. Na estampida, tornei a viver em alguns segundos todo o horror do dia 9 de abril, na mesma hora e no mesmo lugar.

Subi quase em disparada os três quarteirões empinados até a sede do *El Espectador* e encontrei a redação aquartelada para combate. Contei, engasgado, o que tinha conseguido ver no lugar da matança, mas quem menos sabia já estava escrevendo a todo vapor a primeira crônica com a identidade dos nove estudantes mortos, e contando o estado dos feridos nos hospitais. Eu estava certo de que me mandariam escrever sobre o incidente, por ser o único que estava lá e viu, mas Guillermo Cano e José Salgar concordavam que aquela devia ser uma reportagem coletiva, na qual cada um faria a sua parte. O redator responsável, Felipe González Toledo, daria a unidade final.

— Fique tranqüilo — me disse Felipe, preocupado com a minha desilusão. — As pessoas sabem que aqui todo mundo trabalha em tudo, mesmo quando ninguém assina.

Ulisses, por sua vez, me consolou com a idéia de que a nota editorial que eu deveria escrever podia ser a coisa mais importante, por se tratar de um gravíssimo problema de ordem pública. Tinha razão, mas foi uma nota tão delicada e tão comprometedora da política do jornal, que acabou sendo escrita por várias mãos nos níveis mais altos da redação. Creio que foi uma lição justa em relação a todos nós, mas para mim, foi desanimadora. Aquele foi o final da lua-de-mel entre o governo das Forças Armadas e a imprensa liberal. Havia começado oito meses antes, com a tomada do poder pelo general Rojas Pinilla, que permitiu ao país um suspiro de alívio depois do banho de sangue dos sucessivos governos conservadores, e durou até aquele dia. Para mim foi também uma prova de fogo para os meus sonhos de repórter raso.

Pouco depois, foi publicada a foto do cadáver sem dono de um menino, que ninguém tinha conseguido identificar no anfiteatro do Instituto de Medicina Legal, e que me pareceu igual à de outro menino desaparecido que tinha sido publicada dias antes. Mostrei-as ao chefe da seção policial, Felipe González Toledo, e ele chamou a mãe do primeiro menino, que ainda não tinha sido encontrado. Foi uma lição para sempre. A mãe do menino desaparecido esperava por Felipe e por mim no vestíbulo do anfiteatro. Achei-a tão pobre e diminuída que fiz um esforço supremo do coração para que o cadáver não fosse o de seu menino. No longo porão glacial, debaixo de uma iluminação intensa, havia umas vinte mesas colocadas em bateria, com cadáveres como túmulos de pedra debaixo de lençóis encardidos. Nós três seguimos o guarda cerimonioso até a penúltima mesa do fundo. Debaixo da ponta do lençol sobressaíam as solas de umas botinas tristes, com os saltos muito gastos de tanto uso. A mulher as reconheceu, ficou lívida, mas se refez com seu último suspiro até o guarda retirar o lençol com um passe de toureiro. O corpo de uns nove anos, com os olhos abertos e atônitos, tinha a mesma roupa puída com que foi encontrado morto de vários dias num valão do caminho. A mãe lançou um uivo e desmoronou gritando pelo chão. Felipe levantou-a, dominou-a com murmúrios de consolo, enquanto eu me perguntava se tudo aquilo merecia ser o ofício com o qual sonhava. Eduardo Zalamea me assegurou que não. Ele também pensava que a crônica policial, com tantos leitores, era uma especialidade difícil que requeria uma índole própria e um coração a toda prova. Nunca mais tentei esse caminho.

Outra realidade bem diferente me forçou a ser crítico de cinema. Nunca tinha pensado em ser, mas no Cine Olympia de dom Antonio Daconte, em Aracataca, e depois na escola ambulante de Álvaro Cepeda, havia vislumbrado os elementos de base para escrever notas de orientação cinematográfica com critério mais útil do que o que era usual na Colômbia daquele tempo. Ernesto Volkening, um grande escritor e crítico literário alemão radicado em Bogotá desde a Guerra Mundial, transmitia pela Rádio Nacional um comentário sobre filmes que estreavam, mas estava limitado a um auditório de especialistas. Havia outros comentaristas excelentes, mas ocasionais, ao redor do livreiro catalão Luis Vicens, radicado em Bogotá desde a Guerra Espanhola. Foi ele quem fundou o primeiro cineclube, em cumplicidade com o pintor Enrique Grau e o crítico Hernando Salcedo, e com a diligência da jornalista Gloria Valencia de Castaño Castillo, que teve a credencial número um. Havia no país um público imenso para os grandes filmes de ação e os dramas de lágrimas, mas o cinema de qualidade estava circunscrito a um público mais culto, e os exibidores se arriscavam cada vez menos, com filmes que ficavam três dias em cartaz. Resgatar do meio daquela multidão sem rosto um público novo requeria uma pedagogia difícil mas possível, para assim criar uma clientela acessível aos filmes de qualidade, e ajudar os exibidores e produtores que queriam a mesma coisa mas não conseguiam financiá-los. O maior inconveniente era que esses mesmos exibidores mantinham sobre a imprensa a ameaça de suspender os anúncios de cinema — que eram uma receita substancial para os jornais —, como represália a qualquer crítica adversa. O *El Espectador* foi o primeiro a assumir o risco, e me encomendou a tarefa de comentar as estréias da semana mais como uma cartilha elementar para os interessados, do que como um exagero pontifical. Uma precaução decidida em comum acordo foi que eu sempre tivesse comigo meu passe de cortesia intacto, para provar que entrava nos cinemas com o ingresso comprado na bilheteria.

Meus primeiros textos tranqüilizaram os exibidores, porque comentavam filmes de uma boa mostra de cinema francês. Entre eles, *Puccini*, uma extensa recapitulação da vida do grande músico; *Glória dourada*, que era a história da cantora Grace Moore bem contada, e *A festa de Henriqueta*, uma comédia pacífica de Julien Duvivier. Os empresários que encontrávamos na saída do teatro manifestavam sua complacência pelas nossas críticas. Álvaro Cepeda, porém, me despertou de Barranquilla às seis da manhã, assim que ficou sabendo da minha audácia.

— Como é que o senhor se atreve a fazer críticas de filmes sem me pedir licença, caralho? — gritou ele, morrendo de rir no telefone. — Além do mais, em matéria de cinema o senhor sempre foi uma besta!

Virou meu assistente constante, é claro, embora jamais tenha concordado com a idéia de que não se tratava de fazer escola mas de orientar um público elementar, sem formação acadêmica. A lua-de-mel com os empresários tampouco foi tão doce como pensamos no começo. Quando nos enfrentamos com o cinema comercial puro e simples, até os exibidores mais compreensivos queixaram-se da dureza de nossos comentários. Eduardo Zalamea e Guillermo Cano tiveram habilidade suficiente para distraí-los por telefone até o final de abril, quando um exibidor com pretensões de liderança nos acusou, numa carta aberta, de estarmos atemorizando o público para prejudicar seus interesses. Concluí que o nó do problema era o autor da carta não conhecer o significado da palavra atemorizar, mas me senti à beira da derrota porque não acreditei que fosse possível que naquela crise de crescimento em que o jornal estava dom Gabriel Cano renunciasse aos anúncios dos cinemas só por causa do prazer estético. No mesmo dia em que a carta chegou, ele convocou seus filhos e Ulisses para uma reunião de emergência, e considerei fato consumado que a seção seria morta e enterrada. Depois da reunião, porém, ao passar pela minha mesa, dom Gabriel me disse, com malícia de avô e sem entrar em detalhes:

— Fique tranqüilo, xarazinho.

No dia seguinte, apareceu em "Dia a dia" a resposta ao produtor, escrita por Guillermo Cano em um deliberado estilo doutoral, e cujo final dizia tudo: "Não se atemoriza o público e muito menos se prejudicam os interesses de quem quer que seja ao publicar na imprensa uma crítica cinematográfica séria e responsável, que se assemelhe um pouco à de outros países e rompa as velhas e prejudiciais pautas do elogio desmedido tanto ao que é bom como ao que é ruim." Não foi a única carta, nem nossa única resposta. Funcionários dos cinemas nos abordavam com queixas amargas e recebíamos cartas contraditórias de leitores desnorteados. Mas foi tudo inútil: a coluna sobreviveu até a crítica de cinema deixar de ser ocasional no país e se transformar em uma rotina dos jornais e das rádios.

A partir de então, em pouco menos de dois anos publiquei setenta e cinco críticas, cada uma delas com a correspondente carga horária empregada em ver os filmes. Além de umas seiscentas notas editoriais, um texto assinado ou sem assinar a cada três dias, e pelo menos oitenta reportagens, entre assinadas e anônimas. As colaborações literárias foram publicadas no "Magazine Dominical", do mesmo jornal, entre elas vários contos e a série completa de "La Sierpe", que tinha sido interrompida na revista *Lámpara* por discrepâncias internas.

Foi a primeira bonança da minha vida, mas sem que houvesse tempo para ser desfrutada. O apartamento mobiliado e com serviço de lavanderia que aluguei não passava de um quarto com banheiro, telefone e café-da-manhã na cama, e uma janela grande dando para o eterno chuviscar da cidade mais triste do mundo. Só usei esse quarto para dormir, sempre a partir das três da madrugada e depois de uma hora de leitura, até que o noticiário de rádio da manhã soasse para me orientar com as atualidades do novo dia.

Não deixei de pensar, com certa inquietação, que era a primeira vez que eu tinha um lugar fixo e próprio para morar, mas mal havia tempo para perceber. Estava tão ocupado em levar adiante minha nova vida que meu único gasto notável era o envio pontual, a cada fim de mês, do bote a remos para minha família suportar o naufrágio. Só hoje percebo que mal tive tempo para cuidar da minha vida particular. Talvez porque sobrevivesse dentro de mim a imagem criada pelas mães caribenhas de que as bogotanas se entregavam aos costenhos sem amor, só para realizar seu sonho de viver de frente para o mar. Mesmo assim, em meu primeiro apartamento de solteiro em Bogotá consegui superar esse risco, desde o dia em que perguntei ao porteiro se visitas de amigas à meia-noite eram permitidas, e ele me deu sua sábia resposta:

— São proibidas, senhor, mas eu não vejo o que não devo ver.

No final de julho, sem aviso prévio, José Salgar se plantou na frente da minha mesa enquanto eu escrevia uma nota para a página de editoriais, e ficou me olhando com um longo silêncio. Interrompi no meio de uma frase, e disse a ele, intrigado:

— Qual é o babado?

Ele nem pestanejou, fazendo malabarismos invisíveis com seu lápis de cor, e com um sorriso diabólico cuja intenção era evidente. Explicou sem que eu perguntasse que não tinha me deixado fazer a reportagem da matança dos estudantes na rua Sete porque era uma tarefa difícil demais para um iniciante. Em compensação, me oferecia por sua própria conta e risco o diploma de repórter, de maneira direta mas sem o menor espírito de desafio, se eu fosse capaz de aceitar sua proposta mortal:

— Por que você não vai até Medellín e conta para a gente que merda aconteceu por lá?

Não foi simples de entender, porque ele estava me falando de uma coisa que havia acontecido fazia mais de duas semanas, o que me permitia suspeitar que fosse uma cilada sem salvação. Sabia-se que na manhã do dia 12 de julho tinha ocorrido um deslizamento de terra em La Media Luna, um lugar abrupto a oeste, mas o escândalo da imprensa, a desordem das autoridades e o pânico das vítimas haviam causado tanta confusão administrativa e humanitária que não dava mais para dizer o que tinha acontecido de verdade. Salgar não me pediu para tratar de estabelecer, na medida do possível, o que havia acontecido: ele me ordenou de saída reconstruir sobre o terreno toda a verdade, e nada mais que a verdade, e num prazo minúsculo. No entanto, algo em seu modo de dizer tudo aquilo fez com que eu pensasse que ele finalmente estava me dando rédeas para galopar.

Até então, a única coisa que o mundo inteiro sabia sobre Medellín é que Carlos Gardel tinha morrido lá, carbonizado numa catástrofe aérea. Eu sabia que também era uma terra de escritores e poetas, e que era o lugar em que ficava o colégio de La Presentación, onde naquele ano Mercedes Barcha tinha começado a estudar. Diante de uma missão tão delirante, comecei a achar que não era nem um pouco irreal reconstruir peça por peça a hecatombe da montanha. Portanto, aterrissei em Medellín às onze da manhã, com uma tormenta tão pavorosa que cheguei a imaginar que eu seria a última vítima do deslizamento.

Deixei no Hotel Nutibara minha mala com roupa para dois dias e uma gravata de emergência, e fui para a rua, numa cidade idílica ainda encapotada pelos saldos da borrasca. Álvaro Mutis tinha me acompanhado, para me ajudar a agüentar o medo do avião, e me deu pistas de gente bem situada na vida da cidade. Mas a verdade verdadeira e inesperada é que eu não tinha a menor idéia de por onde começar. Caminhei ao acaso pelas ruas radiantes debaixo da farinha de ouro de um sol esplêndido depois da tormenta, e uma hora mais tarde precisei me refugiar na primeira loja porque desandou a chover por cima do sol. Então comecei a sentir dentro do peito os primeiros borboleteios do pânico. Tratei de reprimi-los com a fórmula mágica de meu avô no meio do combate, mas o medo do medo acabou de destroçar meu moral. Percebi que nunca seria capaz de fazer o que tinham me encarregado, e que não havia tido coragem para admitir isso. Então compreendi que a única coisa sensata era escrever uma carta de agradecimento a Guillermo Cano, e voltar para Barranquilla e para o estado de graça em que me encontrava seis meses antes.

Sentindo um alívio imenso por ter escapado do inferno, peguei um táxi para voltar para o hotel. O noticiário do meio-dia trazia um longo comentário a duas vozes, como se o deslizamento tivesse acontecido ontem. O chofer desabafou quase aos berros contra a negligência do governo e o mau uso das ajudas aos desabrigados, e eu me senti de certa forma culpado pela sua justa raiva. Mas o céu tinha tornado a escampar e o ar se fez diáfano e fragrante por causa da explosão das flores no parque Berrío. De repente, não sei por que, senti o arranhão da loucura.

— Vamos fazer uma coisa — disse ao motorista. — Antes de passar pelo hotel, me leve até o lugar em que houve o deslizamento.

— Mas lá não tem nada para ver — respondeu. — Só as velas acesas e as cruzinhas para os mortos que eles não conseguiram desenterrar.

Foi assim que entendi que tanto as vítimas como os sobreviventes eram de diferentes lugares de Medellín, e que os sobreviventes tinham atravessado a cidade em bandos, para resgatar os corpos dos caídos durante o primeiro deslizamento. A tragédia aconteceu quando os curiosos superlotaram o local e outra parte da montanha desmoronou numa avalanche arrasadora. Assim, os únicos que conseguiram contar o que aconteceu foram os poucos que escaparam dos deslizamentos sucessivos e estavam vivos no outro extremo da cidade.

— Entendo — disse ao chofer, tentando controlar o tremor da minha voz. — Então, me leve até o lugar onde estão os vivos.

Deu meia-volta no meio da rua e disparou na direção contrária. Seu silêncio não devia ser apenas o resultado da velocidade, mas a esperança de me convencer com seus argumentos.

O fio da meada eram dois meninos de oito e onze anos que tinham saído de casa para cortar lenha na terça-feira, 12 de julho, às sete da manhã. Tinham se afastado uns cem metros quando sentiram o estrupício da avalanche de terra e pedras que se precipitava em cima deles pelo flanco da montanha. Mal conseguiram escapar. Dentro da casa, ficaram presas suas três irmãs com sua mãe e um irmãozinho recém-nascido. Os únicos sobreviventes foram os dois meninos que acabavam de sair e o pai, que havia saído cedo para desempenhar seu oficio de varredor de areia na arena de touros, a dez quilômetros de casa.

O lugar era um tugúrio inóspito na estrada entre Medellín e Rionegro, e às oito da manhã já não tinha outros habitantes para transformar em vítimas. As emissoras de rádio difundiram a notícia exagerada com tantos detalhes sangrentos e clamores urgentes, que os primeiros voluntários chegaram antes mesmo que os bombeiros. Ao meio-dia houve outros dois deslizamentos sem vítimas, o que aumentou o nervosismo geral. Uma emissora local se instalou para transmitir ao vivo do lugar do desastre. Naquela hora já estava lá a quase totalidade dos habitantes dos povoados e bairros vizinhos, além de curiosos de toda a cidade atraídos pelos clamores das rádios, e dos passageiros que desciam dos ônibus interurbanos mais para estorvar do que para servir. Além dos poucos corpos que tinham ficado na manhã, naquela altura havia outros trezentos, dos sucessivos deslizamentos. Quando estava a ponto de anoitecer, mais de dois mil voluntários continuavam prestando auxílio estabanado aos sobreviventes. No entardecer já não restava espaço suficiente nem para respirar. A multidão era densa e caótica quando deu seis da tarde, e outra avalanche arrasadora, de seiscentos mil metros cúbicos, se precipitou com um estrondo colossal, causando tantas vítimas como se tivesse acontecido no parque Berrío de Medellín. Uma catástrofe tão rápida que o doutor Javier Mora, secretário de Obras Públicas do município, encontrou nos escombros o cadáver de um coelho que não teve tempo de escapar.

Duas semanas mais tarde, quando cheguei ao lugar, apenas setenta e quatro cadáveres haviam sido resgatados, e numerosos sobreviventes estavam a salvo. A maioria deles não foi vítima dos deslizamentos, mas da imprudência e da solidariedade desordenada. Como nos terremotos, tampouco foi possível calcular o número de pessoas com problemas, e que aproveitaram a ocasião para desaparecer sem deixar pistas, para escapar de dívidas ou trocar de mulher. No entanto, a boa sorte também participou, pois uma investigação posterior demonstrou que desde o primeiro dia, enquanto os resgates eram tentados, outra massa de pedras, capaz de gerar outra avalanche de cinqüenta mil metros cúbicos, esteve a ponto de se soltar. Mais de quinze dias depois, com a ajuda dos sobreviventes descansados, consegui reconstruir a história que não tinha sido possível em seu momento, por causa das inconveniências e trapalhadas da realidade.

Minha tarefa se reduziu a resgatar a verdade perdida numa barafunda de suposições contrapostas e reconstruir o drama humano na ordem em que havia ocorrido, e à margem de qualquer cálculo político e sentimental. Álvaro Mutis tinha me posto no caminho certo quando me mandou procurar a publicitária Cecília Warren, que organizou para mim todos os dados que eu trouxe do desastre. A reportagem foi publicada em três capítulos, e pelo menos teve o mérito de despertar o interesse, com duas semanas de atraso, por uma notícia esquecida, e de colocar em ordem a balbúrdia da tragédia.

Minha melhor lembrança daqueles dias, porém, não é o que fiz e sim o que estive a ponto de fazer, graças à imaginação delirante de meu velho cupincha de Barranquilla, Orlando Rivera, o Figurita, que encontrei de chofre num dos poucos respiros da minha investigação. Ele morava em Medellín fazia alguns meses, e era um feliz recém-casado com Sol Santamaría, uma encantadora freira de espírito livre que ele havia ajudado a sair de um convento de clausura depois de sete anos de pobreza, obediência e castidade. Numa bebedeira das nossas, Figurita me revelou que tinha preparado com sua esposa, e por sua conta e risco, um plano magistral para tirar Mercedes Barcha do internato. Um pároco amigo, famoso pelas suas artes de casamenteiro, estaria pronto para nos casar a qualquer momento. A única condição, é claro, era que Mercedes concordasse, mas não conseguimos descobrir um jeito de fazer essa consulta com ela dentro das quatro paredes de seu cativeiro. Hoje, mais que nunca, me remorde a fúria por não ter tido tutano suficiente para viver aquele drama de folhetim. Mercedes, aliás, não ficou sabendo do plano até cinqüenta e tantos anos mais tarde, quando leu os originais deste livro.

Foi uma das últimas vezes em que vi Figurita. No carnaval de 1960, fantasiado de tigre cubano, ele escorregou do carro alegórico que o levava de volta à sua casa de Baranoa depois da batalha de flores, e quebrou o pescoço no chão atapetado pelos escombros e pelas sobras do carnaval.

Na segunda noite de meu trabalho sobre os deslizamentos de Medellín, estavam à minha espera no hotel dois redatores do jornal *El Colombiano* — tão jovens que conseguiam ser mais moços que eu —, decididos a me entrevistar sobre os contos que eu havia publicado até aquele momento. Tiveram muito trabalho até me convencerem, porque desde aquela época eu tinha e continuo tendo um preconceito talvez injusto contra as entrevistas, entendidas como uma sessão de perguntas e respostas em que as duas partes fazem esforços para manter uma conversa reveladora. Padeci desse preconceito nos dois jornais em que já havia trabalhado, e sobretudo em *Crónica*, onde inclusive tentei contagiar os colaboradores com minhas reservas e reticências. Concedi, porém, aquela primeira entrevista para *El Colombiano*, e acabou sendo de uma sinceridade suicida.

Hoje, é incontável o número de entrevistas de que fui vítima ao longo de cinqüenta anos e em meio mundo, e ainda não consegui me convencer da eficiência do gênero, nem de ida nem de volta. A imensa maioria das que não pude evitar sobre qualquer tema deveriam ser consideradas como parte importante da minha obra de ficção, porque não passam disso: fantasias sobre a minha vida. Em compensação, considero que uma entrevista tem valor incalculável, não para publicar, mas como material de base para a reportagem, que continuo achando o gênero maior do melhor ofício do mundo.

Seja como for, os mares não estavam para peixe. O governo do general Rojas Pinilla, já em pleno confronto com a imprensa e com grande parte da opinião pública, havia coroado o mês de setembro com a determinação de dividir o remoto e esquecido departamento de El Chocó entre seus três prósperos vizinhos: Antioquia, Caldas e Valle. Só se conseguia chegar a Quibdó, a capital, vindo de Medellín por uma estrada de uma pista só, e em tão mau estado que se levava vinte horas para seus cento e sessenta quilômetros. As condições de hoje não são melhores.

Na redação do jornal, considerávamos que não havia muito que se pudesse fazer para impedir o esquartejamento decretado por um governo que se dava muito mal com a imprensa liberal. Primo Guerrero, o veterano correspondente do *El Espectador* em Quibdó, informou no terceiro dia que uma manifestação popular de famílias inteiras, crianças inclusive, tinha ocupado a praça principal com a determinação de permanecer ali, ao sol e ao sereno, até que o governo desistisse de seu propósito. As primeiras fotografias das mães rebeldes com seus filhos nos braços foram esmaecendo com o passar dos dias pelos estragos da vigília da população exposta à intempérie. Nós reforçávamos essas notícias diariamente com editoriais ou declarações de políticos e intelectuais de El Chocó residentes em Bogotá, mas o governo parecia decidido a ganhar pela via da indiferença. Após vários dias, porém, José Salgar se aproximou da minha mesa com seu lápis de titereiro e sugeriu que eu fosse investigar o que estava acontecendo de verdade em El Chocó. Tentei resistir, com a pouca autoridade que tinha ganho graças à reportagem de Medellín, mas não deu. Guillermo Cano, que escrevia de costas para nós, gritou sem nos olhar:

— Vai lá, Gabo, que as de El Chocó são melhores que as que o senhor queria ver no Haiti!

Acabei indo sem ao menos me perguntar como é que alguém poderia escrever uma reportagem sobre uma manifestação do protesto que evitava a violência. O fotógrafo Guillermo Sánchez, que fazia meses me atormentava com a cantilena de que deveríamos fazer juntos reportagens de guerra, me acompanhou. Farto de tanto ouvi-lo, acabei gritando com ele:

— Qual guerra, caralho?

— Não banque o bobo, Gabo — me disse Guillermo, sapecando um golpe de verdade —, porque eu vivo ouvindo você dizer a cada dois minutos que este país está em guerra desde a Independência.

Na madrugada da terça-feira 21 de setembro ele apareceu na redação vestido mais como um guerreiro que como fotógrafo, com câmaras e bolsas penduradas pelo corpo inteiro, para que fôssemos cobrir uma guerra amordaçada. Minha primeira surpresa foi saber que a gente começava a chegar a El Chocó antes de sair de Bogotá, por um aeroporto secundário sem serviços de nenhum tipo, entre escombros de caminhões mortos e aviões enferrujados. O nosso, ainda vivo por artes de magia, era um dos lendários Catalina da Segunda Guerra Mundial, operado como cargueiro por uma empresa civil. Não tinha poltronas. O interior era sombrio e pelado, com pequenas janelas enevoadas e carregado de pacotes de fibras para fabricar vassouras. Éramos os únicos passageiros. O co-piloto em mangas de camisa, jovem e bem-apessoado como os aviadores dos filmes, nos ensinou a sentarmos nos pacotes de carga que achou mais confortáveis. Não me reconheceu, mas eu sabia que tinha sido um notável jogador de beisebol na liga de La Matuna, em Cartagena.

A decolagem foi aterradora, mesmo para um passageiro tão curtido como Guillermo Sánchez, por causa do bramido de trovão dos motores e o estrépito da lataria da fuselagem, mas uma vez estabilizado no céu diáfano da savana o hidroavião deslizou com os brios de um veterano de guerra. Mesmo assim, um pouco depois da escala em Medellín fomos surpreendidos por um aguaceiro diluviano sobre uma selva emaranhada entre duas cordilheiras, e tivemos de encará-lo. Vivemos então o que talvez poucos mortais tenham vivido: choveu dentro do avião pelas goteiras da fuselagem. O co-piloto amigo, saltando através dos pacotes de vassouras, nos levou os jornais do dia, para que os usássemos como guarda-chuva. Eu cobri até a cara com o meu, não tanto para me proteger da água, mas para que não me vissem chorando de pavor.

Ao final de umas duas horas de sorte e azar o avião inclinou-se sobre a sua esquerda, desceu em posição de ataque sobre uma selva maciça e deu duas voltas exploratórias sobre a praça principal de Quibdó. Guillermo Sánchez, preparado para captar do ar a manifestação exausta pelo desgaste das vigílias, não encontrou nada além da praça deserta. O anfíbio destrambelhado deu uma última volta para comprovar que não havia obstáculos vivos nem mortos no aprazível rio Atrato, e completou a feliz aquaplanagem no mormaço do meio-dia.

A igreja remendada com tábuas, os bancos de cimento borrados pelos pássaros e uma mula sem dono que mordiscava os ramos de uma árvore gigantesca eram os únicos sinais da existência humana na praça empoeirada e solitária que mais parecia uma capital africana. Nosso primeiro propósito era fazer fotos urgentes da multidão protestando em pé de guerra e mandá-las a Bogotá no vôo de regresso, enquanto antecipávamos informação suficiente e de primeira mão para que pudéssemos transmitir por telegrama para a edição da manhã seguinte. Nada disso era possível, porque nada disso aconteceu.

Sem testemunhas, percorremos a rua muito longa paralela ao rio, bordeada de lojas fechadas por causa do almoço e de residências com balcões de madeira e telhados oxidados. Era o cenário perfeito, mas faltava o drama. Nosso bom colega Primo Guerrero, correspondente do *El Espectador*, fazia a sesta no bem-bom de uma rede primaveral debaixo da trepadeira da sua casa, como se o silêncio que o rodeasse fosse a paz dos sepulcros. A franqueza com que nos explicou sua indolência não podia ser mais objetiva. Depois das manifestações dos primeiros dias, a tensão tinha decaído por falta de assunto. Montou-se então, com técnicas teatrais, a mobilização do povoado inteiro, tiraram algumas fotografias que não foram publicadas porque não eram muito críveis, e foram pronunciados discursos patrióticos que realmente sacudiram o país, mas o governo continuou imperturbável. Primo Guerrero, com uma flexibilidade ética que talvez até Deus tenha perdoado, manteve o protesto vivo nos jornais, à força de telegramas.

Nosso problema profissional era simples: não tínhamos nos lançado naquela expedição de Tarzan só para informar que a notícia não existia. Em compensação, tínhamos à mão os meios para que tornasse a existir, e cumprisse seus propósitos. Primo Guerrero propôs, então, armar uma vez mais a manifestação portátil, e ninguém conseguiu ter outra idéia melhor. Nosso colaborador mais entusiasmado era o capitão Luis A. Cano, o novo governador nomeado após a renúncia furiosa do anterior, e teve a fidalguia de fazer com que o avião atrasasse para que o jornal pudesse receber a tempo as fotos candentes de Guillermo Sánchez. E assim a notícia inventada por necessidade acabou sendo a única verdadeira, aumentada pela imprensa e pelas rádios de todo o país, e apanhada em pleno ar, e a tempo, pelo governo militar para livrar a própria cara. Naquela mesma noite começou uma mobilização geral dos políticos de El Chocó — alguns muito influentes em certos setores do país — e dois dias mais tarde o general Rojas Pinilla declarou que sua própria determinação de repartir El Chocó em pedaços entre seus vizinhos estava cancelada.

Guillermo Sánchez e eu não voltamos direto para Bogotá porque convencemos o jornal a nos deixar percorrer o interior de El Chocó para conhecer a fundo a realidade daquele mundo fantástico. Depois de um silêncio de dez dias, quando entramos na redação curtidos pelo sol e desmoronando de sono, José Salgar nos recebeu feliz, mas sempre dentro de suas leis.

— Vocês têm idéia — nos perguntou com sua certeza imbatível — de quanto tempo faz desde que El Chocó deixou de ser notícia?

A pergunta me pôs pela primeira vez cara a cara com a contradição mortal do jornalismo. Realmente, ninguém tinha tornado a se interessar por El Chocó desde que foi publicada a decisão presidencial de não esquartejar seu território. No entanto, José Salgar me deu apoio para correr o risco de tentar tirar daquele peixe morto o que fosse possível.

O que tratamos de transmitir em quatro longos capítulos foi o descobrimento de outro país inconcebível, do qual não tínhamos nenhuma consciência, dentro da própria Colômbia. Uma pátria mágica de selvas floridas e dilúvios eternos, onde tudo parecia ser uma versão inverossímil da vida cotidiana. A grande dificuldade para a construção de vias terrestres era a enorme quantidade de rios indômitos, e o pior é que não havia mais do que uma ponte em todo o território. Encontramos uma estrada de setenta e cinco quilômetros através da selva virgem, construída a um custo enorme para ligar o povoado de Itsmina ao de Yuto, mas que não passava nem por uma nem por outra, como represália do construtor por causa de suas brigas com os dois prefeitos.

Em alguns dos povoados do interior o agente postal nos pediu que levássemos ao seu colega de Itsmina o correio de seis meses. Um maço de cigarros nacionais custava ali trinta centavos, como no resto do país, mas quando o aviãozinho semanal de abastecimento atrasava os cigarros aumentavam de preço por cada dia de atraso, até a população se ver forçada a fumar cigarros importados, que acabavam saindo mais barato que os nacionais. Um saco de arroz custava quinze pesos a mais do que no local de cultivo, porque era levado através de oitenta quilômetros de selva virgem no lombo de mulas que se agarravam feito gato nos beirais das montanhas. As mulheres dos povoados mais pobres garimpavam ouro e platina nos rios enquanto seus homens pescavam, e nos sábados vendiam aos comerciantes viajantes uma dúzia de peixes e quatro gramas de platina por míseros três pesos.

E tudo isso acontecia dentro de uma sociedade famosa pelas suas ânsias de estudar. Mas as escolas eram escassas e dispersas, e os alunos tinham que viajar várias léguas todos os dias, a pé e em canoa, para ir e voltar. Algumas estavam tão lotadas que a mesma construção era usada às segundas, quartas e sextas para os meninos, e terças, quintas e sábados para as meninas. Graças à força dos fatos, eram as escolas mais democráticas do país, porque o filho da lavadeira, que mal tinha o que comer, ia à mesma classe que o filho do prefeito.

Naquela época, pouquíssimos colombianos sabiam que em pleno coração da selva de El Chocó erguia-se uma das cidades mais modernas do país. Chamava-se Andagoya, na esquina dos rios San Juan e Condoto, e tinha um sistema telefônico perfeito, e embarcadouros para barcos e lanchas que pertenciam à própria cidade de belas avenidas com árvores frondosas. As casas, pequenas a limpas, com grandes espaços cercados e pitorescas escadinhas de madeira no portal, pareciam semeadas na grama. No centro havia um cassino com cabaré-restaurante e um bar onde eram consumidas bebidas importadas a preços menores que no resto do país. Era uma cidade habitada por homens do mundo inteiro, que tinham esquecido a nostalgia e viviam lá melhor do que em sua terra, sob a autoridade ilimitada do administrador local da Chocó Pacífico. Pois Andagoya, na vida real, era um país estrangeiro, de propriedade privada, cujas dragas saqueavam o ouro e a platina de seus rios pré-históricos e levavam tudo num barco particular que saía para o mundo inteiro sem controle algum pelas bocas do rio San Juan.

Esse era o El Chocó que quisemos revelar aos colombianos, sem nenhum resultado, pois uma vez passada a notícia tudo voltou ao que era antes, e aquela região continuou sendo a mais esquecida do país. Creio que a razão é evidente: a Colômbia foi desde sempre um país de identidade caribenha aberto ao mundo pelo cordão umbilical do Panamá. A amputação forçada nos condenou a ser o que hoje somos: um país de mentalidade andina com as condições propícias para que o canal entre os dois oceanos não fosse nosso e sim dos Estados Unidos.

O ritmo semanal da redação seria mortal se não fossem as tardes de sexta-feira, quando, conforme íamos nos livrando de nossas tarefas, nos concentrávamos no bar do Hotel Continental, na calçada em frente, para um desafogo que costumava se prolongar até o amanhecer. Eduardo Zalamea batizou aquelas noites com nome próprio: as "sextas culturais". Era minha única oportunidade de conversar com ele para não perder o trem das novidades literárias do mundo, que ele acompanhava minuto a minuto com sua capacidade de leitor descomunal. Os sobreviventes daquelas reuniões de bebidas infinitas e desenlaces imprevisíveis — além de dois ou três amigos eternos de Ulisses — éramos nós, os redatores que não se assustavam ao destorcer o pescoço do cisne, ou seja, abrir uma garrafa atrás da outra, até o amanhecer.

Sempre me chamou a atenção que Zalamea não fizesse nenhum comentário sobre meus textos para o jornal, embora muitos fossem inspirados nos dele. Quando começaram as "sextas culturais", porém, ele deu rédeas soltas para as suas idéias sobre o gênero. Confessou que não concordava com os critérios de muitas de minhas colunas e me sugeriu outros, mas não num tom de chefe a discípulo e sim de escritor para escritor.

Outro refúgio freqüente depois das sessões do cineclube eram os saraus de meia-noite no apartamento de Luis Vicens e sua esposa Nancy, a poucos quarteirões do *El Espectador*. Ele, colaborador de Marcel Colin Reval, chefe de redação da revista *Cinématrographie française* em Paris, tinha trocado seus sonhos de cinema pelo bom ofício de livreiro na Colômbia, por causa das guerras da Europa. Nancy se comportava como uma anfitriã mágica, e era capaz de aumentar para doze uma mesa para quatro. Tinham se conhecido pouco depois da chegada dele a Bogotá, em 1937, num jantar familiar. Só havia um lugar vazio na mesa, ao lado de Nancy, que viu horrorizada quando o último convidado chegou, com cabelos brancos e uma pele de alpinista curtido pelo sol. "Que má sorte!", disse a si mesma. "Agora vou ter de ficar do lado deste polaco que nem deve saber falar espanhol." Esteve a ponto de acertar na questão do idioma, porque o recém-chegado falava castelhano num catalão rude misturado com francês, e ela era uma colombiana ressabiada e de língua solta. Mas se entenderam tão bem desde o primeiro cumprimento que ficaram vivendo juntos para sempre.

Suas noitadas eram improvisadas depois das grandes estréias de filmes, num apartamento atulhado por uma mistura de todas as artes, onde não cabia mais nenhum quadro de pintores principiantes da Colômbia, alguns dos quais acabariam sendo famosos no mundo. Seus convidados eram escolhidos entre o que havia de mais seleto nas artes e nas letras, e os que faziam parte do grupo de Barranquilla apareciam de vez em quando. Eu entrei como se fosse na minha própria casa desde que minha primeira crítica de cinema apareceu, e quando saía do jornal antes da meia-noite fazia a pé os três quarteirões e os obrigava a virar a noite. Mestre Nancy, que além de cozinheira excelsa era uma casamenteira impenitente, improvisava jantares inocentes para me comprometer com as moças mais atrativas e livres do mundo artístico, e não me perdoou nunca quando, aos meus vinte e oito anos de vida, disse a ela que minha verdadeira vocação não era a de escritor nem a de jornalista, mas a de solteirão invencível.

Álvaro Mutis, nos vazios que sobravam entre suas viagens mundiais, fechou com chave de ouro meu ingresso na comunidade cultural. Em sua condição de chefe de relações públicas da Esso Colombiana, organizava almoços nos restaurantes mais caros, reunindo todos os que de verdade valiam e pesavam nas artes e nas letras, e muitas vezes com a presença de convidados de outras cidades do país. O poeta Jorge Gaitán Durán, que andava com a obsessão de fazer uma grande revista literária que custava uma fortuna, resolveu parte de seus problemas com o orçamento de Álvaro Mutis para o fomento da cultura. Álvaro Castaño Castillo e sua esposa, Gloria Valencia, fazia anos tratavam de fundar uma emissora dedicada por completo à boa música e aos programas culturais ao alcance de todos. Nós caçoávamos por causa daquele projeto irreal, menos Álvaro Mutis, que fez o que pôde para ajudar. E assim fundaram a emissora HJCK, "O mundo em Bogotá", com um transmissor de 500 watts que era o mínimo daquele tempo. Ainda não existia televisão na Colômbia, mas Gloria Valencia inventou o prodígio metafísico de fazer pelo rádio um programa de desfile de modas.

O único repouso que eu me permitia naqueles tempos de turbilhão eram as lentas tardes de domingo na casa de Álvaro Mutis, que me ensinou a escutar música sem preconceito de nenhum tipo. Nós nos estendíamos no tapete ouvindo os grandes mestres com o coração e sem especulações sábias. Foi a origem de uma paixão que havia começado na salinha escondida da Biblioteca Nacional, e que nunca mais se esqueceu de nós. Até hoje escutei toda música que consegui escutar, principalmente a romântica de câmara, que considero o auge das artes. No México, enquanto escrevia *Cem anos de solidão* — entre 1965 e 1966 —, só tive dois discos que acabaram gastos de tanto ser ouvidos: os *Preludios,* de Debussy, e *A hard day's night*, dos Beatles. Mais tarde, quando finalmente tive em Barcelona quase tantos discos quanto quis, achei que a classificação alfabética era convencional demais, e adotei para minha comodidade particular a ordem por instrumentos: o *cello*, que é o meu favorito, de Vivaldi a Brahms; o violino, de Corelli a Schönberg; o cravo e o piano, de Bach a Bartók. Até descobrir o milagre de que tudo que soa é música, inclusive os pratos e talheres na pia, sempre que cumpram a ilusão de nos indicar por onde anda a vida.

Minha limitação era não conseguir escrever com música porque prestava mais atenção ao que escutava do que ao que escrevia, e até hoje vou a poucos concertos porque sinto que nas poltronas se estabelece uma espécie de intimidade um pouco impudica com vizinhos desconhecidos. No entanto, com o tempo e com as possibilidades de ter boa música em casa, aprendi a escrever com um fundo musical que combine com o que estou escrevendo. Os noturnos de Chopin para os episódios repousados, ou os sextetos de

Brahms para as tardes felizes. Em compensação, não tornei a ouvir Mozart durante anos, desde que fui assaltado pela idéia perversa de que Mozart não existe, porque quando é bom é Beethoven, e quando é ruim é Haydn.

Nos anos em que evoco essas memórias consegui o milagre de que nenhum tipo de música me atrapalhe enquanto escrevo, embora talvez não seja consciente de outras virtudes, pois a maior surpresa me foi dada por dois músicos catalães, muito jovens e apressados, que acreditavam ter descoberto afinidades surpreendentes entre *O outono do patriarca*, meu sexto romance, e o *Terceiro concerto para piano* de Béla Bartók. É verdade que eu escutava sem misericórdia esse concerto enquanto escrevia, porque me criava um estado d'alma muito especial e um pouco estranho, mas nunca pensei que tivesse podido me influenciar a ponto de que fosse notado na minha escrita. Não sei como os membros da Academia Sueca ficaram sabendo dessa fraqueza, mas puseram o concerto como fundo musical na entrega do meu prêmio. Agradeci na minha alma, é claro, mas se tivessem me perguntado — com toda a minha gratidão e meus respeitos por eles e por Béla Bartók — eu teria preferido algumas das romanças de Francisco, o Homem, das festas da minha infância.

Naquela época, não houve na Colômbia um projeto cultural, um livro a ser escrito ou um quadro a ser pintado que não passasse antes pelo escritório de Álvaro Mutis. Fui testemunha de seu diálogo com um pintor jovem que estava com tudo preparado para fazer seu périplo de praxe pela Europa, mas que não tinha o dinheiro para viajar. Álvaro não chegou nem mesmo a escutar a história completa: tirou da gaveta da escrivaninha o papel mágico.

— Aqui está a passagem.

Deslumbrado, eu assistia à naturalidade com que fazia aqueles milagres sem a menor exibição de poder. Por isso até hoje me pergunto se ele não teve algo a ver com a solicitação que, num coquetel, o secretário da Associação de Escritores e Artistas, Óscar Delgado, me fez, para que eu participasse do concurso nacional de contos que estava a ponto de ser declarado deserto. Falou de um jeito tão torto que a proposta me pareceu indecorosa, mas alguém que a escutou explicou-me que num país como o nosso não se podia ser escritor sem saber que os concursos literários eram meras pantomimas sociais. "Até o prêmio Nobel é assim", concluiu sem a menor malícia, e sem sequer pensar que desde aquele momento me deixou na defensiva para outra decisão descomunal que surgiu na minha frente vinte e sete anos mais tarde.

O júri do concurso de contos era formado por Hernando Téllez, Juan Lozano y Lozano, Pedro Gómez Valderrama e outros três escritores e críticos da primeira divisão. Portanto, não me perdi em considerações éticas ou econômicas, e passei uma noite na correção final de "Um dia depois do sábado", o conto que tinha escrito em Barranquilla na redação do *El Nacional* graças a um golpe de inspiração. Depois de repousar durante mais de um ano na gaveta, me pareceu capaz de iluminar um bom júri. E foi o que aconteceu, com a gratificação descomunal de três mil pesos.

Por aqueles dias, e sem nenhuma relação com o concurso, apareceu na redação o senhor Samuel Lisman Baum, adido cultural da Embaixada de Israel, que acabava de inaugurar uma editora com um livro de poemas do mestre León de Greiff: *Miscelânea Quinta Papelório*. A edição era apresentável, e as informações sobre Lisman Baum eram boas. Dei a ele, então, uma cópia muito remendada de *La hojarasca*, e despachei-o às carreiras, com o compromisso de falarmos depois. Principalmente de dinheiro, que no final — aliás — foi a única coisa da qual jamais falamos. Cecilia Porras pintou uma capa novidadeira — pela qual tampouco recebeu nada —, baseada na minha descrição do personagem do menino. A gráfica do *El Espectador* deu de presente o clichê para as capas coloridas.

Não tornei a saber nada até uns cinco meses mais tarde, quando a Editora Sipa, de Bogotá — da qual eu nunca tinha ouvido falar — me telefonou no jornal para dizer que a edição de quatro mil exemplares estava pronta para a distribuição, mas que não sabiam o que fazer com ela porque ninguém era capaz de dar notícias de Lisman Baum. Nem mesmo os repórteres do jornal conseguiram encontrar o rastro dele, que aliás ninguém encontrou até o dia de hoje. Ulisses propôs à gráfica que vendesse os exemplares às livrarias, amparada por uma campanha de imprensa que ele mesmo começou com uma nota que ainda não terminei de agradecer. A crítica foi excelente, mas a maior parte da edição ficou guardada no depósito, e nunca chegou-se a uma conclusão sobre quantos exemplares foram vendidos, nem recebi de ninguém um mísero centavo de direitos autorais.

Quatro anos mais tarde, Eduardo Caballero Calderón, que dirigia a Biblioteca Básica de Cultura Colombiana, incluiu uma edição de bolso de *La hojarasca* numa coleção de obras que eram vendidas nas ruas de Bogotá e de outras cidades. Pagou os direitos combinados, escassos mas pontuais, que tiveram para mim o valor sentimental de serem os primeiros que recebi por um livro. A edição tinha na época algumas mudanças que não identifiquei como sendo minhas, nem tratei de que não fossem incluídas em edições seguintes. Quase treze anos mais tarde, quando passei pela Colômbia depois do lançamento de *Cem anos de solidão* em Buenos Aires, encontrei em bancas nas ruas de Bogotá vários exemplares que tinham sobrado da primeira edição de *La hojarasca*, a um peso o exemplar. Comprei todos os que consegui carregar. Desde então, encontrei em livrarias da América Latina outras sobras espalhadas, que tentavam vender como livros históricos. Há uns dois anos, uma agência inglesa de livros antigos vendeu por três mil dólares um exemplar autografado por mim da primeira edição de *Cem anos de solidão*.

Nenhum desses casos me desviou, nem por um instante, de meu trapiche de jornalista. O êxito inicial das reportagens em capítulos tinha nos obrigado a continuar buscando ração para alimentar uma fera insaciável. A tensão diária era intragável, não apenas na identificação e na busca dos assuntos, mas também no decorrer da escrita, sempre ameaçada pelos encantos da ficção. No *El Espectador* não cabia nenhuma dúvida: a invariável matéria-prima do ofício era a verdade e nada mais que a verdade, e isso nos mantinha numa tensão insuportável. José Salgar e eu acabamos num estado de dependência, como num vício, que não nos deixava um instante de paz, nem nas folgas dos domingos.

Em 1956 soube-se que o papa Pio XII sofria um ataque de soluços que podia custar-lhe a vida. O único antecedente do qual me lembro é o conto magistral de Somerset Maugham, "P&O", cujo protagonista morreu do ataque de soluços que o liquidou em cinco dias no meio do oceano Índico, enquanto chegavam do mundo inteiro todos os tipos de receitas extravagantes, mas acho que naquela época eu ainda não conhecia esse conto. Nos fins de semana nós não nos atrevíamos a ir muito longe em nossas excursões pelos povoados da savana, porque o jornal estava disposto a lançar uma edição extra se o Papa morresse. Eu era partidário de que tivéssemos a edição preparada, deixando somente os espaços vazios para serem preenchidos com os primeiros telegramas sobre a sua morte. Dois anos mais tarde, quando eu já era correspondente em Roma, continuávamos à espera do desenlace do soluço papal.

No jornal, outro problema inevitável era a tentação de só nos ocuparmos de assuntos espetaculares, que pudessem reunir cada vez mais leitores, e eu tinha a preocupação mais modesta de não perder de vista outro público que era menos servido, aquele que pensava mais com o coração. Entre os poucos assuntos que consegui encontrar, conservo a lembrança da reportagem mais simples que me agarrou em pleno ar através da janela de um bonde. No portão de uma bela casa colonial no número 567 da rua Oito, em Bogotá, havia um letreiro que desprezava a si mesmo: "Departamento de Achados e Perdidos do Correio Nacional". Não lembro, de jeito nenhum, de ter perdido alguma coisa que pudesse ter ido parar ali, mas desci e bati na porta. O homem que me recebeu era o responsável pela repartição e por seus seis empregados metódicos, cobertos pela ferrugem da rotina, cuja missão romântica era encontrar os destinatários das cartas mal endereçadas.

Era uma bela casa, enorme e empoeirada, de tetos altos e paredes carcomidas, corredores escuros e galerias atopetados de papéis sem dono. Da média de cem cartas que iam parar lá todo dia, pelo menos dez tinham sido postadas e seladas, mas os envelopes estavam em branco, e não tinham nem mesmo o nome do remetente. Os funcionários da repartição as chamavam de "cartas para o homem invisível", e não mediam esforços para entregá-las ou devolvê-las. Mas a cerimônia para abri-las à procura de pistas era de um rigor burocrático mais inútil que meritório.

A reportagem, uma só peça e não as séries que eu costumava escrever, foi publicada com o título "O carteiro chama mil vezes", e com um subtítulo: "O cemitério das cartas perdidas". Quando Salgar leu o texto, me disse: "Nem precisa torcer o pescoço deste cisne, porque ele já nasceu morto." Publicou a reportagem, no espaço exato, nem grande nem pequeno, mas dava para notar em sua atitude que ele estava tão dolorido como eu pela amargura do que podia ter sido e não foi. Rogelio Echavarría, talvez por ser poeta, comemorou a reportagem com bom humor mas numa frase que jamais esqueci: "O Gabo se agarra até em prego quente."

Eu me senti tão desmoralizado, que por minha conta e risco — e sem contar nada a Salgar — decidi encontrar a destinatária de uma carta que tinha merecido atenção especial. Havia sido postada no leprosário de Agua de Dios, e dirigida "à senhora de luto que todos os dias vai à missa das cinco na igreja de Aguas." Depois de ter feito todas as averiguações possíveis e inúteis com o pároco e seus ajudantes, continuei entrevistando todos os fiéis da missa das cinco durante várias semanas, sem resultado algum. Eu me surpreendi ao notar que as mais assíduas eram três mulheres muito mais velhas e sempre de luto fechado, mas nenhuma tinha nada a ver com o leprosário de Agua de Dios. Foi um fracasso, do qual demorei a me recuperar, não apenas por amor-próprio ou por fazer uma obra de caridade, mas porque estava convencido de que atrás da história daquela mulher de luto haveria outra história, apaixonante.

Conforme eu naufragava nos pantanais da reportagem, minha relação com o grupo de Barranquilla foi se tornando cada vez mais intensa. Suas viagens a Bogotá não eram freqüentes, mas eu os invadia por telefone a qualquer hora em qualquer emergência, principalmente Germán Vargas, por causa da sua concepção pedagógica da reportagem. Eu os consultava em todas as emergências, que eram muitas, ou eles me telefonavam quando havia algum motivo para me cumprimentar. Álvaro Cepeda e eu éramos como colegas de escola, que sentava na cadeira ao lado. Depois das brincadeiras cordiais de ida e volta, que sempre foram parte da rotina do grupo, ele me tirava do atoleiro com uma simplicidade que jamais deixou de me espantar. Já minhas consultas a Alfonso Fuenmayor sempre foram mais literárias. Ele tinha a magia certeira para me salvar de meus apuros com exemplos de grandes autores ou para ditar a citação salvadora tirada de seu arsenal sem fundo. Sua ironia magistral surgiu quando pedi a ele o título para um texto sobre os vendedores ambulantes de comida acossados pelas autoridades da higiene e saúde públicas. Alfonso soltou uma resposta imediata:

— Quem vende comida não morre de fome.

Agradeci do fundo do coração, e achei que era um título tão oportuno que não pude resistir à tentação de perguntar de quem era. Alfonso me deixou gelado com a resposta, pois eu não me lembrava:

— É seu mesmo, professor.

E era: eu tinha improvisado a frase em algum texto sem assinatura, e me esqueci. A história circulou durante anos entre os amigos de Barranquilla, e jamais consegui convencê-los de que a pergunta que fiz não tinha sido brincadeira minha.

Uma viagem ocasional de Álvaro Cepeda a Bogotá serviu para me distrair durante alguns dias da galé das notícias diárias. Ele chegou com a idéia de fazer um filme, do qual só tinha o título: *O gafanhoto azul*. Foi um erro certeiro, porque Luis Vicens, Enrique Grau e o fotógrafo Nereo López levaram a sério. Não tornei a ter notícia do projeto até o dia em que Luis Vicens me mandou os originais do roteiro, pedindo que eu acrescentasse a minha parte sobre a base escrita por Álvaro. Alguma coisa acrescentei, não me lembro exatamente o que, mas a história me pareceu divertida e com a dose suficiente de loucura para que parecesse mesmo ser nossa.

Todo mundo fez de tudo um pouco, mas o pai, por direito adquirido, foi Luis Vicens, que impôs muitas das coisas que tinham sobrado de seus primeiros passos em Paris. Para mim, o problema era que eu estava no meio de uma daquelas reportagens imensas que não me deixavam tempo nem para respirar, e quando consegui me livrar o filme já estava sendo rodado em Barranquilla.

É uma obra elementar, cujo maior mérito parece estar no domínio da intuição, que talvez fosse o anjo da guarda de Álvaro Cepeda. Numa de suas numerosas exibições domésticas em Barranquilla, estava presente o diretor italiano Enrico Fulchignoni, que nos surpreendeu com a extensão de sua compaixão: achou o filme muito bom. Graças à tenacidade e a audácia boa de Tita Manotas, a esposa de Álvaro, o que ainda resta de *O gafanhoto azul* deu a volta ao mundo em festivais temerários.

Essas coisas serviam para nos distrair, a cada tanto, da realidade do país, que era terrível. A Colômbia se considerava livre de guerrilhas desde que as Forças Armadas tomaram o poder com a bandeira da paz e da concórdia entre os partidos políticos. Ninguém duvidou que algo havia mudado, até acontecer a matança de estudantes na rua Sete. Os militares, ansiosos por ter razão, quiseram provar aos jornalistas que havia uma guerra, diferente da eterna entre liberais e conservadores. Estávamos nisso quando José Salgar aproximou-se da minha mesa com uma de suas idéias aterrorizantes:

— Prepare-se para conhecer a guerra.

Os convidados para conhecê-la sem maiores detalhes fomos pontuais, às cinco da madrugada, para irmos ao povoado de Villarica, a cento e oitenta e três quilômetros de Bogotá. O general Rojas Pinilla estava aguardando a nossa visita, no meio do caminho, num de seus freqüentes repousos na base militar de Melgar, e tinha prometido uma entrevista coletiva que terminaria antes das cinco da tarde, com tempo de sobra para voltarmos com fotos e notícias de primeira mão.

Os enviados do *El Tiempo* eram Ramiro Andrade, com o fotógrafo Germán Caycedo; uns outros quatro, que não consigo recordar; e Daniel Rodríguez e eu, pelo *El Espectador*. Alguns usavam uniforme de campanha, pois tínhamos sido avisados de que talvez precisássemos dar alguns passos dentro da selva.

Fomos de automóvel até Melgar, e lá nos dividiram em três helicópteros que nos levaram por um cânion estreito e solitário da cordilheira central, com altos flancos afiados. O que mais me impressionou, porém, foi a tensão dos jovens pilotos, que driblavam certas zonas onde a guerrilha havia derrubado um helicóptero e avariado outro no dia anterior. Após uns quinze intensos minutos aterrissamos na praça enorme e desolada de Villarica, cujo tapete de saibro não parecia firme o suficiente para agüentar o peso do helicóptero. Ao redor da praça havia casas de madeira com lojas em ruínas e residências de ninguém, a não ser uma, recém-pintada, que havia sido o hotel do povoado até que o terror surgisse e se implantasse.

Na frente do helicóptero, surgiam as fraldas da cordilheira e o teto de zinco da única construção que mal se enxergava entre as brumas do alto. Segundo o oficial que nos acompanhava, lá naquela casa estavam os guerrilheiros com armas de poder suficiente para nos derrubar, e por isso mesmo tínhamos de correr em ziguezague até o hotel, com o torso inclinado como precaução elementar contra possíveis disparos feitos da cordilheira. Só quando chegamos lá dentro percebemos que o hotel tinha sido transformado em quartel.

Um coronel com toda a parafernália de guerra, com aparência de artista de cinema e uma simpatia inteligente, nos explicou sem alarde que na casa da cordilheira estava, fazia várias semanas, a vanguarda da guerrilha, e que de lá haviam tentado várias incursões noturnas contra o povoado. O exército tinha certeza de que tentariam alguma coisa quando vissem os helicópteros na praça, e as tropas estavam preparadas. No entanto, após uma hora de provocações, que incluíram desafios através de alto-falantes, os guerrilheiros não deram sinal de vida. O coronel, desanimado, mandou uma patrulha exploratória para se assegurar de que ainda havia alguém na casa.

A tensão relaxou. Nós, jornalistas, saímos do hotel para explorar as ruas vizinhas, inclusive as menos guarnecidas ao redor da praça. O fotógrafo e eu, junto com outros, começamos a subida da cordilheira por uma trilha tortuosa, que dava voltas e mais voltas. Na primeira curva havia soldados estendidos em posição de tiro no meio do matagal. Um oficial nos aconselhou a voltar para a praça, pois podia acontecer qualquer coisa, mas não demos importância. Nosso propósito era subir até encontrar algum guerrilheiro que nos salvasse o dia com uma grande notícia.

Não deu tempo. De repente ouvimos várias ordens simultâneas, e em seguida uma descarga pesada de tiros dos militares. Nós nos jogamos na terra, perto dos soldados que abriram fogo contra a casa. Na confusão instantânea perdi Rodríguez de vista, que correu à procura de uma posição estratégica para suas fotos. O tiroteio foi breve mas muito intenso, e depois sobrou um silêncio letal.

Tínhamos regressado à praça quando deu para ver uma patrulha militar que saía da selva levando um corpo numa padiola. O chefe da patrulha, muito excitado, não deixou que tirássemos fotos. Busquei Rodríguez com os olhos e vi quando ele apareceu, uns cinco metros à minha direita, com a câmara pronta para disparar. A patrulha não o havia visto. Então vivi o instante mais intenso, entre a dúvida de gritar dizendo que não fizesse a foto por temor que atirassem nele, ou o instinto profissional de tirar a foto a qualquer preço. Não tive tempo, pois no mesmo instante ouvimos o grito fulminante do chefe da patrulha:

— Aqui ninguém tira nenhuma foto!

Sem pressa, Rodríguez baixou a máquina e chegou ao meu lado. O cortejo passou tão perto de nós que sentimos a rajada ácida dos corpos vivos e o silêncio do morto. Quando acabaram de passar, Rodríguez sussurrou para mim:

— Tirei a foto.

Que nunca foi publicada. O convite havia terminado num desastre. Houve mais dois feridos na tropa, e pelo menos dois guerrilheiros tinham sido mortos, e foram arrastados até o refúgio. O coronel trocou seu ar anterior por uma expressão tétrica. Deu a todos nós a explicação simples: a visita estava cancelada, tínhamos meia hora para almoçar e em seguida iríamos até Melgar pela estrada, pois os helicópteros estavam reservados para os feridos e os cadáveres. Não nos disseram quantos eram uns e outros.

Ninguém tornou a mencionar a entrevista coletiva do general Rojas Pinilla. Num jipe para seis passamos ao largo de sua casa de Melgar, e chegamos a Bogotá depois da meia-noite. A redação nos esperava em peso, pois alguém tinha ligado do Departamento de Informação e Imprensa da presidência da República para avisar, sem maiores detalhes, que chegaríamos por terra, sem esclarecer se vivos ou mortos.

Até então a única intervenção da censura militar tinha acontecido na ocasião da morte dos estudantes no centro de Bogotá. Não havia mais censor dentro da redação, desde que o último, do governo anterior, se demitiu quase que em lágrimas por não conseguir agüentar as manchetes falsas e os truques enganosos dos redatores. Sabíamos que o Departamento de Informação e Imprensa não nos perdia de vista, e com freqüência nos mandavam advertências e conselhos paternais por telefone. Os militares, que no começo de seu governo escancaravam uma cordialidade acadêmica diante da imprensa, tornaram-se invisíveis ou herméticos. No entanto, um fio solto continuou crescendo sozinho e em silêncio, e espalhou a certeza nunca comprovada nem desmentida de que o chefe daquele embrião guerrilheiro de Tolima fosse um rapaz de vinte e dois anos que fez carreira seguindo sua própria lei, cujo nome jamais foi confirmado ou desmentido: Manuel Marulanda Vélez ou Pedro Antonio Marín, o Tirofijo. Quarenta e tantos anos depois, Marulanda — consultado sobre este dado em seu acampamento de guerra — respondeu dizendo não se lembrar se era ele ou não.

Não foi possível conseguir nenhuma outra notícia. Eu andava ansioso para descobri-la desde que regressei de Villarica, mas não encontrava nenhuma porta. O Departamento de Informação e Imprensa da presidência estava fechado para nós, e o ingrato episódio de Villarica ficou sepultado debaixo da "reserva" militar. Eu tinha jogado a esperança na cesta de lixo, quando José Salgar plantou-se na minha frente, fingindo o sangue-frio que jamais teve, e mostrou-me um telegrama que tinha acabado de receber.

— Aqui está o que o senhor não viu em Villarica — disse ele.

Era o drama de uma multidão de meninos arrancados de seus povoados e aldeias pelas Forças Armadas, sem plano preconcebido e sem recursos, para facilitar a guerra de extermínio contra a guerrilha de Tolima. Eles tinham sido afastados de seus pais sem tempo nem para que se soubesse quem era filho de quem, coisa que muitos dos próprios meninos não sabiam dizer. O drama havia começado com uma avalancha de mil e duzentos adultos conduzidos a diferentes localidades de Tolima, depois de nossa visita a Melgar, e instalados de qualquer jeito e depois abandonados nas mãos de Deus. Os meninos, separados de seus pais por simples considerações logísticas e dispersos em vários asilos do país, eram uns três mil, de diferentes idades e condições. Apenas trinta eram órfãos de pai e mãe, e entre eles havia um par de gêmeos, nascidos fazia treze dias. A mobilização foi feita em segredo absoluto, ao amparo da censura de imprensa, até que o correspondente do *El Espectador* nos telegrafou de Ambalema, a duzentos quilômetros de Villarica, dando as primeiras pistas.

Em menos de seis horas encontramos trezentos garotos de menos de cinco anos no Amparo de Meninos de Bogotá, muitos deles sem filiação conhecida. Helí Rodríguez, de dois anos, mal conseguiu dizer o nome. Não sabia nada de nada, nem onde estava, nem por que, nem sabia os nomes de seus pais, nem conseguiu dar pista alguma para encontrá-los. Seu consolo único era ter direito a ficar no asilo até os catorze anos. O orçamento do orfanato se nutria dos oitenta centavos mensais que o governo estadual dava para cada criança. Dez fugiram na primeira semana com o propósito de infiltrar-se como clandestinos nos trens de Tolima, e não conseguimos achar rastro algum de nenhum deles.

Muitos foram batizados no asilo com sobrenomes da região para poderem ser identificados, mas eram tantos, tão parecidos e se moviam tanto que não dava para diferenciá-los no recreio, principalmente nos meses mais frios, quando precisavam correr por corredores e escadarias para se aquecer. Foi impossível que aquela dolorosa visita não me obrigasse a me perguntar se a guerrilha que tinha matado o soldado no combate teria conseguido fazer tantos estragos entre as crianças de Villarica.

A história daquele disparate logístico foi publicada em várias reportagens sucessivas, sem consultar ninguém. A censura se manteve em silêncio e os militares replicaram com a explicação da moda: os acontecimentos de Villarica eram parte de uma ampla mobilização comunista contra o governo das Forças Armadas, que eram obrigadas a responder com métodos de guerra. Uma única linha daquele comunicado foi suficiente para que se instalasse em mim a idéia de conseguir informação direta com Gilberto Vieira, secretário geral do Partido Comunista, a quem eu nunca tinha visto.

Não me lembro se dei o passo seguinte autorizado pelo jornal ou por conta própria, mas recordo muito bem que tentei várias gestões inúteis para conseguir contato com algum dirigente do Partido Comunista clandestino que pudesse me dar informações sobre a situação em Villarica. O problema principal era que o cerco militar ao redor dos comunistas clandestinos não tinha precedentes. Fiz então contato com um amigo comunista, e dois dias mais tarde apareceu na frente da minha mesa outro vendedor de relógios que estava à minha procura para cobrar as prestações que não consegui pagar em Barranquilla. Paguei as que pude, e disse como quem não quer nada que precisava falar com urgência com algum de seus superiores, mas o vendedor me respondeu com a fórmula conhecida, dizendo que ele não era o caminho certo nem saberia me dizer como encontrá-lo. Naquela mesma tarde, porém, e sem nenhum aviso, fui surpreendido no telefone por uma voz harmoniosa e despreocupada:

— Como vai, Gabriel? Sou Gilberto Vieira.

Apesar de ter sido o mais destacado dos fundadores do Partido Comunista, Vieira não havia tido até aquele momento nem um minuto de exílio ou cadeia. Ainda assim, e apesar do risco de que nossos telefones estivessem grampeados, me deu o endereço de sua casa secreta para que fosse visitá-lo naquela mesma tarde.

Era um apartamento com uma sala pequena coberta de livros políticos e literários, e dois dormitórios, num sexto andar de escadarias empinadas e sombrias, e chegava-se lá em cima sem fôlego algum, não apenas pela altura mas também por causa da consciência de se estar entrando num dos mistérios mais guardados do país. Vieira vivia com a esposa, Cecilia, e uma filha recém-nascida. Como a esposa não estava em casa, ele mantinha ao alcance da mão o berço da menina, e o balançava muito devagar quando ela se esganiçava chorando nas pausas muito longas da nossa conversa, que foram sobre política e de literatura, embora sem muito senso de humor. Era impossível imaginar que aquele quarentão rosado e calvo, de olhos claros e incisivos e fala precisa, fosse o homem mais procurado pelos serviços secretos do país.

Logo de saída entendi que ele estava a par da minha vida desde que comprei o relógio no *El Nacional* de Barranquilla. Lia minhas reportagens no *El Espectador* e identificava minhas notas anônimas para tentar interpretar suas segundas intenções. Mesmo assim, achava — como eu — que o melhor serviço que poderia prestar ao país era continuar na linha em que estava, sem me deixar comprometer por ninguém em nenhum tipo de militância política.

Assim que tive chance de revelar a ele o motivo da minha visita, o assunto dominou a conversa. Estava a par da situação de Villarica como se tivesse estado lá, e nós não pudemos publicar nem uma linha da história por causa da censura. Ele me passou dados importantes para entender que aquele era o prelúdio de uma guerra crônica após meio século de escaramuças ocasionais. Sua linguagem, naquele dia e naquele lugar, tinha mais ingredientes de Jorge Eliécer Gaitán do que de seu Marx de cabeceira, para uma solução que não parecia ser a do proletariado no poder mas uma espécie de aliança de desamparados contra as classes dominantes. A sorte daquela visita não foi apenas o esclarecimento do que estava acontecendo, mas encontrar um método para entender melhor o que ocorria. Essa foi a explicação que dei a Guillermo Cano e a Zalamea, e deixei a porta entreaberta, caso alguma vez aparecesse a cauda daquela reportagem inacabada. É desnecessário dizer que

Vieira e eu construímos uma relação muito boa de amizade, que facilitou nossos contatos mesmo nos tempos mais duros da sua clandestinidade.

Outro drama de adultos crescia soterrado até que as más notícias romperam o cerco, em fevereiro de 1954, quando a imprensa publicou que, para ter o que comer, um veterano da Coréia tinha penhorado suas condecorações. Era só mais um dos mais de quatro mil que tinham sido recrutados ao acaso em outro dos momentos inconcebíveis da nossa história, quando qualquer destino teria sido melhor do que nada para aqueles camponeses expulsos a bala de suas terras pela violência oficial. As cidades superpovoadas pelos desalojados do interior não ofereciam nenhuma esperança. A Colômbia, como se repetiu quase todos os dias nos editoriais, na rua, nos cafés, nas conversas familiares, era uma república invivível. Para muitos camponeses expulsos de suas terras e para numerosos jovens sem perspectivas, a guerra da Coréia era uma solução pessoal. E para lá foi gente de todo tipo, misturada, sem discriminações precisas e apenas pela sua condição física, quase do mesmo jeito dos espanhóis quando vieram descobrir a América. Ao regressarem gota a gota para a Colômbia esse grupo heterogêneo obteve finalmente um identificador comum: veteranos. Bastava que alguns armassem uma confusão qualquer para que todos levassem a culpa. As portas eram fechadas para eles, com o argumento fácil de que não tinham direito a ter um emprego porque eram desequilibrados mentais. Em compensação, não houve lágrimas suficientes para os incontáveis que regressaram transformados em mil quilos de cinzas.

A notícia do veterano que penhorou as condecorações mostrou um contraste brutal com outra, publicada dez meses antes, quando os últimos veteranos regressaram ao país com quase um milhão de dólares em dinheiro, que ao serem trocados nos bancos fizeram que o preço do dólar na Colômbia baixasse de três pesos e trinta centavos para dois e noventa. Mesmo assim, quanto mais os veteranos se confrontavam com a realidade do país, mais seu prestígio diminuía. Antes do regresso deles, versões dispersas tinham sido publicadas, indicando que receberiam bolsas especiais de estudo para carreiras produtivas, que seriam dadas a eles pensões vitalícias e facilidades para irem morar nos Estados Unidos. Na verdade, foi tudo ao contrário: pouco depois da sua chegada foram dispensados pelo exército, e a única coisa que sobrou nos bolsos de muitos foram os retratos das noivas japonesas que ficaram esperando por eles nos acampamentos do Japão, onde eram levados para descansar da guerra.

Era impossível que aquele drama nacional não me fizesse recordar o do meu avô, o coronel Márquez, na espera eterna de sua pensão de veterano. Cheguei a pensar que aquela mesquinharia fosse uma represália contra um coronel subversivo em guerra de morte contra a hegemonia conservadora. Os sobreviventes da Coréia, porém, tinham lutado contra a causa do comunismo e a favor das ânsias imperiais dos Estados Unidos. E mesmo assim, no seu regresso, não apareciam nas colunas sociais e sim nas páginas policiais. Um deles, que matou a tiros dois inocentes, perguntou aos seus juízes: "Se na Coréia eu matei cem, por que em Bogotá não posso matar dez?"

Este homem, da mesma forma que outros delinqüentes, havia chegado na guerra quando o armistício já tinha sido assinado. No entanto, muitos iguais a ele também foram vítimas do machismo colombiano, que se manifestou no torneio de matar veteranos da Coréia. Não tinham se passado três anos desde que o primeiro contingente regressou, e os veteranos vítimas de morte violenta já passavam de uma dúzia. Por diversos motivos, vários tinham morrido em brigas inúteis pouco depois do regresso. Um deles morreu apunhalado numa briga por repetir uma canção no toca-discos do bar. O sargento Cantor, que fazia honra ao próprio sobrenome cantando acompanhado por um violão nos descansos da guerra, foi morto a bala semanas depois do regresso. Outro veterano foi apunhalado, também em Bogotá, e para enterrá-lo foi preciso passar o chapéu entre os vizinhos. Ángel Fabio Góes, que na guerra tinha perdido um olho e uma mão, foi morto por três desconhecidos que jamais foram capturados.

Lembro — como se tivesse sido ontem — que estava escrevendo o último capítulo da série quando o telefone tocou na minha mesa, e reconheci na hora a voz radiante de Martina Fonseca:

— Alô?

Larguei o capítulo no meio da página por causa dos saltos do meu coração, e atravessei a avenida para me encontrar com ela no Hotel Continental, depois de doze anos sem vê-la. Não foi fácil reconhecê-la da porta, entre as outras mulheres que almoçavam no refeitório repleto, até que ela me acenou com a luva. Estava vestida com seu gosto pessoal de sempre, com um casaco de camurça, uma raposa murcha sobre os ombros e um chapéu de caçador, e os anos começavam a se deixar notar na pele de ameixa maltratada pelo sol, nos olhos apagados, e ela inteira diminuída pelos primeiros sinais de uma velhice injusta. Nós dois percebemos que doze anos eram muitos para a sua idade, mas agüentamos firmes. Eu tinha tratado de localizá-la em meus primeiros anos de Barranquilla, até ficar sabendo que morava no Panamá, onde seu marujo era prático num barco no canal, mas não foi por orgulho, e sim por timidez, que não mencionei nada disso.

Acho que ela acabava de almoçar com alguém, que a tinha deixado sozinha para que pudesse me receber. Tomamos três xícaras mortais de café, e fumamos juntos meio maço de cigarros ferozes, tateando à procura do caminho para conversar sem falar, até que Martina se atreveu a me perguntar se alguma vez tinha pensado nela. Só então contei a verdade: jamais a esqueci, mas sua despedida havia sido tão brutal que mudou minha maneira de ser. Ela foi mais compassiva que eu:

— Jamais me esqueço que, para mim, você é como um filho.

Havia lido minhas notas nos jornais, e meus contos e meu único romance, e me falou deles com uma lucidez perspicaz e provocativa, que só era possível existir por amor ou por despeito. No entanto, eu não fiz outra coisa além de evitar as armadilhas da nostalgia, com a covardia mesquinha da qual só os homens são capazes. Quando finalmente consegui aliviar a tensão, me atrevi a perguntar a ela se havia tido o filho que queria.

— Nasceu — disse com alegria —, e já está terminando o primário.

— Negro que nem o pai? — perguntei com a mesquinhez típica do ciúme.

Ela apelou ao seu bom senso de sempre. "Branco que nem a mãe", disse. "Mas o pai não saiu de casa, como eu temia, e se aproximou ainda mais de mim." E diante do meu evidente espanto, me garantiu com um sorriso mortal:

— Não se preocupe: é dele mesmo. E também as duas filhas iguaizinhas, que é como se fossem uma só.

Ficou feliz de eu ter ido encontrá-la, me contou algumas lembranças que não tinham nada a ver comigo, e tive a vaidade de pensar que esperava de mim uma atitude mais íntima. E também nisso, como todos os homens, me enganei de hora e de lugar. Olhou para o relógio quando pedi o quarto café e outro maço de cigarros, e se levantou sem preâmbulos.

— Muito bem, menino, fiquei feliz de ver você — disse. E concluiu: — Não agüentava mais ler tanto o que você escreve, sem saber como você é.

— E como é que eu sou?

— Ah, isso não! — riu do fundo da alma —, isso você não vai saber nunca.

Só quando recobrei o fôlego, na frente da máquina de escrever, percebi que sempre tive vontade de vê-la, e que o que me impediu de ficar com ela pelo resto das nossas vidas foi o medo. O mesmo medo desolado que muitas vezes tornei a sentir desde aquele dia, cada vez que o telefone tocava.

O Ano-Novo de 1955 começou para os jornalistas no dia 28 de fevereiro, com a notícia de que oito marinheiros do destróier *Caldas*, da Armada Nacional, haviam caído no mar e desaparecido durante uma tempestade quando faltavam duas curtas horas para chegar a Cartagena. Quatro dias antes, o *Caldas* tinha zarpado de Mobile, no Alabama, depois de ter ficado lá durante vários meses, para uma revisão rotineira.

Enquanto toda a redação escutava em suspense o primeiro boletim de rádio sobre o desastre, Guillermo Cano tinha virado para mim, em sua cadeira giratória, e ficou mirando com uma ordem pronta na ponta da língua. José Salgar, a caminho da gráfica, também parou na minha frente com os nervos abalados pela notícia. Eu havia regressado de Barranquilla uma hora antes, onde preparei uma reportagem sobre o eterno drama de Boca de Ceniza, e começava outra vez a me perguntar a que horas sairia o próximo avião para a costa, para escrever a matéria dos oito náufragos. Rapidamente, porém, ficou claro no boletim da rádio que o destróier chegaria a Cartagena às três da tarde sem novas notícias, pois os corpos dos oito marinheiros afogados não tinham sido recuperados. Guillermo Cano murchou.

— Que merda, Gabo — disse ele. — Perdemos esse furo de reportagem.

O desastre ficou reduzido a uma série de boletins oficiais, e a informação foi manejada com as homenagens rotineiras aos caídos em serviço, e nada mais. No fim da semana, porém, a marinha revelou que um deles, Luis Alejandro Velasco, tinha chegado exausto a uma praia de Urabá, com insolação mas recuperável, depois de permanecer dez dias à deriva num bote sem remos, sem comer nem beber. Todos nós concordamos que aquela poderia ser a reportagem do ano, se conseguíssemos ficar sozinhos com ele, nem que fosse por meia hora.

Não deu. A marinha o manteve incomunicável enquanto ele se recuperava no hospital naval de Cartagena. Um astuto redator do *El Tiempo*, Antonio Montaña, conseguiu estar com ele durante alguns minutos fugazes, depois de ter se infiltrado no hospital disfarçado de médico. A julgar pelos resultados, porém, só conseguiu do náufrago uns desenhos a lápis sobre sua posição no barco na hora em que foi arrastado pela tormenta, e algumas declarações desencontradas, com as quais ficava claro que ele tinha recebido ordens de não contar nada. "Se eu soubesse que ele era jornalista, teria ajudado", declarou Velasco alguns dias mais tarde. Uma vez recuperado, e sempre sob o amparo da marinha, concedeu uma entrevista ao correspondente do *El Espectador* em Cartagena, Lácides Orozco, que não conseguiu chegar onde queríamos para saber como foi que um golpe de vento causou tamanho desastre, com sete mortos.

Luis Alejandro Velasco, na verdade, estava mesmo submetido a um compromisso férreo que o impedia de se mover ou se expressar com liberdade, mesmo depois de ter sido levado para a casa de seus pais em Bogotá. Qualquer aspecto técnico ou político era esclarecido para nós com maestria pelo tenente de fragata Guillermo Fonseca, que com idêntica elegância evitava aspectos essenciais para a única coisa que nos interessava, que era a verdade. Só para ganhar tempo, escrevi uma série de reportagens de ambiente, descrevendo o regresso do náufrago para a casa dos pais, quando seus acompanhantes fardados me impediram uma vez mais de falar com ele, enquanto autorizavam uma entrevista insossa para uma rádio local. Então ficou evidente que estávamos nas mãos de mestres na arte oficial de esfriar a notícia, e pela primeira vez fui abalado pela idéia de que estavam escondendo da opinião pública alguma coisa muito grave sobre a catástrofe. Mais que uma suspeita, hoje em dia recordo daquela sensação como a de um presságio.

Era um março de ventos glaciais e a chuvinha fina feito pó aumentava a carga de meus remorsos. Antes de encarar a redação esmagado pela derrota, me refugiei no vizinho Hotel Continental, e pedi uma dose dupla no balcão do bar solitário. Estava bebendo lentos goles, sem ter nem tirado o grosso sobretudo ministerial, quando senti uma voz muito doce, quase ao pé do meu ouvido:

— Quem bebe sozinho morre sozinho.

— Deus te ouça, bela — respondi com o coração nas mãos, certo de que era Martina Fonseca.

A voz deixou no ar um rastro de gardênias mornas, mas não era ela. Vi a mulher sair pela porta giratória e desaparecer com seu inesquecível guarda-chuva amarelo na avenida enlameada pela garoa. Depois de outra dose também eu atravessei a avenida e cheguei na redação meio na marra, movido pelas doses reforçadas. Guillermo Cano me viu entrar e soltou para todos um grito alegre:

— Vamos ver o furo que o grande Gabo traz!

Respondi a verdade:

— Não tem furo nenhum, é só peixe morto.

Então entendi que os gozadores impiedosos da redação tinham começado a gostar de mim, quando me viram passar em silêncio arrastando o sobretudo ensopado, pois nenhum deles teve alma para começar a vaia habitual.

Luis Alejandro Velasco prosseguiu desfrutando de sua glória reprimida. Seus mentores não só permitiam como estimulavam todo tipo de perversão publicitária. Levou quinhentos dólares e um relógio novo, para dizer numa rádio que o velho tinha resistido aos rigores da tempestade. A fábrica dos tênis que ele usava deu mais mil dólares, para que ele contasse que os dele eram tão resistentes que não tinha conseguido desmanchá-los para ter o que mastigar. Numa mesma jornada pronunciava um discurso patriótico, se deixava beijar por uma rainha de beleza e aparecia na frente dos órfãos como exemplo de moral patriótica. Eu estava começando a me esquecer dele, quando, num dia memorável, Guillermo Cano me anunciou que Velasco estava em seu escritório, disposto a assinar um contrato para contar sua aventura completa. Eu me senti humilhado.

— Esse aí já nem é mais peixe morto, é peixe podre — insisti.

Pela primeira e única vez, me neguei a fazer para o jornal uma coisa que era minha obrigação. Guillermo Cano resignou-se e despachou o náufrago sem maiores explicações. Mais tarde me contou que depois de ter se despedido dele em sua sala, havia começado a pensar e não conseguiu explicar a si próprio o que tinha acabado de fazer. Mandou então o porteiro trazer o náufrago de volta, e me telefonou com a notificação inapelável de que tinha comprado os direitos exclusivos do relato completo.

Não era a primeira vez nem haveria de ser a última que Guillermo cismava com um caso perdido e acabava coroado de razão. Deprimido, alertei no melhor estilo possível que só ia fazer a reportagem por uma questão de obediência profissional, mas que não ia assinar. Sem que eu tivesse pensado nisso, aquela foi uma determinação casual mas certeira para a reportagem, pois me obrigava a contar tudo na primeira pessoa do protagonista, com sua própria maneira de falar e com suas próprias idéias, e assinado com o seu nome. Assim, me preservava de qualquer outro naufrágio em terra firme. Ou seja, seria o monólogo interior de uma aventura solitária, ao pé da letra, como a vida tinha feito. A decisão foi milagrosa, porque Velasco acabou sendo um homem inteligente, com uma sensibilidade e uma educação inesquecíveis, e um senso de humor na hora e no lugar precisos. E tudo isso, por sorte, submetido a um caráter sem fissuras.

A entrevista foi longa, minuciosa, ao longo de três semanas inteiras e esgotadoras, e fiz sabendo que não era para publicar na íntegra mas para ser cozida em outro caldeirão: o da reportagem. Comecei com um pouco de má-fé, tentando fazer com que o náufrago caísse em contradições para descobrir suas verdades encobertas, mas logo tive certeza de que não havia nada disso. Não precisei forçar nada. Aquilo foi como passear num prado de flores com a liberdade suprema de escolher as preferidas. Às três da tarde Velasco chegava pontual na frente da minha mesa na redação, revisávamos as anotações feitas no dia anterior e seguíamos em ordem linear. De noite eu escrevia cada capítulo do que ele me contava, que era publicado na tarde do dia seguinte. Teria sido mais fácil e seguro escrever primeiro a aventura completa e depois publicá-la já revisada e com todos os detalhes comprovados a fundo. Mas não dava tempo. O assunto ia perdendo atualidade a cada minuto, e qualquer outra notícia barulhenta acabaria por derrotá-lo.

Não usamos gravador. Tinham acabado de ser inventados, e os melhores eram tão grandes e pesados como as máquinas de escrever, e a fita magnética se enrolava como macarrão cabelinho de anjo. A transcrição em si era uma proeza. Até hoje sabemos que os gravadores são muito úteis para recordar, mas não se deve descuidar nunca da cara do entrevistado, que pode dizer muito mais que a sua voz, e às vezes o contrário do que ele está dizendo. Tive de me conformar com o método habitual de tomar notas em cadernos escolares, mas graças a isso creio que não perdi nenhuma palavra e nenhuma nuance da conversa, e consegui ir mais fundo a cada passo. Os dois primeiros dias foram difíceis, porque o náufrago queria contar tudo ao mesmo tempo. No entanto, aprendeu logo graças à ordem e ao alcance das minhas perguntas, mas sobretudo graças ao seu instinto de narrador e à sua facilidade congênita para entender a carpintaria do ofício.

Para preparar o leitor antes de jogar meu marinheiro no mar, decidimos começar o relato pelos últimos dias do marinheiro em Mobile. Também combinamos não terminar no momento de pisar em terra firme, mas quando chegasse a Cartagena aclamado pela multidão, que era o ponto a partir do qual os leitores podiam continuar por sua conta o fio da narração com as informações que já tinham sido publicadas. Isso nos dava catorze capítulos para manter o suspense durante duas semanas.

O primeiro foi publicado no dia 5 de abril de 1955. A edição do *El Espectador*, precedida por anúncios na rádio, esgotou-se em poucas horas. O nó explosivo surgiu no terceiro dia, quando decidimos destampar a verdadeira causa do desastre, que de acordo com a versão oficial havia sido uma tormenta. Buscando maior exatidão, pedi a Velasco que contasse o temporal em todos os seus detalhes. Ele já estava tão familiarizado com nosso método comum que vislumbrei em seus olhos um fulgor de malandragem antes da resposta:

— É que não teve nenhuma tormenta.

O que aconteceu — explicou — foram umas vinte horas de vento bravo, próprios da região naquela época do ano, que não haviam sido previstos pelos responsáveis pela viagem. Antes de zarpar, a tripulação tinha recebido o pagamento de vários salários atrasados, e todos saíram comprando na última hora tudo que era tipo de aparelhos domésticos para levar para casa. Algo tão imprevisto, que ninguém precisou se alarmar quando lotaram os espaços interiores da fragata e começaram a amarrar na coberta as caixas maiores: geladeiras, máquinas de lavar roupa, fogões. Uma carga proibida num barco de guerra, e em tamanha quantidade que ocupou espaços vitais na coberta. Talvez tenha se pensado que uma viagem sem caráter oficial, de menos de quatro dias e com excelentes prognósticos de tempo, não precisasse ser tratada com muito rigor. Quantas vezes outros não tinham feito a mesma coisa, e outros mais continuariam a fazer, sem que acontecesse nada? A má sorte para todos foi que uns ventos um tanto mais fortes que os anunciados convulsionaram o mar debaixo de um sol esplêndido, fizeram a embarcação adernar muito mais do que o previsto, e arrebentaram as amarras da carga mal estivada. Se o *Caldas* não fosse uma fragata tão marinheira, teria ido a pique sem misericórdia, mas oito dos marinheiros de guarda na coberta caíram pela borda. Assim, a causa principal do acidente não foi uma tormenta, conforme tinham insistido as fontes oficiais desde o primeiro dia, mas o que Velasco declarou na reportagem: a sobrecarga de aparelhos domésticos mal estivados na coberta de uma fragata de guerra.

Outro aspecto que tinha sido mantido por baixo do pano era o tipo de botes salva-vidas que estava ao alcance dos que caíram no mar, e dos quais só Velasco se salvou. Supõe-se que deveria haver a bordo dois tipos de botes regulamentares, e que caíram com eles. Eram os de cortiça e lona, de três metros de comprimento por um e meio de largura, com uma plataforma de segurança no centro e dotados de víveres, água potável, remos, caixas de primeiros socorros, material de pesca e navegação, e uma Bíblia. Nessas condições, dez pessoas podiam sobreviver a bordo durante oito dias, mesmo sem material de pesca. No entanto, no *Caldas* tinha sido embarcada uma carga de botes menores, sem nenhum tipo de apetrechos. Pelo relato de Velasco, parece que o dele era um dos que não dispunham de nenhum recurso. A pergunta que ficará flutuando para sempre é quantos dos outros náufragos terão conseguido embarcar em outros botes que não os levaram a lugar algum.

Estas tinham sido, sem dúvida, as razões mais importantes que fizeram com que as explicações oficiais do naufrágio tivessem atrasado tanto. Até que perceberam que aquela era uma pretensão insustentável, porque o resto da tripulação já estava descansando em suas casas e contando a história inteira por todo o país. O governo insistiu até o fim na sua versão do temporal e oficializou-a, através de declarações terminantes, num comunicado formal. A censura não chegou ao extremo de proibir a publicação dos capítulos que faltavam. Velasco, por sua vez, manteve até onde conseguiu uma ambigüidade leal, e nunca se soube que tivesse sido pressionado para não revelar a verdade, nem nos pediu nem nos impediu que a revelássemos.

Depois do quinto capítulo o jornal tinha pensado em fazer uma reedição dos quatro primeiros, para atender à demanda dos leitores que queriam colecionar a história completa. Dom Gabriel Cano, que nenhum de nós tinha visto pela redação naqueles dias frenéticos, desceu de seu poleiro e foi direto até a minha mesa.

— Diga lá, xarazinho — perguntou —, quantos capítulos esse naufrágio vai ter?

Estávamos no relato do sétimo dia, quando Velasco tinha comido um cartão de visita como único manjar ao seu alcance, e não conseguiu desfazer o tênis na base da mordida só para ter o que mastigar. Portanto, nos faltavam outros sete capítulos. Dom Gabriel ficou escandalizado.

— Não, xarazinho, não — reagiu irritado. — Têm que ter pelo menos cinqüenta.

Argumentei, mas os motivos dele tinham outro fundamento: a circulação do jornal estava quase dobrando. De acordo com seus cálculos, podia aumentar até chegar a um patamar sem precedentes na imprensa nacional. Improvisou-se uma reunião de direção, onde analisaram todos os detalhes econômicos, técnicos e jornalísticos, e se chegou ao limite razoável de vinte capítulos. Ou seja: seis além do previsto.

Embora minha assinatura não aparecesse nos capítulos impressos, o método de trabalho tinha transpirado, e certa noite em que fui cumprir com meu dever de crítico de cinema surgiu no vestíbulo uma animada discussão sobre o relato do náufrago. A maioria das discussões surgia de amigos que trocavam idéias nos cafés vizinhos depois da sessão. Suas opiniões me ajudaram a esclarecer as minhas para o texto semanal. Em relação ao naufrágio, o desejo geral — com muito poucas exceções — era que se prolongasse o máximo possível.

Uma dessas exceções foi um homem maduro e bem-vestido, com um precioso sobretudo de pêlo de camelo e um chapéu de copa arredondada, que me seguiu durante uns três quarteirões na saída do cinema, quando eu voltava sozinho para o jornal. Estava acompanhado por uma mulher muito bela, tão bem-vestida como ele, e por um amigo menos impecável. Tirou o chapéu para me cumprimentar e apresentou-se com um nome que não guardei. Sem nenhum rodeio me disse que não podia concordar com a reportagem do náufrago, porque ela estava fazendo o jogo direto do comunismo. Expliquei sem exagerar demasiado que eu não era nada além do redator do conto contado pelo próprio protagonista. Mas o homem tinha suas próprias idéias, e achava que Velasco era um agente infiltrado nas Forças Armadas a serviço da União Soviética. Tive então a intuição de que estava falando com um alto oficial do exército ou da marinha, e a idéia de um debate público me entusiasmou. Mas parecia que ele só queria me dizer o que disse.

— Não sei se o senhor está consciente ou não do que está fazendo — disse ele —, mas seja como for, está fazendo um péssimo serviço ao país, por conta dos comunistas.

Sua deslumbrante esposa fez um gesto de alarme e tratou de levá-lo pelo braço com uma súplica em voz muito baixa: "Por favor, Rogelio!" Ele terminou a frase com a mesma compostura com que tinha começado:

— Por favor, creia que só me permito dizer tudo isso por causa da admiração que sinto pelo que o senhor escreve.

Tornou a me dar a mão e se deixou levar pela esposa atribulada. O outro acompanhante, atordoado, não atinou em se despedir.

Foi o primeiro de uma série de incidentes que nos levou a pensar a sério sobre os riscos da rua. Num botequim pobre atrás do jornal, que servia a peões do setor até a madrugada, dois desconhecidos tinham tentado, dias antes, uma agressão gratuita contra Gonzalo González, que estava tomando o último café da noite. Ninguém conseguia entender que motivos eles podiam ter contra o homem mais pacífico do mundo, a não ser que tivesse sido confundido comigo, por causa do nosso modo e da nossa moda do Caribe, e pelos dois *g* de seu pseudônimo: Gog. Em todo caso, a segurança do jornal me advertiu que não saísse sozinho à noite numa cidade cada vez mais perigosa. Para mim, pelo contrário, era tão confiável que ia caminhando até o meu apartamento, quando terminava de trabalhar.

Certa madrugada daqueles dias intensos senti que tinha chegado a minha hora, com a chuva de vidro quebrado por um tijolo, lançado da rua contra a janela do meu quarto. Era Alejandro Obregón, que havia perdido as chaves do apartamento dele e não encontrou amigos acordados nem lugar em algum hotel. Cansado de procurar onde dormir, e de tocar a campainha quebrada, resolveu sua noite com um tijolo da construção vizinha. Mal me cumprimentou para não acabar de me despertar quando abri a porta, e se atirou de costas no chão para dormir até meio-dia.

A correria para comprar o jornal na porta do *El Espectador* antes mesmo que chegassse às ruas era cada vez maior. Os empregados do centro atrasavam seu horário para comprar o jornal e ler o capítulo no ônibus. Acho que o interesse dos leitores começou por motivos humanitários, continuou por razões literárias e no fim, por considerações políticas, mas mantido sempre pela tensão interna do relato. Velasco me contou episódios que desconfiei que tivessem sido inventados por ele, e descobriu significados simbólicos ou sentimentais, como o da primeira gaivota que não queria ir embora. O dos aviões, contado por ele, era de uma beleza cinematográfica. Um amigo navegante me perguntou como é que eu conhecia tão bem o mar, e respondi que não tinha feito nada além de copiar ao pé da letra as observações de Velasco. A partir de um certo ponto não precisei acrescentar mais nada.

O comando da marinha já estava com outro humor, bem diferente. Pouco antes do final da série mandou uma carta de protesto ao jornal, dizendo que tínhamos julgado com critério disparatado e de forma pouco elegante uma tragédia que poderia ter acontecido em qualquer lugar em que unidades navais operassem. "Apesar do luto e da dor que embargam sete respeitáveis lares colombianos e todos os homens da armada", dizia a carta, "não se teve inconveniente algum em se chegar ao folhetim de jornalistas neófitos na matéria, semeados de palavras e conceitos antiéticos e ilógicos, postos na boca do afortunado e meritório marinheiro que valorosamente salvou a própria vida." Por tal motivo, a armada solicitou a intervenção do Departamento de Informação e Imprensa da presidência da República, para que fossem previamente aprovadas — com a ajuda de um oficial naval — as publicações que se fizessem dali em diante sobre o incidente. Por sorte, quando a carta chegou já estávamos no penúltimo capítulo, e pudemos nos fazer de desentendidos até a semana seguinte.

Prevendo a publicação final do texto completo, tínhamos pedido ao náufrago que nos ajudasse com a lista de nomes e endereços de outros de seus companheiros que tivessem máquinas fotográficas, e eles nos mandaram uma coleção de fotos feitas durante a viagem. Havia de tudo, mas a maioria era de grupos na coberta do barco, e ao fundo dava para ver as caixas de aparelhos domésticos — geladeiras, fogões, lavadoras — com suas marcas de fábrica em destaque. Esse golpe de sorte foi suficiente para desmentir os desmentidos oficiais. A reação do governo foi imediata e clara, e o suplemento superou todos os antecedentes e todos os prognósticos de circulação. Mas Guillermo Cano e José Salgar, invencíveis, só tinham uma pergunta:

— E agora, caralho, o que vamos fazer?

Naquele momento, embriagados de glória, não tínhamos resposta. Todos os outros temas nos pareciam banais.

Quinze anos depois do relato ter sido publicado no *El Espectador*, a Editora Tusquets, de Barcelona, publicou-o num livro de capa dourada, que vendeu feito pastel. Inspirado por um sentimento de justiça e pela minha admiração pelo marinheiro heróico, escrevi no final do prólogo: "Existem livros que não são de quem os escreve mas de quem os padece, e este é um deles. Os direitos de autor, como conseqüência, serão para quem os merece: o compatriota anônimo que precisou padecer dez dias sem comer nem beber num bote para que este livro fosse possível."

Não foi uma frase vã, pois os direitos do livro foram pagos na íntegra a Luis Alejandro Velasco pela Editora Tusquets, por instruções minhas, durante catorze anos. Até o dia em que o advogado Guillermo Zea Fernández, de Bogotá, convenceu-o de que os direitos pertenciam a ele, mesmo que Velasco soubesse que só tinham sido pagos a ele por minha decisão de homenagear seu heroísmo, seu talento de narrador e sua amizade.

Uma queixa foi apresentada contra mim no 22º Tribunal Cível de Bogotá. Meu advogado e amigo Alfonso Gómez Méndez deu então à Editora Tusquets a ordem de suprimir o parágrafo final do prólogo nas edições sucessivas, e não pagar a Luis Alejandro Velasco mais nenhum centavo dos direitos autorais, até que a justiça decidisse. E assim foi. Após um longo debate que incluiu provas documentais, de testemunho e técnicas, o tribunal decidiu que o único autor da obra era eu, e não aceitou as petições que o advogado de Velasco pretendia. Portanto, os pagamentos feitos até aquele momento ao marujo por instruções minhas não tinham como base nenhum reconhecimento do marinheiro como co-autor, mas apenas a decisão voluntária e livre de quem escreveu. A partir daquele momento os direitos de autor, e também por determinação minha, passaram a ser doados para uma fundação docente.

Não foi possível encontrar outra história como aquela porque não era das que a gente inventa no papel. Quem as inventa é a vida, e quase sempre aos golpes. No *El Espectador* entendemos isso depois, quando tentamos escrever uma biografia do formidável ciclista de Antioquia, Ramón Hoyos, que aquele ano foi coroado campeão nacional pela terceira vez. Lançamos a biografia com o estrondo aprendido na reportagem do marinheiro, e prolongamos a história até o capítulo dezenove, antes de percebermos que o público preferia Ramón Hoyos escalando montanhas e chegando na meta em primeiro lugar, mas na vida real.

Uma esperança mínima de recuperação foi vislumbrada na tarde em que Salgar me telefonou para que eu fosse vê-lo de imediato no bar do Hotel Continental. Lá estava, com um velho e sério amigo, que acabava de apresentar-lhe o homem que estava com ele, um albino absoluto com roupas de operário, com uma cabeleira e umas sobrancelhas tão brancas que parecia faiscar na penumbra do bar. O amigo de Salgar, que era um empresário conhecido, apresentou-o como um engenheiro de minas que estava fazendo escavações num terreno baldio a duzentos metros do *El Espectador*, à procura do tesouro fabuloso que havia pertencido ao general Simón Bolívar. O empresário — muito amigo de Salgar, e que depois daquela tarde também passou a ser meu — nos garantiu a veracidade da história. Era suspeita até pela sua simplicidade: supõe-se que quando o Libertador estava prestes a prosseguir em sua última viagem iniciada em Cartagena, derrotado e moribundo, preferiu não levar com ele o volumoso tesouro pessoal que havia acumulado durante as penúrias de suas guerras, como uma reserva merecida para uma boa velhice. Quando se dispunha a continuar a amarga viagem — não se sabe se para Caracas ou se para a Europa —, teve a prudência de deixar o tesouro escondido em Bogotá, sob a proteção de um sistema de códigos lacedemônios típicos de seu tempo, para encontrá-lo quando fosse preciso, e de qualquer parte do mundo. Recordei essas notícias com uma ansiedade irresistível enquanto escrevia *O general em seu labirinto*, quando a história do tesouro teria sido essencial, mas não consegui encontrar informações suficientes para torná-la convincente, e ao mesmo tempo me pareceu desprezível como ficção. Essa fortuna de fábula, nunca resgatada pelo seu dono, era o que o buscador buscava com tanto afinco. Não entendi por que tinham revelado a história para nós, até Salgar me explicar que seu amigo, impressionado pelo relato do náufrago, quis nos deixar a par para que acompanhássemos aquela outra história até o dia em que fosse possível publicá-la com idêntico destaque.

Saímos em campo. Era o único terreno baldio a leste do parque dos Periodistas, e muito perto do meu apartamento novo. O amigo nos mostrou sobre um mapa colonial as coordenadas do tesouro, em detalhes reais dos morros de Monserrate e Guadalupe. A história era fascinante e o prêmio seria uma notícia tão explosiva como a do náufrago, e com maior alcance mundial.

Continuamos, com certa freqüência, a visitar o lugar para ficarmos em dia com as novidades, escutávamos o engenheiro durante horas intermináveis, na base de aguardente e limão, e nos sentíamos cada vez mais longe do milagre, até passar tanto tempo que não nos sobrou nem a ilusão. Mais tarde, a única coisa que pudemos suspeitar foi que o conto do tesouro não passava de uma cortina de fumaça para explorar sem permissão alguma mina de algo muito valioso em pleno centro da capital. Embora também fosse possível que no fundo essa hipótese fosse outra cortina de fumaça, para manter a salvo o tesouro do Libertador.

Aqueles não eram os tempos mais indicados para sonhar. Desde o relato do náufrago tinham me aconselhado a ficar um tempo fora da Colômbia, até a situação ficar mais aliviada, sem as ameaças de morte, reais ou fictícias, que chegavam por diferentes caminhos. Foi a primeira coisa em que pensei quando Luis Gabriel Cano me perguntou de chofre o que eu ia fazer na próxima quarta-feira. Como não tinha plano algum, ele me disse com a fleuma costumeira que preparasse meus papéis para viajar como enviado especial do jornal para a Conferência dos Quatro Grandes, que aconteceria na semana seguinte em Genebra.

A primeira coisa que fiz foi telefonar para a minha mãe. Para ela, a notícia parecia tão grande que me perguntou se eu estava me referindo a alguma fazenda chamada Genebra. "É uma cidade da Suíça", disse. Imutável, com sua serenidade interminável para assimilar as maluquices mais inesperadas dos seus filhos, perguntou até quando eu ficaria por lá, e respondi que voltaria no mais tardar em duas semanas. Na realidade ia ficar só durante os quatro dias que durava a reunião. E no entanto, por motivos que não tiveram nada a ver com minha vontade, não fiquei duas semanas e sim quase três anos. Era eu, então, quem precisaria de uma canoa para agüentar o dilúvio, nem que fosse só para comer uma vez por dia, mas tomei todo o cuidado para que a família não ficasse sabendo de nada. Certa vez, alguém pretendeu perturbar minha mãe, com a calúnia de que seu filho vivia como um príncipe em Paris, depois de tê-la enganado dizendo que só ficaria duas semanas.

— Gabito não engana ninguém — disse ela com um sorriso inocente —, o que acontece é que às vezes até Deus precisa fazer as semanas durarem anos.

Eu nunca tinha pensado que era tão indocumentado como qualquer um dos milhões de refugiados por causa da violência. Nunca tinha votado, por não ter carteira de identidade. Em Barranquilla, me identificava com minha credencial de redator do *El Heraldo*, onde havia uma falsa data de nascimento para enganar o serviço militar, do qual aliás eu era infrator fazia dois anos. Em casos de emergência eu me identificava com um cartão-postal que ganhei do telegrafista de Zipaquirá. Um amigo providencial me pôs em contato com o despachante de uma agência de viagens, que se comprometeu a me embarcar no avião no dia previsto, mediante o pagamento adiantado de duzentos dólares e minha assinatura em branco ao pé de dez folhas de papel timbrado. Graças a essa exigência fiquei sabendo, e por tabela, que meu saldo bancário era uma quantia surpreendente, por não ter tido tempo de gastá-lo por causa das minhas correrias de repórter. O único gasto, além das minhas despesas pessoais que não superavam as de um estudante pobre, era o envio mensal da canoa para a família.

Na véspera do vôo, o despachante da agência de viagens cantarolou na minha frente o nome de cada documento que ia pondo em cima da minha mesa, para que eu não me confundisse: carteira de identidade, certificado militar, atestados de nada consta no Imposto de Renda, e as certidões de vacina contra varíola e febre amarela. No final, me pediu uma gorjeta adicional para o rapaz esquálido que tinha se vacinado duas vezes em meu nome, como se vacinava todos os dias há anos para clientes apressados.

Viajei a Genebra bem a tempo para a conferência inaugural de Eisenhower, Bulganin, Eden e Faure, sem outro idioma que o castelhano e levando as diárias suficientes para um hotel de terceira categoria, mas bem respaldado pelas minhas reservas bancárias. O regresso estava previsto para umas cinco semanas, mas não sei graças a qual premonição dividi entre os amigos tudo que era meu no apartamento, inclusive a estupenda biblioteca de cinema que tinha reunido ao longo de dois anos com a assessoria de Álvaro Cepeda e Luis Vicens.

O poeta Jorge Gaitán Durán chegou para se despedir quando eu estava rasgando papéis inúteis, e teve a curiosidade de remexer no cesto de lixo para ver se encontrava alguma coisa que pudesse interessar na sua revista. Resgatou três ou quatro folhas rasgadas ao meio e foi lendo enquanto as armava como um quebra-cabeça em cima da mesa. Perguntou de onde tinham saído, e respondi que era o "Monólogo de Isabel vendo chover em Macondo", eliminado da primeira versão de *La hojarasca*. Avisei que não era inédito, porque tinha sido publicado em *Crónica* e no "Magazine Dominical" do *El Espectador*, com o mesmo título inventado por mim e com uma autorização que eu me lembrava de ter dado depressa, num elevador. Gaitán Durán não se importou e publicou no número seguinte da revista *Mito*.

A despedida na véspera da viagem, na casa de Guillermo Cano, foi tão tormentosa que quando cheguei ao aeroporto o avião que ia para Cartagena, onde eu dormiria naquela noite para me despedir da minha família, já tinha partido. Por sorte peguei outro, o do meio-dia. E fiz bem, porque o ambiente doméstico havia melhorado desde a última vez, e meus pais e irmãos sentiam-se capazes de sobreviver sem o bote salva-vidas que eu ia precisar na Europa mais do que eles precisavam ali.

No dia seguinte logo cedo viajei por terra até Barranquilla, para pegar o vôo das duas da tarde para Paris. Na estação rodoviária de Cartagena encontrei Lácides, o inesquecível porteiro do Arranha-céu, que eu nunca mais tinha visto. Atirou-se em cima de mim com um abraço de verdade e os olhos em lágrimas, sem saber o que dizer nem como me tratar. No final de uma atropelada troca de palavras, porque seu ônibus chegava e o meu saía, me disse com um fervor que me bateu na alma:

— O que eu não entendo, dom Gabriel, é por que o senhor nunca me disse quem era.

— Ah, meu caro Lácides — respondi, mais dolorido que ele —, eu não podia dizer porque até hoje nem eu mesmo sei quem sou.

Horas depois, no táxi que me levava para o aeroporto de Barranquilla debaixo do céu ingrato mais transparente que qualquer outro céu do mundo, percebi que estava na avenida Vinte de Julho. Por um reflexo que há cinco anos fazia parte da minha vida, olhei para a casa de Mercedes Barcha. E lá estava ela, sentada no portal como uma estátua, esbelta e distante, e seguindo pontual a última moda daquele ano, com um vestido verde de rendas douradas, o cabelo cortado como asas de andorinha e a quietude intensa de quem espera alguém que não haverá de chegar. Não pude evitar, naquela quinta-feira de julho e numa hora tão madrugadora, a sensação de estremecimento de que iria perdê-la para sempre, e por um instante pensei em parar o táxi para me despedir, mas preferi não desafiar uma vez mais um destino tão incerto e persistente como o meu.

No avião em pleno vôo eu continuava castigado pelas agulhadas do arrependimento. Naquela época existia o bom costume de deixar no encosto do assento dianteiro tudo que era necessário para escrever de forma galante. Eram algumas folhas de carta com filetes dourados e envelopes no mesmo papel de linho rosado, creme ou azul, e às vezes perfumado. Em minhas poucas viagens anteriores eu havia usado aquelas folhas para escrever poemas de adeus que transformava em aviõezinhos de papel e depois jogava ao vento ao descer do avião. Escolhi um azul-celeste e escrevi minha primeira carta formal para Mercedes sentada no umbral da sua casa às sete da manhã, com o traje verde de noiva sem dono e o cabelo de andorinha incerta, sem nem ao menos suspeitar para quem ela tinha se vestido ao amanhecer. Eu havia escrito para ela outros recados de brincadeira, que improvisava ao léu, e só recebia respostas verbais e sempre elusivas quando nos encontrávamos por acaso. Aquelas não pretendiam ser mais do que cinco linhas para dar a notícia oficial da minha viagem. No final, porém, acrescentei um *PS* que no instante de assinar me cegou como um relâmpago ao meio-dia: "Se eu não receber resposta dentro de um mês, vou ficar na Europa para sempre." Mal me permiti o tempo para pensar outra vez antes de pôr a carta, às duas da manhã, no correio do aeroporto desolado de Montego Bay. Já era sexta-feira. Na quinta da semana seguinte, quando entrei no hotel de Genebra, depois de outra jornada inútil de desacordos internacionais, encontrei a carta com a resposta.

Este livro foi composto na tipologia Minion
em corpo 11/16 e impresso em papel chamois
fine 80g/m² no Sistema Cameron da Divisão
Gráfica da Distribuidora Record.